Mirko Jelusich

Talleyrand

W0363344

Mirko Jelusich

Talleyrand

Roman

VERLAG KREMAYR & SCHERIAU

© 1978 by Verlag Kremayr & Scheriau, Wien
Schutzumschlag: Alice Piringer unter Verwendung eines Dias
von Lauros-Giraudon, Paris (Gemälde von Pierre-Paul Prud'hon)
Gesamtherstellung: Wiener Verlag, Wien
ISBN 3 218 00311 3

„La patrie ne veut pas être dominée,
la patrie veut être servie.“

Bismarck 1871 zu Pariser Delegierten

I. Teil

DAS CONSULAT

Vortag

Fernes Hufgeklapper erklingt, vermischt mit dem Geräusch eines rollenden Wagens. Durch die Stille der Nacht wird alles viel deutlicher vernehmbar als am Tage, wo es im unbestimmt gleichmäßigen Brodeln des üblichen Straßenlärms einer großen Stadt untergeht.

Die beiden Männer im Zimmer des ersten Stockes achten der Störung nicht. Der eine, braungebrannt, untersetzt, fast klein, mit fahrigen Bewegungen, blättert nervös in einem kleinen, abgegriffenen Notizbuch, murmelt dabei leise vor sich hin, der andere blickt unter schweren Lidern unbeweglich in das Licht der beiden Kerzen, die den Raum nur spärlich erhellen.

„Ich bringe etwa sechzig zusammen", sagt endlich der erste, von seinen Notizen aufblickend, „— die die Einladung zur Sitzung zu spät bekommen werden", setzt er mit spöttischem Lächeln hinzu.

Der andere nickt, fragt dann mit einer tiefen Baßstimme, die, auch während er leise spricht, ihr tönendes Schwingen behält:

„Sie haben meinen Rat befolgt? Die beiden Kammern tagen nicht in Paris, sondern in St. Cloud?"

„In St. Cloud", wiederholt der erste bestätigend. „Im Rat der Alten ist die Annahme gesichert. Begründung: Sicherheit vor den Gewalttaten der Jakobiner."

„Ein nie versagendes Mittel. Und der Rat der Fünfhundert, General?"

„Dem Rat der Fünfhundert", antwortet der trotz seiner Zivilkleidung als General Angesprochene, „wird der

Erlaß der ersten Kammer mitgeteilt und sodann die Sitzung geschlossen."

„Wird man sich ohneweiters fügen?"

„Mein Bruder Lucien ist Vorsitzender."

„Sie denken an alles."

„Ich bins vom Kriege her gewöhnt. Schlachten müssen bis ins Letzte vorbereitet sein."

Hufgeklapper und Wagenrollen haben sich verstärkt. Es sind mehr Pferde, als zum Ziehen einer Kutsche nötig sind. Fast klingt es, als werde der Wagen von einer Kavallerieabteilung begleitet.

Die beiden achtens noch immer nicht. Wohl haben sie für eine Sekunde aufgehorcht, sich aber gleich wieder ihrem sie offenbar völlig beanspruchenden Gespräch zugewandt.

„Sie werden vor den Kammern sprechen?" fragt wieder der Mann mit der Baßstimme.

„Ja", nickt der General unbehaglich.

„Sie scheinen mir nicht sehr erbaut davon."

„Ich — bin kein Redner." Stoßweise kommt es, unlustig.

„Na, na! Und die vier Jahrtausende, die Sie in Ägypten beschworen?"

„Ja — ein paar Worte zu Soldaten —"

„Was ist der Unterschied?"

„Daß Soldaten nicht antworten dürfen."

Der andere will, nach den spöttisch verzogenen Lippen zu schließen, eine jedenfalls recht boshafte Bemerkung machen, als ein von der Straße heraufklingendes Kommando ihm das Wort abschneidet. Zugleich verstummen Hufgeklapper und Wagenrollen — gerade vor dem Haus.

Der Kommandierende hat gar nicht laut gesprochen — wohl aus Rücksicht auf die Schläfer in den Häusern ringsum. Aber der Klang der Stimme, ihre Schärfe, die die

Stille und Dunkelheit der Nacht gleichsam durchschneidet, macht beide Männer erbleichen. Sie tauschen einen raschen Blick, in dem Frage, Besorgnis, Angst — ja, selbst Angst! sich mischen. Dann flüstert die Baßstimme:

„Lichter aus!“

Mit der Schnelligkeit des Soldaten, der einen Befehl ausführt, drückt der General den Docht der einen Kerze zusammen. Die andere erlischt unter dem Atemstoß des zweiten Mannes, offenbar des Hausherrn.

Einige Augenblicke lang stehen beide unbeweglich, alle Sinne anspannend. Draußen auf der Straße ist das undeutliche Stimmengewirr von Männern zu hören, die halblaut miteinander reden.

„Glauben Sie“, setzt der General leise an, und auch seiner Stimme ist das unbezwingliche Bangen anzumerken, das ihn erfüllt, „gilt das uns?“

„Schon möglich“, klingt es aus dem Dunkel zurück. „Dem Direktorium ist alles zuzutrauen.“

„Sollte Gohier mißtrauisch geworden sein? Oder hat Barras Angst bekommen?“

Der andere antwortet nicht, schleicht, den einen Fuß nachziehend, zum Fenster.

„Zehn oder zwölf Berittene sind es“, berichtet er. „Und ein geschlossener Wagen, an dem sie irgendetwas in Ordnung zu bringen suchen. Wir haben eine Galgenfrist.“

„Und keinen Säbel!“ vibriert die Stimme des Generals. „In diesem elenden Zivil ist man ganz ohne Waffe!“

Säbel! denkt der Lauscher. Als ob alles mit dem Säbel in Ordnung zu bringen wäre!

„Haben Sie wenigstens Pistolen?“ hört er wieder die nervöse Stimme des Offiziers.

Ja, goldene, denkt er, aber zu wenig. Laut sagt er, und trotz der erregten Spannung der Stunde klingt der gewohnte Spott durch seine Worte:

„Was fange ich mit Pistolen an!" Wenn man nur etwas erkennen könnte! Er späht wieder hinunter.

„Im Notfall", ertönt wieder die vibrierende Stimme, „kann man sich mit einem Sesselbein verteidigen".

„Unterstehen Sie sich nicht", protestiert der Hausherr lebhaft, „mein Mobiliar zu demolieren! Das macht unsere Lage nicht besser." Ich muß hinunter, denkt er. Nachsehen. Wiederholt es laut: „Ich muß hinunter, sehen, was los ist."

„Sie lassen mich allein?"

„Nur bis ich Gewißheit habe. Im Notfall können Sie durch das Fenster des Hofzimmers ins Freie und an der Dachröhre hinunterklettern."

Ernst oder Hohn? Der Offizier weiß es nicht, steht unbeweglich, während die hinkenden Schritte des Hausherrn sich langsam entfernen.

Diese Soldaten! denkt dieser, sich vorsichtig die Treppe hinuntertastend. Wenn ihnen außerhalb ihres Metiers etwas Unvorhergesehenes unterkommt, sind sie hilflos wie kleine Kinder. Ist das derselbe Mann, der in Italien —

Abermals wird er in seinen Gedanken unterbrochen. Das Erwartete — Gefürchtete geschieht: der Türklopfer wird hart angeschlagen; zweimal, dreimal.

Die Lippen fest zusammengepreßt, voll gesammelter Ruhe hinkt er die letzten Stufen nieder, humpelt zur Haustüre. Der Schlüssel steckt innen. Er dreht ihn herum, öffnet mühsam einen Torflügel.

Ein Soldat steht draußen, martialisch beschnurrbartet, steif aufgereckt. Trotz der Dunkelheit fühlt der Hausherr den scharfen, wie eine Degenklinge vorstoßenden Blick.

„Sie sind der Hauseigentümer?" fragte der Soldat kurz.

„Ja. Charles Talleyrand."

„Bürger Talleyrand, tut mir leid, Sie stören zu müssen. Aber Ihr Haus war das nächstliegende. Haben Sie vielleicht einen Hammer?"

„Einen Hammer?“ wiederholte Talleyrand verwundert.

„Ja. So schwer wie möglich. Wir haben einen Wagendefekt, den wir beheben müssen.“

„Können Sie den Wagen nicht einfach stehen lassen und morgen einen Wagner —“

„Das ist nicht gut möglich. Die Fracht, die wir eskortieren, ist zu wertvoll, um den Fährlichkeiten des nächtlichen Paris ausgesetzt zu werden.“

„Was Sie nicht sagen!“ Das Gespräch beginnt Talleyrand Spaß zu machen. Zudem denkt er mit leiser Bosheit an den Mann da droben, der die Schläge ans Tor natürlich auch gehört hat und sich nun einigermaßen unbehaglich fühlen wird. „Also so wertvoll? Geheime Staatssachen?“

„Wenn es das wäre!“ Der Soldat scheint geheime Staatsangelegenheiten nicht sehr hoch zu werten. „Nein, Gold. Eine große Summe: zwanzigtausend Livres! In Gold!“

Talleyrand pfeift leise. Dann ein plötzliches Aufblitzen in seinem Hirn.

„Sie kommen vom Palais Royal?“ fragt er rasch.

„Ganz richtig.“

„Und reiten nach —?“

„Der Rue de Clichy.“

Ouvrard, denkt der unermüdliche Frager. Hat er auch hier seine Pfoten im Spiel?

„Bertrand!“ ruft es aus dem Dunkel der Straße. „Mit wem schwatzest du da? Glaubst du, wir haben unsere Zeit gestohlen?“

„Ich komme schon!“ ruft der Soldat zurück. „Ich fragte nur nach einem Hammer. Nun, Bürger Ta- Tall-“ wendet er sich wieder dem Hausherrn zu.

„Talleyrand“, berichtigt dieser. „Charles Maurice Talleyrand-Périgord.“

„Ich dachte, das wär 'ne Trüffel?“

„Sie würden sie nicht finden. — Nein, Bürger Soldat", schließt er das Gespräch ab, „ich habe keinen Hammer. Schlagen Sie die Nägel, oder wozu Sie ihn sonst brauchen, mit Ihrem Kopf ein. Gute Nacht." Und ehe der andere sich von seiner Verblüffung erholte, hat er den Torflügel zugeschlagen und den Schlüssel wieder herumgedreht.

Ouvrard, denkt er nochmals, die Stiege hinaufhumpelnd. Ein neuer Geschäftszweig zu den vielen andern. Ob man versuchen sollte, sich einzuschalten? Er hat die Treppenhöhe erreicht, tastet sich im stockfinstern Flur zur Zimmertür, stößt sie auf.

„Nun?" klingt es aus der zweiten Dunkelheit, der des Zimmers, die gegen die erste nur den geringen Vorteil zweier schwach erhellter Fensteröffnungen hat. Nervös, denkt Talleyrand mit leisem Schmunzeln. Reichlich nervös. Er sucht in seinen Taschen, fragt:

„Haben Sie zufällig ein Feuerzeug bei sich?"

„Nun?" wiederholt die Stimme in gesteigerter Ungeduld. Man muß antworten.

„Es galt nicht uns", sagt er im gleichgültigsten Ton der Welt.

„Wem sonst?" Und unbeherrscht nachstoßend: „So reden Sie doch endlich!"

„Wollen wir nicht doch vorher Licht machen?" schlägt Talleyrand vor. Das Geräusch scharf eingezogenen Atems warnt. Er beeilt sich fortzusetzen: „Die Tageseinnahme eines der Spielsalons im Palais Royal wurde unter militärischem Schutz fortgeschafft."

Stille, dann ein kurzes, zorniges Auflachen.

„Das ist möglich? Dazu kann man Soldaten — engagieren?"

„Was ist heutzutage nicht möglich?" Es klingt gleichgültig, teilnahmslos wie alles, was er sagt. „Wenn wir Geld hätten, müßten wir nicht konspirieren, sondern könnten die Republik kaufen." Er schweigt, tastet nochmals nach einem Feuerzeug, schließt halblaut: „Aber wir bekommen sie so billiger."

Der General antwortet nicht, tritt ans Fenster, blickt hinab. „Sie scheinen aufzubrechen", stellt er, halb für sich, fest. „Die Kavalleristen sitzen auf." Er fährt herum. „Warum blieben sie gerade vor Ihrem Haus stehen?" fragt er schnell.

„Weil der Gott des Zufalls, der alles, wie zum Exempel auch unser Vorhaben, lenkt, es wollte, daß ihr Wagen gerade vor meinem Hause niederbrach."

„Darum auch das Klopfen an Ihrer Haustüre?"

„Ja. Einer der Eisenfresser verlangte einen Hammer von mir. Ich riet ihm, seinen Kopf zu nehmen. — Aber Sie haben recht", unterbricht er sich, „die Herrschaften entfernen sich." Er horcht auf das Knarren des offensichtlich nur mit Mühe beweglichen Wagens und auf das wieder einsetzende Hufklappern.

„Ein Bild, würdig unserer Zeit", bemerkt der General ätzend. „Mars als Diener Mammons."

„Des Königs der Könige", meint Talleyrand achselzuckend.

„Nein!" flammt die etwas spröde Stimme auf. „Wenn dieser Gott des Zufalls, wie Sie ihn nennen, oder der des Schicksals, an den ich glaube, mir nur einigermaßen günstig ist, hoffe ich der Welt zu zeigen, daß es Dinge gibt, die mächtiger sind als Geld!"

Nur ja nichts bezweifeln, sagt sich Talleyrand, sonst erleben wir einen Haufen banaler Deklamation! — Hm, es scheint, der Wagen mit seinen heroischen Begleitern ist fort. Zeit, diese überflüssige Plauderei zu beenden. Morgen ist ein arbeitsreicher Tag!

„Nun haben wir wohl alles durchgesprochen, General?" fragt er.

„Alles“, bestätigt der Gefragte. „Und wenn Sie die Gewogenheit hätten“, setzt er sarkastisch hinzu, „für ein Licht zu sorgen, damit ich mir auf der Treppe nicht den Hals breche –“

„Ich schlug Ihnen zweimal vor, Licht machen zu dürfen“, sagt Talleyrand geduldig. „Übrigens werde ich mir die Ehre geben, Sie zu geleiten.“ Ein kurzes, unwilliges Knurren ist die Antwort. Er spricht weiter, mit der gleichen unerschöpflichen Geduld in der Stimme: „Bitte, geben Sie mir die Hand, damit ich Ihr Führer sein kann.“

„Treppabwärts!“ versetzt der General bedeutungsvoll.

„Ins Freie!“ ergänzt Talleyrand, die Hand erfassend, die ungeduldig im Dunkel umhergreift.

Während des Niedersteigens wechseln sie nur ein paar sachliche Bemerkungen. An der Haustür, wo Talleyrand sein Gespräch mit dem Soldaten geführt hat, verhalten sie den Schritt.

„Sehen Sie nach, ob niemand draußen ist!“ fordert der General.

„Niemand!“ versichert der Hausherr. „Sie können sich darauf verlassen. Ich spüre die Nähe eines Menschen auf zehn Schritt.“

„Ich nicht. Der Einzelne existiert nicht für mich. Ich sehe nur Massen.“

„Dazu werden Sie morgen in den beiden Kammern genügend Gelegenheit haben.“

„Die paar Männchen?“ Wieder das kurze, zornige Auflachen, das mehr wie ein Aufgrollen klingt. „Die jage ich mit einer Handvoll meiner Grenadiere auseinander!“

„Wozu ich Ihnen überhaupt raten würde.“

„Glauben Sie, ich habe auf Ihren Rat gewartet?“

Talleyrand scheint durch die anmaßende Art seines Besuchers keineswegs verletzt zu sein.

„Ich stellte heute schon einmal fest, daß Sie an alles denken, General."

„Und ich erwiderte Ihnen, daß ich das von meinen Schlachten her gewohnt bin. Auch morgen schlage ich eine Schlacht."

„Ein Treffen", schränkt Talleyrand ein.

„Mit enormen Folgen", betont der General. „Es gibt strategische Gefechte und taktische Schlachten."

Um Gotteswillen Schluß! denkt Talleyrand. Sonst hält er mir noch zwischen Tür und Angel einen kriegswissenschaftlichen Vortrag. Er dreht den Schlüssel und öffnet die Haustüre.

„Nun", sagt er, „wie dem immer sei, viel Glück für morgen — und meine Empfehlungen an die Bürgerin Bonaparte!"

Offene Tafel bei Barras

„Zum Luxembourg!"

Talleyrand nimmt neben dem bereits eingestiegenen Admiral Bruix Platz, der Wagenschlag fällt zu, die Pferde ziehen an.

„Wohin führen Sie mich?" fragt der Admiral, ein auffallend schöner Mann, der aussieht wie ein romantischer Korsar.

„Zu Barras", antwortet Talleyrand.

„Und was soll ich dort?"

„Zeuge sein."

„Wovon?"

„Davon, wie der Staatsstreich ausgeht."

„Soll ein Staatsstreich erfolgen?" fragt der schöne Admiral mit der naiven Freude eines Kindes, dem ein Feuerwerk versprochen wird.

Ist er so dumm oder so raffiniert? Talleyrand kann sich noch nicht entscheiden.

„Er ist im Begriff zu erfolgen“, gibt er mit gewohnter Geduld zurück. „Wir werden das Vergnügen haben, bei Barras seine Entwicklung zu beobachten — dank einem von mir eingerichteten Botendienst.“

„Und wie, glauben Sie, wird er ausgehen?“

„Gut.“

„Was nennen Sie gut? Verehrter Freund, die Zeiten der Sybillen sind vorbei, vergessen Sie das nicht.“

„Es gibt nur ein Gutes: das, was Erfolg hat.“

„Und Erfolg wird haben?“

„Barras oder Bonaparte. Das wird sich heute entscheiden. Ich habe bei einer guten Freundin ein Essen bestellt, da werden wir den einen oder den andern feiern. Ich verspreche Ihnen ein vorzügliches Menu und eine charmante Gastgeberin. Vor Jahren hätte ichs umgekehrt gesagt“, schließt er etwas melancholisch.

Die versteckten Herzensergüsse seines Nachbarn scheinen den Admiral nicht zu fesseln. Ungeduldig fährt er mit seinen Erkundigungen fort:

„Mein lieber Talleyrand, wollen Sie mir einen Gefallen tun?“

„Gerne“, versichert dieser zuvorkommend.

„Erzählen Sie mir im Zusammenhang, was los ist. Ich bin in diese —“ Er sucht nach einem Wort.

„Verschwörung“, hilft Talleyrand freundlich aus.

Der Admiral sieht ihn erschrocken an, wiederholt leise:

„Verschwörung hineingekommen — ich weiß selbst nicht, wie.“ Talleyrand weiß es umso besser, aber er findet es nicht für nötig, es zu sagen. „Man hat an meine patriotischen Gefühle appelliert, hat mir gesagt, das Vaterland sei in Gefahr —"

„Das Vaterland ist immer in Gefahr", wirft Talleyrand mit seiner leidenschaftslosen Stimme axiomatisch ein.

„Aber", setzt Bruix fort, „man hat mich völlig im Unklaren gelassen über das, was eigentlich vor sich geht. Wenn Sie mir nun sagen, daß es darauf ankommt, ob Barras Sieger sein wird oder Bonaparte, so sagen Sie mir damit gar nichts. Ich bin Soldat und weiß zu gehorchen; auf Befehl gehe ich schnurgerade in des Teufels Küche; aber ich habe doch immerhin ein Recht zu erfahren, welchen Teufels!"

„Mein lieber Bruix, die Sache ist in drei Worten erklärt. Unsere fünf Direktoren sind uneins. Gohier und Moulins auf der einen, Sieyès und Ducos auf der andern Seite möchten die Einträglichkeit ihrer staatsoberhäuptlichen Stellung verewigen."

„Und Barras?"

„Barras, der fünfte, könnte das Zünglein an der Waage sein, wenn er mehr Energie besäße. So ist es wahrscheinlich Bonaparte, der ihm den Rang ablaufen wird."

Der Admiral sieht vor sich hin. Sein Gesicht bekommt etwas Finsteres, Drohendes. Aber es ist nur die Anstrengung des Denkens, was seine Gesichtsmuskeln so zusammenkrampft.

„Nun verstehe ich", sagt er endlich, „was Sie vorhin meinten, als Sie sagten, Barras werde Erfolg haben — oder Bonaparte."

„Welches Glück!"

„Aber wie ist das nun? Wenn Bonaparte siegt —?"

„So bildet er mit Sieyès und Ducos eine Art — Triumvirat."

„Und Barras?"

„Wird ausgebootet. Das muß Ihnen als Seemann doch verständlich sein."

„Vollkommen. Wenn aber Bonaparte unterliegt, so muß er die Zeche zahlen."

„Man kann es nicht klarer ausdrücken", stimmt Talleyrand zu.

Abermals jenes Grübeln mit finster zusammengezogenem Gesicht. Dann:

„Aber Sie sagten doch vorhin –"

„Was?"

„Es fehle Barras an der nötigen Energie."

„Darum müssen wir sie ihm einflößen!"

„Wir? Ah, jetzt weiß ich, warum Sie mich mitgenommen haben! Unsere Haltung soll ihm das Rückgrat steifen!"

„Sie sagen es."

Bruix richtet sich auf, als sei er es, dem das Rückgrat gesteift wurde. Seine Augen blitzen.

„Es war also ein Scherz, als Sie vorhin sagten, ich solle bloßer Zeuge sein? Meine Aufgabe ist wichtiger?"

„Natürlich", stimmt Talleyrand zu, der an ganz was anderes dachte und nur mit halbem Ohr zuhörte.

„Sie läßt sich", endet der Admiral mit nur wenig gedämpfter Kommandostimme, „in das eine Wort fassen: Festigkeit!"

„Festigkeit!" wiederholt Talleyrand mit Nachdruck. „Wir sind am Ziel. Kommen Sie!" Er ist doch ein Dummkopf, denkt er im Aussteigen.

Sie finden Barras im elegant, ja, luxuriös eingerichteten Speisesaal seines Appartements. Er ist gewohnt, offene Tafel zu halten, und wie immer sind dreißig Gedecke aufgelegt worden. Aber heute hat sich nur ein einziger Gast eingefunden, den Talleyrand mit einem sekundenschnellen Blick abschätzt, ehe er den schweren Vorhang seiner Lider vor die Augen sinken läßt: Ouvrard.

Gast und Gastgeber haben sich offenbar eben erst zu Tisch gesetzt, denn die Suppe dampft noch in den Tellern. Obwohl aber ohne Zweifel so vorzüglich wie sonst, scheint sie heute keinem der beiden zu schmecken: Barras nicht, weil eine trübselige Niedergeschlagenheit scheinbar völlig von ihm Besitz ergriffen hat, Ouvrard nicht, weil er sichtlich seine Gedanken bei den zu erwartenden Ereignissen der nächsten Stunden hat.

Talleyrand scheint nicht das eine noch das andere zu bemerken. Mit trotz seines Hinkens vollendet heiterer Würde nähertretend, ruft er im Ton erfreuter Überraschung:

„Mein lieber Bruix, welch glückliche Fügung! Wir kommen gerade zum Essen zurecht, wofern unser Gastfreund uns einen Löffel Suppe spenden will. Ich habe einen Bärenhunger!"

Barras, der sich träg, unlustig erhoben hat, um die Neuangekommenen zu begrüßen, heftet seinen schwermütigen Blick auf den Sprecher.

„Lieber Talleyrand", sagt er mit einer matten, gleichsam klebrigen Stimme, „ich beneide Sie. Ich bin nicht imstande, jenen Löffel Suppe, von dem Sie sprechen, hinunterzuschlingen." Er läutet mit einer zuckenden Bewegung die Tischglocke und befiehlt dem eintretenden Lakaien: „Servieren Sie den beiden Herren."

Talleyrand wartet, bis der Diener den Befehl ausgeführt und das Zimmer wieder verlassen hat, wendet sich mit heiterer Ruhe dem Hausherrn zu.

„Lieber Barras", sagt er spöttisch, „Sie geben der Nation ein schlechtes Beispiel. Sie als Regent sprechen von ‚Herren'! Wenn das am grünen Holze geschieht ..."

„Lieber Graf", versetzt Barras mit grämlicher Betonung, „vor den Leuten will ich Sie bebürgern, soviel Sie wollen; aber bei mir zu Hause bleibt es bei den alten Formen."

„Sehr richtig!“ fällt der Admiral ein. „Diese Gleichmacherei mündet schließlich in Unhöflichkeit!“

„Abgesehen davon“, fügt Talleyrand, den Löffel in den Suppenteller zurücklegend, hinzu, „daß sie ein Zeichen von Sklavensinn ist, der sich mit der allgemein propagierten Freiheit schlecht verträgt.“

„Sie finden?“ fragte Ouvrard interessiert.

„Ich war, wie Sie wissen, zwei Jahre in Amerika. Alle Welt nannte mich bei meinem Titel wie vorhin unser Hausherr; ja, es wurde schließlich eine Art Spitznamen von mir; aber niemandem fiel es ein, mit mir deshalb besondere Umstände zu machen. Wer den Kampf gegen ungerechte Privilegien des Adels mit dem Streichen von Titeln beginnt, kann mir leid tun.“

Die Tür öffnet sich, in ihrem Rahmen wird der Lakai sichtbar.

„Herr Graf“, wendet er sich an Barras, „von den Herren Gohier und Moulins ist ein neuer Bote draußen, der dringend um Gehör bittet.“

Barras hebt die Hände zum Himmel empor.

„Schon wieder!“ ruft er. „Sagen Sie ihm, ich sei im Bade.“

„Das, wenn Herr Graf erlauben, habe ich schon dem vor einer Stunde gesagt.“

„So sagen Sie ihm, ich habe eine wichtige Besprechung — sagen Sie ihm meinetwegen, ich habe Damenbesuch — oder ein Duell — sagen Sie ihm irgendetwas, aber schaffen Sie ihn mir vom Halse!“

„Sehr wohl, Herr Graf.“ Der Lakai will sich zurückziehen.

„Einen Augenblick, mein Freund!“ Talleyrand hebt seine weiße, schöne, langfingrige Hand. „Lieber Graf“, kehrt er sich mit spöttischem Unterton Barras zu, „auch zu mir sollen Boten kommen: ich erwarte einige dringende

Nachrichten und nahm mir die Freiheit, deren Überbringer hierherzubestellen. Wollen Sie mir den Gefallen tun, diese von dem —" er zögert eine Sekunde lang, setzt dann noch spöttischer fort — „soeben ausgesprochenen Auftrittsverbot zu dispensieren?"

„Sie hören", sagt Barras mürrisch zum Diener, „was der Herr Graf sagte. Die Boten für ihn sind hereinzulassen."

„Und wenn Sie", schließt Talleyrand ab, „die Teller wechseln und den zweiten Gang servieren wollten, wäre ich Ihnen besonders verbunden."

„Was will Gohier von Ihnen?" fragt Talleyrand, als sie wieder allein sind.

„Etwas, was ich selbst brauchen würde", seufzt Barras. „Einen guten Rat."

„Den kann ich Ihnen vielleicht geben. Aber er wäre für die Herren Gohier und Konsorten kaum geeignet."

„Welchen?"

„Das hängt von den Nachrichten ab, die ich erwarte. Zunächst aber sagen Sie mir, warum Ihre Mitdirektoren ratlos sind."

„Aus dem gleichen Grunde wie ich. Sie merken, daß etwas vor sich geht, und wissen nicht, was."

„Eine Meldung für den Herrn Grafen Talleyrand", berichtet der Lakai, den zweiten Gang, einen großen Fisch, auftragend.

Talleyrand zieht die müden Brauen hoch.

„Merken Sie sich, mein Freund, man soll nie einen Gang und eine Meldung zugleich bringen. Eines von beiden muß notwendig darunter leiden."

„Verzeihung, Herr Graf", sucht sich der Gerügte zu verteidigen, „ich dachte, die Nachricht sei so eilig —"

„Keine Nachricht ist so eilig, daß sie ein Gericht verderben dürfte. Nun legen Sie uns vor, und dann führen Sie den Herrn herein."

Der Bote, der nach all diesen Anordnungen endlich eingelassen wird, ist ein großer, breitschultriger Mann mit rotem Gesicht. Er nimmt sich kaum Zeit zu grüßen, wendet sich eilig Talleyrand zu:

„Eben als ich aufbrach —"

Die weiße, gepflegte, langfingrige Hand hebt sich wieder.

„Geduld, lieber Roederer, Sie werden Hunger haben. Einen Teller Suppe für den Herrn Grafen Roederer. — Sie verzeihen, lieber Barras", sagt er artig zu diesem, „daß ich in Ihrem Hause so schalte und walte. Aber ich denke Ihnen gefällig zu sein, wenn ich Ihnen heute die Mühe abnehme."

„Bitte, bitte, nur zu!" Über Barras scheint eine Art Galgenhumor gekommen zu sein. „Es ist ja da." —

„Also was geschah, als Sie eben aufbrachen?" hebt Talleyrand an, als Roederer den Löffel in den geleerten Teller legt und sich aufatmend zurücklehnt.

„Eben als ich aufbrach", wiederholt Roederer gehorsam, „wurde die Sitzung des ‚Rates der Alten' unterbrochen. Bonaparte hatte teilgenommen und schickte sich an, sich zu den ‚Fünfhundert' zu begeben."

„Wurde im ‚Rat der Alten' etwas entschieden?"

„Nein. Sieyès versagte, und Bonaparte schien mir reichlich nervös. Er verhaspelte sich in seiner Rede immer stärker, bis ihn einer seiner Begleiter — ich weiß nicht, war es Berthier oder Bourienne — fast gewaltsam aus dem Saale zog."

„Hm — das klingt nicht sehr ermutigend. Und von da ging er zu den ‚Fünfhundert'?"

„Ja, aber da war ich nicht mehr dabei."

„Wer blieb als Beobachter zurück?"

„Renaudes, Montrond und mein Sohn."

„Vortrefflich, da werden wir ja bald weiteres hören. — Lieber Barras, wollen Sie mir den Gefallen tun zu schellen?"

Barras erfaßt die Glocke; doch statt sie zu schwingen, setzt er sie mit betontem Nachdruck wie eine Schachfigur vor seinen Gast hin. Sagt dazu mit verhohlenem Groll:

„Sie haben die Leitung übernommen — bitte, bedienen Sie sich!"

Talleyrand scheint den Unmut des Hausherrn nicht zu bemerken, schellt, befiehlt dem eintretenden Diener:

„Den Fisch für Herrn Grafen Roederer, den nächsten Gang für uns andern."

Aber der Lakai bleibt unbeweglich.

„Eine Nachricht für den Herrn Grafen", sagt er mit seiner wohlsordinierten empfindungslosen Dienerstimme.

„Servieren Sie zunächst die Nachricht und dann ohne weitere Aufforderung die Suppe für ihren Überbringer, den Fisch für Herrn Grafen Roederer und den nächsten Gang für uns übrige."

Ouvrard, dem die souveräne Ironie des Sprechers unbändigen Spaß macht, grinst über sein ganzes breites Gesicht, die andern sehen verständnislos drein. Der Lakai geht würdevoll, unbewegt zur Türe, öffnet sie, hält sie offen.

Es ist ein junger Mann, der diesmal eintritt, schlank, hübsch, mit vollendeten Umgangsformen. Er verbeugt sich zeremoniell erst vor dem Hausherrn, dann vor den übrigen Gästen, läßt sich als Roederer junior vorstellen und gewinnt so Zeit, warten zu können, bis der Lakai, der inzwischen die von Talleyrand empfangenen Befehle ausführte, das Zimmer verlassen hat. Kaum jedoch war dies der Fall, als die Maske von seinen Zügen fällt und ein hartes, brutales Gesicht freigibt, das dem seines Vaters in seltsamer Weise ähnelt.

„Bonaparte ist eine Niete", stößt er hervor.

„Inwiefern?" fragt Talleyrand mit müder, etwas schleppender Stimme.

„Er ließ sich sofort von den Jakobinern überspielen. Im Augenblick, wo ich spreche, hat er wahrscheinlich den gesamten ‚Rat der Fünfhundert' gegen sich."

„Erzählen Sie, was geschehen ist", drängt Ouvrard.

„Ja, erzählen Sie", fordert ihn auch Talleyrand im vorigen müden, schleppenden Tone auf.

Doch ehe der junge Roederer den Mund auftun kann, ist der unermüdliche Lakai schon wieder in der Türe.

„Botschaft für den Herrn Grafen", meldet er.

„Lassen Sie den Boten ein und bringen Sie noch einen Teller Suppe. Herr Graf Roederer junior hat die seine ohnehin noch nicht gegessen."

Dieser neue Bote übertrifft seinen Vorgänger womöglich an guten Manieren. Zugleich aber geht ein undefinierbarer Hauch von Salbung von ihm aus, der ihn als einen der frühern kirchlichen Würdenträger erkennen läßt, die unter dem Einfluß der Revolution auf Rang und Robe verzichteten. Er wird von Talleyrand als Herr des Renaudes, ehemaliger Generalvikar der Diözese Autun vorgestellt und setzt sich dann ohne Umstände zu dem mittlerweile gebrachten Teller Suppe, dem sich entfernenden Lakaien mit einem mild gütigen Blick folgend.

„Lieber Renaudes", spricht ihn Talleyrand, kaum daß sich die Tür hinter dem Diener geschlossen hat, an, „in Kürze: Wie stehts?"

„Schlecht", antwortet Renaudes mit liebenswürdigem Lächeln. „General Bonaparte hat die Partie verloren."

„Der ‚Rat der Fünfhundert' hat gegen ihn entschieden?"

„Der ‚Rat der Fünfhundert' hat ihn in die Acht erklärt oder war zumindest im Begriff, es zu tun, als ich aufbrach."

„Also hat Herr Roederer junior richtig beobachtet?"

„Er hatte vom ersten Augenblick an die Stimmung gegen sich", mengt sich dieser in die Unterredung. „Schon beim Eintreten empfingen sie ihn mit dem Ruf: ,Tod den Tyrannen!' "

„Hat er gesprochen?" fragt Talleyrand ruhig.

„Sie ließen ihn gar nicht zu Worte kommen!" ruft der junge Roederer hitzig. „Er hatte keine zwei Schritte in den Saal gemacht, so warf sich eine Anzahl der Radikalsten auf ihn und drängte ihn samt seinen Soldaten wieder zum Saale hinaus."

„Der General beging nämlich den Fehler", wirft Renaudes ein, „den Saal in Begleitung einiger Grenadiere zu betreten. — Es war ein regelrechter Hinauswurf", setzt er fort. „Im Saal herrschte ein unbeschreiblicher Tumult. Lucien Bonaparte, der den Vorsitz führte, suchte vergeblich sich verständlich zu machen. Er wurde überschrien. Erst waren es nur einzelne, die den Ruf ,In die Acht!' ausstießen, dann wurde die Parole von mehrern aufgenommen, dann mengten sich auch noch die Zuhörer ein, und schließlich dröhnte der Saal von einem immer wiederholten, alles übertäubenden ,In die Acht mit ihm! In die Acht!' "

„Ich danke Ihnen, Renaudes." Talleyrand wendet sich zum Hausherrn, der, eine Beute widerstreitender Bewegungen, dem Bericht zuhörte. „Lieber Barras", sagt er, und die müde Stimme ist mit einemmal sehr fest, „nun ist es an Ihnen, die Republik zu retten!"

„An mir? Wieso?" ruft Barras auffahrend.

„An Ihnen!" wiederholt Admiral Bruix, der sich seiner Aufgabe erinnert, mit markiger Kommandostimme.

„Ich habe Sie geschont, solange ich konnte", spricht Talleyrand weiter, mit einem leisen Vibrato in der Stimme, das ihren vollen, gepflegten Wohlklang noch erhöht, „ja, ich hoffte, Sie aus dem Ganzen heraushalten zu können. Aber nun ist es so weit: die Zügel schleifen, und Ihre

Aufgabe ist es, sie aufzunehmen!“ Es klingt, als spiele ein Cello eine wundersam bezaubernde Melodie.

„Aber erlauben Sie — ich —“

„Sie fragten mich vorhin, ob ich Ihnen einen Rat wisse, und ich antwortete, das hänge von den Nachrichten ab, die ich erwarte. Nun denn, die Nachrichten sind da, und der Rat auch: In Ihren Händen liegt die Entscheidung, Sie sind der Mann —“

Er kann nicht weitersprechen. Draußen, im Vorsaal ist ein kurzer, heftiger Wortwechsel, dann wird die Türe aufgestoßen, und ein Mann stürzt herein, der letzte von Talleyrand erwartete Bote: Montrond.

Montrond, Casimir de Montrond, der schöne Montrond, der Löwe der Salons, hat heute nichts von seiner sonstigen eleganten Überlegenheit — und überhaupt nicht viel von seiner sonstigen Eleganz: der blaue Rock ist verdrückt, die Halsbinde verschoben, die gelbe, feine Lederhose ebenso kotbespritzt wie die Reitstiefel. So stürmt er ohne nach rechts oder links zu sehen in den Saal, ruft:

„Bonaparte hat mit seinen Soldaten den ‚Rat der Fünfhundert‘ auseinandergejagt!“

Eine Reihe erregter Ausrufe, das Gewirr hastig gewechselter Worte. Doch beides wird übertönt von Talleyrands kraftvoll ansteigender Stimme, der in seiner Ansprache an Barras fortfährt, als sei er nie unterbrochen worden:

„Sie sind der Mann, sage ich, in dessen Händen die Entscheidung liegt! Geben Sie das Beispiel des höchsten Opfers, das wir dem Vaterland bringen können, des Opfers unser selbst: erklären Sie sich für den Mann, dem sein Ruhm und seine Tatkraft den Weg zu den erhabensten Zielen weisen — treten Sie von Ihrem Amte zurück und übergeben Sie Ihre Befehlsgewalt dem Mann des Schicksals: Napoleon Bonaparte!“

Wie um seine Worte zu unterstreichen, klingt unten

auf der Straße das prasselnde Wirbeln von Trommeln auf, das durchdringend helle Schmettern der Clairons, das brausende Rufen einer erregten Menge. Der junge Roederer eilt ans Fenster, öffnet es, blickt hinunter, berichtet, den Kopf halb zurückgewandt:

„Truppen, soweit ich nur sehen kann! Kolonnen über Kolonnen! Sie marschieren in der Richtung der Tuilerien. Die Zuschauer rufen ihnen zu, und die Soldaten antworten."

„Was rufen sie?" fragt der ältere Roederer.

„Was sollten sie sonst rufen", fällt Talleyrand rasch ein, „als ‚Vivat Bonaparte!'? Er allein ist es, dem sie vertrauen, nur auf seinen Befehl sind sie bereit, ihre Waffen niederzulegen, um sich fortan den Segnungen des Friedens zu widmen! — Barras", wendet er sich wieder dem Vorsitzenden des Direktoriums zu, der zusammengesunken in seinem Sessel sitzt, „unterbrechen Sie diesen Marsch nach dem Frieden nicht! Lassen Sie es nicht geschehen, daß diese Waffen, schon gesenkt, sich neuerlich erheben, um sich ihrer blutigen Aufgabe zu erinnern! Seien Sie ein Patriot, Barras, und vollführen Sie jene erhabene Geste, die Ihrer beider würdig ist: Ihrer, der Sie damit ein historisches Beispiel entsagender Größe geben, und seiner, dem Sie damit den Weg öffnen zu seiner erhabenen Bestimmung!"

Barras ist Politiker genug, um aus dem tönenden Wortschwall herauszuhören, was Talleyrand wirklich sagen will: Tritt zurück, ehe dich der andere zertritt! Und er muß sich gestehen, daß dies wirklich der beste Rat ist, den er erhalten konnte. Nur flüchtig überlegt er, ob er sich nicht noch bitten lassen solle. Vielleicht wären auch einige Vorteile herauszuschlagen — am Ende gar eine klingende Entschädigung für seinen Verzicht. Aber er ist der Aufregungen müde, will nur Ruhe haben — Ruhe!

Mit einem tiefen Seufzer antwortet er, bemüht, seiner

Stimme einen Beiklang männlicher Erschütterung zu geben:

„Ich bin bereit, dem Vaterlande dieses Opfer zu bringen."

Tiefe Bewegung unter den Anwesenden. Roederer senior ruft dem Heros unverständliche Worte der Bewunderung zu, Renaudes hebt die weichgepolsterten Hände zum Himmel, Montrond, Ouvrard und der junge Roederer bemühen sich, Ergriffenheit zu zeigen, bei Bruix ist sie sogar echt. Talleyrand hat beide Hände Barras' ergriffen, drückt sie, beugt sich darüber, als wolle er sie küssen. Dabei versäumt er aber nicht, dem ältern Roederer zuzurufen:

„Roederer, die Erklärung! Sie wissen schon, welche!"

Roederer wird sogleich sachlich, zieht seine Brieftasche, entnimmt ihr zwei Blätter, vergleicht sie, reicht das eine Talleyrand. Mit einemmal ist eine in Tinte getauchte Feder da, die Barras in die Hand gedrückt wird. Eilige Finger deuten auf eine Stelle am Fuße des Blattes, dort, wo geschrieben steht: „Paris, den 18. Brumaire des Jahres VIII." Er unterschreibt rasch, in einem Zug, läßt die Feder los, sie wird ihm aus den Fingern genommen, das Blatt gleitet ihm unter der Hand fort, ist gleich darauf in Talleyrands Händen.

Dieser faltet es sorgfältig, birgt es in der Brusttasche. Sagt dann im natürlichsten Ton der Welt zu Montrond und den beiden Roederers:

„Wir wollen zu Abend essen gehen. Wir habens uns redlich verdient."

Jene, die das Wort gehört haben, sehen ihn verwundert an. Der einzige Ouvrard weiß, daß Talleyrand von dem gesamten Diner mit Ausnahme von zwei Löffeln Suppe nichts zu sich genommen hat.

„Lieber Freund, damit hat es keine Eile."

„Aber der Auftrag kommt unmittelbar vom Consul Bonaparte, Bürger Minister!"

Der ‚Bürger Minister' entlockte Talleyrand nur ein schiefes Lächeln. Aber er begnügt sich damit, trocken zu fragen:

„Und lautet?"

„Umgehend eine Proklamation an das italienische Volk auszuarbeiten —"

„Mit der die Schweiz beleidigt, Holland gekränkt, Österreich angepöbelt, der Papst verletzt und die übrigen Staaten vor den Kopf gestoßen werden. Mein Lieber, dazu geben wir uns nicht her."

„Unsere Aufgabe —"

„Unsere Aufgabe ist es, die militärische Gangart des Consuls den diplomatischen Gepflogenheiten der Ämter anzupassen. Jene verlangt Schnelligkeit, diese Überlegung. Die blitzschnelle Ausführung eines Auftrags mag auf dem Schlachtfeld eine Notwendigkeit sein; in der Kanzlei ist sie in neun unter zehn Fällen von Übel. Darum, mein lieber — Besnadière, nicht wahr?"

„Besnadière, jawohl."

„Aus dem gräflichen Haus gleichen Namens?"

„Jawohl."

„Hm. Ja, ich wollte sagen oder vielmehr Sie bitten, trachten Sie diese unnötige, um nicht zu sagen unwürdige Hast in den Ihnen unterstehenden Abteilungen zu bekämpfen. Gemach, immer gemach, wir versäumen nichts. Wenn einmal wirklich Eile not tun sollte, werden Sie es schon durch mich erfahren. Aber ich hoffe, das Vaterland wird nicht so sehr in Gefahr geraten, daß sie not tun sollte." Er verstummt, sieht den vortragenden Rat, der seine Mappe immer noch offen hält, mit wohlwollend gleichgültigen Blicken an. Nun könnte er schon gehen, denkt er.

„Gestatten Sie mir eine Frage, Bürger Minister?" sagt der Rat nach einigem Zögern.

„Sprechen Sie nur, lieber Graf — pardon, Bürger!"

„Würden Sie Ihre Meinung auch dem Consul gegenüber vertreten?"

„Selbstverständlich, wenn er mir die Ehre erwiese, mich darum zu fragen. — Ich bitte Sie", setzt er etwas rascher hinzu, „nicht diese zweifelnde Miene! Sie können überzeugt sein, der Consul wird sich morgen oder übermorgen nur freuen, daß wir nicht so hasteten. — Nun", fällt er wieder in seinen gleichmütigen, etwas lässigen Konversationston zurück, „das wäre alles. Ich danke Ihnen, mein Bester. Und nochmals: bitte keine Eile! Ja keine Eile!" Er nickt dem sich Entfernenden freundlich zu und lehnt sich bequemer in den großen Lehnstuhl zurück.

Bei der Tür kehrt sich der vortragende Rat nochmals um.

„Darf ich den Bürger Ouvrard hereinsenden, Bürger Minister?"

„Ach, Ouvrard ist hier?"

„Er wartet seit einer halben Stunde. Sie hätten ihn aufgefordert heute zu kommen, behauptet er."

„Wohl möglich", gibt Talleyrand mit seinem gleichgültig freundlichen Lächeln zu. „Nun, lassen Sie ihn ein."

Der vortragende Rat entfernt sich mit einer Verbeugung, läßt Ouvrard eintreten. Etwas träge erhebt sich Talleyrand aus seinem riesigen Lehnstuhl, humpelt seinem Besucher entgegen und führt ihn artig zur Garnitur in der Ecke.

„Sie ahnen nicht, lieber Ouvrard", beginnt er, nachdem die Begrüßungszeremonien erledigt sind und sie beide in den bequemen Fauteuils Platz genommen haben, „welche

Mühe ich mit der Übernahme des Außenministeriums auf mich genommen habe!"

„So viel zu tun?" fragt Ouvrard, um eine teilnahmsvolle Miene bemüht.

„Das wäre nicht so arg. Aber der Eifer der Beamten! Dieser unziemliche Eifer! Sie werden es nicht glauben, aber kaum kommt von einem der Consuln, meist von Bonaparte, eine Anordnung, so wird sie auch schon ausgeführt."

„Ich halte das nicht gerade für einen Fehler, wenn Sie mir die Bemerkung erlauben wollen."

„Ein großer Fehler! Ein enormer Fehler! In einem Staatswesen der Beginn des Chaos, dessen können Sie versichert sein! Nein, nein, sein Ziel kennen, seinen Weg wissen und dann sich Zeit lassen, das ist die einzige Maxime, die ich anerkenne."

„Damit käme ich in meinen Geschäften nicht weit."

„Lieber Freund, mein vortragender Rat, dem ich soeben über ebendiese Materie einen Vortrag hielt, war der gleichen Ansicht wie Sie. Ich räumte ihm ein, daß Schnelligkeit auf dem Schlachtfeld nötig sei. Wenn ich Ihnen die gleiche Konzession mache, so darum, weil auch Sie Kriege führen; unblutige zwar —"

„Jedoch viel grausamere als die militärischen", versichert Ouvrard. „Denn bei den unsern geht es ausnahmslos um Sein und Nichtsein." Er schweigt, sieht Talleyrand erwartungsvoll an, beginnt mit leisem Zögern: „Aber —"

„Aber Sie haben Eile", ergänzt Talleyrand mit mokantem Lächeln. „Es scheint, daß ich der einzige bin, den diese mundane Epidemie noch nicht erfaßt hat. Kurz denn: Der Staat hat kein Geld." Er spricht den inhaltsschweren Satz besonders lässig aus.

„Das kann ich mir denken", bemerkt Ouvrard bissig.

„Nach der jahrelangen Korruptionswirtschaft des Direktoriums —“

„— die für den Staat ebenso schädlich wie für die Privatfinanz nützlich war —“

„Mein Verehrter —“ der Finanzmann schüttelt den Kopf — „in einem faulen Staat sind gute Geschäfte auf lange Sicht schlechte Geschäfte.“

„Ich habe Sie gerufen, um Ihnen ein gutes Geschäft vorzuschlagen, das auch auf lange Sicht ein gutes bleibt.“

„Ich bin begierig, mehr darüber zu erfahren.“

„Und ich bin bereit, Ihnen alles Nötige darüber zu sagen: Der Staat braucht Geld.“

Der Bankier sitzt aufmerksam lauschend, wartet. Da nichts mehr erfolgt, fragt er endlich:

„Ja, und —?“ Und drängend: „Was mehr?“

„Nichts mehr. Der Staat braucht Geld. Das ist alles, was ich Ihnen zu sagen habe.“

Auf Ouvrards Zügen erscheint ein dürres Lächeln.

„Und dieses Geld soll ich dem Staat borgen?“

„Sie und Ihre Berufsgenossen.“

„Verehrter — ich weiß gar nicht, wie ich Sie ansprechen soll — bei Barras —“

„Barras ist eine Größe von vorgestern und in der Versenkung ewigen Vergessens verschwunden. Hier bin ich der Bürger Minister.“ Er zwinkert Ouvrard spöttisch zu.

„Nun denn, Bürger Minister“, sagt der Bankier entschlossen, „ich und zweifellos auch meine Kollegen sind zwar bereit, nach Maßgabe unserer allerdings sehr beschränkten Mittel —“

„Oh, darüber wird mir Fouché schon genauere Auskunft geben.“

Ouvrard bleibt der Mund offen stehen.

„Wer?“ bringt er endlich heraus.

„Josèphe Fouché“, wiederholt Talleyrand freundlich.

„Der Chef der geheimen Staatspolizei." Er weidet sich an der Erstarrung des Finanzmannes, setzt dann versöhnlich hinzu: „Lieber Freund, über die Höhe des Beitrages werden wir uns gewiß einigen; es kommt mir zunächst nur darauf an, die Versicherung Ihrer Bereitwilligkeit zu erhalten."

„Meine Bereitwilligkeit habe ich eben versichert", stottert der immer noch ganz verstörte Ouvrard.

„Und sollen sie nicht zu bereuen haben", beteuert Talleyrand. „Die Regierung ist gewillt, denen, die ihr in der jetzigen gespannten Lage beispringen, weitgehend entgegenzukommen."

In die Augen Ouvrards tritt ein leises Lauern.

„Darf ich Ihre Worte so auffassen —"

„Wie sie gemeint sind", lächelt Talleyrand gewinnend.

„Wenn etwa unerwartete Ereignisse eintreten, die bedeutende finanzielle Transaktionen zur Folge hätten —"

„Ich darf natürlich keine Amtsgeheimnisse verraten. Aber es hieße von der menschlichen Natur zu viel verlangen, wenn ich es mir versagte, aus empfangenen Nachrichten für mich — hm — Nutzen zu ziehen."

„Wozu ich Ihnen", fällt Ouvrard, sofort verstehend, ein, „jeden Kredit zur Verfügung stelle."

Die schweren Lider heben sich ein weniges.

„Bis zu welcher Höhe?" fragt der Minister halblaut.

„Bis zu zehn Millionen — zwanzig — bis zur Höhe meines eigenen Kredits."

Die kühlen, grünlichen Augen bleiben auf die des Bankmannes geheftet. Zehn, fünfzehn Sekunden lang. Dann sinkt der Vorhang der Lider wieder darüber.

„Wir sprechen noch davon", sagt der Minister abschließend, wechselt sogleich den Ton. „Ja also, der Staat braucht Geld."

„Und wir, wie gesagt, sind bereit, es ihm zur Verfügung zu stellen, wenn wir nur die Sicherheit haben —" Er hält inne.

„Es mit saftigen Gewinnen wieder hereinzubringen", ergänzt Talleyrand mit gewohntem Spott.

„Ich wollte bloß sagen", verbessert Ouvrard mit niedergeschlagenen Augen, „es nicht zu verlieren."

„Das liegt ganz in Ihrer Hand, lieber Freund."

„Inwiefern?"

„Was eine Staatsführung vor allem braucht, ist Vertrauen. Je mehr Geld Sie uns zur Verfügung stellen, desto rascher wird das Vertrauen zum Staate zurückkehren und desto williger werden sich die Sparstrümpfe öffnen, deren Inhalt schließlich zu gutem Teil in Ihre Kassen fließt." Er lehnt sich leicht erschöpft zurück und betupft etwas affektiert mit einem Seidentüchlein seine Lippen.

Immer noch hebt Ouvrard seine Augen nicht.

„Die Finanz hat der Staatsführung bereits das Vertrauen ausgedrückt: nach dem Staatsstreich —"

„Nach der Neuordnung", korrigiert Talleyrand wohlwollend.

„Nach der Neuordnung", wiederholt der Bankier achselzuckend, „stieg die fünfprozentige Rente sofort von elf auf dreizehn."

„Das ist ganz hübsch, aber zu wenig. Ich brauche nicht zwei, ich brauche fünf, sechs Punkte. Wenn die Staatsrente auf sechzehn, siebzehn steht, wollen wir weiterreden."

„Das ist nicht so schwierig", murmelt Ouvrard.

„Aber? Ich sehe, Sie haben immer noch ein Bedenken. Lassen Sie es ruhig hören. Meine Wände haben keine Ohren, sondern eine dicke Polsterung, durch die kein Laut hinausdringt, nicht einmal zu Herrn Fouché, der sich rühmt, alles zu hören."

„Die Finanz", sagt Ouvrard zögernd, „hätte zum Staat mehr Vertrauen, wenn er auch zu ihr Vertrauen hätte.

Solang aber jeder von uns fürchten muß, daß er sein bißchen Geld zur ‚freiwilligen' Gewährung von Darlehen herzugeben veranlaßt wird —"

„Die Zeiten sind vorbei", unterbricht ihn Talleyrand mit Nachdruck. „Mit diesen Zwangsdarlehen hat Gaudin — Sie kennen Gaudin?"

„Ja", nickt Ouvrard. „Er hätte schon unter dem Direktorium Finanzminister werden sollen."

„Und hat es ausgeschlagen, weil er die unsaubern Praktiken der Herren Direktoren nicht decken wollte. Diesmal aber hat er zugestimmt, weil er endlich die Möglichkeit sieht, Ordnung zu machen."

„Ordnung", nimmt der Finanzmann das Wort auf, als habe er ein Stichwort erhalten, „machen Sie Ordnung nach innen und außen, und so wie die Sparstrümpfe der kleinen Leute werden sich Ihnen auch die Eisenkassen der Hochfinanz öffnen."

„So lobe ich Sie mir", sagt der Minister zufrieden. „Jetzt werden wir bald beisammen sein. Ordnung nach innen und außen — wir wollen nichts anderes."

„Die Finanzkreise", fährt Ouvrard fort, „haben mit Interesse festgestellt, daß sie es nicht mehr mit fünf Direktoren, sondern nur noch mit drei Consuln zu tun haben. Aber werden diese drei mehr ausrichten als jene fünf?"

„Der eine wird mehr ausrichten", erwidert Talleyrand ruhig.

Auch diesmal versteht Ouvrard sofort, beschränkt sich auf die kurze Frage:

„Und die beiden andern?"

„Ducos ist eine liebenswürdige Null, mit der wir keine besondern Schwierigkeiten haben werden; und Sieyès wird im Wirbel der Ausschüsse und Kommissionen, in den ihn Bonaparte gestürzt hat, untergehen."

„Selbst aus Wirbeln kann man wieder auftauchen“, meint Ouvrard achselzuckend.

„Nicht, wenn man das Bleigewicht einer eigenen Ideologie an den Füßen hängen hat.“

Der Bankier nickt mit zögernder Zustimmung; setzt nach einiger Überlegung wieder an:

„Gut, Herr — wollte sagen Bürger Minister, das klingt alles sehr beruhigend. Aber Sie sprechen von allem möglichen, nur nicht von Ihrer Tätigkeit.“

„Ich sagte Ihnen doch, daß ich keine Amtsgeheimnisse ausplaudern darf.“

„Gewiß, keine Amtsgeheimnisse — aber wenigstens einige allgemeine Richtlinien — bleibt Frieden — gibt es Krieg —“

„Man kann an beiden verdienen“, wirft Talleyrand mit einem schiefen Blick hin.

„Zweifellos, aber man muß für jedes von ihnen rechtzeitig seine Dispositionen treffen können.“

„Lieber Freund, ich wüßte selber gern, für welches. Nein, das ist keine Geheimniskrämerei, versichere ich Ihnen, ich tappe ebenso im Dunkel wie Sie und bin auf das eine gefaßt wie auf das andere. Frankreich will zweifellos den Frieden; aber der Consul Bonaparte ist ein General; Frankreich hat den Ehrgeiz, die erste Macht Europas zu werden; aber der Consul Bonaparte hat alle Ursache, seine junge Macht im Frieden zu festigen: Sie sehen, stets hebt das eine das andere auf. Es ist immer schwierig, Prophet spielen zu wollen; angesichts dieser Unwägbarkeiten aber wird es verhängnisvoll.“

„Aber es gibt doch gewisse Anzeichen —“

„Sie werden das erste davon genau so erkennen wie ich.“ Er unterbricht sich: es hat an der Türe geklopft. „Herein!“ ruft er.

Es ist der Rat Besnadière. An der Türe vollführt er eine gemessene Verbeugung, meldet:

„Bürger Minister, Botschaft vom Luxembourg. Der Consul Bonaparte bittet Sie um Ihren Besuch."

„Schön. Lassen Sie einspannen."

„Es ist bereits eingespannt."

Talleyrand zieht die Brauen hoch, als wolle er sagen: Diese Eile, diese unziemliche Eile! Fertigt den Rat ab:

„Es ist gut, lieber Besnadière. Ich komme." Er sieht dem ewig Gemessenen nach, der das Zimmer verläßt. Wendet sich, als die Türe geschlossen ist, zum Finanzmann, fragt kurz:

„Nun, Ouvrard?"

„Es gibt Krieg", sagt Ouvrard trocken.

„Ich fürchte auch", nickt Talleyrand.

Consul Bonaparte

„Hören Sie, Talleyrand", ruft der Consul dem Eintretenden zu, noch ehe dieser recht im Zimmer ist, „ich sandte Ihrem Ministerium den Auftrag, eine Proklamatiion zu entwerfen —"

„Sie ist in Ausarbeitung", antwortet Talleyrand mit unbewegter Miene.

„Vielleicht gar schon versandt?" ruft Bonaparte, ohne seine Bestürzung verbergen zu können.

„Bei der Eile, mit der meine Beamten arbeiten —" beginnt Talleyrand bedenklich auszuführen.

„Das wäre mir aber höchst fatal!" Der Consul springt auf, beginnt mit kurzen, schnellen Schritten im Zimmer herumzulaufen.

„Sie haben mich nicht ausreden lassen", sagt Talleyrand unerschüttert. „Ich wollte sagen, daß bei dem Eifer meiner Beamten diese Gefahr tatsächlich bestand."

Bonaparte hält in seinem Lauf inne, wirft mit einer ruckartigen Bewegung den Kopf herum.

„Aber?" ruft er hoffnungsfreudig.

„Aber ich inhibierte die Versendung, weil ich vorerst mit Ihnen darüber Rücksprache nehmen wollte."

„Gott sei Dank!" stößt der Consul erleichterten Herzens hervor. Besinnt sich plötzlich, starrt den Minister mißtrauisch an. „Was haben Sie eigentlich gegen meine Proklamation?" knurrt er unwirsch.

„Daß sie in unserer gegenwärtigen Situation fehl am Platz ist."

„In unserer gegenwärtigen Situation?"

„Europa erwartet Ruhe von uns."

„Ruhe — hm!" Bonaparte läuft durchs Zimmer, tritt ans Fenster, starrt hinaus, ohne etwas zu sehen. Die Hände hält er ineinandergelegt auf dem Rücken, um ihr leises, ungeduldiges Zucken zu meistern. „Ich — muß Klarheit schaffen, um wirken zu können!" stößt er unterdrückt hervor.

„Das heißt", erläutert Talleyrand mit eherner Gelassenheit, „Sie wollen gegen eine der beiden Mächte Krieg führen, auf die Sie sich stützen müßten." Bonaparte fährt herum, sieht ihn groß an. Unbeirrt fährt Talleyrand fort: „Frankreich gleicht einer Hängematte, die zwischen den Bäumen England und Österreich befestigt ist. Schneiden Sie eines der Seile durch, die diese Hängematte halten, und Sie werden die Folgen sehen." Er hat stets gleich ruhig gesprochen, ohne die Stimme zu erheben, ließ die Worte allein durch ihren Inhalt wirken.

Der Consul hat seine Nervosität überwunden, ist mit einemmal bester Laune.

„Ich will das Seil ja gar nicht durchschneiden", sagt er vergnügt. „Ich will es bloß geschmeidiger machen."

„Mit dem Säbel", ergänzt Talleyrand mit trockenem

Spott. Bonaparte zuckt unwillig, knabenhaft die Achseln; Talleyrand übersieht es, fährt fort: „Mit England sind Sie schon übers Kreuz; nun wollen Sie noch Österreich, Ihre natürliche Stütze auf dem Kontinent, angreifen."

„Wer sagt Ihnen, daß es gerade Österreich sein soll?"

„Gegen England können Sie nichts ausrichten."

„England ist nicht unangreifbar!"

„Wenn Sie Legionen dressierter Adler dagegen senden. Anders wüßte ich nicht —"

Die gute Laune des Consuls ist verflogen. Er tritt wieder ans Fenster. Der Rücken der linken Hand klopft gegen den Teller der rechten.

„Ich werde schon ein Mittel finden!" murrt er. Talleyrand gibt sich gar nicht die Mühe zu antworten, wartet gleichmütig, bis der Zornige sich wieder beruhigt.

Nach einer Weile scheint es so weit zu sein. Immer noch schroff genug, aber doch einigermaßen gebändigt dreht sich Bonaparte um, sagt ärgerlich, mit einem finstern Blick:

„So reden Sie doch ein Wort!"

„Sie erwiesen mir nicht die Ehre, mich um etwas zu fragen."

„Man kann auch ohne Worte fragen. Ein Mann mit Ihrem Feingefühl müßte das wissen."

„Mein Feingefühl sagt mir aber auch, daß es Fragen gibt, auf die man keine Antwort erwartet, weil man sie sich bereits selbst beantwortet hat."

„Talleyrand!"

„Da aber", spricht Talleyrand unbeirrt weiter, „die Ihre nicht zu dieser Sorte zu zählen scheint, will ich sie Ihnen gern beantworten." Er sieht um sich, tut zwei mühsam humpelnde Schritte gegen einen Sessel zu, auf dessen Rückenlehne er sich schwer stützt.

„Setzen wir uns!" fordert der Consul schuldbewußt auf.

Ganz im Gegensatz zu seiner eben zur Schau gestellten Unbeholfenheit läßt sich Talleyrand anmutig in den Fauteuil gleiten, wartet, bis der Consul gleichfalls Platz genommen hat, beginnt dann mit seiner sonoren, gelassenen und deshalb desto stärker wirkenden Stimme:

„Wenn Ihre Agenten Sie entsprechend unterrichteten, müssen Sie auch den Grund erfahren haben, warum ganz Frankreich heute mit Ihnen solidarisch ist: Sie sind für das Volk der Mann, der mit der sinnlos gewordenen, auf eine Nivellierung nach unten hinarbeitenden Schreckensherrschaft der Jakobiner wie auch mit der alle Kräfte des Landes lähmenden Korruption des Direktoriums ein Ende gemacht hat. Daher das allgemeine Vertrauen, das zu sichern Ihre Hauptaufgabe ist."

Er hält inne, wartend, ob Bonaparte etwas antworten wolle. Doch der hebt nur die Achseln, als wolle er sagen: Das ist doch selbstverständlich! So fährt denn Talleyrand fort, noch gelassener, noch eindringlicher:

„Die Sicherung des Vertrauens kann aber nur auf eine einzige Weise erfolgen: durch die Sicherung des Friedens. Das Land hofft auf Frieden, will den Frieden, braucht den Frieden. Frankreich ist ein Rekonvaleszent, der eine tödliche Krankheit überstanden und alle Kräfte nötig hat, sich wieder zu erholen. Wenn Sie diesem Lande, diesem Volke die Last und das Leid eines Krieges zumuten, so setzen Sie alles Erreichte aufs Spiel. Der kleinste Fehlschlag — und das kaum bezwungene Chaos erhebt sich wieder, stürzt das Land in das kaum erst verlassene Unglück und zerstört alles, was unter Ihrer bisnun segensreichen Herrschaft geschaffen wurde."

Wieder hält er inne, doch auch diesmal erwidert Bonaparte nicht, zeigt nur das verstockte trotzige Gesicht eines Knaben, dem sein Erzieher vergeblich zu erklären sucht, warum er ihm sein Lieblingsspielzeug vorenthält. So entschließt sich Talleyrand, sein schwerstes Geschütz zu gebrauchen:

„Eben, als Sie mich rufen ließen, war Ouvrard bei mir." Bonapartes rasches Aufblicken läßt ihn erkennen, daß er die Mauer der Verstocktheit durchstoßen hat. So spricht er eilig weiter: „Er versicherte mir seine und seiner Berufsgenossen Bereitschaft, uns zu unterstützen. Nur eine Bedingung knüpfte er daran: Ordnung nach innen und außen."

„Ouvrard unterstützt uns!" murmelt der Consul vor sich hin. „Das ist gut! Das ist gut!"

Er hat nur die Hälfte gehört, denkt Talleyrand mit einiger Bitterkeit. Die ihm genehme Hälfte. Es war ein Fehler von mir, Ouvrard zu erwähnen.

„Er unterstützt uns, ja", sagt er laut. „Aber er will Ruhe und Sicherheit, um sein Kapital nicht zu gefährden."

In Bonapartes Gesicht geht eine der blitzschnellen Wandlungen vor sich, die für ihn charakteristisch sind. Immer noch ist es ein Knabengesicht, aber nicht mehr trotzig, verstockt, sondern weich, werbend, das Gesicht eines Knaben, der seinem Erzieher etwas abbetteln will.

„Lassen Sie mir meinen Krieg", drängt er mit schmeichelnder Stimme. „Einen ganz, ganz kleinen Krieg, der nur unsere natürlichen Grenzen sichern soll. Um der Sicherheit Ouvrards willen", fügt er mit humoristischem Augenzwinkern hinzu, „lassen Sie mir meinen Krieg, mein Krieglein, mein Kriegelchen!"

Talleyrand antwortet nicht. Unglaublich, denkt er, was dieser Mensch für einen Charme entwickeln kann! Schwer, ihm zu widerstehen!

„Wenn ich den Krieg, meinen kleinen Krieg gewonnen habe", setzt Bonaparte mit der vorigen schmeichelnden Stimme fort, „so wollen wir Frieden machen mit allem, was Sie nur erdenken können: mit England, mit Österreich, mit dem Papst — mit allen. Sie sollen den Frieden schließen, Talleyrand, Sie sollen der Vater des Friedens heißen."

Ein Teufelskerl! denkt der Minister. Wenn ich nur wüßte, ob er es ehrlich meint. Er wiederholt den Gedanken laut:

„Wüßte ich, daß es mit diesem Krieg sein Bewenden hat —"

„Was für Kriege sollte ich sonst noch führen wollen?" ruft Bonaparte in überzeugendem Tone. „Wenn ich Frankreich seine natürlichen Grenzen gegeben habe, so sind meine letzten territorialen Forderungen an Europa erfüllt, und einer langen Friedenzeit, an die ich mit ganzem Herzen glaube, steht nichts mehr im Wege!"

Ein letztes Zögern; dann:

„Nun gut, so will ich Ihren Wünschen nicht im Wege stehen. Wenn sie zum Frieden führen, so mögen sie in Erfüllung gehen."

Bonaparte lacht, sieht Talleyrand vergnügt an.

„Ich wußte, daß ich Sie zu meiner Meinung bekehren werde!" ruft er in fröhlichem Triumph. „Jeder macht schließlich, was ich will; Sie werden es auch tun!"

„Solange Sie vernünftig sind", gibt Talleyrand mit verschlossenem Lächeln zurück.

„Vernünftig! Ein gräßliches Wort. Wäre ich ‚vernünftig' gewesen, so hätte ich das Angebot des bourbonischen Unterhändlers, den Sie mir brachten, angenommen. Wie kam es übrigens, daß Fouché nichts von ihm wußte?" Eine Wolke verdüstert die Knabenstirn.

„Ich hatte ihn zu gut versteckt."

„Ich möchte wetten", lacht Bonaparte, schon wieder aufgeheitert, „unter irgendeinem Weiberkittel. Das ist Ihre Domäne."

Talleyrand verzieht keine Miene, so, als habe der Consul in einer fremden Sprache geredet.

Bonaparte hat auch keine Antwort erwartet, spinnt seine Gedankenfäden weiter.

„Mir zuzumuten", ruft er mit halb zornigem, halb belustigtem Auflachen, „ich habe alle Mühen und Gefahren der letzten Jahre auf mich genommen, nur damit die Bourbonen wieder Könige von Frankreich werden! Hören Sie, diese hochgeborenen Herrschaften haben Ideen!"

„Zu einem Monck haben Sie allerdings kein Talent."

„Monck?"

„Der General, der nach Cromwells Tod die Stuarts nach England zurückbrachte."

„Der Schwachkopf! Die Macht besitzen und sie freiwillig aus den Händen geben!"

„Vielleicht wußte er nichts mit ihr anzufangen."

„Mag sein — für den Augenblick. Aber ich muß immer an ein Wort von jenem Cromwell denken, von dem Sie eben sprachen: ‚Der kommt am weitesten, der nicht weiß, wohin er geht.' "

„Zweifellos richtig; aber er weiß auch nicht, wohin er kommt."

Bonaparte scheint ihn nicht gehört zu haben. Mit weitoffenen Augen ins Unbestimmte starrend, träumt er vor sich hin:

„Ich weiß es ebensowenig. Ich habe keinen Plan, kein Ziel, kann niemandem sagen, was — und wo das Ende meines Weges ist. Ich spüre nur eines: daß ich nicht mehr mir gehöre, daß etwas mich drängt, treibt — weiter — immer weiter — —" Die ohnehin nicht sehr laute Stimme erstirbt in unverständlichem Raunen.

Verwundert, mit Ablehnung hört Talleyrand zu. Seinem disziplinierten Geist, seinem glasklaren Denken ist dieses ziellose Phantasieren unverständlich, wo nicht peinlich. Ossian! denkt er unwillkürlich mit kaltem Spott. Er hat für die uferlosen Gefühlsergüsse dieser angeblichen keltischen Volksdichtungen immer nur Geringschätzung übrig gehabt.

Herber als er es wollte weckt er den Sinnenden aus dessen Tagträumen.

„Sehr schön, Consul“, sagt er trocken. „Vor allen Dingen sehr poetisch. Aber wir haben Tatsachen vor uns, und die verlangen von Ihnen und von mir nicht Poesie, sondern Verantwortung.“

Gleich bei seinen ersten Worten ist Bonapartes unbestimmter Blick wieder fest geworden. Mit feindseligem Schweigen hört der junge Consul des Ältern Sermon an. Kaum aber ist dieser beendet, so fällt er lebhaft ein:

„Der Verantwortung entziehe ich mich gewiß nicht! Der beste Beweis dafür ist der, daß ich Sie eigens kommen ließ, um eine Unüberlegtheit rückgängig zu machen.“

Besser wäre es gewesen, sie gar nicht zu begehen, denkt Talleyrand. Sagt laut:

„So war dies der einzige Grund, weshalb Sie mich riefen?“ Der ‚kleine Krieg‘ lief nur nebenher? ergänzt er im Geist.

„Im Augenblick der einzige“, antwortet der Consul etwas von oben herab. „Aber halten Sie sich bereit, wenn es nötig werden sollte.“

„Selbstverständlich jederzeit“, versetzt Talleyrand gemessen, verbeugt sich leicht, verläßt das Audienzzimmer.

Ein unruhiger Geist, denkt er, die Treppe würdevoll hinabhinkend. Wirr, wo er nicht unter seinen Soldaten ist. Der wird uns noch einiges aufzulösen geben, hm. War es nicht voreilig, ihm zur Herrschaft zu verhelfen? — Bah, tut er seine Gedanken ab, vorderhand soll er in seinen Krieg. Vielleicht spricht das Schicksal ein Urteil.

Das Urteil des Schicksals und des Herrn von Talleyrand

Als erster entfernt sich Sieyès. Seinen massigen, ungesund gedunsenen Leib vor sich herschiebend, geht er ebenso, wie er gekommen ist, findet es kaum der Mühe wert, zu grüßen. Mehr denn je hat er das Aussehen eines Dorfpfarrers, der mit dem ihm dargebrachten Deputat unzufrieden ist.

Auch Fouché, der ihn, an der Tür stehend, beobachtet, hat etwas Pfäffisches. Aber es hat nichts von der anmaßenden Plumpheit des Davonschreitenden, weist eine nicht angeborene, sondern erlernte Geschmeidigkeit auf, die darum künstlich wirkt, und eine unzureichend versteckte Verschlagenheit, hinter der sich unmenschliche Härte erraten läßt.

Talleyrand, heute als Hausherr nicht im gewohnten bequemen Lehnstuhl, sondern bis zum letzten Augenblick aufrechtstehend um verbindliche Zuvorkommenheit bemüht, läßt über beide einen verschleierten Blick gleiten. Wenn wir wollten, denkt er mit leiser Ironie, die zugleich etwas Quälendes hat, könnten wir zu dritt ein Hochamt lesen: ich, der abgedankte Bischof, Sieyès, der davongelaufene Abbé, und Fouché, der aus der Kutte gesprungene Seminaristenlehrer. Aber der liebe Gott hätte wenig Freude an uns.

Nun ist auch an Fouché die Reihe zu gehen. Mit einer schlangenhaften Bewegung tritt er an Talleyrand heran und reicht ihm mit süßlichem Lächeln die Hand. Talleyrand ergreift sie mit unbeschreiblich lässiger Grazie.

„Lieber Fouché", sagt er mit gutgespielter Wärme, „ich danke Ihnen, daß Sie gekommen sind. Sie sind einer der wenigen, die fähig sind, eine Situation zu sehen, wie sie wirklich ist, – und entsprechenden Nutzen daraus zu ziehen."

In den Augen des gewesenen Mönches irrlichtert es. Aber das Gesicht bleibt unbeweglich.

„Lieber Talleyrand", gibt er mit seiner leisen, behutsamen Stimme zurück, „dieses Kompliment kann ich nur erwidern und hinzufügen, daß Ihr Kopf und Herz, wenn Sie eines haben, stets kühl genug bleiben, sich nicht durch sentimentale Bedenken beeinflussen oder gar behindern zu lassen."

„Oh", lächelt Talleyrand freundlich, „Sie überschätzen mich. Meine — hm! — Objektivität ist weit entfernt von den Grenzen der Ihren." Zufrieden über die zurückgezahlte Bosheit sieht er wohlwollend zu, wie Fouché sich noch vom letzten zurückbleibenden Besucher verabschiedet, hinkt dann ans Fenster, um verstohlen die Abfahrt des Polizeiministers zu beobachten.

Er sieht ihn aus dem Hause treten, den Lakaien mit beflissener Freundlichkeit für ihre Grüße danken. Um zu seinem Wagen zu gelangen, muß Fouché an dem Talleyrands vorbei, der gleichfalls schon vorgefahren ist. Im Vorbeigehen hebt er das Gesicht zu dem unbeweglich, majestätisch thronenden Kutscher empor. Dieser neigt mit unmerklicher Bewegung leise den Kopf. Ich muß Gaspard auswechseln, denkt Talleyrand, mit gelassen heiterer Miene wieder zurückhumpelnd.

„Mein lieber Marquis", wendet er sich an den letzten Gast, „darf ich Sie in meinem Wagen mitnehmen? Ich fahre nach Paris zurück, kann aber jeden gewünschten Umweg machen."

„Ich danke Ihnen", antwortet der Gefragte ruhig ablehnend. „Ich kehre zu Pferde auf mein Gut zurück. Wir Landleute", setzt er mit einem um Entschuldigung bittenden Lächeln hinzu, „pflegen alle Ortsveränderungen auf dem Rücken unserer Gäule vorzunehmen".

„Wie?" ruft Talleyrand mit ehrlicher Verwunderung,

„Sie halten sich entfernt? Sie wollen nicht dabei sein, wenn etwa die Herrschaft neu verteilt wird?“ Die letzten Worte waren zu offenherzig, denkt er gleich darauf, sich auf die Lippen beißend.

Aber das Gesicht des andern bleibt arglos.

„Ich sehe“, sagt er, „bei einer solchen Verteilung nichts, was mich irgend angehen könnte.“

Witternd, argwöhnisch wirft Talleyrand den Kopf hoch. Doch auch diesmal ist in den blauen Augen seines Gegenübers nichts anderes zu lesen als Redlichkeit und männlicher Ernst. Anima candida, denkt er. Eine weiße Seele.

„So bitte ich Sie, lieber Lafayette“, sagt er gedämpft, mit unwillkürlicher Hochachtung, „sich wenigstens bereitzuhalten, wenn wir einen Ehrenmann brauchen.“

„Das verspreche ich Ihnen“, antwortet Lafayette schlicht, wendet sich mit einer höflichen, aber zurückhaltenden Verbeugung der Türe zu. —

Allein geblieben, schlendert Talleyrand zu dem langersehnten bequemen Lehnstuhl, läßt sich behaglich und dankbar nieder, greift dann mit ruhiger Gelassenheit in die Innentasche seines Rockes und zieht den Brief, durch den die Besprechung ihre entscheidende Wendung erhielt, heraus, um ihn nochmals zu überlesen.

‚Paris, den 28. Prairial VIII

Hochgeschätzter Herr Graf!

Soeben erfahre ich durch einen Kurier, daß vorgestern bei dem oberitalienischen Dorf Marengo zwischen dem Ersten Consul und den Österreichern eine Schlacht stattfand. Sie ging für uns verloren, doch auf dem Rückzug stießen frische Truppen zu den Unsern, griffen den Feind überraschend an und warfen ihn über den Haufen. Leider fand General Desaix, ihr tapferer Anführer, dabei den Heldentod.

Da diese Nachricht, von der in Paris noch niemand weiß, für Ihre Entschließungen von Wichtigkeit sein kann, eile ich, sie Ihnen zu übersenden und bin, mich Ihrem Wohlwollen empfehlend,

Ihr stets dienstwilliger ergebener Diener
Ouvrard

NS.: Ich halte die 5%ige Rente zurück!"

Er läßt das Blatt sinken und überlegt. Eigentlich schön von Ouvrard, denkt er, die Mühe nicht zu sparen und hierher nach Auteuil einen Eilboten zu senden. Es ist doch gut, seine Geheimnisse mit seinen Freunden zu teilen. Man erhält dadurch die Möglichkeit, um jene Sekunde, auf die es immer und überall ankommt, früher disponieren zu können als die andern.

Hat Fouché nichts bemerkt? Sieyès und Lafayette waren ganz ihren persönlichen Gedanken hingegeben, so daß sie auf sein verändertes Verhalten nicht achteten. Aber der ewig lauernde Fouché beobachtete ihn scharf und machte sich bestimmt seine Gedanken darüber, daß er, bis zum Eintreffen des Briefes angestrengt um eine Einigung bemüht, dann plötzlich alles Interesse daran verlor. Nun, mag er herumraten, wenn er nur nicht den eigentlichen Grund herausfindet, hm.

Eine sonderbare Sitzung war das, denkt er weiter. Zusammenberufen, um für den Fall des Versagens oder gar Ausscheidens des Ersten Consuls seine Nachfolge zu regeln, zeigte sie nur, daß eine Vielheit außerstande ist, wirklich zu führen: Schicksalsstunden wollen einen Mann.

Von einer ähnlichen Erkenntnis ausgehend hat er Bonaparte vor einem halben Jahr in den Sattel gesetzt. Nun beginnen ihm Zweifel aufzusteigen: ist der junge Korse dieser Mann? Das Volk verzeiht seinen Götzen alles, nur nicht Mißerfolge. Was wird geschehen, wenn bekannt wird, daß nicht er, sondern der tote Desaix der eigentliche Sieger ist? Schon am 18. Brumaire hat Bonaparte gezeigt, daß er elementar anbrandenden Stürmen gegenüber Ruhe und Besonnenheit verliert; damals rettete ihn in letzter Minute der Entschluß, die tobenden Deputierten mit einer disziplinierten Truppe auseinanderzujagen; wird er es wagen, das Manöver einer tobenden Volksmenge gegenüber zu wiederholen?

Allerdings, er hat Glück. Sosehr, daß es ihm seinen Gehilfen in dem Augenblick, wo dieser zum Rivalen wurde, aus dem Wege räumte. War aber dieses Glück mehr als blinder Zufall? War es jene geheimnisvolle Macht, von den Menschen Schicksal genannt, die ihrem Werkzeug, solange sie seiner bedarf, alle Hindernisse aus dem Wege räumt? Ist Bonaparte der Mann des Schicksals?

Während seiner Überlegungen ist Talleyrand in Gedanken ans Fenster getreten und hat, in die Nische gelehnt, zerstreut in den Hof hinabgeschaut, ohne etwas zu sehen. Nun, an dieser schwierigen Stelle seiner Überlegungen angelangt, bricht er ab, findet in die Außenwelt zurück. Seine Blicke füllen sich mit Inhalt.

Gaspard, der Kutscher, ist vom Bock gestiegen und macht sich am Kopfgestell des Sattelpferdes zu schaffen. Das wäre weiter nichts besonderes; aber einer der Lakaien, Josèphe, ist zu ihm getreten, und beide flüstern miteinander, ab und zu verstohlene Blicke um sich werfend. Was haben die zwei so eifrig miteinander zu tuscheln? fragt sich Talleyrand. Sollte Josèphe auch —? Gleich nach der Heimkehr muß er das Nötige veranlassen. Vorsichtig tritt er vom Fenster zurück und überläßt sich wieder seinen frühern Gedanken.

Aber wenn nicht Bonaparte, setzt er seine Überlegungen an einer andern Stelle fort, wer sonst? Alle, die in Betracht kommen, waren ja heute versammelt: Lafayette,

Sieyès, Fouché. Gehen wir sie der Reihe nach durch! denkt er.

Lafayette: Edelmann im besten Sinn des Wortes. Ein herrlicher Herrscher über Idealisten seiner Art. Im Hexen- und Hexerkessel dieser Zeit verloren. Zudem hat er sich ja versagt. Weiter!

Sieyès: nach einem Witzwort Fouchés ein Schneider pompöser Anzüge, die nie passen. Unverbesserlicher Theoretiker, der zerstört, was er ordnen will. Ihn an die führende Stelle setzen hieße das Leben töten.

Fouché endlich: seelenloses Rasiermesser, das mit demselben Gleichmut Geschwüre und ungeschickte Finger spaltet. Weit entfernt davon, führen zu können, muß er geführt werden, und vorsichtig auch noch dazu, hm.

Und wir selbst, Charles Maurice de Talleyrand-Périgord, der wir uns rühmen, die Schicksalslose in Händen zu halten? Wie steht es mit unserer Eignung für das höchste Amt, das Frankreich zu vergeben hat?

Wir kennen uns, Charles Maurice, wir machen uns nichts vor. Wir lieben das Geld, die Weiber, die Bewunderung; diesem Trieb sind wir alles zu opfern bereit. Wir waren in unserer Jugend zu verlassen; das hat uns den Blick geschärft, der auch vor uns nicht haltmacht und in jedem Menschenangesicht das ewige Tier sieht, das nichts verlangt als seine Lust.

Aber gehen wir mit uns nicht zu streng ins Gericht? Sind wir wirklich nur wie die andern? Das lustsuchende Tier, das sich gegen die Gitter wirft, mit denen Jahrtausende der Sitte es umgaben? Nein, es ist ein Unterschied zwischen uns und ihnen: sie sind völlig Tier, während wir aus dem stinkenden Bocksfell eine reine Stirn zum Himmel zu recken versuchen.

Der Grübler macht eine kleine ungeduldige Bewegung. Ich schweife ab, denkt er. Es geht doch nur darum, ob ich zum ersten Staatsamt tauge. — Nein! beantwortet er sich die selbstgestellte Frage ohne Zögern. Weder bin ich fähig, der Masse jenes Schaustück abzugeben, das sie sogar vom Verbrecher fordert, der zum Fallbeil geführt wird, noch habe ich Lust, mich in der Kleinarbeit des Regierens zu verbrauchen. Torheiten mögen andere begehen; ich bin dazu da, sie, wo es geht, wieder gut zu machen.

Es gibt also nur eine Lösung, schließt er ab, und sie heißt: Bonaparte. Nicht Desaix — er muß der Sieger von Marengo sein, jener, der auf den Schild gehoben wird, weil, ergänzt der Einsame mit bitterer Ironie, ein hinkender Satyr es so beschlossen hat. Und derselbe hinkende Satyr wird ihn begleiten, ihm getreu, solange er sich innerhalb der Grenzen hält, die zugleich die Grenzen einer nach natürlichen Gesetzen geordneten Welt sind. —

Dämmerung fällt ein. Talleyrand sieht um sich und richtet sich auf. Es ist Zeit, zu gehen, denkt er, greift nach der Klingel, die neben ihm auf der Kommode steht.

„Stock und Hut", befiehlt er mit seiner empfindungslos freundlichen Stimme dem eintretenden Diener. Nimmt das Verlangte, humpelt, sich schwer aufstützend, die Stiege hinab in den Hof. Der Wagenschlag ist bereits geöffnet, der Tritt herabgelassen. „Heim", sagt er kurz, wirft einsteigend einen raschen Blick auf den unbeweglich thronenden Kutscher, dann auf den abseits stehenden, fremd, gleichgültig dreinschauenden Lakaien Josèphe. Beide tun, als hätten sie einander von Adam her nicht gekannt. Ich werde sie beide aufs Gut schicken, denkt er. Dort können sie keinen Schaden stiften. Bin nur neugierig, ob Fouché mir ein paar Diener übriggelassen hat, die willens sind, nur mir zu dienen.

Galantes Intermezzo

Der Wagen fährt in den Hof ein und bleibt vor dem Haupteingang stehen. Der eine der beiden Lakaien springt ab, öffnet den Wagenschlag, läßt den Tritt herab und bleibt gebückt stehen, dem Aussteigenden die Schulter als Stütze darbietend.

Die Hilfe benützend verläßt Talleyrand den Wagen, durchschreitet mühsam das Tor, neben dem in tiefer Verbeugung ein goldbetreßter Portier steht; hinkt nun schon gefestigtern Schrittes auf zwei Diener zu, die mit Armleuchtern am Fuß der Treppe warten, beginnt langsam, bedächtig, ständig von den ihm Leuchtenden flankiert, Stufe um Stufe emporzusteigen.

Droben erwartet den Ankommenden Monsieur — denn auch innerhalb dieser Mauern herrschen die alten Formen — also Monsieur Courtiade, der Kammerdiener, ruhige, wohlsordinierte Achtung in den unbeweglichen Zügen. Er trägt seine Livree mit dem Anstand eines Kammerherrn, doch verhindert ein selbstverständliches Empfinden für Stil, daß seine Haltung unziemlich oder gar lächerlich wirke. In seiner natürlichen Würde erinnert er fast an seinen Herrn. Und in der Tat, da er dem sich Nähernden einen, zwei Schritte entgegentritt, ist es beinahe, als markiere er ein leises Hinken, das seinen Gang dem seines Gebieters anähnelt.

„Guten Abend, Pascal", nickt Talleyrand zur Antwort auf die respektvolle Verbeugung. „Was Neues?" fügt er lässig hinzu.

Noch näher tritt der Kammerdiener, neigt sich leicht vor, sagt gedämpft:

„Wir haben Besuch, Herr Graf." Setzt, da Talleyrand die Brauen fragend hochzieht, hinzu: „Eine Dame."

Talleyrands Züge lassen nicht erkennen, ob er die letzten Worte gehört hat. Mit einer gleichgültigen Handbewegung verabschiedet er die beiden Leuchterträger, schreitet weiter, betritt das Vorzimmer, nur noch von Monsieur Courtiade gefolgt, der sogleich die Türe hinter sich schließt.

Nun erst dreht sich der Herr um. Ein einziges Wort spricht der blasse, hochmütig verzogene Mund:

„Hübsch?"

Der Kammerdiener legt beteuernd die Hand aufs Herz.

„Herr Graf!" Die ganze Bewunderung des erfahrenen Weltmannes ist in seiner Stimme. Er will noch etwas sagen, doch Talleyrand hinkt bereits würdevoll der in die innern Gemächer führenden Türe zu. Monsieur Courtiade, auf seine sonstige Gemessenheit verzichtend, beeilt sich, sie zu öffnen. Talleyrand durchschreitet sie, gerade vor sich hinblickend. Nur das leise Einschnappen des Schlosses läßt ihn erkennen, daß sie in seinem Rücken geschlossen wurde.

Aus einem Fauteuil erhebt sich eine schlanke, dunkel gekleidete Gestalt, sinkt in einem tiefen Knix zusammen. Golden, mit roten Reflexen, leuchtet eine mühsam gebändigte Haarfülle von dem geneigten Haupte.

„Madame! Ich bitte Sie!" Eilig humpelt Talleyrand hinzu. Das erbärmliche Hinkebein! In solchen Augenblicken verflucht er es noch mehr als sonst. Um so gerundeter ist die Geste, mit der er die Hand ausstreckt, um die im Knix Niedergesunkene aufzuheben.

Ein kleines Händchen legt sich auf seine Finger, der geneigte Kopf hebt sich, federnd, ohne erkennbare Mühe richtet sich die zusammengesunkene Gestalt auf.

Teufel, ist sie hübsch! Man weiß nicht, was man zuerst bewundern soll: die schlanke, geschmeidige Gestalt, das anmutige Köpfchen, dessen Haarfülle von Augenblick zu Augenblick zuzunehmen scheint, das kokett aufgeworfene Näschen, den vollen, wie eine Kirsche leuchtenden leicht geöffneten Mund, die großen blauen Augen, in denen sich Hilflosigkeit, Vertrauen und Dankbarkeit harmonisch mischen — eh, halten wir uns nicht bei Einzelheiten auf, bewundern wir dieses Meisterwerk der Schöpfung als Ganzes!

Immer noch ihre Hand haltend, führt er sie zum Fauteuil zurück, in dem sie gesessen hatte, nimmt ihr gegenüber Platz. Noch einmal gönnt er sich das Vergnügen, diese vollendete Schönheit auf sich wirken zu lassen, dann sagt er verbindlich, halb fragend:

„Hoffentlich ließ ich Sie nicht zu lange warten."

„Ich bin seit nachmittag hier", antwortet sie. Auch ihre Stimme ist angenehm, denkt er. Aber dieses Gezwitscher muß ich schon irgendwo gehört haben.

„Ach, das tut mir leid", sagt er mit professioneller Geläufigkeit. „Ein Mann in meiner Stellung ist leider nicht Herr seiner Zeit." Ich muß sie doch kennen, denkt er zugleich, wiederholt den Gedanken laut: „Kennen wir wir uns nicht, Mad — hm! — Bürgerin?"

In den großen blauen Augen ist ein sanfter Vorwurf.

„Ich war doch vor zwei Jahren bei Ihnen, Bürger Minister", erinnert sie. „In meiner Paßangelegenheit."

Ach — mit einem Schlag ist alles wieder da! Die in Tränen aufgelöste Frau, die von irgendwelchen untergeordneten Polizeispitzeln — nein, damals hatte Fouché noch nicht die Fäden in der Hand — schikaniert worden war, seine aus purem Mitleid erfolgte Intervention, der bösartige Gegenschlag seines ewigen Feindes Rewbell, der das arme, harmlose Frauenzimmer als Spionin verhaften ließ, seine neuerliche Intervention bei Barras, diesmal, um zu zeigen, daß er zu schützen wußte, was sich in seinen Schutz begab —

Aber daß er sie nicht gleich erkannt hatte! Daß ihm, dem leidenschaftlichen Schätzer weiblicher Schönheit, gerade diese entgangen war! Vielleicht, sucht er sich selbst das Unbegreifliche zu erklären, weil die blauen Augen in Tränen schwammen, weil die kokette Stumpfnase verschwollen war, weil ihn eine andere Frau beschäftigte, weil, weil, weil...

Hauptsache, daß sie da ist, in ihrer strahlenden Schönheit, an der er sich nicht sattsehen kann!

„Da sind Sie also die schöne Inderin!" ruft er erfreut.

Sie neigt den schön frisierten Kopf.

„Je suis d'Inde", zwitschert sie.

Er verzieht ein wenig den Mund: ‚d'Inde' — es klang wie ‚dinde', Pute. Nun ja, mit Geistesgaben scheint sie nicht übermäßig gesegnet zu sein. Aber schön ist sie, verteufelt schön! Im Herzen des Bürgers Ministers beginnen sich höchst private Empfindungen zu regen.

Wenn sie zu mir kommt, überlegt er, so will sie von mir etwas; was, weiß ich noch nicht; hingegen weiß ich, was ich von ihr will. Vielleicht läßt sich ein beiden Teilen genehmer Tausch vollziehen. Wollen sehen!

„Und was führt Sie zu mir, Bürgerin — wie war doch der Name?"

„Werlé. Cathérine Werlé, verehelichte Grand."

„Richtig! Was also kann ich für Sie tun, Bürgerin Werlé-Grand?"

Mit hilfeflehender Gebärde hebt sie die gefalteten Hände gegen ihn.

„Schützen Sie mich! Ich flehe Sie an, schützen Sie mich!"

Er fängt die beiden kleinen Hände in den seinen auf.

„Daß ich bereit bin, Ihnen allen Schutz zu gewähren, glaube ich bewiesen zu haben, mein Kind", sagt er voll gütigen Zuspruchs.

„Ich weiß", murmelt sie. „Das gab mir ja den Mut, mich an Sie zu wenden."

„Nun denn? Meine Gefühle gegen Sie haben sich nicht

verändert." Im Gegenteil, verstärkt, setzt er im Geist hinzu.

Ein dankerfüllter Augenaufschlag ist die Antwort, der vielleicht etwas professionell ausfällt, nichtsdestoweniger aber Talleyrand mit Bewunderung erfüllt. Diese Präzision und wirkungsvolle Sicherheit! denkt er anerkennend. Ähnliches habe ich nur bei Boxern in England und Amerika gesehen. Eine Boxerin der Liebe, sagt er sich vergnügt. Siehe da!

„Vor wem also soll ich Sie schützen, arme Kleine?" spricht er ihr mit väterlichem, nein, lieber mit onkelhaftem Wohlwollen zu.

Sie macht behutsam eines der gefangenen Händchen frei, kramt im Reticule, das sie auf dem Schoß hält, zieht ein Nichts aus Duft und Spitzen heraus und betupft sich damit die Augen, in denen ein galanter Beobachter Spuren von Tränchen erblicken mag.

„Ich weiß gar nicht, wo ich beginnen soll", zwitschert sie unter wohlsordiniertem Schluchzen. „Wenn eine Frau nicht gerade aussieht wie eine Medea —"

Sie meint Medusa, fährt es Talleyrand durch den Kopf. Aber das tut nichts, hören wir weiter.

„— wird es ihr von den Männern soo schwer gemacht, ehrbar zu bleiben! Sie ahnen gar nicht, wie schwer, Bürger Minister!"

Der Bürger Minister ahnt es wohl, vielleicht sogar aus eigener Erfahrung; aber er läßt sich auch diesmal nichts anmerken.

„Ich will doch nicht hoffen", sagt er mit absichtsvollem Mißverstehen, „daß eine Frau nicht auf der Straße gehen kann, ohne von Zudringlichen belästigt zu werden?"

„Wenn es das wäre! Mit zudringlichen Männern weiß ich fertig zu werden, die habe ich wenigstens vor mir." Sie wirft die vollen Schultern, macht sich gar keine Sorgen darüber, daß und wie sie sich widerspricht. „Aber“, fährt sie in melodischer Klage fort, „mein guter Ruf! Ich darf auf der Promenade, im Café, im Theater mit irgend jemanden nur sprechen, so bemächtigt sich dessen sofort der bösartigste Klatsch und zerfetzt das letzte, was mir geblieben ist!“

Nun kommen wir endlich zur Sache, denkt Talleyrand, drückt verständnisvoll das eine kleine Händchen, das zwischen seinen Händen geblieben ist. Und wie erwartet, setzt sie fort:

„Und nicht genug daran, vermehrt dieser Klatsch noch meine Sorgen. Meine Renten laufen unregelmäßig ein, ich bin oft gezwungen, Kredit in Anspruch zu nehmen — diese böswilligen Verleumdungen — wenn man so arm und schutzlos ist wie ich —“ Wieder betupft das spitzenbesetzte Nichts das kokette Näschen, die langwimperigen Lider, die nun doch zwei Tränlein hervorzupressen vermochten.

Talleyrand sieht es mit durchaus zustimmendem Wohlgefallen. Er ist nun völlig im Bilde, nur wurden ihm ähnliche Anträge noch nie mit so naiver Offenherzigkeit gestellt. Aber vielleicht ist das nur ein neuer Trick, eine geschickte Spekulation auf die grenzenlose Dummheit der Männer in Liebesdingen. Talleyrand weiß es nicht, will es gar nicht wissen. Der feine Rausch der Sinne beginnt sein sonst so klares Gehirn zu vernebeln, will ausgekostet, genossen werden.

Nur zur Sicherheit noch eine letzte Frage:

„Und Sie haben niemanden, zu dem Sie sich flüchten können?“

„Niemanden“, schluchzt sie, eine arme kleine Nachtigall, die sich verflogen hat. „Mein Gatte verließ mich, als ich noch ganz jung war, meine Eltern leben in Tranquebar — wenn sie noch leben — —“

„Dann, mein Kind", sagt Talleyrand, und die Worte kommen etwas mühsam aus der geengten Kehle, „ist es einfach meine Pflicht, mich Ihrer anzunehmen."

„Oh, mein Wohltäter!" haucht sie, aus dem Fauteuil gleitend und ihm zu Füßen sinkend.

Zwei Hände, mit der Geschicklichkeit der Erfahrung unter ihre Ellbogen geschoben, heben sie auf.

„Ich heiße Charles", sagt eine dunkle Stimme. –

– – – – – – – – – – – – –

„Herr Graf haben geläutet?"

„Ja. Pascal, das blaue Zimmer ist zurechtzumachen."

„Das blaue Zimmer ist zurechtgemacht, Herr Graf", entgegnet Monsieur Courtiade unbewegten Gesichts.

„Und ich bitte mir aus, daß meine Schlafzimmertür geölt wird. Neulich kreischte sie so, daß ich mich wunderte, nicht das ganze Haus geweckt zu haben."

„Die Schlafzimmertür ist geölt."

„Und noch etwas: Gaspard und Josèphe sind je eher je besser aufs Gut zu schicken."

„Gaspard ist bereits mit der alten Kalesche auf dem Weg aufs Gut. Er wird Josèphe in Auteuil mitnehmen. Ich habe auch Antoine mitgeschickt. Um wieviel Uhr befehlen Herr Graf morgen die Schokolade?"

Gewalten im Dunkel

Paris atmet auf, und ganz Frankreich mit ihm. Es ist kein lauter Jubel, in dem sich die allgemeine Beglückung äußert; den hat man sich in den Schreckensjahren abgewöhnt; aber eine tiefinnerlich empfundene Freude strahlt aus jedem Gesicht und läßt erraten, wie groß die Last war, die auf allen wuchtete: der Friede, der ersehnte, so oft versprochene und dann doch wieder in die Nebelhaftigkeit neuer kriegerischer Entwürfe entrückte Friede ist nun wirklich in Sicht. Die Nachricht von einem neuen großen Sieg, den diesmal Moreau, der Held der Revolutionsfeldzüge, erfocht, war von Berichten begleitet, die Genaueres über die eingeleiteten Friedensverhandlungen in Lunéville aussagen. Danach gibt Österreich endlich nach, das Ziel der Rheingrenze ist so gut wie erreicht, und zweifellos auch die neuen Grenzen in Italien, die das wiedererstandene Frankreich zu seiner Sicherheit braucht.

Und nicht genug daran; auch der zweite hartnäckige Feind des verjüngten Staates zieht mildere Saiten auf: England! Der unversöhnliche Gegner der Republik, der jüngere Pitt, wankt in seinem Amt. Reisende, die trotz des noch immer bestehenden Kriegszustandes erst kürzlich aus London gekommen sind, haben es versichert. Die Zeit der starren, hoffärtigen Tories neigt sich ihrem Ende zu, die liberalen Whigs kommen ans Ruder, und mit diesen wird sicherlich eine Verständigung möglich sein. Hat doch schon, heißt es, Bürger Talleyrand seinen Vertrauten, den blitzgescheiten Gecken Montrond, als inoffiziellen Unterhändler hinübergeschickt, und man hört von allen Seiten, daß er von der gesamten tonangebenden Gesellschaft Englands mit Auszeichnung aufgenommen wurde. Friede wird sein, allgemeiner Friede. Jedermann hofft darauf, jedermann glaubt daran.

Wem aber hat Frankreich dieses Glück zu danken? Keinem andern als dem Consul, dem jungen, lorbeergekrönten Consul Bonaparte. Zwar hat er noch zwei Amtsgenossen, aber von denen ist kaum die Rede: wenn man vom Consul spricht, ist immer nur der eine gemeint, er, der der Nation Ordnung, Sicherheit und Selbstvertrauen schenkt, er, die große Hoffnung Frankreichs.

Was aber der Consul vollbringt, läßt die Hoffnung von Tag zu Tag in den Augen aller wachsen. Überall sind sein Geist, seine Tatkraft, seine starke Hand zu spüren, und es sind ausschließlich Werke des Friedens, denen er seine schier übermenschlichen Fähigkeiten widmet. Das Bauerntum, der Grundpfeiler des Staates, wird entschuldet, kann die Erzeugnisse seines Fleißes unbedroht von Fron und Zehent der Allgemeinheit zugute kommen lassen; Industrie und Handel blühen auf, ermuntert durch hunderterlei Begünstigungen, im Besitz neuer Maschinen, geben zahllosen Arbeitswilligen Arbeit, beginnen schon Mangel an wertvollen Fachkräften zu fühlen; die Verwaltung wird erneuert, von den Schlacken eines engherzigen, volks- und lebensfremden Bürokratentums gereinigt; Recht und Gesetz gelten, nicht nur, wie einst, für die großen Herren, die damit nach Belieben umgingen, und die Politiker und Geldleute, die sich die Vorteile erschlichen oder kauften —, nein, für jedermann, der sich benachteiligt fühlt und Gerechtigkeit fordert.

Wem der Consul aber vor allen Hoffnung bedeutet, das ist Frankreichs Jugend. Heute stehen ihr alle Wege offen, und nicht Gönner, nicht demütigende Protektion, nicht drückende parteipolitische Bindungen sind ihr Fürsprech, sondern einzig und allein nur ihr Mut, ihr Fleiß, ihre Fähigkeiten. Frankreichs Jugend ist Frankreichs Kapital, und niemand weiß dies besser als der Consul. Hat er nicht erst vor wenigen Monaten den Studierenden Begünstigungen im Kriegsdienst eingeräumt? Hat er nicht den einzigen Söhnen von Witwen und Greisen, den Brüdern von Waisen die Dienstpflicht völlig erlassen? Wahrhaftig, wie ein Sämann ist er über Frankreichs Erde geschritten, und herrlich wird die Saat aufgehen, die er geworfen hat!

Es fügt sich gut zu dieser Friedenssymphonie, daß gerade an dem Tag, an dem, wie das heilige Buch der wiederhergestellten Religion berichtet, die Engel den Hymnus des Friedens für alle Menschen sangen, ‚die eines guten Willens sind', das Werk eines fremden Tonsetzers aufgeführt werden soll, das den Namen ‚Die Schöpfung' führt; und es zeugt von der Versöhnlichkeit des Consuls, daß er sein Erscheinen bei dieser Aufführung zugesagt hat, obgleich der Komponist Untertan des Kaisers von Österreich, also im Augenblick noch eines Gegners ist.

„Was sagten Sie?" wendet er sich an den Polizeiminister, der hager, bleich und mit der Ruhe einer gespannten Feder hinter ihm steht. „Wie heißt der Komponist?"

„Haydn, Bürger Consul. Josèphe Haydn." Fouché spricht den Namen mit einiger Mühe aus.

„'aydn", wiederholt der Consul. „Ein drolliger Name."

„Ein österreichischer Name."

„Ebendarum für uns ungewöhnlich. Aber wenn der Mann etwas kann, wollen wir uns an seinen Namen gern gewöhnen, nicht wahr, Josephine?"

„Verzeihen Sie, Bürger Consul", mengt sich der zur Gruppe tretende Talleyrand ins Gespräch, „dazu hatte Paris bereits Gelegenheit. Im Jahre neunundsiebzig bestellte das Concert spirituel bei ihm sechs Symphonien."

„Da war ich genau zehn Jahre alt. Sie werden also meine Unwissenheit entschuldigen." Der Consul faßt Talleyrand formlos am Ärmel und zieht ihn abseits. „Nun?" fragt er kurz.

Talleyrand ist diese formlose Kürze gewohnt.

„Laut Montronds Bericht sind Pitts Tage gezählt. In höchstens einem halben Jahr fällt er."

„Über?"

„Über die irische Frage. Ohne Aufhebung der Katholikengesetze ist sie nicht zu lösen. Dem widersetzt sich aber der König."

Der Consul lacht.

„Da waren wir klüger, was? Haben Sie mit dem Kardinal Consalvi gesprochen?“

„Ja. Der Papst kommt uns in allen Punkten entgegen.“ Auch Bonapartes Sprunghaftigkeit ist Talleyrand gewohnt.

„Und Montrond also?“ kehrt der Consul zum ersten Gegenstand zurück.

„Erwartet ein liberales Kabinett, mit dem leichter zu verhandeln sein wird.“

„Englands Glück! Sonst komme ich wahrhaftig noch hinüber und bringe die Sache selbst in Ordnung.“

„Ich dachte, Sie wollten keinen Krieg mehr führen?“

Bonaparte lacht, nimmt den Minister wieder am Arm.

„Kommen Sie, wir wollen zu den andern zurückkehren. Wir müssen aufbrechen, sonst wird es zu spät. Schade, daß ich so vollkommen unmusikalisch bin.“

Aber es dauert noch eine gute Weile, bis der Aufbruch wirklich erfolgt: Josephine wird wie gewöhnlich nicht fertig, findet plötzlich, der Shawl stehe ihr nicht, schickt um einen andern, läuft, ungeduldig geworden, dem Boten nach, findet, zurückgekehrt, ihre Frisur sei in Unordnung geraten, kurz, tut alles, um die Geduld ihres Gatten zu erschöpfen.

Aber der Consul ist heute so strahlender Laune, daß nichts sie trüben kann. Er faßt Josephine ebenso unbekümmert am Arm wie zuvor seinen Minister, windet ihr den endlich gebrachten Shawl um Kopf und Hals, stopft sie in den Pelz und zerrt sie treppabwärts. Drunten wartet er kaum, bis sie die seidenbeschuhten Füße in den Fußsack geschoben hat, springt hinter ihr in die Kutsche, ruft dem Kutscher ein scharfes „Vorwärts!“ zu. Die Kutsche ist bereits im Rollen, noch ehe der Wagenschlag richtig zugefallen ist.

Die Pferde fallen gleich von Anbeginn in so scharfen

Trab, daß es dem Consul auffällt. Des Kutschers Gesicht wies eine verdächtige Rötung auf, er erinnert sich genau. War das nur die Winterkälte oder die Folge allzureichlichen Genusses geistiger Getränke? Bonaparte macht eine kurze Bemerkung darüber, doch Josephine erwidert gleichmütig:

„Laß ihn doch! Umso eher sind wir dort."

„Oder werfen umso eher um. Ein solches Höllentempo in den engen Straßen mit ihrem holprigen Pflaster!" Er sucht nach der Schnur, deren anderes Ende nach altem Brauch an den Arm des Kutschers gebunden sein soll, findet sie nicht. „Schritt!" ruft er scharf. „Schritt!"

Der Kutscher hört ihn nicht, umsomehr aber Josephine, die sich mit einer reizend affektierten Bewegung beide Ohren zuhält.

„Mon cher!" flötet sie. „Ich bitte dich!"

Ein furchtbarer Krach unmittelbar hinter ihnen. Der Wagen, durch eine unsichtbare Hand in die Höhe geworfen, macht einen Satz, wird sofort darauf durch die durchgehenden Pferde nach vorne gerissen, rattert davon, tanzend wie ein Nachen auf empörten Wogen.

Bonaparte wurde durch den jähen Ruck gegen Josephine geschleudert, die vom Sitz niederglitt und auf den Boden zu knien kam. Instinktiv breitet er die Arme über sie. Da jedoch jener Detonation keine zweite folgt, richtet er sich mit einer katzenartigen behenden Bewegung wieder auf und späht durch das hintere Wagenfenster hinaus. Doch er sieht nichts als mißfarben gelblichen Qualm, in dem menschliche Gestalten schattenhaft durcheinanderlaufen.

„Was war das?" wimmert sie.

„Ein Attentat", stößt er durch die Zähne hervor. „Ich möchte wetten, von diesen Schurken von Jakobinern." Er bemerkt, daß es dem Kutscher gelungen ist, die durchgegangenen Pferde wieder in seine Gewalt zu bekommen, ruft durch das zersplitterte Vorderfenster: „Stehen bleiben!“ Der Wagen hält, er beginnt an der Tür zu rütteln, stößt sie auf.

Josephine erfaßt mit beiden Händen seinen Mantel.

„Wo willst du hin?“ ruft sie.

„Zurück“, erwidert er. „Dorthin, wo das Unglück geschah.“

„Sie werden dich töten!“ Ihre Stimme fliegt.

Unwillig, brutal macht er sich frei.

„Und wenn ich davonlaufe, werden sie mich verachten“, gibt er zurück, springt auf die Straße. „Jetzt steht mehr auf dem Spiel als das bißchen Leben!“ Die letzten Worte verklingen schon im hastigen Zurückeilen.

An der Unglücksstätte findet er Talleyrand vor, Fouché, einige höhere Offiziere und Polizeibeamte. Blutlachen bedecken den Boden, freiwillige Helfer tragen zerschmetterte Leiber fort, neben einem Schwerverwundeten kniet im blutverfärbten Schnee ein Arzt, unweit davon beugt sich, ebenfalls kniend, ein Priester, der wohl zufällig des Weges kam, über einen Sterbenden.

Der Consul geht geradewegs auf Fouché zu, der, noch fahler als sonst, aber völlig Herr seiner selbst, bemüht ist, in das chaotische Durcheinander etwas wie Ordnung zu bringen.

„Ihr Bericht, Bürger Polizeiminister?“ fragt Bonaparte schneidend.

„Anschlag durch eine Höllenmaschine“, rapportiert Fouché mit steinerner Miene, „montiert auf einem von einem Schimmel gezogenen Karren. Die Zahl der Opfer war noch nicht festzustellen.“

„Das ist alles, was Sie mir zu sagen haben?“

„Ich behalte mir weitere Meldungen vor.“

Bonaparte will losbrechen, seine Augen treffen die verschleierten Talleyrands. Ruhe! scheint dieser in sich versunkene Blick, diese verschlossene Miene zu sagen. Haltung!

Der Consul atmet tief, mühevoll.

„Für die unschuldigen Opfer dieses niederträchtigen Anschlages ist die bestmögliche Sorge zu tragen“, befiehlt er. „Ich erwarte fortlaufend Berichte über ihr Befinden. Wir, Bürger Polizeiminister“, wendet er sich nochmals an Fouché, und seine Zähne sind so fest aufeinandergebissen, daß die Kaumuskeln wie Wülste an seinen Wangen hervortreten, „sprechen uns noch.“ Er wendet sich brüsk ab, kehrt zu seinem Wagen zurück.

Josephine, nun wieder in ihrer Ecke, ruft anklagend, in Tränen aufgelöst:

„Und du wolltest Schritt fahren!“

Er antwortet nicht, steigt ein. „Weiterfahren!“ befiehlt er.

Sie starrt ihn entsetzt an.

„Du wirst doch nicht —“ stottert sie.

Mit hartem Griff faßt er ihr Handgelenk.

„Man muß uns sehen, verstehst du?“ herrscht er sie an. „Man darf nicht glauben, der feige Anschlag habe irgend Eindruck auf uns gemacht!“ Er starrt bannend in ihre Augen, von deren Wimpern sich schon wieder große Tropfen lösen wollen. „Trockne die Augen!“ befiehlt er barsch. „Bring dich in Ordnung! Jetzt ist Zeit für Puder und Schminke!“

Vor der Oper angelangt, verläßt er den Wagen mit selbstbeherrscht undurchdringlicher Miene. Eine große Menschenmenge, die vom Geschehenen offenbar schon unterrichtet ist, hat sich angesammelt, Hochrufe klingen auf. Er dankt mit kurzem Kopfneigen, sieht nicht rechts noch links, eilt hinein, ohne sich um die mühsam folgende, trotz hastiger Bemühungen immer noch verweinte Josephine zu kümmern. Und diese undurchdringliche, versteinte Miene behält er bei, als bei seinem Erscheinen in der Loge ein Sturm der Begrüßung aufbrandet, behält er bei, während vor dem vollbesetzten Saal die Aufführung des Haydnschen Meisterwerkes erfolgt, von dem weder er noch Josephine auch nur einen Ton aufnehmen, behält er bei, als sich das Publikum am Schluß des Abends mit einem zweiten Beifallssturm von ihm verabschiedet, behält er endlich bei, als er einen neu eingetroffenen heilen Wagen besteigt, um in die Tuilerien, seit Jahresfrist sein neues Heim, zurückzufahren.

Erst dort, wo er nicht mehr vor der großen Menge posieren muß, bricht er los. Er tobt so, daß den Anwesenden vom bloßen Zuhören die Ohren weh tun, steigert sich in eine sinnlose Wut hinein, die ihn jedes Maß vergessen läßt. Mit der Pflichtvergessenheit des Polizeiministers beginnend, wechselt er sehr rasch von Vorwürfen zu Verdächtigungen, zerrt die ganze Jakobinervergangenheit Fouchés ans Tageslicht, untermischt seine Anschuldigungen mit vagen Drohungen. Ein- oder zweimal macht Fouché den Versuch, sich zu verteidigen. Doch dies steigert nur das Wüten des Rasenden, der wiederholt im Begriffe scheint, sich auf den Minister zu stürzen. Er kommt wieder auf die Jakobiner zu sprechen, die, wie er behauptet, an dem Anschlag die Alleinschuld tragen, und schließt endlich mit dem Befehl, ihm ein Verzeichnis der noch in Frankreich lebenden Radikalen vorzulegen: sie sollen nach Guyana gebracht werden — unter die „trockene Guillotine".

Wie der ganze engere Hofstaat, hat auch Talleyrand der Szene beigewohnt. Er und Fouché waren die einzigen, die bei dem Orkan von Bonapartes Wüten keine Miene verzogen. Erst als der Consul davongelaufen ist, die Tür hinter sich zuschmetternd, nähert er sich dem Gemaßregelten.

„Das wird eine umfangreiche Liste", sagt er mit dem ihm eigenen trockenen Spott. „Ich hoffe, Sie werden keinen Ihrer frühern Freunde vergessen."

„Keinen", erwidert Fouché mit tückischem Schielblick. „Die Ihren kommen später dran."

Tanz auf dem Vulkan

Das Fest ist auf seinem Höhepunkt. Eben hat der greise Dichter La Harpe den Vortragstisch verlassen, von wenigen verstanden und gehört, aber von allen mit Beifall überschüttet, der weniger seinem Werk als seinem Ruhm und dem endlichen Versagen seiner weinerlichen Altherrenstimme galt, die jedes unbedeutende Beiwort mit gleichem Genuß betonte. Geschickt und eilig räumen geschulte Diener Stuhl, Tisch und Teppich fort, beginnen einen Raum freizumachen. Offenbar soll eine Tanzvorführung folgen: man spricht vom berühmten Vestris und seiner neuesten Entdeckung, der blutjungen Chameroi, deren zarte Elfenglieder die Gesetze der Schwerkraft überhaupt nicht zu kennen scheinen.

Eine glänzende Gesellschaft drängt sich in den märchenhaft dekorierten, verschwenderisch erleuchteten Räumen. Es ist, als feierten das alte und das neue Frankreich Versöhnung. Neben den Trägern der ältesten und vornehmsten Namen, den Ségur, Rohan, Castellane zeigt man sich die Helden der letzten Feldzüge, die führenden Politiker, die Herren des neuen Reichtums: der verwegene Struwelkopf des Generals Murat mit seinem brigantenmäßigen Backenbart erscheint neben dem blassen, feinen Gelehrtengesicht des Herzogs von Liancourt, der massige Ouvrard, das finanzielle Faktotum des Hausherrn, sucht den Chevalier de Coigny, den persönlichen Freund des hingerichteten Königs, ins Gespräch zu ziehen, ein grimmiger Zufall hat den zweiten Consul dieses Jahres, Cambacérès, der in der Nationalversammlung seinerzeit für den Tod des Königs stimmte, neben einen der ehemaligen Rebellenführer der royalistisch gesinnten Vendée gestellt, und von Gruppe zu Gruppe schreitet mit der Würde einer römischen Matrone und der Lebhaftigkeit einer Marseillerin — sie ist aber gebürtige Pariserin — Madame de Staël, zieht jedermann ins Gespräch, läßt niemand aussprechen und ist offenbar völlig von ihrem Traume erfüllt, so, wie sie die Egeria des Hausherrn, des — seit kurzem wieder — Herrn von Talleyrand war, auch die des jungen Helden des Tages, des Ersten Consuls Napoleon Bonaparte zu werden.

Was die bekannt eifersüchtige Frau des Consuls dazu sagen wird, erscheint noch fraglich. Vorläufig sitzt sie als Ehrengast in der Mitte der ersten Reihe der aufgestellten Sessel, flankiert von ihren Ehrendamen, sämtlich Angehörigen des guten alten Adels, unterhält sich angeregt mit diensteifrigen Kurmachern, lächelt süß, vermeidet es aber, ihre schlechten Zähne sehen zu lassen, und zeigt eine so weltgewandte Sicherheit, als habe sie ihr Leben lang nichts getan als die Pflichten höfischer Repräsentation erfüllt.

Der Hausherr selbst hat sich neben eine der Ehrendamen, die blonde, schcühterne Madame de Rémusat gesetzt und plaudert mit ihr in jener faszinierenden Art, die er beherrscht wie kein anderer. Ganz im Gegensatz zu Madame de Staël ermuntert er seine Gesprächspartner zum Reden, beweist ihnen seinen Anteil durch originelle, das Thema ungeahnt bereichernde Einwürfe und entläßt sie endlich trotz allem mit der Überzeugung, sie seien es gewesen, die in der Unterhaltung dominierten. Kein Wunder, daß die kleine Frau vor Vergnügen rote Backen bekommt und von ihm restlos begeistert ist.

Doch nun scheint es ernst zu werden mit der Vorführung. Eilfertig verlöschen die Diener einen Teil der Kerzen an den Lustern, den Wandarmen, den mächtigen Standleuchtern; ein wohltuendes Halbdunkel breitet sich aus, von dem nur die Tanzfläche ausgenommen ist. Zugleich ertönt eine leise Musik, süß klagend wie ein Hirtenlied.

Und es ist tatsächlich ein solches. Da sieht man die kleine Hirtin kommen, mit ihrem weißen Häubchen auf dem züchtig gesenkten Kopf, ihrem dickwollenen Umschlagtuch, ihren weiten Röcken und ihren Holzschuhen, deren rhythmisches Klappern sich eng dem Takt der Musik anpaßt. Sie setzt sich auf einen Hocker, zieht ein Strickzeug aus dem Korb und beginnt, ohne der Umgebung irgendwelche Aufmerksamkeit zu schenken, zu arbeiten. Und so eindringlich ist die Ausstrahlung ihrer zierlichen Persönlichkeit, daß man völlig vergißt, daß man in Paris im luxuriösen Hotel Gallifet ist, und die kärgliche Küste der Bretagne zu sehen glaubt, mit ihren riesigen Granitblöcken, ihrem großen Himmel und dem ewigen Anschlagen der grauen Wogen des Atlant.

Doch da kommt ein fremder Klang in die stets erneute Pastorale. Erst ist es eine leise Frage, dann eine drängende Aufforderung — und schließlich rauscht die leidenschaftlich bewegte Weise eines sinnlichen Tanzes auf, mit aufjauchzenden Geigen, schwirrenden Mandolinen und dem Rasseln des Tamburins. Und zugleich springen zu beiden Seiten der improvisierten Bühne Tänzer heraus, zur Linken ein Mädchen in der kleidsamen Tracht italienischer Bäuerinnen, mit dem reichgeputzten Mieder, den bunten, wehenden Röcken, dem über den dunklen Locken gefalteten Spitzentaschentuch, zur Rechten ein Bursche, den spitzen, bänderumwundenen Hut auf dem Kopf, goldene Ringe in den Ohren, bunter Gürtel, Fellschuhe an den Füßen, bis unters Knie verschnürt.

Sie beginnen die kleine Hirtin zu umtanzen, erst einzeln, dann im werbenden Paartanz, wirbeln schließlich, einander haltend, loslassend und wieder fassend, mit kunstvollen Pas, Entrechats und Pirouetten an ihr vorbei. „Sieh her, dummes Ding", scheint das Springen und Schwingen, das Wiegen und Biegen zu sagen, „so schön kann das Leben sein! Sei nicht töricht, genieße es, so lange du kannst!"

Doch es ist umsonst. Sie beachtet die beiden so wenig, als seien sie gar nicht da, strickt weiter an ihrem Strumpf, scheint nur dem Hirtenlied nachzuhorchen, das, von den leidenschaftlichen Tönen zuzeiten überdeckt, doch immer wieder mit unabweislicher Hartnäckigkeit hindurchklingt. Enttäuscht bricht das Paar endlich seinen lockenden Tanz ab, schleicht zur Seite, läßt sich entmutigt auf niedrigen Schemeln nieder.

Umsonst sind auch die feurigen, fremdartig anmutenden Weisen, die nun aufklingen, von Gitarren und Kastagnetten begleitet, das stürmische Werben auch des zweiten Paares, des Mädchens mit der vom hochgesteckten Haarkamm niederwallenden Mantilla und des Burschen im goldverzierten Bolerojäckchen und mit dem runden Hütchen überm geknoteten Kopftuch; umsonst auch Zymbal, Geigenschluchzen und die im Überschäumen der Lust ausgestoßenen Schreie des dritten, des in einem Sturm der Ausgelassenheit dahinrasenden Zigeunerpaares, umsonst endlich das Stampfen und Schwingen des vierten, mitsamt den slavisch schwermütig verklingenden und dann wieder in urgewaltiger Lebensbejahung sich aufbäumenden Tanzweisen, schwirrend von seltsamen, dreieckig geformten, langhalsigen Lauten begleitet: in eine Wolke von Abwehr gehüllt, ist die Hirtin nur ihrer Arbeit und ihren Träumen hingegeben, zu denen von außen kein Weg zu führen scheint. Das vierte Paar schleicht zu den andern, indes die schlichte Monotonie des Hirtenliedes zur Idylle des Beginns zurückleitet.

Doch nein! Die Töne, die nun, ferne noch, aufklingen, lassen die Kleine aufhorchen. Die fleißigen Hände sinken in den Schoß, das zarte, verschlossene Gesicht hebt sich, nimmt den Ausdruck einer fast schmerzlichen Spannung an. Ein paar Takte sind es nur, die sich dann wieder verlieren, aber sie stören die Hirtin aus ihrer Ruhe auf: Ratatatamm! tönt es, und wieder: Ratatatamm!

Immer unruhiger wird sie. Es duldet sie kaum noch auf ihrem Sitz. Sie packt das Strickzeug fort, stellt den Korb beiseite, preßt die Hände gegeneinander. Ihr Mund öffnet sich, als könne er nicht genug Atem fassen, ihre Füße zucken in dem quälenden, bannenden, zwingenden Rhythmus: Ratatatamm! Ratatatamm!

Und plötzlich, so unvermittelt, daß die Zuhörer auffahren, blüht aus den synkopierten Tönen die Feuerblume der Melodie auf, aufrauschend, aufstürmend, ein heller Donner, der, weil von jedem Herzen schon empfunden, in jedem Herzen widerhallt, das Lied, das an das Aufraffen einer ganzen Nation gemahnt, das Lied, das den hungrigen, in Lumpen gehüllten Heeren der Revolution Brot war und Kleidung, das sie vorwärtsriß vor die Tod und Verderben speienden feindlichen Batterien — und über sie hinweg: die Marseillaise!

Die kleine Hirtin ist aufgesprungen, hält die Arme ausgestreckt. Ein strahlendes Lächeln liegt über ihrem Gesicht und macht es dem einer andern kleinen Hirtin ähnlich, die voreinst, in Frankreichs dunkelster Stunde, Frankreichs Rettung war.

Und da stürmt auf die Bühne ein Bursche, schön und siegessicher wie ein junger Bacchus. Das Hemd über seiner Brust ist offen, die Kniebänder der kurzen Hose flattern — was tut's? Alle sehen nur das kühne, stolz lachende Gesicht, die blitzenden Augen, in denen sich das Diamantengefunkel aller über Frankreich leuchtenden Sterne verfangen zu haben scheint.

„Vestris! — Vestris!" geht es leise von Mund zu Mund, verebbt wieder. Zu sehr sind alle im Banne der Darstellung.

Er lockt nicht, er wirbt nicht, er macht nicht viel Federlesens, packt das junge Mädel und zieht es an sich. Und sie denkt nicht daran, sich zu wehren. Selig, geborgen liegt sie an seiner Brust, schmiegt, da die Musik in einen Tanz übergeht, die Bewegungen ihrer Glieder denen der seinigen an, sträubt sich auch nicht, als dieser Tanz nach dem ersten verträumten Wiegen lebhafter wird, rascher — wilder.

Auch in die Gruppen der übrigen Tänzer kommt wieder Leben. Eine nach der andern erheben sie sich langsam, beginnen den Tanz der Liebenden mit suchenden, tastenden Bewegungen zu begleiten, finden, schicken sich in die fremden, aufwühlenden Takte.

Lauter wird die Musik, helle Fanfaren mengen sich drein. Die alte Melodie springt auf, aber nicht mehr wie zuvor als Kampflied, sondern gleichsam als seine Verdichtung, seine hymnische Verklärung. Der kühne junge Bursche erfaßt seine Partnerin, schwingt sie empor, daß die Holzschuhe davonpoltern, und, oh Wunder! Indes sich die Weise zu einer triumphalen Coda steigert, fallen auch die schweren Bauernkleider, die den schlanken Leib versteckten, die weiße Haube, die das Haar verhüllte — und in den Armen des jungen, siegreichen Bacchus schwebt, in eine Wolke von weißen Schleiern gehüllt, die alles ahnen läßt und nichts verrät, der Genius des verjüngten

Frankreich, die blauweißrote Kokarde im Goldhelm des Haares, leuchtend wie ein Idol und doch allen vertraut wie ein Geschwister — ein Kind! So, alle übrigen überragend, empfängt sie, während die Musik zum Finale aufbrandet, während geschickt angebrachte bengalische Feuer die Gruppe magisch beleuchten, die Huldigung der übrigen Paare und den stürmischen Beifall der Zuschauer, die, dem Beispiel Madame Bonapartes folgend, aufgesprungen sind und im Übereifer des Applauses die dünnen Handschuhe zum Platzen bringen.

In diesem Augenblick erklingt, den Sturm des Beifalls übertönend, vom Eingang her die Stimme des anmeldenden Haushofmeisters:

„Mesdames, Messieurs — der Erste Consul!"

Ein ganz, ganz kurzes Stocken — dann ein neuer Applaus. Aber dieser gilt nicht mehr den Tänzern, sondern der kleinen, untersetzten Gestalt, die im Rahmen der Tür steht, sich mit kurzen, ruckartigen Bewegungen dankend verbeugt — einmal, zweimal.

Talleyrand ist sogleich herbeigehinkt, so rasch sein lahmes Bein es ihm gestattet, begrüßt nun den Neuangekommenen. Die wortkarge Antwort, die verdüsterte Miene Bonapartes läßt ihn im Nu erkennen: mit diesem Gast wird heute kein Staat zu machen sein. Immerhin duldet es der Consul mit leidlicher Höflichkeit, daß er nach vorne geleitet wird, um seine Gemahlin zu begrüßen.

Auf dem Wege dahin gibt es ein kleines Intermezzo. Madame de Staël, unfähig, es zu ertragen, daß sie durch längere Zeit nicht der Mittelpunkt ist, tritt dem Consul in den Weg, begrüßt ihn mit ein paar überschwänglichen Worten. Bonaparte dankt kurz, will weiter. Doch das ist nicht nach dem Sinne der ehrgeizigen Frau. Nun will sie ihren Anteil an Weihrauch zum Dank für den von ihr gespendeten.

„Sagen Sie", beginnt sie formlos, „welche Frau halten Sie für die bedeutendste?"

Bonapartes Augen gehen über das grobe, unschöne Gesicht, dessen einziger Reiz die sprechenden Augen sind, über die derbe, massige Gestalt.

„Die die meisten Kinder hat, Madame", erwidert er, läßt sie stehen.

Die Hand seiner Frau zieht er mechanisch an die Lippen, verbeugt sich kurz vor den vier Ehrendamen, die in einer stark an Hofknixe erinnernden Kniebeugung vor ihm versinken; der blonden, schüchternen Madame de Rémusat spendet er sogar den Schein eines fahlen Lächelns. Dann aber erklärt er kurz:

„Es tut mir leid, den Hausherrn seinen Gästen entführen zu müssen. Hoffentlich ist es nur für kurze Zeit. – Talleyrand", wendet er sich unmittelbar an diesen, „zeigen Sie uns einen Ort, wo wir ungestört sprechen können."

„Mit Vergnügen, Consul", sagt Talleyrand höflich. „Ich bitte Sie, mit mir zu kommen." Er hinkt, nun wieder ganz Würde, ganz Grandseigneur, voran, Bonaparte und die beiden Herren, die ihn begleiten, die Generale Caulaincourt und Savary, folgen ihm.

Es ist sein geräumiges Arbeitszimmer, in dem Talleyrand den Schritt verhält, noch nicht in dem modernen antikisierenden Geschmack mit steifen Möbeln aus Ebenholz oder Mahagoni mit Auflagen von Metallsphingen und Rosetten, sondern im behaglich bürgerlichen Stil der Zeit um die Jahrhundertwende eingerichtet: weißlackiertes, hie und da durch Goldleisten gehöhtes Holz, gestreifte Seidenüberzüge. Er winkt dem Herrn, der in der Fensternische stand und sich ihnen bei ihrem Eintreten zuwandte, mit einem überraschunglosen: „Ah, Fouché!" freundschaftlich zu und ladet die Herren ein, Platz zu nehmen.

Der Consul hat die Aufforderung nicht abgewartet

sich achtlos in einen der Fauteuils geworfen. Talleyrand setzt sich ihm gegenüber, die andern Herren nehmen die Sitzgelegenheit ein, die ihnen eben zur Hand ist. Nur Fouché breitet sich behutsam auf dem Kanapee aus, von wo aus er aller Gesichter beobachten kann.

„Sind Ihnen die neuesten Ereignisse bekannt?“ leitet Bonaparte herb, schroff die Aussprache ein.

„Sie meinen die Verhaftung von Pichegru, Cadoudal und Genossen?“ fragt Talleyrand kalt, geschäftsmäßig zurück.

„Sie wissen?“ Der Consul sieht ihn überrascht an.

„Nachdem Sie den Mut hatten, Moreau, den Sieger von Hohenlinden, zu verhaften, mußten die übrigen folgen.“

„Woher wissen Sie, wer die ‚übrigen‘ waren?“ mengt sich Fouché mit der süßlichen Stimme, die er bei Verhören annimmt, ins Gespräch.

Talleyrand vermeidet es, ihm unmittelbar zu antworten, wendet sich an Bonaparte:

„Seitdem Herr Fouché nicht mehr Polizeiminister ist, als der er die Schuldigen am Attentat des Weihnachtsabends 1800 so sorgfältig zu finden wußte, waren wir andern Minister, um nicht nochmals von den Ereignissen überrascht zu werden, gezwungen, einen eigenen Sicherheitsdienst einzurichten.“ Er wirft unter den halbgesenkten Lidern einen raschen Blick auf sein Gegenüber und auf Fouché. Der ehemalige Polizeiminister hat die Spitzen in den Worten herausgefühlt, wie die fahle Maske seines Gesichts erkennen läßt; Bonaparte hingegen scheint mit dem Gegenstand viel zu sehr beschäftigt zu sein, als daß er auf unwesentliche Details achtete. Er hat die Faust auf den Tisch gelegt. Sie zittert so heftig, daß das Möbelstück darunter bebt.

„Ja“, sagt er schwer, mit einer kehligen Stimme, deren Laute sich mühsam zu Worten formen, „allerdings meine ich diese Verhaftungen. Ich bin durchaus zufrieden, daß sie erfolgten. Ich weiß jetzt, woran ich bin, und werde mein Vorgehen danach einrichten." Er richtet seinen düster lohenden Blick prüfend auf Talleyrand. „Warum nennen Sie nicht den Hauptschuldigen?" fragt er scharf, plötzlich.

Talleyrand lehnt sich bequemer zurück, ehe er antwortet. Aus dem Saal ist von fern eine Frauenstimme zu hören, die eine Arie singt. Die Walbonne, denkt er. Es klingt wie Cherubini, aber ich bin nicht sicher. Laut sagt er, gleichgültig, gedehnt:

„Ist ein Hauptschuldiger da?"

„Er ist da", antworten Bonaparte und Fouché gleichzeitig. Fouché fügt hinzu:

„Es ist der Prinz Louis Antoine d'Enghien, der im Land des Markgrafen von Baden lebt."

„Nicht mehr lange", grollt Bonaparte mit der kehligen Stimme von vorhin. „Ich werde ein Exempel statuieren, das sich die Herren Verschwörer wohl merken werden!" Stärker bebt der Tisch, auf dessen Platte die zitternde Faust noch immer gepreßt ist.

„Was wollen Sie tun?" wendet Talleyrand achselzuckend ein. „Selbst wenn — was unwahrscheinlich ist — der Markgraf den Prinzen ausweist, so geht dieser einfach anderswohin — nach Braunschweig — nach Hamburg — an den kaiserlichen Hof nach Wien —"

„Er wird weder nach Braunschweig noch nach Wien gehen", läßt sich wieder die süßliche Stimme Fouchés vernehmen.

„Man wird ihn holen und aburteilen", ergänzt Bonaparte.

„Aus einem fremden Land?"

„Man wird sich mit der Notwendigkeit entschuldigen."

Talleyrand überlegt kurz, hinkt dann zum Schreibtisch, läutet.

„Sie werden im großen Saal die Herren Cambacérès

und Lebrun finden“, sagt er zum eintretenden Diener. „Führen Sie die beiden Herren unverzüglich hierher.“

„Wozu das?“ fragt Bonaparte argwöhnisch, nachdem der Diener das Zimmer verlassen hat.

„Einen so schwerwiegenden Entschluß werden Sie doch nicht fassen, ohne mit Ihren Mitconsuln gesprochen zu haben“, erwidert Talleyrand frostig.

Eine unbehagliche Pause folgt. Die Faust Bonapartes hat sich in ihre fünf zuckenden Finger aufgelöst, die nervös auf dem Tisch trommeln: Ratatatamm! Ratatatamm! Es ist derselbe Rhythmus wie jener, der die kleine Hirtin aufhorchen machte, denkt Talleyrand. Aber welch ein Unterschied zwischen dort und hier!

„Wenn Sie“, nimmt der Consul das Gespräch wieder auf, „von alledem so genau unterrichtet waren, warum verständigten Sie mich nicht?“

„Erstens, weil ich selbst die Nachrichten erst vor etwa einer Stunde erhielt; zweitens, weil ich annehmen durfte, daß Ihr Kundschafterapparat nicht schlechter funktioniere als der meine.“

„Und drittens?“ fragt der Consul herausfordernd, kampflustig.

„Drittens, weil mir die ganze Sache zu belanglos erschien.“

„Ein bis ins Kleinste ausgearbeiteter Mordplan gegen mich belanglos?!“ ruft Bonaparte empört.

Das Eintreten der beiden Mitconsuln enthebt Talleyrand der Antwort. Die zwei nehmen Platz und werden in Kürze unterrichtet, worum es geht. Lebrun, der nie weiß, was er für ein Gesicht machen soll, schielt zu Cambacérès hinüber. Erst als er dessen Empörung sieht, weiß er, welcher Meinung er zu sein hat.

„Das Verbrechen“, erklärt Cambacérès mit Nachdruck, „ist um so abscheulicher, als es sich nicht gegen Sie persönlich richtet, sondern gegen das Oberhaupt des Staates. Ich verlange strengste Bestrafung aller Schuldigen."

„Ich auch", meldet sich das Echo Lebrun.

„Über diese Notwendigkeit", wirft Talleyrand ein, „kann kein Zweifel bestehen. Es fragt sich nur, wie weit der Prinz von Enghien mitschuldig ist."

„Herr von Talleyrand zweifelt nämlich an seiner Mitschuld", wirft Bonaparte sarkastisch ein.

„Der Exgeneral Dumouriez, der Genosse von Moreau und Pichegru, war bei ihm", bemerkt Fouché ölig, als sei damit alles gesagt.

„Und ob es angeht", fährt Talleyrand unbeirrt fort, „den Prinzen mit Gewalt aus einem fremden Land zu holen."

Auf diese präzis formulierte Frage fällt Schweigen ein. Alle machen bedenkliche Mienen, sehen einander zweifelnd an.

„Nun, Lebrun?" drängt endlich Bonaparte ungeduldig.

Der unglückliche Lebrun, gezwungen, Stellung zu nehmen, zuckt die Achseln.

„Es ist fraglos", blökt er mit der Stimme eines zur Schlachtbank geführten Schafes, „daß einerseits ein solches Verbrechen eine entsprechende Sühne fordert; andererseits läßt sich nicht ableugnen, daß sich dieser gerechten Sühne Hindernisse in den Weg stellen, die —"

Eine Handbewegung des Ersten Consuls schneidet ihm das Wort ab.

„Cambacérès, was sagen Sie?" ruft Bonaparte.

Dieser zögert den Bruchteil einer Sekunde lang. Dann sagt er fest:

„Es ist unmöglich."

Allgemeine Überraschung. Dann bellt der Erste Consul zurück:

„Was ist unmöglich?"

„Daß wir diesen Enghien —" als echter Republikaner vermeidet Cambacérès den Titel des Angeschuldigten — „aus einem neutralen Land entführen. Schon im Kriege wäre es kaum zu entschuldigen; im Frieden ist es nackter Menschenraub." Er spricht mit dem ganzen Aplomb des geborenen Juristen.

An Bonapartes linker Schläfe schwillt eine kleine Ader hoch, die man deutlich klopfen sieht. Dennoch ist er bestrebt, ruhig zu sprechen:

„Wenn hinter Nachbars Zaune ein Wegelagerer seine Pistole auf mich richtet, sollte ich mir nicht das Recht nehmen dürfen, auch ohne Erlaubnis des Nachbars über den Zaun zu springen, um den Banditen unschädlich zu machen?"

„Es ist noch nicht bewiesen, daß der Prinz dieser Bandit ist." Wieder ist es Talleyrands Stimme, die das bedenkliche Schweigen durchbricht.

„Was für Subtilitäten", schreit Bonaparte aufspringend, „wo es um Notwehr geht, das primitivste Recht des Individuums!" Wie erschrocken über die eigene Heftigkeit hält er inne. „Wir wollen abstimmen", fährt er mit jener kehligen Stimme fort, die er zu Beginn der Auseinandersetzung hatte, „ob ich —" mühsam gebändigter Zorn schlägt für Augenblicke durch die erzwungene Fassung — „das Recht haben darf, Meuchlern das Handwerk zu legen oder nicht. Zwei Stimmen kennen wir bereits; die eine sagt gar nichts, die zweite spricht mir dieses Recht ab. Es ist nunmehr an Ihnen, mein Herr", wendet er sich mit höhnischer, gespreizter Höflichkeit an Talleyrand, „die Ihre abzugeben."

„Erst mögen sich diese beiden Herren äußern", wehrt Talleyrand, auf die beiden Begleiter Bonapartes deutend, mit stets gleicher Ruhe ab.

„Savary und Caulaincourt sind nichts als Vollstrecker

meines Willens. Weichen Sie nicht aus, Talleyrand! Ihr Votum! Nein, was? Gleichfalls Nein!"

„Warum Nein?" erwidert Talleyrand kaltblütig. „Ich bin der Meinung, daß der Fall aufs Gründlichste untersucht werden muß und daß kein Mittel gescheut werden darf, diese Untersuchung zu fördern. Unter dieser Bedingung sage ich Ja."

„Selbst um den Preis eines gewaltsamen Einfalles in fremdes Hoheitsgebiet?" wendet Cambacérès hartnäckig ein.

„Sie sehen ja", erwidert Talleyrand achselzuckend, „daß Consul Bonaparte auf jeden Fall dazu entschlossen ist."

„Ja!" ruft Bonaparte dazwischen. „Und alle daraus entspringenden Folgen zu verantworten!"

Eine Partie Schach

„Herr von Talleyrand, haben Sie einige Augenblicke für mich Zeit?"

„Aber gern, meine Liebe! Was haben Sie denn? Sie sehen ja ganz verweint aus! Ist jemand gestorben?"

„Nein — aber jemand soll sterben."

„Sie meinen — ach! — Ja, das ist eine schlimme Geschichte!"

„Ist keine Hoffnung mehr?"

„Der Consul hat sichs nun einmal in den Kopf gesetzt, ein Exempel zu statuieren."

„Aber der Prinz ist doch unschuldig!"

„Unschuldig — hm! An dieser Verschwörung gewiß. Der Prinz hat in seinem Exil ruhig und, wie es scheint, nur mit seiner jungen Ehe beschäftigt gelebt, und der angebliche Dumouriez, der ihn aufgesucht haben soll, hat sich in einen belanglosen Emigranten Thumery verwandelt; aber er hat beim Verhör offen zugegeben, daß er daran dachte, ein Freikorps aufzustellen, um gegen die Republik zu kämpfen."

„Er hat es ja nicht getan!"

„Vielleicht", sagt Talleyrand halblaut, „weil er durch seine Verhaftung daran verhindert wurde ..." Er sieht die neuerlich in Tränen schwimmenden Augen, die flehend emporgehobenen Hände, fährt tröstend fort: „Liebes Kind, er lebt noch, und der Lateiner sagt: Dum spiro, spero — solang ich atme, hoffe ich. Und was ich tun kann, um zu seiner Rettung beizutragen, will ich tun."

„Wirklich? — Oh, Herr von Talleyrand —" Sie greift nach seiner Hand, beugt sich nieder, wie um sie zu küssen.

Talleyrand verhindert es mit einer raschen Bewegung, wobei ihm zu seiner eigenen Verwunderung schwaches Rot in die Wangen steigt.

„Aber meine Liebe!" wehrt er ab, spricht mit melancholischem Lächeln weiter: „Danken Sie mir nicht — ich tue nur, was ich auch sonst getan hätte. Ich bin mitschuldig an alledem, da ich keinen Versuch machte, Bonapartes Entschluß zu erschüttern — das wäre freilich umsonst gewesen — und schließlich zustimmte. Allerdings wußte ich nicht, daß er es so weit treiben werde — erwartete eine eingehende Untersuchung — erhoffte gar eine Aussprache zwischen beiden —" Der sonst so Schweigsame redet vor sich hin. Man hört es seinen Worten an, daß er bemüht ist, sich vor sich selbst zu rechtfertigen, eine drückende Last von seiner Seele zu wälzen. Frau de Rémusat sitzt still, unbeweglich, wagt ihn nicht zu stören, auch dann nicht, als er in ein grüblerisches Schweigen versinkt.

Nach einer Pause hebt Talleyrand den Kopf, fragt in verändertem Tone:

„Haben Sie schon mit Madame Bonaparte gesprochen?"

„Sie ist es ja, die mich zu Ihnen schickt. Sie ist ebenso entsetzt wie ich und beschwor den Consul, Gnade zu üben."

„Und er?"

„Wies sie ab. Wollte nichts hören, hieß sie gehen. Da sandte sie mich zu Ihnen. Wenn noch einer helfen kann, sagte sie, so ist es Talleyrand."

Er preßt die Lippen fester aufeinander, erinnert sich der Aussprache, die er am gleichen Morgen mit dem Ersten Consul gehabt hat. Bonaparte war unbeugsam geblieben, wollte von einem Gnadenakt nichts wissen, war fest entschlossen, ein Mitglied der königlichen Familie aufzuopfern. „Wenn sie sehen, daß ich ernst mache", sagte er, „so werden sie von ihren törichten Anschlägen abstehen." Von dieser Meinung war er nicht abzubringen.

Talleyrand entreißt sich seinen trüben Gedanken, blickt Frau de Rémusat fest an.

„Wenn noch jemand helfen kann", nimmt er ihre Worte auf, „so sind Sie es."

„Ich?" ruft sie errötend.

„Nur Sie. Bonaparte hat eine Schwäche für Sie. Bitten Sie ihn nur recht inständig. Wie wir Männer alle ist er den Bitten einer hübschen Frau gegenüber wehrlos."

„Glauben Sie?" ruft sie mit einem Schimmer von Hoffnung in den großen, tränengefüllten Augen.

„Unbedingt!" Er sagt es so nachdrücklich wie jemand, der sich selber überzeugen will. „Nur bitte ich mir aus: keine verweinten Augen, keine blassen Wangen. Man sagt den Frauen nach, sie seien geborene Schauspielerinnen. Beweisen Sie es! Wenn Sie heute abend dem Ersten Consul entgegentreten, muß es in Ihrer schönsten Robe, mit Ihrem verführerischesten Lächeln sein. — Keine Angst, Kind", setzt er rasch hinzu, ihre Hand erfassend, „ich werde mich in Ihrer Nähe halten und helfen, wo ich kann."

„Wenn Sie mir das versprechen", antwortet sie, ihn vertrauensvoll ansehend, „so will ichs versuchen."

Wirklich tritt dem Ersten Consul zwei Stunden später eine zwar nicht strahlende, aber sanft liebreizende Claire de Rémusat entgegen, die seine etwas derben Scherze anmutig pariert und ihn in ein angeregtes Gespräch über Literatur zu verwickeln weiß, bei dem sie ihm sogar mit dem nötigen Respekt zu widersprechen wagt.

Bonaparte, der verfinsterten Gesichts, nervös und die Beute einander widerstrebender seelischer Bewegungen gekommen war, ist sichtlich angenehm berührt, daß einmal jemand da ist, der nicht von dem spricht, woran offenbar alle denken, daß ihn jemand abzulenken sucht und ihm so die Möglichkeit gibt, wenigstens für kurze Zeit den Schatten seiner düstern Gedanken zu entrinnen.

Es ist die alte Debatte, die zu allen Zeiten, in jedem Lande immer wieder geführt wird: die Frage über den Vorrang der neuen vor der alten Kunst — bei der man gern vergißt, daß sie auch einmal eine neue Kunst war. Die schwärmerische Madame de Luçay begeistert sich am eben erschienenen ‚Genius des Christentums' des jungen französischen Gesandten beim Heiligen Stuhl, Vicomte de Chateaubriand, während Madame de Talhouet Delilles erhabene Sprache und das Ebenmaß seiner an Virgil erinnernden Dichtungen preist. Madame de Rémusat hat die Kühnheit, die von revolutionärem Geist erfüllten Stücke des Bruders von André Chénier zu feiern, die phlegmatische schöne Madame de Lauriston nennt, um nur überhaupt jemanden zu nennen, den mittelmäßigen Tragiker Lemercier, von dem behauptet wird, daß Talma ihn nur aufführe, weil das die einzige Möglichkeit sei, ihn loszuwerden.

Der Consul hat zu alledem immer wieder den Kopf geschüttelt, ergreift nun seinerseits das Wort:

„Nein, meine Damen, mich werden Sie weder für den aufrührerischen Schwulst des Herrn Chénier noch für die bukolische Langeweile des Herrn Delille begeistern. Für mich ist und bleibt die Klassik der nie wieder erreichte Höhepunkt der französischen Literatur, und unter ihr wieder der große Corneille."

„Aber Corneille", wagt Frau de Rémusat einzuwenden, „wurde doch wegen des akademisch konstruierten Aufbaues seiner Dramen und wegen ihrer erstarrten Form getadelt!"

„Mag sein", gibt der Consul achselzuckend zu, „aber welche politische Einsicht! Welch ein Staatsmann wäre das geworden, wenn er sich in öffentlicher Tätigkeit hätte bilden können! Ich glaube ihn besser als irgend jemand anderer abschätzen zu können, weil ich bei seiner Beurteilung die dramatischen Empfindungen beiseite lasse." Er hat sich warm geredet, lehnt sich behaglich zurück, nimmt eine Prise, staubt seine Weste ab und sieht die Damen triumphierend an.

„Ich habe mir zum Beispiel", nimmt er den Faden wieder auf, „vor kurzem die Lösung des Knotens in ‚Cinna' klar gemacht. Zunächst sah ich darin nichts als ein Mittel, einen pathetischen fünften Akt zu verfassen. Großmut ist eine armselige Tugend, wenn sie nicht einen politischen Hintergrund hat, und dieser Augustus mit seiner plötzlichen Nachsicht und Güte schien es mir nicht wert zu sein, ein so schönes Trauerspiel abzuschließen. Aber einmal sah ich Monvel spielen, und da enthüllte sich mir das Geheimnis dieser großen Konzeption. Er sprach das ‚Cinna, wir wollen Freunde sein!' in einem Ton so feiner Arglist, daß ich begriff: diese Geste war ein bloßer Schachzug, und man mußte als Berechnung ansehen, was als Empfindung kindisch gewesen wäre. Diesen Vers muß der Schauspieler immer so sprechen, daß niemand dadurch getäuscht wird — außer Cinna." Er lacht geräuschvoll und schlägt sich klatschend auf den Schenkel.

Frau von Rémusat hat von der ganzen Tirade nur den einen Satz von der Großmut richtig gehört, die eine armselige Tugend sei. Das Gespenst ihrer Sorge steigt von neuem vor ihr auf, ihr Herz klopft, fast kann sie nicht mehr atmen. Sie ist Frau de Luçay dankbar, als diese einwirft:

„Und Racine? Seine „Iphigenie'? Sein ‚Britannicus'?"

„Nun ja", gibt Bonaparte obenhin zu, „in seiner ‚Iphigenie' spürt man etwas wie griechische Dichterluft. Sein ‚Britannicus' steht zu sehr im Bann des Tacitus, den ich nicht mag, weil er erzählt ohne zu erklären."

Claire de Rémusat hat sich wieder einigermaßen gefaßt. Eingedenk der Mahnung Talleyrands ist sie bestrebt, die Führung des Gespräches zu behalten. Mutig fragt sie:

„Und Voltaire? Sein ‚Mahomet'?"

„Mahomet", erwidert Bonaparte lachend, „ist weder ein Prophet noch ein Araber, sondern ein Hochstapler mit höherer Schulbildung. Er stellt die Mittel zur Macht so dar, wie ich es in unserm Jahrhundert könnte. Der Mord an seinem Vater ist ein unnötiges Verbrechen. Große Menschen sind nie grausam ohne Notwendigkeit."

Wieder blickt Frau de Rémusat jäh auf. War das Wort Zufall oder Absicht? War die Sentenz nur im Verlauf seiner ewigen Selbstbespiegelung gesprochen, oder will er ihr zu verstehen geben, daß sie sich nicht sorgen müsse? Doch ehe sie sich die Frage noch zurechtgelegt hat, richtet er wieder das Wort an sie.

„Nun, meine Schöne", ruft er, „was ists mit unserer täglichen Schachpartie? Ohne mein Schach ist mein Tag nicht zu Ende!"

Schachpartie? Jetzt? Sie sieht ihn verstört an, ihr Blick irrt ab, zu Talleyrand hinüber. Der nickt unmerklich. Der stummen Weisung gehorchend steht sie auf, holt das

Schachbrett, beginnt die Figuren aufzustellen. Talleyrand, der bisher der Unterhaltung als stummer Zuhörer gefolgt war, tritt herzu und bemerkt lächelnd:

„Wenn Sie gewinnen, dürfen Sie sich vom Consul was wünschen."

Sie hält mit dem Aufstellen inne, blickt Bonaparte an, die Hände gefaltet.

„Oh!" ist alles, was sie hervorbringt.

Er lacht, etwas geniert.

„Das habe ich nicht gesagt", widerspricht er. „Aber immerhin — spielen wir zunächst einmal." Er setzt sich an das Tischchen und betrachtet mit gerunzelter Stirn die Aufstellung. Dann schiebt er mit spitzen Fingern den Königsbauer vor.

„Cinna, wir wollen Freunde sein", sagt er halblaut. Offenbar geht ihm das vorige Gespräch noch im Kopf herum.

Sie erwidert mit dem Damenbauer, und bald sind beide in vollem Spiel. Er zieht rasch, nicht immer sehr gut, sie zögernd, nach oft allzulanger Überlegung, die sie ihre Vorteile übersehen läßt.

„Cinna, wir wollen Freunde sein", wiederholt er, als es ihm endlich gelungen ist, seinen weißen Läufer aus dem Gewirr der Bauern herauszumanövrieren und ins Spiel zu bringen. „Schach!" setzt er mit Nachdruck hinzu.

Sie stellt den Springer vor den bedrohten König, ihrerseits den zu weit vorgeprellten Läufer bedrohend. Er hebt die Figur vom Brett, doch statt sie niederzustellen, betrachtet er sie unter gefalteten Brauen.

„Man erzähle mir nicht", grollt er, „das Schachspiel sei ein Abbild der Strategie. Kein Stratege hätte den Läufer, der ja die schnellen Truppen darstellt, an eine feste Linie gebunden." Er stellt ihn endlich nieder, starrt wieder das Brett brütend an.

Talleyrand, der neben Frau de Rémusat steht, verfolgt das Spiel mit gespannter Aufmerksamkeit. Wenn sie jetzt die Dame vorschiebt, denkt er, kann sie im gegnerischen Lager allerhand Unordnung anrichten. Die Dame müßte sie vorschieben! Er konzentriert sich auf diesen Gedanken, als könne er ihn ihr auf diese Weise suggerieren.

Nein, sie rochiert, zieht den König hinter den Schutzwall der Bauern zurück. Der instinktive Wunsch des Weibes nach Sicherheit ist stärker als alle Initiative. Der Herr von Talleyrand sagt sich, daß das Schachspiel vielleicht seine strategischen Mängel habe, auf jeden Fall aber dem aufmerksamen Beobachter wertvolle psychologische Aufschlüsse gebe.

Bonaparte ist das Gegenteil der ängstlichen Frau de Rémusat. Angreifen! heißt seine Parole, immer wieder angreifen! Da — nun schiebt er seinerseits den Springer vor, sagt sein hartnäckiges „Schach!“ und fügt schmunzelnd hinzu:

„... und mich der meine, willst du mir ans Leben ...“

Nun ist es nicht nur Claire de Rémusat, die jäh aufblickt, sondern auch Talleyrand. Auch unter den übrigen Anwesenden, Josephine mit ihren Palastdamen, ist es still geworden. Keiner, der sich nicht der Worte des Gusman aus ‚Alzire‘ erinnerte, von denen der Consul ein abgerissenes Zitat brachte:

‚Dein Gott und mein Gott, sieh, wie sie verschieden:
Haß lehrt und Mord der deine dich hienieden;
und mich der meine, willst du mir ans Leben,
dich zu beklagen und dir zu vergeben.‘

So ist es kein Wunder, daß alle den Consul anblicken, in seinen Zügen zu lesen trachten. Sollte es also doch wahr sein, was man sich, mehr den eigenen Wünschen als dem Augenschein trauend, zuraunte? Sollte der Mächtige wirklich, was er angeblich auch den Vorsitzenden des Kriegsgerichtes wissen ließ, sich mit dem Urteil zufrieden geben wollen und dann mit einer weithin sichtbaren Geste Gnade üben? Fast scheint es allen so, selbst dem menschenerfahrenen Talleyrand. Namentlich auf den Zügen Claires de Rémusat malt sich solche Erleichterung und Beglückung, daß es jedem auffällt.

Auch dem Consul. Er sieht sie lächelnd an, fragt wohlwollend:

„Sie lieben Verse?"

„Ja", haucht sie. Besonders wenn sie so beziehungsreich sind, möchte sie hinzusetzen, wagt es aber nicht. Mit zitternden Fingern tut sie einen Zug, hat keine Ahnung, welchen.

„Halt", mengt sich Talleyrand ein. „Das geht nicht. – Consul", wendet er sich an diesen, „ich muß mich über Sie beklagen. Erst verwirren Sie Ihrer Partnerin mit süßen Worten den Sinn, um sie dann desto sicherer zu besiegen."

„So helfen Sie ihr doch", erwidert Bonaparte gleichgültig. „Ich habe keine Angst, mich gegen zwei zu verteidigen."

„Sie erlauben?" fragt Talleyrand die junge Frau. Und da sie, immer noch keines Wortes mächtig, nickt, nimmt er den Zug zurück und schiebt dafür den Turm vor. „Gardez!" sagt er ruhig.

Tatsächlich, die Dame ist bedroht. Finster blickt Bonaparte auf das Spiel nieder, das durch den einen Zug völlig verändert wurde. Wegziehen kann er die Dame nicht, denn sie deckt den König. Es bleibt nichts übrig als sie mit einem Bauer abzudecken, der ihr den Weg versperrt und sie damit zeitweilig außer Gefecht setzt.

Aber noch mehr: durch diese Bewegung des Bauers

wurde eine Lücke in der Verteidigung aufgerissen, und sein Gegner — denn die bisherige Partnerin sitzt, in Träumerei versunken, unbeweglich, und Talleyrand ist es, der die Figuren bewegt — macht sogleich Gebrauch davon: schon ist sein schwarzer Läufer vorgestoßen, hat einen bisher gedeckten Bauer geschlagen und bedroht einen feindlichen Turm, der eingekeilt, unfähig, sich zu rühren, auf seinem Platze steht.

Ungeduldig deckt ihn der Consul mit dem eigenen schwarzen Läufer, übersieht dabei, daß dieser nun die eigene Deckung verliert, und muß ohnmächtig zusehen, wie auch diese wertvolle Figur verloren geht. Und schon wieder klingt ihm das verhängnisvolle „Gardez!" in die Ohren, diesmal vom zufahrenden linken Springer Talleyrands.

Zornig, leer kauend überblickt der Consul das Brett. Es ist nicht zu leugnen, er ist in eine üble Lage geraten. Sein mit allen Mitteln der Kunst vorbereiteter Angriff ist in der gegnerischen Verteidigung stecken geblieben, und der energisch vorgetragene Gegenangriff hat ihm schwere Verluste zugefügt und ihn so eingeengt, daß er fast außerstande ist, sich zu rühren.

Es gibt nur eine Möglichkeit: er muß den Ring sprengen, koste es, was es wolle. Entschlossen hebt er die Hand, die Dame vorwärtszuführen.

Die Hand bleibt über den Figuren schweben. Vom Hofe her erklingt das Rollen eines einfahrenden Wagens. Er hält, man hört kurze Wechselreden, dann das Zuschlagen der offenbar schon geöffneten Wagentür und Schritte auf dem Kies des Vorplatzes.

Alles sitzt unbeweglich. Das ist die Entscheidung, spürt jedermann. Die nächsten Augenblicke müssen Klarheit bringen.

Die Türe öffnet sich, ein Adjutant Bonapartes meldet:

„Der General Hullin.“ Es ist der Vorsitzende des Kriegsgerichtes.

Die immer noch ausgestreckte Hand sinkt nieder, aber nicht, um die Dame zu erfassen, sondern um das Tischchen achtlos wegzuschieben. Ein paar Figuren fallen um. Der Consul kümmert sich nicht darum, steht auf, geht ohne ein Wort der Entschuldigung aus dem Zimmer, hinaus in die anstoßende Galerie.

Einige Augenblicke lang tiefes Schweigen, so tief, daß man nebenan die Stimmen hört. Mit Hullin scheinen noch andere gekommen zu sein. Die Wartenden spannen ihre Sinne an, um etwas zu erlauschen, aber man versteht kein Wort. Da steht Talleyrand kurz entschlossen auf und folgt dem Consul.

Schon nach kurzer Zeit kehrt er wieder zurück. Sein Gesicht hat sich nicht verändert, es scheint nur etwas blasser. Ohne sich nach einem der andern umzusehen, hinkt er auf Madame de Rémusat zu und bietet ihr den Arm.

„Kommen Sie“, mahnt er sanft.

Mit weit offenen, halb begreifenden Augen starrt sie ihn an; erhebt sich langsam, legt ihren Arm in den seinen, geht einige Schritte mit ihm, ohne den Blick von ihm abzuwenden.

Aus ihren nachtdunklen Pupillen liest er die Frage, als habe ihr Mund sie getan. Denkt daran, daß ein gerade geführter Stoß der barmherzigste ist, sagt über ihren Kopf hinweg in den immer noch in erstarrtem Schweigen verharrenden Saal hinein:

„Es ist vorbei. Er ist tot.“

„Und Sie glauben, in Paris war man nicht entsetzt?" Der temperamentvolle Graf de Hauterive schnaubt vor unterdrückter Erregung. „Sie hätten nur hier sein sollen, dann hätten Sie allerhand erlebt!"

„Ich habe nur gehört", beharrt Montrond starr bei seiner Meinung, „daß der ‚Moniteur' im Nu ausverkauft war."

„Ausverkauft", nimmt der methodische La Besnadière das Wort auf, „aber nur, weil niemand den Erzählungen glauben, jeder den Bericht über das Ungeheuerliche schwarz auf weiß vor sich haben wollte."

Es ist eine nur kleine Versammlung, die sich in Talleyrands ministeriellem Salon zusammengefunden hat, drei Männer nur: sein Freund und führender Geheimagent Casimir de Montrond ist von einer Reise durch die größern Staaten Europas zurückgekehrt, und der Minister hat seine zwei vertrautesten Ratgeber, den Leiter der Abteilung Süd Grafen de Hauterive und den Chef des Protokolls La Besnadière, der seit kurzem auch wieder seinen Grafentitel führt, berufen, damit sie mit ihm den Bericht des Heimgekehrten anhören. Zunächst ist es aber Montrond, der Bericht einfordert — über ein Geschehnis, an das jeder denkt und von dem keiner spricht: die Erschießung des Prinzen von Enghien.

„Sie hätten nur sehen sollen", nimmt wieder Hauterive das Wort, „wie die Bevölkerung reagierte. Ein paar fanatische Bonapartisten suchten das Geschehene zu beschönigen, für das Vorgehen des Ersten Consuls Stimmung zu machen —"

„Es waren wohl auch verschiedene bezahlte Subjekte darunter", wirft La Besnadière ein.

„Ich habe aber von keinen Protesten gehört", bemerkt

Montrond, weit entfernt davon, sich geschlagen zu geben.

„Stumme Proteste hört man nicht; aber der da war viel ärger als ein lauter: ein Schweigen, starr wie eine Mauer, das den Lobhudlern ihre eigenen Worte zurückwarf, bis sie davor verstummten."

„In seiner nächsten Umgebung", meldet sich La Besnadière wieder, „geht es dem Ersten Consul nicht anders: Caulaincourt und Savary, auf die er so viel hält, laufen mit verstörten Mienen herum, die Palastdamen, ja, seine Gattin selbst, haben rotgeweinte Augen —"

„Die Börse", bemerkt Talleyrand mit steinerner Ruhe, „hatte einen Kurssturz wie seit Jahren nicht, und es wird Millionen kosten, die fallenden Papiere zu stützen — und auch das Ansehen der Regierung", fügt er schleppend hinzu.

„Kurz", rundet Hauterive die Schilderung ab, „Fouché sprach die allgemeine Meinung aus, wenn er sagte, was man da angerichtet habe, sei ärger als ein Verbrechen: es sei eine Dummheit."

„Der Polizeiminister ist leider recht spät zu dieser Erkenntnis gelangt", murmelt Montrond. „Soviel ich weiß, hat er die Absichten des Ersten Consuls von Anbeginn an nach Kräften gefördert."

„Das sagt man auch mir nach", läßt sich Talleyrand vernehmen, ohne eine Miene zu verziehen.

Ein kleines Schweigen tritt ein. Dann setzt abermals Montrond mit gewohnter Hartnäckigkeit an:

„Nun gut, Sie haben zweifellos das Entsetzen von Paris richtig geschildert. Aber hielt es an? Hat denn diese ungeheuer lebendige, ganz dem Heute hingegebene Stadt ein Gedächtnis? Was gestern aller Herzen erschütterte, ist morgen schon eine Neuigkeit von vorgestern: anderes kommt, die öffentliche Aufmerksamkeit zu beschäftigen, ein Skandal, eine Katastrophe, ein Fest — und vergessen ist, was vordem war."

Talleyrand hat während der Worte Montronds wiederholt den Kopf geschüttelt. Nun antwortet er ihm:

„Doch nicht so ganz: es sinkt nur ins Unbewußte und läßt ein Unbehagen zurück, das umsomehr stört, als man kein Gegenmittel dagegen weiß, ja, nicht einmal mehr den Grund klar erkennt. Ähnlich müßte eine der Dampfmaschinen des Herrn Watt empfinden, wenn sich in ihrem Innern eine versteckte, unauffindbare Schraube gelockert hat — wofern Maschinen überhaupt empfinden", schließt er mit seinem Lächeln eines eleganten Skeptikers.

„So? Und das Senatskonsult, noch ehe der Leichnam des Prinzen in seinem Grab richtig erkaltet war? Die feierliche Deputation ‚im Namen aller Staatsbürger', die den Ersten Consul aufforderte, die von ihm begründete neue Ära zu verewigen, klar gesprochen, sich die Krone aufs Haupt zu setzen?"

„Oh, das —" Talleyrand lächelt wieder — „gehört auf ein anderes Blatt."

„Jedenfalls", endet Montrond mit Heftigkeit, irritiert durch Talleyrands unerschütterliche Ruhe, „hat man im Ausland ein besseres Gedächtnis als in Paris — und ein bewußteres!"

„Ja, erzählen Sie uns vom Ausland!" Zum erstenmal während der Konferenz wird Talleyrand lebhafter. „Deshalb haben wir Sie ja hierhergebeten."

„Sie haben doch meine Berichte bekommen", gibt Montrond mürrisch zurück. „Daraus sehen Sie, wie das Ausland über uns denkt. Wie in der Schreckenszeit sieht man uns für eine Meute tollwütiger Bluthunde an. Mehr weiß ich nicht zu sagen."

„Man kann doch nicht den Fehl eines Einzelnen der Gesamtheit anlasten!" entrüstet sich Hauterive.

„Doch, man kann", meint Talleyrand gleichgültig, „und wird es immer tun: es ist so bequem für die Trägheit und für die Selbstgerechtigkeit." Er wendet sich wieder Montrond zu. „Ja, das alles habe ich aus Ihren Berichten herausgelesen und war nicht verwundert darüber. Was allein mich beunruhigt, ist die Dauer dieser Haßausbrüche oder vielmehr ihr immer neues Aufflackern. Ich hoffte, es werde so gehen wie immer: daß nach einer Zeit eine gewisse Beruhigung oder wenigstens Erschöpfung eintreten werde, eine Pause, in der man die bösen Folgen des Geschehenen zumindest lokalisieren und auf diese Weise unschädlich machen kann. Aber hier scheint es mir, als peitsche eine geheime Gewalt den Sturm des Abscheus gegen uns, sooft er nachzulassen beginnt, immer wieder auf, bis die neu entfachten Leidenschaften uns wieder Haß und Empörung, Empörung und Haß entgegensprühen."

„Und Sie sollten diese heimliche Gewalt nicht kennen?" fragt Montrond mit einem finstern Lächeln.

„Ich – fürchte, ja", entgegnet Talleyrand. „Ich möchte nur die Bestätigung meiner Befürchtung aus Ihrem Munde hören."

„Was sagen Ihre Gesandten, Agenten, geheimen Korrespondenten, Spione?"

„Alle ein und dasselbe."

„Nun wohl", ruft Montrond leidenschaftlich, „so lassen Sie auch mich in den allgemeinen Chor einstimmen!" Er steigert sich in ein stürmisches Pathos hinein. „Ja, Sie wurden gut unterrichtet: die geheime Quelle der immer wieder erneuerten Aufpeitschung des Hasses; die Nährmutter der Provokateure, die sich unerkannt unter die Menge mischen; die Geldgeberin der hetzerischen Zeitungen, die nicht müde werden, unser verzerrtes Bild zu malen; die Einbläserin der vornehmen Diplomaten, die mit ihren feinst destillierten Giften die Atemluft verpesten — es ist immer die gleiche: England!"

„Das habe ich gewußt", sagt Talleyrand mit steinerner Ruhe.

Wieder tritt ein Schweigen ein. Dann seufzt Graf de Hauterive:

„Der Friede hat kurz gedauert."

„Ein Jahr und zwei Monate", stellt etwas pedantisch La Besnadière fest.

„Wie hätte er länger dauern sollen?" erklingt wieder die leidenschaftlose Stimme Talleyrands. „Beide Staaten sahen sich in ihren Erwartungen getäuscht: wir erlangten die Ruhe nicht, die wir erwartet hatten, und England nicht den Gewinn, den es erhofft hatte."

„Ja", stimmt der Volkswirtschaftler Hauterive zu, „Englands Handel ist der Schlüssel zu Englands Politik."

„Und darum", ergänzt Talleyrand, „gibt es für England kein größeres Verbrechen als jenes, das wir begingen: selbst eine blühende Industrie aufzubauen und England das Geschäft zu verderben."

„Aber mußte sich der Streit in so häßlichen Formen abspielen?" ruft Montrond unwillig. „Das Gezänk im englischen Parlament, die Brüskierung des englischen Gesandten durch Bonaparte, die Verhaftung harmloser englischer Touristen —"

„Die Kaperung harmloser französischer Kauffahrer", fügt Talleyrand trocken hinzu.

„Und was wird das Ende sein? Daß die englische Flotte alle französischen Häfen blockiert."

„Und", ergänzt La Besnadière, pendantisch wie stets, aber mit einem boshaften Funkeln in den Augen, „daß die englischen Schiffe in allen europäischen Häfen von Hamburg bis Tarent ausgesperrt werden."

„Kurz gesagt, morgen der Krieg!" stößt Montrond hervor.

„Leider!" sagt Talleyrand frostig. Montrond zuckt die Achseln. Etwas wärmer fährt Talleyrand fort: „Ihnen, der mit mir so oft die Fragen der europäischen Politik erörtert hat, brauche ich nicht in Erinnerung zu rufen, daß der Ausgleich der Gegensätze zwischen uns und England eines meiner Lebensziele ist. Jetzt aber nachgeben wäre ein Kardinalfehler und würde das Gegenteil erwirken. In ein fruchtbares Gespräch können wir erst kommen, wenn England einsieht, daß die Welt und der Welthandel nicht ihm allein gehören."

Er erinnert sich der Schachpartie, die Madame de Rémusat und dann er selbst an jenem verhängnisvollen Abend mit dem Ersten Consul spielten. Und aus dieser Erinnerung heraus setzt er fort:

„England ist ein Meister des Einkreisens, Umschlingens, Erdrückens seiner Feinde. Wie die bei einer Schachpartie in eine Ecke gedrängte Dame soll Frankreich umklammert, in seiner Handlungsfreiheit verhängnisvoll beengt werden. Es bleibt kein Weg als der durch den würgenden Ring hindurch, und ich wäre ein schlechter Kavalier der Dame Frankreich, wenn ich nicht alles täte, ihr Platz zu schaffen."

„Und wie wollen Sie das anfangen, verehrter Ritter ohne Furcht und Tadel?" fragt Montrond spöttisch.

„Begnügen wir uns mit dem Ritter ohne Furcht", versetzt Talleyrand mit seinem überlegenen Lächeln. „Sie ist der schlechteste Ratgeber in allen politischen Angelegenheiten — und den Tadel werde ich ohnehin nicht vermeiden können." Er sieht Montronds ungeduldige Bewegung, kehrt zu dessen Frage zurück. „Wie ich das anfangen will? Vor allem, indem ich das meine dazu beitrage, daß die Stellung des Staatsoberhauptes legalisiert wird, das heißt, nicht mehr von zufälligen Majoritätsbeschlüssen abhängt, sondern, im Gesetz verankert, dieses erfüllt."

„Sie schließen sich also der Meinung des Senatsbeschlusses an?“ Es klingt wie eine Fangfrage.

„Nein“, antwortet Talleyrand unbeirrt. „Der Senatsbeschluß schließt sich meiner Meinung an.“ Er genießt die verblüfften Gesichter seiner Zuhörer, besonders das La Besnadières, in dem jeder Zug mit Großbuchstaben ein ‚Davon habe ich ja gar nichts gewußt!‘ ausdrückt, beeilt sich, seine überraschende Mitteilung näher zu erläutern: „Die Stellung des ersten Bürgers Frankreichs darf keine austauschbare Würde sein. Es ist notwendig, daß sich die Nation in einem dauernden Repräsentanten von Fleisch und Blut verkörpert sehe.“

„So geschah es also auf Ihre Veranlassung“, fragt der unermüdliche Montrond weiter, „daß dieser Senatsbeschluß gefaßt wurde?“

„Auf meine Veranlassung“, bestätigt der Minister, „und auf die Fouchés, den ich zwar nicht mag, der aber intelligent genug ist, ebenso wie ich die Notwendigkeit einer Konsolidierung im Innern zu erkennen.“

„Und wie soll es nun weitergehen? Denn das Senatskonsult allein —“

„Wäre nichts ohne einen bestätigenden Beschluß der gesetzgebenden Versammlung und endlich einer Volksabstimmung. Bei beiden ist für das wünschenswerte Ergebnis gesorgt“, schließt er mit einem fahlen Lächeln, das an das Lächeln eines gefallenen Engels erinnert.

„Das heißt, der Wiederherstellung der Monarchie, aber mit Bonaparte als Herrscher, steht nichts mehr im Wege?“

„Nichts mehr als die Durchführung.“

„König Napoleon!“ ruft Montrond, die Hände über dem Kopf zusammenschlagend. Auch Hauterive und La Besnadière zeigen durch Kopfschütteln ihr Befremden.

„Kaiser Napoleon“, verbessert Talleyrand lächelnd, diesmal frei, überlegen. „Der Königstitel hätte bei einem

Teil der Nation Widerspruch gefunden und einen andern vor den Kopf gestoßen. Aber ‚Kaiser' — Empereur — ich dachte dabei an den Titel der altrömischen Soldatenkaiser — ich finde, das klingt nicht übel und kann alle zufriedenstellen, die bereit sind, sich mit einer Monarchie ohne Bourbonen abzufinden."

„Und die Krönung? Der Begründer einer neuen Dynastie ohne Krönung — das wäre undenkbar!"

„Dafür lassen Sie nur ihn sorgen. Bei seiner südlichen Freude an Prachtentfaltung wird er sich diese Gelegenheit, ein großartiges Schauspiel zu veranstalten, bestimmt nicht entgehen lassen."

Vive l'Empereur!

Es geschieht hie und da vor Gewittern, daß die Sonne noch scheint, während am Himmel bereits die dunkelgraue Wand aufsteigt, mit Blitzen schwanger, die sie in der nächsten Stunde auf die Erde schleudern wird. Es ist eine sonderbare Sonne, und sonderbar ist auch ihr Schein: an Stelle des gewohnten goldenen Leuchtens sieht man ein kaltes, fahles Gelb, das an die Reflexe von poliertem Messing erinnert und Unheil anzukündigen scheint. Der Beschauer fühlt fast etwas wie Erleichterung, wenn die Wolkenwand endlich so hoch gestiegen ist, daß sie diese Messingsonne auffrißt und ihren fahlen Schein vom Himmel wischt.

An diese Sonne und deren fahlen Schein erinnert das Schauspiel der Krönung, mit dem die Erhebung Napoleons zum Kaiser gefeiert wird. Europa wird von Woche zu Woche unruhiger, England wühlt und hetzt, Österreich, der Wort- (und Schwert-) Führer der kontinentalen Mächte, rüstet, heimlich von Rußland unterstützt, das in den europäischen Angelegenheiten gleichfalls sein gewichtiges Wort hören lassen will. Um so heller aber soll nach dem Willen des neuen Herrschers der Glanz seines Diadems erstrahlen. Was an Pomp, an Aufwand nur denkbar ist, wird zur Krönung aufgeboten: Gold, Edelsteine, kostbare Stoffe, reiche Galaroben, blitzende Uniformen; verschwenderischer Schmuck der Straßen, durch die sich der Krönungszug bewegen soll, und der altehrwürdigen Kathedrale zu Unserer Lieben Frau von Paris, des Schauplatzes der Zeremonie; rauschende Musik, zu deren Ausführung die besten Orchester der Hauptstadt vereinigt wurden; ein bis ins Kleinste ausgearbeitetes Zeremoniell, sich an das der Krönung französischer Könige anschließend; und endlich das wichtigste von allem: eine reich bewegte Volksmenge, die die festlichen Straßen füllt und sich an Prunk, Farben, Licht, Musik und insbesondere an den eigenen Kundgebungen berauscht.

Schon am Vorabend, von sechs Uhr bis Mitternacht, dröhnen bei jedem Stundenschlag Artilleriesalven durch die Stadt; bei jeder Salve flammen auf allen erhöhten Punkten bengalische Feuer auf; was nicht in die Theater läuft, die heute bei freiem Eintritt spielen und durch Stücke wie des bekehrten Republikaners Marie-Josèphe Chéniers „Cyrus“ mit Talma in der Titelrolle die allgemeine Begeisterung zu steigern bemüht sind, treibt sich in den Straßen herum, um die aus dem Boden wachsenden Dekorationen zu begutachten und den Fanfaren einer der umherziehenden Musikbanden zu lauschen, deren schmetternde Klänge die Nacht über ganz Paris erfüllen.

Während der Nacht hat es etwas geschneit, aber der Morgen ist klar und kalt. Nichtsdestoweniger drängt sich die Menge schon seit der Dämmerung in den Zufahrtstraßen zum Dom. Den großen Platz davor hat die Polizei freizuhalten gewußt; aber die umliegenden Gassen sind so vollgestopft, daß schon die ersten, gegen sieben Uhr früh kommenden Festgäste Notre Dame kaum zu erreichen vermögen, sich mitsamt ihren in dünnen, dekolletierten Kleidchen steckenden Damen mühsam durch die Volksmassen hindurchwinden müssen. Und von Stunde zu Stunde wird das Gedränge ärger. Die aufgebotenen Truppen, vor allem Grenadiere und Gardejäger, vermögen mit der Menge nicht fertig zu werden, geben sich auch gar keine große Mühe, da ihre Offiziere es ablehnen, von den wenigen pflichtgetreuen Zivilbeamten Weisungen entgegenzunehmen. Als um neun Uhr die letzten Gäste, das diplomatische Korps und die wenigen ausländischen Fürstlichkeiten, von denen infolge ihres Seltenheitswertes viel Aufhebens gemacht wird, die Insel der Cité, auf der die Kathedrale steht, erreichen, müssen sie schon an den Brücken ihre Wagen verlassen und, von zwei Reihen Soldaten in die Mitte genommen, im Gänsemarsch die mit Mühe etwas zurückgedrängte Menge passieren. Als sie aber die Kirche betreten, ist diese gleichfalls zum Bersten gefüllt: was immer sich eine Einladung zu verschaffen gewußt hat — und es wurde mit solchen nicht gespart —, hat alle fünf Schiffe schon beim Öffnen der Tore gestürmt und sich natürlich die besten Plätze ausgesucht. So kommt es zu endlosen Zänkereien, ehe es gelingt, die für die Ehrengäste bestimmten Sitze freizubekommen. Und dabei ist es kalt, man friert und hungert, und noch verrät kein Anzeichen, daß man mit einem Beginn des Festaktes rechnen könne.

Endlich dringt, von irgend jemandem gebracht, dem es doch noch gelungen ist, sich in das Pökelfaß zu zwängen, zu dem sich das Innere von Notre Dame gewandelt hat, die Nachricht herein, der Zug des Papstes sei aufgebrochen und nähere sich bereits dem Pont Neuf. Darauf entschließen sich verschiedene der Wartenden, für eine Weile Hunger, Kälte und Langeweile hinter sich zu lassen und dem Zug entgegenzugehen. Es wird ihnen nicht möglich sein, in die Kathedrale zurückzugelangen; aber das wissen sie noch nicht; doch ist das für sie um so bedauerlicher, als sie vom Zug des Papstes auch nicht viel sehen: hinter der Dragonereskadron, die ihm den Weg bahnt, begleitet ihn auf beiden Seiten ein dreifaches Spalier von Truppen, aus dem nur die Mitren der voranschreitenden Bischöfe emporragen und das vergoldete, von vier goldenen Tauben getragene Dach der Karrosse des Papstes mit der dreifachen Krone darüber; wer Glück hat, kann für kurze Augenblicke im weiß ausgeschlagenen Innern einen kleinen, magern alten Mann sehen, der weltabgewandten Asketengesichts in die Menge hineinschaut und von Zeit zu Zeit mechanisch die Hand zum Segen hebt. Den Abschluß bildet eine zweite Dragonereskadron. Das ist alles. Nach dem Passieren des Pont Neuf und des Quai des Orfèvres bewegt sich der Zug auf die Kathedrale zu. Die enttäuschten Zuschauer schimpfen oder reißen ein paar schlechte Witze, reiben sich die blaugefrornen Hände — und warten weiter.

Und weiter warten auch die Insassen der Kirche. Die kleine Sensation, die der Einzug des Papstes hervorrief, ist bald verraucht. Er hat den vorbereiteten Thronsitz eingenommen und versank dort sofort in stilles Gebet, und das Auditorium, des Gaffens auf die unscheinbare weiße Gestalt bald müde, kehrt sich wieder den eigenen Angelegenheiten zu. Fliegende Händler haben sich weiß Gott wie in die Kirche eingeschlichen, ihre Waren finden reißenden Absatz: alles knabbert, erst heimlich, dann immer offener, an den Würstchen und belegten Brötchen, die sie feilbieten, viele der Herren genehmigen dazu noch einen Kirsch, diesen herrlichen Branntwein, den die Soldaten in Deutschland kennen und schätzen gelernt haben: „Sie wissen, mein Alter, das ist das Beste gegen die Kälte!“ Und über die ganze Versammlung breitet sich die Depression bleierner Müdigkeit.

So traut man denn seinen Sinnen nicht, als plötzlich von ferne Artilleriesalven aufdonnern. Erst als der ferne Donner sich wiederholt, begreift man, daß das fast nicht mehr Erwartete im Begriff ist, Wirklichkeit zu werden. Und diesmal sind es zahlreiche Gäste, die sich entschließen, den Zug, den kaiserlichen Zug wenigstens vor dem Kirchenportal zu empfangen.

Doch auch für diese Neugierigen heißt es warten, nunmehr noch dazu im beißenden Wind, der über den Platz fegt und die letzten welken Blätter raschelnd vor sich hertreibt: denn der Zug hat auf seinem Weg mancherlei Aufenthalte; man hat zwar die breitesten Straßen ausgesucht, doch einige schmale Gassen waren doch nicht zu vermeiden — und vor allem hat man nicht mit der Disziplinlosigkeit der Massen gerechnet, die für ihr halbtagelanges Warten in Frost und Kälte nun auch etwas *sehen* wollen! So sind die vier Carabinier- und die ebensoviel Kürassiereskadronen, das Regiment der Gardejäger zu Pferd und die Mamelukeneskadron, die unter dem Kommando des gleich einem persischen Satrapen herausgeputzten Murat die Spitze bilden, gezwungen, in die Menschenmauer, die sich ihnen entgegenstemmt, Bresche zu reiten. Wehschreie, Rufe der Empörung und wütenden Protestes klingen auf, selbst einzelne Flüche auf die Behörden, doch diese nur halblaut: man weiß nicht, wo der verdammte Fouché, seit kurzem wiederum oberster Leiter der Polizei, überall seine Spione hat!

Da ist er selbst, gleich hinter den Herolden mit ihren violettsamtenen Wappenröcken, in der ersten der sechsspännigen Kutschen, die er mit dem Außenminister — und seit ein paar Tagen Großkämmerer — Talleyrand teilt. Wenn man sein schmales Gesicht betrachtet, so traut man ihm gar nicht die Mitgliedschaft beim „Berg", der radikalsten Gruppe des Konvents, zu, sieht ihm nicht den Königsmörder an, nicht den blutbesudelten Henker von Lyon. Mit etwas gefrorenem Lächeln blickt er zum Fenster hinaus, als wolle er sich überzeugen, ob auch wirklich alles in Ordnung sei, ob nicht wieder ein unvorhergesehener Regiefehler passieren werde wie an jenem 24. Dezember vor ein paar Jahren.

Sein Begleiter Talleyrand sieht unbewegten Gesichts vor sich hin, die schweren Lider halb über die Augen gesenkt. Er sieht aus wie ein großer Kater, der erst in der Morgenfrühe nach Hause gekommen ist und nun von den Abenteuern der verflossenen Nacht träumt. Vielleicht tut er es wirklich — wer kann es wissen bei dem elenden Ruf des alternden Weiberhelden? Jedenfalls gibt er nichts zu, noch leugnet er etwas: es scheint ihm beides nicht dafürzustehen.

Noch ein paar Kutschen, eine davon voll Damen, ein Zwischenraum — dann der Galawagen des Kaisers! Ein tiefes Aufatmen geht durch die Menge, das millionenfach vermehrte glückliche Aufseufzen eines Kindes, dem sein Lieblingsspielzeug beschert wurde.

Acht ausgesuchte Isabellenschimmel, herrliche Tiere, mit rotem, goldbeschlagenem Maroquinleder gezäumt, nikkende weiße Federbüsche auf den Köpfen, ziehen ein Wunderwerk von Gold, Farben und riesigen Kristallglasscheiben, in denen sich das Licht des kalten, windigen Wintertags bricht. Der Wagenkasten ist über und über mit Bildern und heraldischen Symbolen bemalt, die sich vom goldenen Grund mit doppelter Leuchtkraft abheben. Vier allegorische Gestalten tragen den Wagenhimmel, dessen Scheitelpunkt, aus einem Gewirr von Ölzweigen, Lorbeer und Adlern aufsteigend, eine Nachahmung der Krone Karls des Großen bildet. Das Innere ist weißer Samt, reich mit Gold bestickt. Von der Decke leuchtet ein geflügeltes Bündel Blitze nieder, umrahmt von einem goldenen Kranz. Auch hier Öl- und Lorbeergezweig, dazu goldgestickte Bienen, und überall, an der Decke, an den Vorhängen, über den Sitzen insolent und triumphierend das große „N", aus dem Lorbeer hervorleuchtend, von Bienen umgeben, im Mittelpunkt des Großsterns der Ehrenlegion.

Aber der Kaiser — wo ist der Kaiser? Alles war zu sehen, nur er nicht. Denn der Prunkwagen ist von hohen Würdenträgern ganz umgeben: rechts und links neben den Zugpferden reiten Adjutanten des Kaisers; den Wagen selbst flankieren schützend Generaloberste der Garde; auf der Höhe der Hinterräder folgen ihnen Hofstallmeister, und um den Ring zu schließen, hält sich dicht hinter dem Wagen der Generalinspektor der Gendarmerie.

Durch die Lücken der wandelnden Mauer hindurchspähend, gelingt es den Zuschauern endlich, das Kaiserpaar zu erblicken. Josephine in ihrem weißen, gold- und silberbestickten Seidenkleid, mit Diamanten bedeckt, lächelt, sieht aus, als sei sie nicht älter als fünfundzwanzig Jahre. Aber der Kaiser enttäuscht. Die Menge hat sich etwas wie ein lebendes Denkmal irdischer Majestät erwartet — etwa in der Art von Rigauds Bildnis des Sonnenkönigs; sie hätte auch einen Soldatenkaiser willkommen geheißen, wie sie ihn gewohnt war, im grünen Rock der Gardejäger, die weiße Weste vom scharlachroten Band der Ehrenlegion halb verdeckt; aber das Kleid nach spanischer Art aus goldverbrämtem Purpur, strotzend von Edelsteinen wirkt wie eine weibische Verkleidung. Daran ändert auch der betont feierliche Ausdruck seines schöngeschnittenen, aber langsam verfettenden Gesichtes nichts. Die Menschen, schon bereit, in besinnungslosen Jubel auszubrechen, bekommen sich wieder in die Gewalt und beschränken sich auf eine Begrüßung, die zu höflich ist, um herzlich zu sein.

Doch dem sei wie ihm wolle, der Zug geht weiter, denselben Weg, den der des Papstes nahm, bis endlich die Hauptakteure im erzbischöflichen Palast verschwinden, wo das Kaiserpaar die Kleider wechselt, um die für die Krönung bestimmten Gewänder anzulegen. Ein letztes Warten noch, das der nie fertig werdenden Josephine zur Last fällt, dann erfolgt endlich der Einzug in die Kathedrale.

Und wahrhaftig: alle jene, die so lange warteten, müssen sich gestehen, daß dieses Schauspiel das Warten wert war. Sie denken nicht an ihre leeren Magen und ihre eiskalten Füße, nicht an Müdigkeit und Erschöpfung, sie blicken nur auf die Märchenprozession, halten den Atem an und sättigen an dem Geschauten ihre Herzen.

Grün und schwarz gekleidete Gerichtsboten mit goldenen Stäben eröffnen den Zug; es folgen Pagen in Grün und Gold, dann Zeremonialbeamte in Violett und Silber; hinter ihnen drei Marschälle mit den Insignien der Kaiserin, Sérrurier mit dem Siegelring auf einem Kissen, Moncey mit der Mantelschließe, Murat mit der Krone. Nun die Kaiserin selbst, den riesigen, hermelingefütterten Krönungsmantel um die Schultern, dessen Schleppe von kaiserlichen Prinzessinen getragen wird. Eingeweihte flüstern einander zu, es habe deshalb in den Tuilerien empörte Proteste, Zornausbrüche, Weinkrämpfe gegeben — bis einige nicht wiederzugebende korsische Worte des kaiserlichen Bruders Ordnung schafften. Den schönen Schleppträgerinnen ist nichts davon anzumerken. Mit starren Mienen, in starrer Haltung schreiten sie, den Schleppensaum lässig zwischen den Fingern, ihres Weges wie griechische Statuen, die über alles Menschliche erhaben sind.

Der Regisseur des Zuges hatte Sinn für Abwechslung: Pomp und Feierlichkeit werden jäh durch Anmut unterbrochen: die Hofdamen der Kaiserin, eine bezaubernder als die andere, ein auserwählter Strauß von Schönheit und Liebreiz, kommen. Ein Flüstern des Entzückens begleitet sie, neidische, verlangende, werbende Blicke folgen ihnen. Sie aber schweben züchtig gesenkten Hauptes dahin, und nur ein kaum merkliches Lächeln um ihre Lippen läßt erkennen, daß sie gegen die stummen Huldigungen durchaus nicht unempfindlich sind.

Nun aber naht offensichtlich der Höhepunkt des Einzuges: das Gefolge des Kaisers und dieser selbst. Zwischen den scharlachroten, grasgrünen, hell- und dunkelblauen Uniformen der Hausoffiziere schreiten als Hüter ruhmvoller Vergangenheit drei Marschälle mit den Insignien Karls des Großen: Kellermann mit der Krone, Pérignon mit dem Szepter, Lefebvre mit dem Schwert. Ihnen schließen sich die Wahrer des gegenwärtigen Ruhmes an, die Träger der Insignien des Kaisers: Bernadotte mit der Halskette, Eugène Beauharnais mit dem Siegelring, Berthier mit dem Reichsapfel und Talleyrand mit der Mantelschließe.

Wieder, so wie beim Zuge durch die Straßen von Paris, eine Pause, eine sinnfällige, gefühlsbetonte Zäsur — dann der Kaiser selbst, nun wirklich ein Imperator in seiner Krönungsrobe nach altrömischem Geschmack, den Imperatorenkranz im dunklen, kurzverschnittenen Haar, in den Krönungsmantel gehüllt, zwei Szepter in den Händen: das der Herrschergewalt über das kaum erst aneinandergeschlossene Imperium und, dem alten Brauch der Bourbonen folgend und so Tradition und Gegenwart aneinanderschmiedend, das der Rechtshoheit, die „Hand der

Gerechtigkeit". Er geht langsamen, festen Schrittes (es heißt, er habe eigens bei Talma Stunden genommen), das Auge unverwandt auf den Altar gerichtet, und die Musik der vereinigten Orchester wölbt einen Baldachin von Tönen über ihn, der sich wie eine riesige Hülle von Geisterhand auf ihn niedersenkt.

Der Kaiser hat gewünscht, daß der erste Teil der Zeremonie „nur den Priestern oder Männern, die kraft ihres überlegenen Verstandes den Glauben des achten Jahrhunderts — den Karls des Großen — haben" vor Augen komme. So schließt sich, kaum daß er den Chorraum der Kirche betreten hat, eine Mauer von Klerikern hinter ihm, das Geschehen vor dem Altar mehr erraten als erkennen lassend. Solang er auf dem erhöhten ‚kleinen Thron' dem Papst gegenübersitzt, sieht man ihn wenigstens noch. Dann aber sinkt er am Betschemel in die Knie, und man kann nur an den Bewegungen der Würdenträger erkennen, daß ihm Szepter und Krone abgenommen und mit den übrigen Insignien auf dem Altar niedergelegt werden; man hört die dünne Stimme des alten Kardinals de Belloy, des Erzbischofs von Paris, eine lange Eidesformel ablesen, aus der nur einzelne Worte zu verstehen sind: „... legem, iustitiam et pacem Ecclesiae Domini ... privilegia data et oblata ab imperatoribus et regibus ..." und das kurze unwillig klingende „Profiteor!" des Kaisers.

Dann fängt zum Glück das vom Papst persönlich zelebrierte Hochamt an und mit ihm die Musik, die Paisiello eigens für diesen Tag komponiert hat, und die der Dirigent Lesueur mit allem Schwung zu Gehör bringt, den diese Klänge, die selbst hier ihre Herkunft von der Opera buffa nicht verleugnen können, erfordern. Die Musik hört auch nicht auf, als die Messe unterbrochen wird und die Gestalt des Papstes von den Altarstufen niedersteigt — offenbar um sich zum Kaiser zu begeben und diesen an

Stirn und Händen zu salben; aber der Klang ist ein anderer geworden, hat etwas Verhaltenes, Mystisches bekommen, das von der Munterkeit Paisiellos stark absticht. Es sind die Chöre, die Lesueur komponiert hat und mit denen er das Geschehen am Altar, das er von der Höhe der Orgelgalerie aus verfolgen kann, begleitet: das „Unxerunt Salomonem" bei Vornahme der Salbung, das „Accingere gladio" bei der Umgürtung des Schwertes und Anlegung des Mantels, das „Iudicabit" bei der Übergabe der beiden Szepter.

Mit einemmal aber taucht die Gestalt des Kaisers vor dem Altar auf. Man sieht nur Kopf und Schultern; doch das Gesicht ist den Zuschauern zugewandt und leuchtet voll so erhaben majestätischen Triumphes, daß den Anwesenden ist, als gingen Strahlen von den ehernen Zügen aus. Und über diesem Haupt erscheinen, sich hoch aufreckend, die beiden Hände des Kaisers — niemand hat ihn die Szepter weggeben oder weglegen gesehen —, die den Imperatorenkranz, die Krone halten. Sie senken sich langsam, die Krone berührt das Haar, wird an die Schläfen gedrückt. Die Hände verschwinden, die Musik verstummt, atemlos, gebannt, keines Lautes fähig starrt die ganze Versammlung auf dieses überirdisch großartige Imperatorenhaupt.

Dann verschwindet die Erscheinung. Mit ruckartig raschem Griff hat der Kaiser die Krone der Kaiserin vom Altar genommen, schreitet dessen Stufen hernieder. Man sieht seine Hände, zwischen denen das Diadem leuchtet, dann senken sie sich, bleiben gesenkt: der Kaiser hat seine Gemahlin gekrönt.

So neu, so ungewohnt ist das alles, daß es den Eindruck des Gewaltsamen hervorruft. Aber während der Selbstkrönung des Kaisers saß der Papst mit segnender Bewegung betend auf seinem Thron, und nun erhebt er sich abermals, um das Kaiserpaar zum ‚großen Thron' zu führen, der im Chor errichtet wurde. Sein greisenhaft schwaches „Vivat Imperator in aeternum!" verhallt, wird vom etwas zu früh einsetzenden Chor, diesmal des Abbé Rose, „Vivat!" aufgesogen. Dann, während das erlauchte Paar den Thron besteigt, läßt der Oberzeremonienmeister Graf Ségur, der Regisseur des Tages, nochmals die Anmut zu den Herzen der Menschen sprechen: der Strauß der Hofdamen löst sich in die einzelnen bezaubernden, blumenhaften Gestalten auf, die dem Papst die nach alter Tradition ausgesuchten Krönungsgaben überreichen: die zwei Kerzen, in deren jede dreizehn Napoleond'ors eingelassen sind, das Brot von Silber, das Brot von Gold, das Prunkgefäß. Aller Augen werden feucht, aller Herzen schlagen beglückt und wie von einer Last entbunden, die das gewaltige Geschehen der Krönung auf sie gelegt hatte.

Und nun rollt alles schnell ab, unter allgemeinem Mangel an Aufmerksamkeit, die durch alles Vorangegangene erschöpft wurde. Der Papst liest das Hochamt zu Ende, das durch die muntere Neapolitanermusik viel von seiner Feierlichkeit verliert, und zieht sich in die Sakristei zurück, um die Ritualgewänder abzulegen — und um nicht bei dem nachfolgenden Vorgang anwesend sein zu müssen: denn der Kaiser leistet nun den Eid auf die Verfassung, dieses Kind der großen Revolution, das deren Errungenschaften endgültig sanktioniert. Dann ist auch das vorüber, der Krönungszug formiert sich abermals und verläßt unter dem Dröhnen der großen Glocke und den Triumphfanfaren der vereinigten Orchester den Dom.

Der Abend senkt sich bereits, die Dämmerung des kurzen Wintertages hüllt Paris in ihren melancholischen Schleier. Dennoch wird das festgesetzte Programm beibehalten: der Zug verläßt die Insel über den Pont au

Change und durchquert das von Menschen wimmelnde Geschäftsviertel, um über die Rue Impériale und die Place de la Concorde in die Tuilerien zurückzukehren.

Diesmal muß sich der Kaiser nicht über mangelnde Herzlichkeit im säumenden Spalier beklagen: die Menschen scheinen außer Rand und Band, jauchzen, schreien, daß man den Salut der Geschütze nicht hört, arbeiten sich in einen Paroxismus der Begeisterung hinein, in dem jedes Urteil, jede Besinnung untergeht.

Diesmal haben sie ihr Idol erkannt, ihr erlesenstes Spielzeug im Schmuck des Krönungsmantels und der Caesarenkrone. — Und hat er nicht die Errungenschaften der Revolution, insbesondere auch den leicht erfolgten Erwerb adeliger und kirchlicher Güter, als rechtsgültig anerkannt?

II. Teil

DAS KAISERTUM

Bundesgenossen

Talleyrand hat die Zeremonie unbewegten Gesichts verfolgt. Es ist ihm nicht anzumerken, ob er an den Vorgängen innerlich Anteil nimmt oder nicht. Er erfüllt seine Amtsobliegenheiten und verhält sich im übrigen vollkommen passiv. Nur einmal, als Frau de Rémusat, die das Prunkgefäß zu überreichen hat, einen Augenblick lang unsicher zögert, erwacht er zum Leben und weist ihr mit einer sparsamen, aber ausdrucksvollen Geste den Weg. Dann sinkt er wieder in seine vorherige Unbeweglichkeit zurück und rührt sich erst wieder, als der Zug nach dem Eid auf die Verfassung sich in derselben Ordnung, in der er gekommen ist, anschickt, die Kirche zu verlassen, indes inzwischen auf Seitenwegen vorausgeeilte Lakaien die Kolonnen der wartenden Wagen zu mobilisieren beginnen.

Die kleine Verwirrung, die beim Einsteigen des Kaiserpaares in die Prunkkarosse entsteht, benützt er, etwas beiseitezutreten, um den Schlußakt des Schauspieles zu beobachten. Es ist empfindlich kalt, und ein scharfer Wind wirft sich in die sorgfältig frisierten Locken des Löwenhauptes, sie in wehende Strähnen verwandelnd. Aber der sonst so Verwöhnte, über dessen vierzehn Nachtmützen sich alle Welt lustig macht, rührt sich nicht, hüllt sich nur enger in seinen großen Mantel, den ihm der getreue Monsieur Courtiade, ein kühner Blockadebrecher der Etikette, um die Schultern gelegt hat. Gleichmütiger denn je wartet er, bis die Prunkgäste des Tages, die kaiserlichen Prinzessinnen und Prinzen, der Markgraf von Baden –

der einzige bedeutendere Souverän des Deutschen Reiches, der sich bereit gefunden hat, der Krönung beizuwohnen —, der Erbprinz von Hessen nebst einem halben Dutzend sonstiger Duodezfürsten und der heute in selbstbewußter Haltung geistliche und weltliche Würde vereinigende Freiherr von Dalberg, Fürstbischof von Regensburg und Reichserzkanzler, ihre Wagen bestiegen haben und davongerollt sind.

Ebenso gesammelt wie er, aber nicht mit der überlegenen Ruhe des geborenen großen Herrn, sondern in einer Starrheit der Haltung, die stete Gespanntheit verbergen soll, hat sich der Polizeiminister Fouché neben ihn gestellt. Er trägt wie Talleyrand das neugeschaffene Zeremonialkleid der Hofämter: silbergestickten Samtrock, der beim Großkämmerer scharlachfarben, bei ihm blau ist, weißseidene Weste und Kniehose, Degen und federbesetzten Zweispitz. Aber während es den Aristokraten wie alles, was dieser anlegt, vollendet kleidet, wirkt es bei Fouché wie eine Maskerade, unter der seine frühern Masken unerklärbar hindurchschimmern.

Talleyrand, viel zu hochmütig, um unhöflich zu sein, hat ihn mit einer leichten Verneigung und einer gleichsam um Entschuldigung bittenden Geste begrüßt, sich aber auf diesen stummen Gruß beschränkt. Erst als nach den Kutschen der Marschälle die ihre vorfährt, kehrt er sich ihm wieder zu und sagt mit einladender Bewegung:

„Darf ich bitten, Monsieur?“

Fouché wehrt ab, ein süßliches Lächeln um die Lippen.

„Nach Ihnen, Monseigneur, nach Ihnen!“

Talleyrand versteht sofort die boshafte Anspielung auf seine einstige Bischofswürde, schlägt zurück:

„Aber nein, lieber Amtsbruder, kommen Sie doch!“ Er sagt ‚confrère‘, auf Fouchés früheres Mönchstum zielend. Wie war wohl dessen Klostername?

Fouché, durch den Austausch der Bosheiten sichtlich erheitert, steigt ohne weitere Förmlichkeiten ein, überläßt sogar Talleyrand freiwillig den Ehrenplatz zu seiner Rechten.

„Die beiden besten Gehirne Frankreichs in einem Wagen", bemerkt er, als sich das Gefährt in Bewegung gesetzt hat.

Wie sein Nachbar ist auch Talleyrand gegen Menschenurteile längst zu gleichgültig geworden, als daß er sich bei falscher Bescheidenheit aufhielte.

„Nur", bemerkt er, „gegensätzlich wie magnetische Gegenpole."

„Muß das sein?" wirft Fouché scheinbar leicht hin.

„Können Sie sich vorstellen", fragt Talleyrand ebenso zurück, „daß wir Freunde sein könnten?"

Die unverhohlene Herbheit der Formulierung macht auf Fouché nicht den mindesten Eindruck.

„Nein", erwidert er gleichgültig. „Aber Bundesgenossen."

„Zur Erreichung bestimmter Zwecke", schränkt Talleyrand ein.

„Nur zu solchen", pariert Fouché abschließend.

Eine Unebenheit des schlechten Pflasters wird von den Wagenfedern unzureichend aufgefangen. So sieht es so aus, als habe Talleyrand genickt. Oder hat er es wirklich? Fouché macht sich keine Gedanken darüber.

„Trotz aller Unempfindlichkeit schienen Sie die Feier aufmerksam zu verfolgen", wirft er im vorigen Plauderton hin.

„Da ich einer der wenigen bin, die das Zeremoniell beherrschen —"

„Daran ist ja sehr eifrig gearbeitet worden." Fouché zögert, setzt dann fort: „Wie ich höre, trägt sich der Kaiser mit dem Gedanken, den jungen Hofstaat stark zu vermehren." Wieder das unmerkliche Zögern, dann: „Man spricht auch von einem neuen Adel, den er schaffen will."

„Adel kann nicht geschaffen, sondern nur entwickelt werden."

„Es ist leicht, so zu sprechen, wenn man Talleyrand-Périgord heißt", sagt Fouché halblaut. Sein Nachbar schweigt. Er wechselt zum frühern Thema zurück: „Man kann also wohl annehmen", meint er, „daß sich der Kaiser in der nächsten Zeit dem Ausbau seiner Stellung widmen wird."

„Wenn er sich gleichzeitig dem Ausbau Frankreichs widmet, so wäre das nur zu begrüßen."

„Ausbau Frankreichs?" Die Formulierung scheint Fouché nicht zu befriedigen. „Frankreich kann verschiedentlich ausgebaut werden: zu einem Handelsstaat, zu einer Kulturnation — oder zu einem Heerlager." Immer wieder dieses Zögern, das eine Antwort zu erwarten scheint, nein, sie hervorzulocken sucht. Und da sie nicht erfolgt, eine Fortsetzung, die eine weitere Lockung ist: „Die militärische Umrahmung der Krönung läßt fast das Letztgenannte vermuten."

„Das will gar nichts sagen", wehrt Talleyrand ab. „Wir zwei haben auch einen Degen an der Seite. Versuchen Sie den Ihren zu ziehen."

„Hab ich bereits versucht", antwortet Fouché. „Er besteht nur aus Griff und Scheide."

„Also!"

Fouché kaut an seinen Lippen. Talleyrands abweisende Art geht ihm auf die Nerven. Er zögert noch eine Sekunde lang, dann setzt er in völlig verändertem, geschäftsmäßig trockenem Tone an:

„Mein lieber Herr von Talleyrand, Sie waren zu Beginn unserer Aussprache so schön sachlich. Warum weichen Sie nun ab?"

Talleyrand nimmt den Ton sogleich auf.

„Sie waren es, der abwich", versetzt er. „Nicht ich.

Kehren Sie zurück, und Sie werden an mir einen aufmerksamen Zuhörer finden."

„Ausgezeichnet", sagt Fouché zufrieden. „Was also halten Sie von der Zukunft, soweit der Kaiser sie zu formen suchen wird?"

„Fragt mich der Polizeiminister?"

„Der Polizeiminister ist bestens unterrichtet. Es fragt einer, der Ihr Bundesgenosse werden möchte, ich wiederhole es Ihnen."

Talleyrand blickt schweigend vor sich hin. Aber Fouchés sensible Nerven spüren: es ist kein Schweigen des Mißtrauens mehr, sondern das eines, der sich seine Worte zurechtlegt.

„Wenn Sie", hebt Talleyrand endlich an, „diese Frage zur Zeit des Friedensschlusses mit England gestellt hätten, wäre ich weniger in Verlegenheit gewesen, sie Ihnen zu beantworten."

Der Polizeiminister mit seinem wachen, durch tausend Verhöre geschärften Intellekt schält ohneweiters den Kern aus der etwas umständlichen Umhüllung.

„Ich freue mich, feststellen zu können", sagt er, „daß wir einer Meinung sind. Seit damals scheint der Kaiser seinen frühern sichern Weg verlassen zu haben."

„Nicht verlassen", verbessert Talleyrand. „Er steht an einem Kreuzweg."

„Vielleicht das", gibt Fouché zu. „Und die beiden Wege vor ihm?"

„Der eine ist der folgerichtige Ausbau eines Systems von Bündnissen."

„Mit — ?"

„Mit Herrschern, die, mögen sie von Napoleon besiegt sein oder nicht, doch souveräne Regenten ihrer Gebiete bleiben." Fouché nickt wortlos. „Es muß nur dafür gesorgt werden", fährt Talleyrand fort, „daß diese Bündnisse zu günstigen Bedingungen abgeschlossen werden; dann sichern sie den Frieden Frankreichs und den der Welt."

„Und der andere Weg?"

Die müden Augen unter der etwas zerzausten Lockenfrisur schauen hinaus auf die gaffende Menge, die eben noch Bernadotte, dem letzten der Marschälle, zujubelte, um angesichts des Wagens mit den beiden zivilen Würdenträgern zu verstummen. Nur einzelne, bezahlt klingende Rufe werden noch hörbar.

„Sie, Herr Minister", sagt Talleyrand mit gedeckter Stimme, „der Sie gewohnt sind, das Kleinste zu beachten und daraus Schlüsse zu ziehen, können unmöglich die Antwort überhört haben, die Ihnen das Volk von Paris soeben gab."

„Diese Antwort erwartete ich: es ist der Weg der Eroberung, der Machtvermehrung, der ins Uferlose führt." Er spricht mit der Sachlichkeit eines Arztes, der ein Krebsgeschwür feststellt.

Sie schweigen beide. Doch Fouchés Ungeduld zwingt ihn zu sprechen.

„Sie glauben also, daß der Kaiser — "

„Ich glaube nichts", unterbricht ihn Talleyrand. „Seit der Affäre des Prinzen von Enghien ist mir Napoleon völlig undurchsichtig geworden. Sie machen die gleichen Erfahrungen mit ihm, nehme ich an."

„Ja", bestätigt Fouché. „Einmal ist er aufgeschlossen, Einwänden, Vorschlägen zugänglich; das anderemal verharrt er starr bei seinen Entschlüssen, zu denen er Gott weiß wie gelangt ist, hört gar nicht zu, was man ihm sagt."

„Bei der gestrigen Generalprobe zur heutigen Krönung", erzählt Talleyrand, „ging er mit dem Krönungsmantel etwas achtlos um. Er paßt ja nie auf seine Kleider auf. Da rief ich ihm zu: ‚Sire, seien Sie vorsichtig mit Ihrem schönen neuen Mantel!‘ Er verstand mich sofort, warf mir aber nur einen bitterbösen Blick zu, um die Probe nicht zu stören.“

„Er hätte es ja allerdings leichter“, meint Fouché, „wenn er der Sohn irgendeines Louis oder Charles wäre.“

„Umso bedachtsamer müßte er in seiner Politik sein. Nicht nur Rom – kein Staat ist an einem Tage erbaut worden. Aber wenn man ihm nur eine Andeutung macht, fährt er auf, er sei jung und wolle wirken, und das könne er nur ohne Hemmnisse.“

„Und er wisse nicht, wer nach ihm komme“, ergänzt Fouché. „Ich habe das Lied auch schon gehört. – Ja also, lieber Freund, Verzeihung, lieber Bundesgenosse, ich sehe von ferne schon die Tuilerien – und wir sind noch immer dort, wo wir am Anfang waren. Wie Sokrates wissen wir nur, daß wir nichts wissen. Was wird nun aus unserm Bündnis?“

„Ich möchte es lieber Eventualvertrag nennen.“

„Inwiefern?“

„Sagt Ihnen der Name Shakespeare etwas?“

„Ein englischer Dichter, nicht wahr?“

„Der bei uns immer noch nicht nach Gebühr geschätzt wird. Ich lernte seine Werke in England kennen.“

„Und dieser Chêque – oder Tchêque –“

„Shakespeare“, verbessert Talleyrand. „Dieser Shakespeare nun sagt in einer seiner Tragödien – ich glaube, sie heißt ‚Hamlet‘, aber das nur nebenbei, sagt also in seinem ‚Hamlet‘ ein tiefes Wort: ‚Bereit sein ist alles.‘ “

„Das ist richtig“, murmelt Fouché.

„Sie, mein Lieber, wissen um die meisten Geheimnisse diesseits, ich um die meisten jenseits unserer Grenzen. Und beide wissen wir um die ewigen menschlichen Triebfedern: Eitelkeit, Machthunger, Egoismus.“

„Und um ihre Verkleidungen: Selbstlosigkeit, Vaterlandsliebe, Altruismus", fügt Fouché mit einer Grimasse hinzu. „Ich verstehe Sie: wenn wir unser Wissen vereinigen, nicht gegen-, sondern miteinander arbeiten —"

„So gibt es kaum eine Situation, die uns unvorbereitet treffen würde."

„Was also schlagen Sie vor?"

„Daß wir, wenn Notwendigkeit oder Not es verlangen, gemeinsam das Erforderliche erörtern und womöglich beschließen."

„Für dümmere Menschen reichlich mehrdeutig. Aber immerhin — ich bin einverstanden. Schon weil wir angelangt sind und unsere Unterhaltung beenden müssen."

Der Wagen hält, der Schlag wird geöffnet. Fouché steigt mit gemachter Elastizität aus, Talleyrand folgt mühsam.

„Helfen Sie mir", bittet er. „Leihen Sie mir Ihren Arm."

„Wann immer Sie ihn brauchen", erwidert Fouché beziehungsvoll.

Arm in Arm schreiten sie dem Eingang zu. In der Vorhalle steht eine kleine Gruppe von Herren. Einer davon betrachtet die Kommenden mit unverhohlener Abneigung. Bemerkt unterdrückt, aber, wohl wider seinen Willen recht vernehmlich:

„Das Laster, gestützt auf das Verbrechen."

Talleyrand hinkt weiter, als habe er nichts gehört. Fouché wendet mit langsamer, schlangenhafter Bewegung den Kopf nach dem Sprecher.

„Ah, Herr von Chateaubriand!" sagt er süß, falsch. „Sie wünschten ja Ihren Paß vidieren zu lassen. Wollen Sie mir morgen früh das Vergnügen Ihres Besuches schenken?"

„Ich werde kommen", sagt der Herr erbleichend.

„Wer war denn das?" fragt Talleyrand gleichgültig im Weitergehen.

„Ein Vicomte de Chateaubriand, Emigrant, 1800 zurückgekehrt."

„Doch nicht unser Gesandter in Rom? Der nach der Erschießung des Prinzen von Enghien resignierte?"

„Ebender."

„Ich lernte ihn nie persönlich kennen, unterhielt mich nur über seine schwungvollen Berichte. Der ist also jetzt nur mehr Dichter?"

„Und Schwärmer. Er will demnächst eine Orientreise antreten. Dazu braucht er mein Paßvisum." Er faucht wütend auf. „Paßvisum! Der kann sich morgen auf mein Paßvisum freuen!"

„Im Gegenteil, mein Bester, im Gegenteil!" In Talleyrands Tonfall ist ungewohnte Lebhaftigkeit. „Vidieren Sie den Paß! Menschen seiner Art können nicht weit genug reisen! Und behandeln Sie unsern Schwärmer ja nicht schlecht!" Er verstummt, setzt dann mit gewohnter Gelassenheit hinzu: „Schon weil seine Bemerkung so hübsch formuliert war."

Vergangenheit – Quelle der Zukunft

Talleyrand, in seine Kanapeecke gelehnt, betrachtet unter halbgeschlossenen Lidern die Schar der Gäste. Es sind dieselben alten Freunde, die immer kommen: die alternde Prinzessin de Vaudemont, die vom pedantischen Herzog de Liancourt gelangweilt wird, die Herzogin de Luynes mit ihrer großen Nase, die mit den Jahren einem Papageienschnabel immer ähnlicher geworden ist, die Vicomtesse de Laval, die ihn mit ihrem ständigen belanglosen Redeschwall überschüttet, ihre Freundin, die schwärmerische Frau de Souza, die ihr mit großen, runden Augen zuhört, die bizarre polnische Gräfin Tyszkiewicz mit ihrem näselnden Dialekt und ihrem Glasauge, die leicht hysterische Aimée, früher Gattin Montronds, die wieder ihren Mädchennamen de Coigny angenommen hat — der ganze ‚angejahrte Harem', wie eine gelegentliche Besucherin es boshaft nannte. Nur zwei Damen sind da, die diese bissige Bezeichnung in keiner Weise verdienen: die sanfte Madame de Rémusat mit ihrem immer ein wenig erschrockenen Ausdruck und die reizende, lebhafte Signora de Brignole, der soeben der alternde Herzog von Choiseul in altväterischer Weise den Hof macht. Wir werden alt, denkt Talleyrand melancholisch.

Viel Frauen, wenig Männer. Der Hausherr liebt es nicht, sich mit diesen zu umgeben, nicht weil er Hahn im Korbe sein möchte, sondern weil er findet, man könne nur mit Frauen ernsthaft sprechen. So sind außer den Genannten nur noch der stille, leidend aussehende Herzog de Liancourt, der weitgereiste Herr de Cazenove, den Talleyrand mit seinem an den berühmten Abenteurer erinnernden Namen neckt, und der ebenso geistreiche wie faule Graf de La Tour zu sehen.

Ganz zuletzt bleibt Talleyrands Blick flüchtig an der auf dem zweiten Kanapee thronenden, etwas pompösen, etwas fülligen Gestalt der gebornen Demoiselle Werlé, verwitweten — oder geschiedenen? — Madame Grand, jetzigen Frau de Talleyrand-Périgord haften, deren immer noch vorhandene Schönheit — eben immer noch vorhanden ist. Niemand spricht mit ihr, alles spricht über sie, allerdings nur hinter ihrem Rücken und dem des Hausherrn. Ihr oftmals wiederholtes „Je suis d'Inde" war das Entzücken von ganz Paris, und ebenso Talleyrands Antwort, als der Kaiser ihm befahl, seine Geliebte zu heiraten und bei ihr für einen ehrbaren Lebenswandel zu sorgen: „Sire, meine künftige Frau wird sich in allen Dingen nach dem Beispiel Ihrer Majestät der Kaiserin richten."

Gelangweilt gleitet Talleyrands Blick von ihr ab und kehrt sich der Türe zu: sie hat sich lautlos geöffnet, und Monsieur Courtiade ist eingetreten. Er bleibt einen Augenblick lang wartend stehen, bis der Blick seines Herrn auf ihn fällt. Dann zieht er sich lautlos wieder zurück, als habe er sich nur überzeugen wollen, daß nichts fehlt. Er weiß, daß er verstanden wurde.

Wer kann das sein? überlegt Talleyrand, der Plaudertasche an seiner Seite kaum noch zuhörend. Mein Sekretär war doch schon nachmittag bei mir und hat mir alle Berichte gebracht. Mit Ouvrard habe ich mich ausgesprochen. Vom kaiserlichen Hauptquartier in Ulm sind nach der Katastrophe der österreichischen Armee auch keine Überraschungen zu erwarten. Und eine Dame? Alle, denen die liebenswürdige Torheit eines heimlichen Besuches zuzumuten gewesen wäre, sind doch ohnehin da.

Er benützt die Gelegenheit, da sich Frau de Souza mit einer belanglosen Frage an seine immer noch weiterplappernde Nachbarin wendet, erhebt sich, hinkt zur Herzogin de Luynes, beugt sich, eine verzuckerte Bosheit flüsternd, über ihren sehnsuchtsvoll gehobenen Papageienschnabel, klopft im Vorbeigehen seinem Freunde Choiseul auf die Schulter, schlüpft mit merkwürdiger Behendigkeit hinaus.

Courtiade steht wartend, gibt gedämpften Tones Auskunft:

„Es ist Madame Delacroix, Herr Graf."

„Delacroix?" Nachdenkend legt Talleyrand die Hand an die Stirn.

„Mit der wir vor acht Jahren ein Verständnis hatten", erinnert Monsieur Courtiade diskret. Er sagt immer ‚wir', so sehr fühlt er sich eins mit seinem Herrn. „Sie hat einen Jungen mitgebracht", fügt er hinzu, schließt zögernd: „Vielleicht unsern Sohn."

Wäre ein Fremder hier, er würde mit Verwunderung

das unwahrscheinliche Bild eines aufzuckenden Talleyrand beobachten können. Auf Monsieur Courtiade macht es keinen Eindruck: er ist der einzige, vor dem sein Herr sich ein wenig gehen läßt.

Dieser hat sich schon wieder gefaßt. Nur daß er etwas schneller geht als sonst, daß der Krückstock härter aufgestoßen wird.

„In der Bibliothek?“ fragt er im Vorbeihinken.

„In der Bibliothek“, bestätigt Monsieur Courtiade, eilt zur Türe voraus.

Was will sie? überlegt Talleyrand eilig. Wir sind doch in vollem Frieden geschieden, ich habe mich nicht lumpen lassen, ihrem Mann Beförderung und eine außerordentliche Zuwendung verschafft. All die acht Jahre, seit wir auseinander sind, hat sie nichts von sich hören lassen, war wie vom Erdboden verschwunden. Warum taucht sie auf einmal auf? Er ist unruhiger, als seine wieder völlig gesammelte Miene erkennen läßt.

Die Türe öffnet sich, er tritt ein. Eine ziemlich korpulente Dame erhebt sich mit einiger Mühe aus einem Fauteuil, riskiert eine tiefe Verbeugung. So wird meine Frau in ein paar Jahren auch aussehen, geht es ihm unwillkürlich durch den Kopf.

„Herr Graf —“ flötet sie.

„Ah, meine Teure —“ Er hinkt auf sie zu, die Hand in graziöser Abwehr erhoben. „Ich bitte Sie, keine Umstände. Behalten Sie doch Platz.“ Also Skandal scheint sie keinen zu beabsichtigen, denkt er erleichtert. „Ich freue mich — nach so langer Zeit — meine Teure —“ Wie heißt sie nur? Er hat es vollkommen vergessen.

Sie hat sich wieder gesetzt, blickt um sich, ruft in befehlendem Ton:

„Eugène! Komm her!“

Eugène? Ja so, das Kind! Er folgt ihren Blicken, sieht

einen etwa achtjährigen Jungen, der, ohne seines Eintretens zu achten, eingehend eine der in die Täfelung eingelassenen chinesischen Zeichnungen betrachtete. Nun kommt er herbei, die dunklen, großen Augen auf Talleyrand geheftet. Ein bildhübscher Bengel!

„Mach dem Herrn Grafen dein Kompliment!“ ertönt wieder die befehlende Stimme der Mutter.

Das Kind verbeugt sich kurz, federnd, reicht Talleyrand die Hand. Alles ohne Scheu und Schüchternheit.

Talleyrand ergreift sie, drückt sie leise. Ein kräftiger Gegendruck ist die Antwort. Der Junge hat Kraft, Donnerwetter, denkt er, sieht zur Mutter hinüber, eine lächelnde Frage in den Augen. Sie begreift, nickt leise. Also hat Pascal doch recht gehabt!

„Und was führt Sie zu mir, Madame?“

„Eine Bitte, Herr Graf. Eine große Bitte.“

Bitte ist gut. Bitte ist ausgezeichnet. Bitten kann man bewilligen — als großer Herr, der man ist.

„Sprechen Sie nur, Madame. Sprechen Sie ungescheut. Was in meiner Macht steht —“

„Es handelt sich um Eugène.“

„Um Eugène? So, so, um Eugène. Komm her, mein Junge.“ Er legt dem ungescheut Nähertretenden die Hand auf die Schulter. „Was wollen wir werden? Soldat? Heutzutage will alles Soldat werden. Wir werden sehen, ob in der Offiziersschule ein Platz frei ist.“

Aber das Kind, das sich vertrauensvoll an Talleyrand geschmiegt hat, schüttelt den Kopf.

„Ich will kein Soldat werden“, sagt es entschieden.

„Nicht? Ein weißer Rabe! Gefallen dir die Soldaten nicht?“

„Schon — zum Anschauen. Sie sind so schön bunt.“

„Hm. Also wohin wollen wir sonst? In die polytechnische Schule? In ein Lyzeum? Wollen wir Jurist werden, Beamter? Oder Arzt?“

Aber der Junge schüttelt immer wieder den Kopf.

„Maler will ich werden", platzt er endlich heraus.

„Ja, das ist sein großer Wunsch", sagt die Mutter schüchtern.

„Maler — hm. Hast du denn Talent?"

„Ich hab ein paar Zeichnungen mitgebracht", erklärt Frau Delacroix eifrig, eine Rolle auswickelnd. „Wenn Herr Graf die Güte haben wollten, einen Blick darauf zu werfen —"

Ein Römerkopf, sichtlich von einem Bild von David abgezeichnet, zwei Landschaften nach Claude Lorrain — ah, diese Katze da ist nach der Natur! Hm — nicht übel! Gar nicht übel!

„Hast du das ganz allein gezeichnet, Eugène?"

„Ganz allein", beteuert das Kind. „Ich zeichne Fifine oft. Sie hat so schöne Bewegungen."

„Und was zeichnest du noch?"

„Alles, was ich sehe." Das Kind windet sich verschämt. „Aber ich kann noch nichts. Ich möchte lernen, viel lernen."

„Du weißt, daß die Kunst, die du erlernen willst, sehr schwer ist?" Sehr ernst klingt es, und sehr ernst blicken die forschenden Augen in die des Kindes. Aber sie finden keine Furcht darin. „Du weißt, daß man von der Kunst besser die Hände läßt, wenn man nicht hoffen darf, Außergewöhnliches darin zu leisten?"

„Das sage ich ihm auch immer!" wirft die Mutter klagend ein.

Aber der Junge bleibt unbeirrt.

„Ich will", ruft er mit blitzenden Augen, „daß man noch in hundert Jahren von mir spricht! ‚Das war Eugène Delacroix', sollen sie sagen!"

„Eugène!" mahnt die Mutter entsetzt.

Aber Talleyrand lacht, daß ihm Tränen in die Augen treten.

„So gefällst du mir!" ruft er. „Du sollst die besten Lehrer haben, die zu finden sind. Und wenn du berühmt bist, sollst du mich dafür an deinem Ruhme teilnehmen lassen. ‚Herr de Talleyrand', sollst du sagen, ‚war der erste, der mein Genie erkannte.' Abgemacht?"

„Abgemacht!" sagt das Kind ernst, aber mit strahlenden Augen.

„Meine liebe Madame Delacroix", wendet sich Talleyrand an die Mutter, „ich bitte Sie, an der Ausbildung Eugènes nicht zu sparen. Sie hörten: die ersten Lehrer, die beste Unterweisung. Alles übrige ist meine Sache. — Nein, danken Sie mir nicht, ich bin erfreut, unserm jungen Adler den Flug zur Sonne erleichtern zu können. Auf Wiedersehen, Madame, auf Wiedersehen, Eugène! Auf Wiedersehen!" Er hat sich während seiner letzten Worte erhoben und sich rückwärtsschreitend auf die Türe zu bewegt, die sich bei seinem Nahen wie von selbst öffnet. Seine Abschiedsworte sprach er schon gegen die sich wieder schließende Tür. Monsieur Courtiade zerstreut zulächelnd, kehrt er in den großen Salon zu seinen Gästen zurück.

Eugène, denkt er. Mein Eugène, den ich nicht meinen Eugène nennen darf. Bildhübsch und couragiert — die Talleyrand-Périgords könnten stolz auf ihn sein. Schade, schade! Aber wenigstens soll aus ihm was werden, das dem alten Stamm ebenbürtig ist. ‚In hundert Jahren soll man von Eugène Delacroix sprechen!' Selbstgefühl hat der Junge! Talent gleichfalls. Hoffentlich auch Fleiß. Dann kann das Vaticinium Wahrheit werden. An mir wenigstens solls nicht fehlen.

Er tritt wieder unter seine Gäste, mit dem zurückhaltend wohlwollenden Lächeln, das eine seiner tausend undurchdringlichen Masken ist.

Doch der Tag der Überraschungen ist noch nicht zu Ende. Er hat sich noch zu keiner der Gruppen gesellt, da erscheint wieder Monsieur Courtiade, diesmal jedoch nicht mit heimlicher Botschaft, sondern feierlich, mit der Würde eines Kämmerers anmeldend:

„Ihre Hoheit die Herzogin von Kurland. Ihre Hoheit die Prinzessin von Kurland."

Madame de Rémusat fragt sich, ob die gehaltene Gebärde der Überraschung, die Talleyrand vollführt, studiert war oder Natur. Doch ehe sie sich entschieden hat, ist der Hausherr, nur noch liebenswürdiger Grandseigneur, auf die eintretende Herzogin zugeeilt, um sie mit allem ihm zu Gebote stehenden Charme zu begrüßen.

„Herzogin!" ruft er. „Welche Überraschung! Welche reizende, welche bezaubernde Überraschung! Da glaubt man Sie in der Ferne auf Ihren Gütern im ewigen Eis und Schnee — und mittlerweile kommen Sie, Königin der Flocken, hier hereingeschneit, bringen ein Flockenprinzeßchen mit —" Er beugt sich lächelnd zu dem dunkellockigen etwa zehnjährigen Mädchen nieder, das ihn scheu anblickt.

„Es ist meine Tochter", erklärt die Herzogin. „Und daß ich so hereinschneite, hat seine natürliche Ursache darin, daß mich meine alte Freundin Vaudemont zu einem Besuch einlud und mir verriet, daß Sie heute Gesellschaft haben."

Die angejahrte Prinzessin de Vaudemont klatscht mit der affektierten Grazie eines sechzehnjährigen Mädchens in die Hände und verzieht ihr gutmütiges Gesicht zu einem breiten Lächeln.

„Nicht wahr", ruft sie, „die Überraschung ist gelungen? Als Dorothea gestern bei mir eintraf, beschwor ich sie, Ihnen keine Nachricht zu senden. Ich wollte Ihr Erstaunen genießen. Darum brachte ich sie heute auch nicht mit, sondern bat sie, gesondert zu kommen."

„Und brachten mich", schmollt er mit unmerklicher

Parodierung ihrer Affektiertheit, „um das Glück, die Gesellschaft der Herzogin schon seit gestern genießen zu können. — Aber kommen Sie, teure Herzogin, lassen Sie sich mit den Anwesenden bekannt machen. Die meisten kennen Sie ja schon."

„Alle", erwidert die Herzogin, nach allen Seiten grüßend, „bis auf die Dame dort auf dem Kanapee."

„Ach", versetzt er leichthin, „das ist nur meine Frau. Kümmern Sie sich nicht um sie."

Aber sie ist ernst geworden.

„Mein lieber Freund", sagt sie mit leisem Nachdruck, „ich halte es für unbedingt notwendig, mit Frau de Talleyrand bekannt gemacht zu werden."

Talleyrand spürt die Ohrfeige. Ich habe sie verdient, denkt er, wird etwas rot.

„Sie haben recht", sagt er gedämpft. „Kommen Sie."

Die Vorstellung geht besser von statten, als Talleyrand, dessen Leichtfertigkeit heimliche Sorge verbarg, es gefürchtet hat. Die gewesene Madame Grand, beglückt, eine wirkliche regierende Herzogin vor sich zu haben, entfaltet alle Möglichkeiten mühevoll erlernter Etikette, vom richtigen Hofknix bis zum konventionellen Geplapper über Wind und Wetter. Nur am Ende der etwas gezwungenen Unterhaltung gibt es fast einen Fauxpas, da Madame de Talleyrand allen Ernstes versucht, der Herzogin die Hand zu küssen. Doch weiß es diese mit einer geschickten Bewegung noch rechtzeitig zu verhindern. Die kleine Prinzessin, die mitgekommen war, hat sich die ganze Zeit über nicht gerührt, hat nur mit ihren großen, hochmütigen Augen Talleyrands Gattin unverwandt betrachtet.

Als Talleyrand und die Herzogin wenige Minuten später allein auf seinem bequemen Kanapee sitzen, weiß keines von beiden das Gespräch zu beginnen. Die Herzogin blickt gedankenvoll der Prinzessin nach, die erst von Madame de Vaudemont, dann von der kinderlieben Madame de Rémusat in eine Unterhaltung verwickelt wurde, Talleyrand sieht mit seiner Maskenmiene unverbindlicher Freundlichkeit rundum, ohne wirklich etwas zu sehen, da ihn längst nichts mehr zu fessseln vermag.

Unvermittelt wendet er sich an seine immer noch anziehende — ach, dieses ewige ‚immer noch!' — Nachbarin, deren Reize allerdings durch verschwenderisch verwendeten kostbaren Schmuck sehr gehoben werden.

„Ich weiß, liebe Freundin", sagt er rasch, „was Sie wissen möchten und aus Zartgefühl nicht fragen: wie ich zu dieser Frau komme."

Sie ist verwirrt, stottert:

„Wirklich — lieber Charles —"

„Ich weiche der Antwort nicht aus", beharrt er: „Aus Trägheit." Sie sieht ihn verwundert an; er setzt etwas bitter fort: „Oder aus Feigheit: der Kaiser befahl mir, meine Geliebte zu heiraten, und ich gehorchte. Mein Kammerdiener hat mir ohnehin Vorwürfe gemacht: ‚Wo wir doch mit der Fürstin de . . . und der Gräfin de . . . liiert waren!' Oder aus Resignation. Sie wissen: Wer nicht hat, was er liebt, muß lieben, was er hat." Er verstummt plötzlich.

Sie bewegt leise verneinend den Kopf.

„Ich glaube weder das eine noch das andere von Ihnen, Charles. Wie ich Sie kenne —"

„Kennen Sie mich denn, Dorothea?" fällt er ihr mit starrem Lächeln ins Wort. „Kenne ich mich selber? Ich bin ein recht komplizierter Mechanismus, nicht leicht zu verstehen und noch weniger leicht zu ertragen. Müßte ich mit mir nicht verkehren, ich täte es um keinen Preis."

„Machen Sie sich nicht schlechter als Sie sind."

„Ich habe nicht die Absicht, mit meinen Lastern zu kokettieren; vielleicht unterscheide ich mich von den andern Menschen nur dadurch, daß ich den Mut habe, mich zu meinen Fehlern zu bekennen; vielleicht habe ich auch einige gute Eigenschaften. Was ich aber mit Sicherheit weiß, ist, daß hinter alledem kein Ernst ist, daß ich mit allem nur spiele, weil ich damit sonst nichts anzufangen weiß. Es wäre", fügt er hinzu, „eine Berufung nötig, damit ich endlich begreife, warum ich so geschaffen wurde und nicht anders." Es soll spöttisch klingen, aber die Herzogin fühlt, daß es der Spott eines Herzens ist, das eine heimliche Wunde trägt.

„Lesen Sie manchmal in der Heiligen Schrift?" fragt sie nach einer Pause.

„Ab und zu", witzelt er. „Es sind einige recht pikante Histörchen drin." Er sieht ihren ernsten Blick, wird gleichfalls ernst. „Ja", sagt er halblaut, „ich lese manchmal darin."

„Erinnern Sie sich an den Ersten Korintherbrief?"

„Korintherbrief?"

„Das dreizehnte Kapitel." Und da er immer noch überlegend schweigt, beginnt sie zu rezitieren: „Wenn ich mit Menschen- und mit Engelszungen redete und hätte der Liebe nicht, so wäre ich ein tönendes Erz oder eine klingende Schelle."

„Warten Sie", unterbricht er sie eifrig, „nun weiß ich weiter." Er beginnt seinerseits zu rezitieren: „Und wenn ich weissagen könnte und wüßte alle Geheimnisse und alle Erkenntnis und hätte allen Glauben, also daß ich Berge versetzte, und hätte der Liebe nicht, so wäre ich nichts." Eine seltsame Unterhaltung in einer mondänen Gesellschaft, denkt er, ist dennoch innerlich tiefer berührt, als er sich zugeben will.

Sie legt die Hand auf die seine, die, zu einer lockern Faust geballt, zwischen ihnen auf der Seidenbespannung des Kanapees liegt.

„Das, sehen Sie“, sagt sie leise, „das ist es, was Ihnen fehlt: die Liebe.“

„Das dürfen Sie doch zu allerletzt sagen, Dorothea“, murmelt er, bemüht, in seine Stimme eine Wärme zu legen, die er, ach, er weiß es nur zu gut, nicht mehr empfindet.

Aber sie wehrt ab, mit Nachdruck ab.

„Nicht lügen“, mahnt sie. „Dazu ist die Stunde zu ernst. Ja, Charles, die Liebe fehlt Ihnen, jene Liebe, von der der Apostel sagt, daß sie langmütig ist und freundlich, nicht eifert noch spottet, nicht das Ihre sucht noch nach Schaden trachtet, daß sie alles glaubt, hofft — und alles duldet.“ Er findet keine Antwort, bis ins Innerste getroffen. Sie spricht weiter, mit dem immer gleichen sanften Nachdruck: „Diese Liebe müssen Sie suchen; dann wird Ihnen auch die Berufung zuteil, die Sie erkennen läßt, warum Sie so geschaffen wurden — und wozu.“

Talleyrand senkt den Kopf. Er fühlt die Maske von seinen Zügen gleiten und schämt sich, es zu zeigen. Die Worte fehlen ihm, dem Weltgewandten.

„Nehmen Sie es nicht für Spott“, sagt er endlich stokkend, „wenn ich Ihnen sage —, daß ich vielleicht anders geworden wäre —, hätte ich rechtzeitig eine Predigerin gefunden wie Sie. Ich habe in meinem ganzen Leben nur einen Menschen geliebt: meine Großmutter, bei der ich als Kind ein paar glückliche Monate verbrachte. Und nicht ich allein: das ganze Land liebte sie, die Armen, die sie von ihren Sorgen befreite, die Kranken, die sie heilte, die vielen, denen sie Hilfe brachte. Sie erinnern mich an jene seltene Frau. Aber es ist zu spät.“

„Nicht zu spät“, widerspricht sie mit verhohlener Wärme. „Lernen Sie lieben, was uns verbindet.“

„Die Erinnerung?“ fragt er mit trübem Lächeln.

„Die Erinnerung gleicht welken Rosenblättern. Was

uns verbindet, lebt." Er sieht sie an, von einer jähen Ahnung ergriffen. Sein Herz beginnt schwer zu pochen. Sie ruft mit der ruhigen, ausgeglichenen Heiterkeit, die der Grundzug ihres Wesens zu sein scheint: „Dorothea!"

Die Kleine löst sich mit einer gesellschaftlichen Sicherheit, die unheimlich wirken würde, wenn sie nicht gleichzeitig so natürlich wirkte, aus dem Gespräch mit den beiden Damen, kommt gehorsam näher, bleibt vor der Mutter stehen. Diese nimmt sie an der Hand.

„Sieh Herrn de Talleyrand", sagt sie mit ihrer unwiderstehlichen Freundlichkeit, „einen meiner besten Freunde. Er hat mir eben versprochen, daß er dich sehr lieb haben wird."

Die Zehnjährige heftet ihre Blicke auf Talleyrand. Tiefe Augen, denkt er. Ich habe bisher nicht gewußt, daß ein Kind so tiefe Augen haben kann.

„Wirst du mich auch lieb haben?" fragt er einschmeichelnd.

In den tiefen Augen glüht etwas wie eine heimliche Flamme.

„Nur wenn Sie mich ganz allein lieb haben", sagt das Kind mit unerwarteter Leidenschaft. „Ganz allein", wiederholt es bestimmt. „Ich teile mit niemandem."

Die Mutter hält immer noch die eine Hand der Tochter fest. Talleyrand ergreift die andere, und ihm ist, als fließe eine magischer Strom durch die so gebildete Kette.

„Es fällt mir nicht schwer", sagt er, „dir das zu versprechen." Er läßt es dahingestellt, ob ihm der Grund dieses Nichtschwerfallens der Liebreiz des Mädchens ist oder seine Jahre oder seine Gleichgültigkeit den Menschen gegenüber. „Ja, Dorothea, ich werde dich ganz allein lieb haben. Ich verspreche es dir."

„Dann werde ich Sie auch lieb haben", sagt sie leise, aber voll Inbrunst. –

— — — — — — — — — — — — — — — — — —

„Ist das nicht sonderbar, Pascal", sagt Talleyrand zu seinem Kammerdiener, während dieser ihn für die Nacht zurechtmacht. „Da wacht man kinderlos auf, und wenn man schlafen geht, hat man zwei Kinder. Wenn ich dieses Erlebnis eines einzigen Tages jemandem andern als dir erzählte —, niemand würde mir glauben."

„Der Herr Graf", erwidert Monsieur Courtiade unbewegten Gesichts, „haben so viel geliebt, daß nur die geringe Anzahl der täglich erscheinenden Kinder verwunderlich ist." Er stülpt seinem Herrn die vierzehnte Nachtmütze über den Kopf, verneigt sich.

„Du bist unverschämt", gibt Talleyrand trocken zurück. „Mach, daß du fortkommst."

Eh' sich die Schale senkt

„Mein lieber Graf, es ist reizend von Ihnen, daß Sie mir so weit entgegenkommen!" Talleyrand hinkt auf den eintretenden österreichischen Außenminister Grafen Cobenzl zuvorkommend zu.

„Mein lieber Graf, das war das wenigste, was ich tun konnte. Sie sind mir noch um vieles weiter entgegengekommen."

„Das war nicht mein Verdienst, sondern das meines Souveräns."

„Bei dem wir uns für sein ‚Entgegenkommen' freilich nicht bedanken werden: die Stationen waren zu schmerzlich für uns. — Aber", unterbricht sich der Diplomat, „Sie verzeihen — darf ich Ihnen meinen engsten Mitarbeiter, den Grafen Stadion vorstellen?" Er weist auf den hochgewachsenen Mann, der nun mit einer knappen Verbeugung vortritt.

Talleyrand läßt das gewohnt wohlwollende Lächeln auf seinen Zügen erscheinen. Aber es erstarrt, als er die steinerne Miene sieht, den harten Blick der blaugrauen Augen, die den seinen mit einer kaum verhohlenen Feindseligkeit begegnen. Das ist ein harter Brocken, denkt er unwillkürlich. Er muß sich zwingen, bei der Begrüßung die übliche Verbindlichkeit in seine Stimme zu legen:

„Ihr Botschafter in St. Petersburg? Dem doch gewiß das Bündnis mit Rußland zu danken ist? Ich bin entzückt —"

„Ganz meinerseits, Herr von Talleyrand." Die Stimme klingt trocken und unbeteiligt, die Hand, die Talleyrands ausgestreckte Rechte berührt, zieht sich sofort wieder zurück. Ein angenehmer Patron, denkt der französische Staatsmann wieder. Es wird ein Vergnügen sein, mit ihm zu verhandeln. Nun, fangen wir an!

„Setzen wir uns doch, meine Herren", bittet er, weist auf eine Fauteuilgarnitur, die einen ovalen Tisch umgibt. Die Besucher folgen seiner Aufforderung, alle drei lassen sich zugleich nieder.

Graf Cobenzl sucht die leise Spannung, die die Atmosphäre erfüllt, durch liebenswürdige Konversation zu zerstreuen:

„Warum sind Sie von Wien weggegangen, lieber Graf? Gefiel es Ihnen nicht bei uns?"

„Im Gegenteil, es gefiel mir ausgezeichnet und erweckte in mir den Wunsch, einmal längere Zeit in Wien zu verbringen."

„Nun, vielleicht ergibt sich einmal eine Gelegenheit?"

„Nicht, solang ich im Dienst des Kaisers bin", versetzt Talleyrand lachend. „Sie sehen ja, wie ich herumgehetzt werde: kaum hatte ich mich in Stuttgart eingelebt, mußte ich nach München, kaum war ich in München warm geworden, mußte ich nach Wien, kaum fühlte ich mich in Wien heimisch, wurde ich nach Brünn berufen, und wohin es von hier geht, wissen nur Gott und der Kaiser allein."

Graf Cobenzl fällt sofort ein, als habe ihm der Sprecher ein Stichwort gegeben — was übrigens auch wirklich Talleyrands Absicht war:

„A propos ‚Kaiser' — ist die Antwort Ihres Souveräns schon in Ihren Händen?"

„Sie müßte es sein", antwortet Talleyrand mit gespielter Nachlässigkeit. „Ich kann mich wenigstens dunkel erinnern —" Er greift nach der Tischglocke, läutet. Fast augenblicklich öffnet ein überaus beflissen aussehender junger Mann die Türe, macht eine tiefe Verbeugung, wartet.

Die beiden Österreicher wechseln einen raschen Blick. Der hat gehorcht, ist in beider Augen zu lesen. Vorsicht!

„Ach, lieber Perrey", sagt Talleyrand zu dem jungen Mann, ohne sich die Mühe zu nehmen, ihn vorzustellen, „reichen Sie mir doch bitte die Mappe drüben vom Schreibtisch herüber. — Nein, nicht die blaue, die grüne! — Ja, die. Danke. Sie können gehen." Der beflissene junge Mann verschwindet mit einer neuen tiefen Verbeugung, und Talleyrand beginnt in den Papieren zu suchen. „Es ist nämlich", erklärt er, stets gleich nachlässig, „gestern auch der Kurier aus Paris gekommen, und bei der Fülle der Post — Ah, da ist der Brief des Kaisers", unterbricht er sich plötzlich, unter einem dicken Stoß von Akten und Briefen ein paar Blätter hervorziehend, die er mit leicht gelangweilter Miene entfaltet.

Die österreichischen Diplomaten sehen ihm schweigend zu, aber beider Gedanken laufen. Die Stadions sind rein feindseliger Natur: Den Brief hat er absichtlich druntergeschoben, sagt er sich. Wie ein Berufsspieler nur darauf aus, den Gegner zu täuschen und abzulenken, um ihn dann desto sicherer ausbeuten zu können! Die Cobenzls sind freundlicher, wenngleich ebenfalls kritisch genug: Sogar das Papierrascheln klingt bei ihm affektiert, denkt er. Wie macht er es nur, daß er trotz allem nicht unausstehlich ist?

Talleyrand, der vergeblich auf eine Frage oder eine sonstige Äußerung wartete, entschließt sich endlich, selbst zu beginnen.

„Seine Majestät der Kaiser", hebt er an, „ist bereit, den Vorstellungen des Wiener Hofes zum Teil Rechnung zu tragen und seine Bedingungen wesentlich einzuschränken. Wir dürfen wohl", setzt er aufblickend mit einem schrägen Blick hinzu, „von Ihnen das gleiche erwarten." Es klingt halb wie eine Frage.

„Wir sind Ihnen bereits bis zu den Grenzen der Möglichkeit entgegengekommen", wirft Cobenzl rasch ein, Protest in Blick und Stimme.

„Bis zu den Grenzen der Möglichkeit", wiederholt Talleyrand gedehnt, wieder auf seine Papiere niedersehend. „Hm. Hat denn die Möglichkeit Grenzen?"

„Eine", mengt sich Stadions spröde Stimme ein. „Die Unmöglichkeit."

Talleyrand blickt wieder auf, sieht Stadion scharf an, erwidert aber nichts. Statt dessen greift er nach dem Lorgnon, das an goldener Kette von seinem Halse niederhängt, führt es an die Augen, vor die er die Papiere hält, beginnt in trockenem Ton abzulesen:

„Seine Majestät der Kaiser ist bereit, von seiner Forderung nach Einverleibung Venetiens in das neue Königreich Italien abzusehen."

„Er verzichtet also auf die Abtretung?" fragt Cobenzl etwas hastig.

„Das ist nicht ganz so", berichtigt Talleyrand geduldig. „Daß Venetien aus dem österreichischen Staatsverband auszuscheiden habe, ist für Seine Majestät eine Bedingung, an der nicht zu rütteln ist; aber –"

„Aber was?"

„Aber er denkt daran, dieses Gebiet wieder zu einem selbständigen Staatswesen zu erheben – etwa zu einem ‚Königreich Venetien'."

„Dessen Krone er sich dann auch aufsetzen würde wie kürzlich die lombardische?" wirft Graf Stadion beißend ein.

„Sie tun dem Kaiser unrecht", wehrt Talleyrand mit sanftem Vorwurf ab. „Er will nur das Beste aller Völker."

Ja, das fürchten wir auch, möchte Stadion erwidern, den bittern Doppelsinn des Ausdrucks auskostend. Aber er unterdrückt es, um die Spannung nicht von vornherein unerträglich zu machen. Zum Glück meldet sich auch Cobenzl wieder, fragt kurz, geschäftsmäßig:

„Wozu die Selbständigkeit?"

„Der Kaiser denkt daran, Venetien dem Fürstprimas von Salzburg als Entschädigung zukommen zu lassen, falls sein Land an Österreich käme."

Wenn er bei den Österreichern eine Bewegung erwartete, so wird er enttäuscht. Im steinernen Gesicht Stadions erscheint ein geringschätziger Zug, Cobenzls Züge bleiben unverändert, aber seine Stimme ist trocken und gleichgültig, da er kurz fragt:

„Und weiterhin?"

„Was meinen Sie?"

„Sie haben uns einiges über die Absichten Seiner Majestät Ihres Kaisers gesagt", beharrt Cobenzl. „Aber vieles ist noch offen. Wie steht es zum Beispiel um die Abtretung Tirols an Bayern, die seinerzeit von uns verlangt wurde?"

„Um dem Wiener Hof gefällig zu sein, besteht mein Souverän nicht auf dieser Abtretung. Unser bayrischer

Bundesgenosse kann ja anderweitig entschädigt werden, etwa durch sogenannte Reichsstädte, säkularisierte Hochstifter, Landschaften — Österreich besitzt zerstreute Herrschaften — den Breisgau —"

Graf Stadion räuspert sich. Und als die beiden nach ihm hinblicken, sagt er mit seiner dunklen, spröden Stimme:

„Verzeihung, wenn ich mich einmenge. Sie erwähnen immer wieder Details, Herr von Talleyrand, Gebietsabtretungen, über die sich reden läßt, Geschenke, die wir nicht verlangten. Was ist die große Bedingung, die uns das alles schmackhaft machen soll? Was verlangt Ihr Kaiser dafür von uns?"

„Ja", stimmt Graf Cobenzl eifrig zu, „das ist die große Frage: Was verlangt Seine Majestät von uns als Gegenleistung?"

„Nichts", antwortet Talleyrand, seinen Lakonismus genießend.

„Wieso nichts?"

„Nichts, wirklich nichts. Nach der jetzigen Kriegslage nichts." Und auf die fragenden Blicke seiner Besucher setzt er erklärend hinzu: „Nach den fortlaufenden Berichten, die mir aus dem kaiserlichen Hauptquartier zukommen, ist eine vielleicht entscheidende Schlacht in Vorbereitung oder gar schon im Gange."

„Zwischen uns und Napoleon?" fragt Stadion hastig, während sich Cobenzl auf eine Geste der Überraschung beschränkt.

„Zwischen Seiner Majestät dem Kaiser und den verbündeten russisch-österreichischen Heeren." Talleyrand schlägt sein lahmes Bein über das gesunde. Das metallische Knacken der Maschine, die er ständig tragen muß, unterbricht unheimlich die lautlose Stille im Gemach. „Sie sind gerade zur rechten Zeit gekommen, meine Herren", spricht er mit überlegener Ruhe weiter. „Die Waage schwankt. Wenn wir jetzt, eh' sich die Schale senkt, Abmachungen treffen, so tun wir es auf einem Boden, der weder Sieger noch Besiegte kennt."

„Was für Abmachungen?" stößt Stadion hervor.

„Ich sagte vorhin", greift Talleyrand seine frühern Worte auf, „daß Frankreich von Österreich nichts wolle."

„Sie sprachen vom Kaiser Napoleon", unterbricht Stadion grollend.

„Das ist im Augenblick dasselbe", gibt Talleyrand kühl zurück. „Allerdings muß Frankreich", kehrt er zum Gegenstand zurück, „die Bedingung daran knüpfen, daß Österreich von Frankreich auch nichts wolle. Sie hatten vielleicht einen Schein von Berechtigung, die neugegründete Republik zu bekämpfen, um einen Herd gefährlicher geistiger Ansteckung von Ihren Grenzen fernzuhalten. Aber Sie haben gar keinen Grund, einen in sich gefestigten Staat, den maßgeblichen Ordnungsfaktor des westlichen Europa, in der Erfüllung seiner Aufgabe zu stören."

„Österreich ist auch ein Faktor der europäischen Ordnung", bemerkt Stadion mit Heftigkeit.

„Zweifellos", bestätigt Talleyrand ruhig. „Darum wollen wir einander nicht zu wehe tun. — Verstehen Sie mich, meine Herren: Wir — Ihr Land und das meine — halten den Frieden Europas in Händen. Solange wir uns einig sind, ihn zu bewahren, wird keine Macht der Welt — und keine Weltmacht — imstande sein, ihn zu stören." Er sagt es sachlich, mehr denn je um lässigen Tonfall bemüht, um den Worten zwar ihr Gewicht zu lassen, aber ihre Schwere zu nehmen.

Seine Darlegungen verfehlten ihre Wirkung auf die Österreicher nicht. Beide schweigen, überdenken das Gehörte. Dann sagt Stadion zögernd, immer noch voll Mißtrauen, aber nicht mehr so feindselig wie zu Beginn der Verhandlungen:

„Das klingt alles sehr schön. Es ist nur die Frage, ob es auch durchführbar ist."

„Sie meinen ‚ehrlich gemeint'", verbessert Talleyrand mit leichtem Lächeln. „Nun, lieber Graf, halten Sie mich meinethalben für einen Fuchs; das bleibt Ihnen unbenommen. Aber sehen Sie mich um Gottes willen für keinen Esel an!"

„Ich bin natürlich weit entfernt davon —" setzt Graf Stadion etwas geniert an. Doch Talleyrand läßt ihn nicht weiterreden.

„Aber Sie muteten mir eben eine Eselei zu. Denn eine solche, und eine kapitale noch dazu, wäre es, dieses Österreich so zu schwächen, daß es seine europäische Rolle nicht mehr spielen kann. Das hieße Krieg in Permanenz statt des dauernden Friedens, der mir vorschwebt und den hoffentlich auch Sie wollen."

„Sie sagten mit Recht ‚dauernder Friede'", versetzt Stadion, der immer mehr die führende Rolle in der Aussprache übernimmt. „Einen solchen wollen wir natürlich ebenso wie Sie. An einer vorübergehenden Waffenruhe sind wir nicht interessiert." Oder doch nur so weit, setzt er im Geist hinzu, als sie uns die Atemruhe gibt, für eine Erneuerung des Kampfes zu rüsten.

„Überspannen Sie den Bogen nicht!" warnt Talleyrand.

Überrascht sieht Stadion ihn an. Kann der französische Hexenmeister Gedanken lesen?

„Gewiß nicht", erwidert er mit leidlicher Höflichkeit. „Aber Sie müssen doch selbst zugeben, Herr von Talleyrand, daß es für uns schwer zu verhandeln ist, solang Sie uns mehr oder weniger nur mit schönen Worten abspeisen."

„Und Salzburg?" erinnert Talleyrand mit geduldigem Lächeln.

„Ist nur ein Tausch gegen Venetien und beweist mir neuerlich meine alte Überzeugung, daß Sie uns um jeden Preis aus Italien draußen haben wollen."

„Über Italien habe ich meine eigenen Ideen und gebe die Hoffnung nicht auf, Sie zu meiner Meinung zu bekehren." Er übersieht Stadions sehr skeptisches Achselzucken, setzt ruhig, fast dozierend fort: „Doch darüber ein anderesmal. Was aber meine, wie Sie es nennen, ‚schönen Worte', betrifft, so scheint mir die Zeit für mehr noch nicht gekommen. Lassen Sie uns in Ruhe, nehmen Sie von uns das Versprechen, daß auch wir Sie in Ruhe lassen wollen, und warten Sie gleich uns ab, was die Zukunft bringt."

Sie waren so in ihr Gespräch vertieft, daß sie das leise Klopfen an der Tür überhörten. Nun wiederholt es sich lauter, und zugleich mit Talleyrands etwas verwundertem „Herein!" schiebt sich der wohlfrisierte Kopf des beflissenen Herrn Perrey durch die leise geöffnete Tür.

„Was gibts's denn, lieber Perrey", fragt Talleyrand ungehalten. „Sie sehen, wir sprechen noch."

„Bitte tausendmal um Vergebung", flötet Herr Perrey, vollends eintretend und die Tür sorgsam hinter sich zuziehend. „Aber es ist ein Hussard aus dem kaiserlichen Hauptquartier da mit einem persönlichen Schreiben an Eure Exzellenz."

„Lassen Sie ihn eintreten", befiehlt Talleyrand stirnrunzelnd.

Herr Perrey verschwindet, hält dem angekündigten Hussard die Tür offen. Dieser tritt ein, verstaubt, verschwitzt, doch dennoch von der schmucken Anmut des etwas auf sich haltenden Kavalleristen. Er grüßt kurz, militärisch, schreitet sporenklirrend auf Talleyrand zu, ohne von den übrigen Anwesenden Notiz zu nehmen.

„Minister de Talleyrand?“ fragt er, wartet die Bejahung nicht ab, setzt im gleichen abgehackten Tone fort: „Kurier Seiner Majestät des Kaisers. Ein Schreiben, zu eigenen Händen zu übergeben.“ Er streckt es Talleyrand entgegen, will, als dieser es genommen hat, mit kurzem Gruß wieder fort.

„Einen Augenblick, mein Freund“, ruft ihm Talleyrand nach. „Wo kommen Sie her?“

Der Hussard war schon beim Ausgang angelangt, findet es nicht der Mühe wert, umzukehren, antwortet nur halb über die Schulter zurück:

„Von Austerlitz.“

Ein leichtes Achselzucken. Der Name sagt dem Minister nichts. Talleyrand setzt seine Fragen fort:

„Wo ist der Kaiser?“

„In Austerlitz.“

„Die Schlacht ist geschlagen?“

Die Augen des Soldaten blitzen voll eines bösen, blutgesättigten Triumphes auf.

„Die Sonne von Austerlitz beleuchtet unsern Sieg!“ sagt er pathetisch, verläßt sporenklirrend, wie er gekommen ist, das Zimmer.

Mit einer gemurmelten Entschuldigung öffnet Talleyrand das Schreiben. Es ist sehr kurz. Er blickt auf, sieht in die krampfig angespannten Gesichter seiner Besucher.

„Der Kaiser“, sagt er dürr, „beruft mich nach Austerlitz zu den Pourparlers mit Ihrem Monarchen. Ich muß sogleich aufbrechen.“ Er macht eine kleine, auffordernde Bewegung, richtet sich, da die österreichischen Diplomaten aufstehen, mit Mühe gleichfalls auf.

Stadion tritt nahe an ihn heran.

„Herr von Talleyrand“, sagt er, und in der Stimme

klingt es wie eine heimliche Drohung, „ich erinnere Sie an Ihre Worte: Wir wollen einander nicht zu wehe tun. Im Interesse Ihres dauernden Friedens: Wir wollen einander nicht zu wehe tun!“

Die Sternenstunde

Der Weg ins kaiserliche Hauptquartier ist nicht zu verfehlen. Er führt an verbrannten Gehöften vorbei, an zertretenen Feldern, an Leichnamen von Menschen und Kadavern von Tieren. Ein widerlich süßlicher Dunst erfüllt die Luft, vermischt mit Brandgeruch. Schwärme von Krähen kreisen über der Landschaft, stoßen plötzlich mit Kreischen und erregtem Flügelschlagen nieder.

Die Bilder der Zerstörung und des Grauens werden um so häufiger, je näher man dem eigentlichen Schlachtfeld kommt. Auf diesem vollends liegen an manchen Stellen die Leichen zuhauf, untermengt mit zerbrochenen Waffen, umgestürzten Kanonen, zertrümmerten Fahrzeugen aller Art. Das Blau der französischen, das Grün der russischen, das Weiß der österreichischen Uniformen ist bunt durcheinandergemengt, zum Teil vermischt mit dem stumpfen Braun der Erde, die es scheinbar nicht erwarten kann, sie alle, Freund und Feind, in sich aufzunehmen. Aus den verkrampften Stellungen der Toten, den verzerrten Gesichtern, deren gebrochene Augen blicklos zum Himmel starren, den roten Malen, die sie alle tragen, läßt sich die Wut des Kampfes absehen: er muß mörderisch gewesen sein, und der Lorbeer, den sich der Kaiser heute um die Schläfen gewunden hat, trieft von Blut.

Doch nicht genug an dem. Die Toten haben es überstanden, sie haben Ruhe. Doch aus der Tiefe des Schlachtfeldes meldet sich zerbrochenes, vergehendes Leben, das mit dem Rest verbliebener Kraft um Rettung brüllt, ächzt, stöhnt, röchelt, wimmert. Man hat kaum erst damit begonnen, die rote Lese zu bergen, und das Schlachtfeld ist besät mit Schwerverwundeten, die, unfähig, sich selbst zu helfen, vergeblich um Hilfe flehen. Wohl sieht man da und dort schwache Lichter schimmern, von Zeit zu Zeit innehalten, dann sich langsam wieder weiterbewegen. Aber das sind in neun von zehn Fällen die Hyänen des Schlachtfeldes, entmenschtes Gesindel, das den schmutzigsten aller Berufe ausübt: Gefallene und wehrlose Sterbende zu bestehlen. Sie fühlen sich sicher, wissen, daß ihnen niemand wehren wird. Denn was den Tag überlebt hat, liegt nun, in Notquartieren zusammengepfercht oder um langsam verlodernde Wachtfeuer gelagert, in totenähnlichem Schlaf, von dem nur die Schildwachen ausgenommen sind; und die müssen halbstündlich abgelöst werden.

Bleich und krank lehnt Talleyrand in einer Ecke der Kutsche, die längs dieser höllischen Phantasmagorie dahinrollt. Seine Augen sind geschlossen, der Kragen seines Pelzes ist bis über die Ohren hochgeschlagen; aber die Spiegelung der Greuel ringsum drängt sich unbarmherzig durch die gesenkten Lider, ihr Nachhall findet das wider Willen lauschende Ohr. Er atmet durch sein parfümiertes Taschentuch, das er wiederholt aus dem kleinen Flakon in seiner Westentasche neu tränkt; aber der Verwesungsgestank ist stärker als alle künstlichen Düfte und erzeugt zusammen mit dem Schaukeln des schlecht gefederten Wagens in ihm eine Übelkeit, die sich bis zum kaum bekämpften Brechreiz steigert. So holpert und rumpelt er über die ausgefahrenen Straßen in den sinkenden Abend hinein, vor sich die Nacht, hinter sich einen schwachen, brandigen Schein, den letzten Abglanz der Sonne von Austerlitz.

Das erste, was ihm vor dem Einfahren in das kleine, unbedeutende Städtchen, dem nur ein sich darüber erhebendes Schloß etwas wie eine markante Silhouette verleiht, in die Augen fällt, ist die theatralische Gestalt Murats, des Gatten von Napoleons Schwester Karoline. Der Marschall, offenbar voller Ungeduld, flucht, daß die Straußfedern auf seinem pompösen Hut zittern. Die anrollende Kutsche scheint ihm ein willkommener Anlaß, seinen Ärger an einem Unbeteiligten auszulassen. Er macht eine Bewegung, sie aufzuhalten, öffnet schon den Mund zu ein paar groben Worten. Sieht noch rechtzeitig das vom Kaiser eigenhändig gefertigte Passepartout, das ihm der Kutscher eilfertig entgegenhält, erkennt bei einem Blick ins Wageninnere das zwar noch bleiche, aber schon wieder in abweisender Gleichgültigkeit erstarrte Gesicht Talleyrands. Rückt mit mürrischer Miene den Hut, kehrt sich ab. In diesem Augenblick wird ihm sein Pferd gebracht. Er schwingt sich hinauf, gibt dem nervösen Araber brutal die Sporen, daß das gepeinigte Tier mit weitem Satz in Galopp einspringt, jagt davon, ohne sich nochmals umzukehren.

Das Städtchen ist mit eigenen und mit gefangenen feindlichen Truppen überfüllt, und der Kutscher muß immer wieder das kaiserliche Passepartout vorweisen, um weiterzukommen. Aber endlich hat der Wagen das Schloß erreicht, hält mit einem letzten scharfen Ruck in der Einfahrt, die samt dem Tor völlig verglast ist.

Der mühsam herauskletternde Talleyrand wird von einem alten Diener gestützt, der ihn sorglich durch eine Tür in der verglasten Wand zur Haupttreppe geleitet. Talleyrand blickt um sich.

„Alles Glas", bemerkt er kritisch. „Man fühlt sich wie in einem Käfig."

„Seine Fürstlichen Gnaden vertrugen keinen Luftzug", erklärt der Diener.

„Wer war der Besitzer?"

„Seine Durchlaucht der Fürst Kaunitz."

„Kaunitz!" Talleyrand, der begonnen hat, die Treppe zu ersteigen, bleibt stehen. Der große Kanzler der großen Kaiserin! Jener, dem es gelang, den alten Zwist der Häuser Bourbon und Habsburg zu beenden und beide gegen Friedrich von Preußen zu einen. Kopfschüttelnd setzt Talleyrand seinen Weg fort. Welch ein Zufall!

Auf der Treppenhöhe erwartet ihn ein General. Marschall Lannes, wie Talleyrand bei schärferm Zusehen sieht. Das feingeschnittene Gesicht ist noch ernster als sonst, die Stimme, mit der er den Ankommenden begrüßt, klingt müde und tonlos.

„Ich habe Befehl", sagt er nach dem Austausch der ersten Höflichkeiten, „Sie sogleich zum Kaiser zu führen. Aber wir werden diese da wohl vorlassen müssen." Er deutet treppabwärts.

Talleyrand kehrt sich um. Da stampft es empor, eine Gruppe von Soldaten, in staubigen, schmutzigen Uniformen, mehr als einer den Kopf mit blutigen Binden umwunden, aber mit dem stolzen, bösen Blick von Raubvögeln und mit harten Siegerschritten. Sie tragen eine kostbare Last vor sich her: Seide an langen Schäften, teils mit Emblemen, Wappen, heraldischen Figuren, Muttergottesbildern, teils mit Monogrammen bestickt, teils neu, wie eben erst aus der Werkstatt gekommen, teils zerrissen, durchlocht, verschlissen: feindliche Fahnen, im Kampf erobert und nun von den Eroberern vor ihren Kriegsgott gebracht. Schweigend gehen sie, eine geschlossene Masse, eine Wetterwolke, die sich dem Olymp ihres

Zeus zuwälzt, als wollten sie die Blitze, die er heute so vielfältig aus den allmächtigen Händen schleuderte, ihm zurückbringen.

Die letzten Treppenstufen ersteigend, sehen sie die Gestalt des Marschalls vor sich. Bewegung kommt in ihre Geschlossenheit, sie winken mit den freien Händen, heben ihm die Fahnen entgegen, rufen: „Lannes! Es lebe Lannes!" Er dankt ernsthaft, sie marschieren vorbei, verschwinden in den Gemächern.

Lannes sieht ihnen nach, wendet sich dann Talleyrand zu.

„Sie werden heute keinen leichten Stand haben, Herr Minister", sagt er. „Es ist alles trunken von Triumph und Blutvergießen."

„Das war ja zu erwarten", bemerkt Talleyrand philosophisch.

„Nicht in diesem Ausmaß", berichtigt Lannes. „Soult, Davout, Bernadotte — alle sind sie wie wilde Tiere über der Beute. Ich fürchte, ich bin der einzige, der sich seinen kühlen Kopf bewahrt hat."

„Und der Kaiser?"

„Der Kaiser!" Lannes hebt die Schultern. „Wenn man selbst die Schale des Sieges getrunken hat, kann man unter Berauschten nüchtern bleiben? Darum eben sagte ich, Sie werden einen schweren Stand haben."

„Warum? Ich bin lediglich berufen —"

„Herr Minister!" Der Marschall legt zwei Finger seiner Rechten auf Talleyrands Arm. „Spielen Sie mit mir nicht Verstecken. Ich erkenne Ihre Politik und billige sie. Frankreich braucht Frieden, nicht Kriegsruhm."

„Wenn Sie das verstehen, Herr Marschall, so müssen Sie —"

Lannes läßt ihn nicht ausreden.

„Ich unterstütze Sie, so gut ich kann. Aber was nützt das? Wenn ich von Frieden spreche, von Mäßigung, lacht der Kaiser nur und sagt: ‚Laß nur, aus dir spricht der unverbesserliche Zivilist Talleyrand!‘ Sie wissen“, setzt er zusammenhanglos hinzu, „wir sind Jugendfreunde, der Kaiser und ich.“

„Um so wünschenswerter wäre es, wenn Sie heute —“

Abermals unterbricht ihn Lannes.

„Nein, Herr Minister. Ich würde nur schaden. Sie kennen den Kaiser. Wenn zwei eine Meinung vertreten, die von der seinen abweicht, wird er mißtrauisch und störrisch.“

„So muß ich versuchen, meine Sache allein durchzufechten.“

„Ja. Ich hoffe auf Ihre Klugheit und Beredsamkeit. Trotz allem, was ich sagte. Vielleicht gelingt es Ihnen doch, ihn die Stimme der Vernunft hören zu machen.“ Er verstummt, deutet mit einer Kopfbewegung gegen den Eingang zu den innern Gemächern, von wo lautes, sich rasch näherndes Stimmengewirr hörbar wird.

Die ersten von der Gruppe der Fahnenträger werden wieder im Vorraum sichtbar. Im Gegensatz zum geballten Schweigen ihres Kommens schwelgen sie rückkehrend in gelöster Fröhlichkeit. Auch sie scheinen alle von der Trunkenheit des Triumphes angesteckt zu sein. Sie lachen, schwatzen durcheinander, schlagen einander auf den Rükken, legen dann wieder den Arm um die Schultern des nächsten Kameraden.

Vor Lannes verstummen sie, nehmen Stellung, salutieren. Dann meldet einer freudig erregt:

„Mein Marschall, wir haben alle die Ehrenlegion bekommen. Und der Kaiser hat geruht, mich zum Hauptmann zu ernennen.“

Lannes streckt ihm die Hand hin.

„Meinen Glückwunsch, Kamerad! — Meinen Glückwunsch euch allen, Kameraden“, ruft er lauter. „Ihr habt euch die Legion redlich verdient!“

In den Augen des Soldaten lodert es auf.

„Sie verdienten für heute das Großkreuz, Marschall, wenn Sie es nicht ohnehin schon hätten."

Lannes' Züge, die sich etwas aufgehellt hatten, verdüstern sich von neuem.

„Still!" sagt er unterdrückt. „Wir haben alle getan, was wir mußten." Er nickt der Gruppe nochmals zu, dann nimmt er Talleyrand unter den Arm. „Kommen Sie, Herr Minister!" —

Marschall Lannes hat nicht übertrieben. Man glaubt tatsächlich unter Trunkene geraten zu sein. Zwar taumelt, lallt keiner, aber die geröteten Gesichter; die unnatürlich funkelnden Augen, die kaum unterdrückte Erregung in jedem Wort, jeder Geste zeigen nur zu deutlich, daß alle ihr inneres Gleichgewicht verloren haben. Davout mit seinem harten Gesicht bemächtigt sich sofort Lannes', um ihm die neu gebrachten Fahnen zu zeigen, der eitle Soult, der Bernadotte — nach dessen gelangweilter Miene zu schließen, nicht zum erstenmal — seinen Durchbruch durch das feindliche Zentrum schildert, will sogleich auch Talleyrand ins Gespräch ziehen, und der Kaiser selbst hat eine alte, ganz zerfetzte Fahne, eigentlich nur noch ein paar Seidenfetzen an einer Stange, auf dem Schoß liegen und streichelt sie wie eine eroberte Geliebte.

Ich muß den Kaiser beglückwünschen, denkt Talleyrand. Er würde es mir niemals verzeihen, wenn ich diesem Schwätzer zuhörte, statt ihn zu feiern. Er macht sich etwas rücksichtslos frei, tritt vor Napoleon. Der blickt mit verlornem Lächeln auf. Seine Augen sind verschleiert, entbehren völlig der sonstigen Schärfe.

„Nun, Talleyrand?" sagt er.

„Sire, meinen bewundernden Glückwunsch", sagt Talleyrand, bemüht, in seine Stimme möglichst viel Wärme zu legen. „Noch weiß ich kein Wort von der Schlacht, aber alle Anzeichen lassen mich erkennen, daß es ein glorreicher Sieg war."

„Ein entscheidender Sieg, ja", stimmt Napoleon zu. „Sowohl der Zar wie auch der Kaiser von Österreich haben bereits um Frieden gebeten."

Talleyrand hebt die Augenbrauen. Sogar! denkt er.

Der Kaiser scheint die stumme Anerkennung nach Gebühr zu würdigen.

„Mit dem Kaiser schloß ich heute Waffenruhe", fährt er gutgelaunt fort. „Die Hauptbedingung, die ich stellte, war die sofortige Rückkehr der Russen in ihre Heimat. Ich muß Österreich isolieren."

„Selbstverständlich", stimmt Talleyrand zu. „Mit einem einzigen verhandelt sich's ganz anders als mit zweien."

„Was für Verhandlungen?" fährt Napoleon brutal drein. „Österreich ist besiegt und muß den Preis dafür zahlen."

„Sire, auf die Gefahr hin, Sie zu langweilen, erinnere ich Sie nochmals an die Hängematte und die beiden Bäume."

„Reden Sie keinen Unsinn!" weist ihn der Kaiser barsch zurecht. „Bei den letzten Friedensschlüssen haben Sie auch so geunkt – und mir dann zugeben müssen, daß ich recht gehabt hatte und Sie unrecht!"

„Sire, bei den letzten Friedensschlüssen mußte Österreich einige bittere Pillen schlucken, aber wenigstens nicht eigenes Land hergeben." Er wartet vergeblich auf eine Antwort, spricht weiter, eindringlich, beschwörend: „Sire, Österreich ist der Alliierte von morgen! Denken Sie daran und behandeln Sie es danach!"

„Was!" lacht Napoleon ironisch. „Ich soll es etwa noch entschädigen?"

„Ja", antwortet Talleyrand fest.

Der Kaiser dreht sich nach seinen Marschällen um, die längst mit ihrer Privatunterhaltung aufgehört haben und der sich entwickelnden Auseinandersetzung zwischen ihrem Chef und seinem Außenminister gespannt zuhören.

„Was sagen Sie dazu, meine Herren?“ ruft er.

Auf Soults Lippen erscheint gleichfalls ein spöttisches Lächeln.

„Es ist das erstemal“, bemerkt er, „daß ich davon höre, daß ein geschlagener Feind belohnt werden soll.“

„Nur ein machtloser Feind ist ein guter Feind!“ belfert Davout.

„Wir brauchen keinen Verzichtfrieden, sondern einen, der der Größe des errungenen Sieges entspricht“, ruft Bernadotte, den Säbel gegen das kunstvoll intarsierte Parkett stoßend.

Bloß Lannes schweigt, sieht vor sich auf den Boden. Ehe Napoleon auch ihn auffordern kann, seine Meinung zu äußern, springt der Minister ein.

„Sire“, ruft er, „Sie erniedrigen sich, wenn Sie nicht anders denken als Ihre Generale! Sie sind zu groß, um nur Soldat zu sein!“ Die empörten, nur durch die kaiserliche Gegenwart gedämpften Rufe der Gekränkten hört er nicht einmal, spricht eifrig weiter: „Gewähren Sie mir eine Stunde, und ich bin gewiß, Sie werden mir zustimmen. Eine einzige Stunde, Sire, ehe Sie Ihre Entschlüsse fassen!“

Napoleon sieht scharf erst ihn, dann die Marschälle an, nickt.

„Gut“, sagt er, „sprechen Sie.“

„Vor den Herren?“ wendet Talleyrand ein, einen unbeschreiblichen Ausdruck in seinen Zügen. „Ich hoffte auf eine Stunde unter vier Augen.“

„Ich habe nur diese eine“, weist Napoleon ihn ab. Und scharf nachstoßend: „Sprechen Sie!“

Talleyrand zögert noch eine Sekunde lang, dann richtet er sich, die Hand gegen den Stockknauf stemmend, hoch auf. Eine Blutwelle durchflutet ihn, die erst knapp vor seinem Kopf haltmacht, ihn mit einem Mut und einer Entschlossenheit beseelt, die kein Hindernis fürchtet und nur scheitern kann, aber nicht kapitulieren. So muß einem Offizier zumute sein, denkt er unwillkürlich, der seine Truppe ins Feuer führt.

„Sire", beginnt er gesammelt, „Ihr Ziel ist es, Österreich von Italien abzudrängen und dieses schöne Land unter Ihren Einfluß zu bringen. Gut, das ist ein Kriegsziel, dem ich, mag es auch außerhalb ursprünglicher Konzepte liegen, gern dienen will. Früher oder später wird sich Italien ohnehin einigen wollen. Dieser Traum spukt dort schon seit den Borgias und den großen Päpsten in den Köpfen herum. Wenn wir die Möglichkeit haben, ihn zu verwirklichen, — um so besser. Und wenn wir damit zugleich die lateinische Schwester enger an die gallische binden — noch besser."

Er fühlt die Aufmerksamkeit, die seine rasch entworfene Zukunftskizze erweckt hat, und ist sogleich bemüht, sie auszunützen. Äußerlich ruhig, um den Brand in seinem Innern desto besser zu verhehlen, setzt er fort:

„Aber, Sire, Sie dürfen Österreich nicht ohne Entschädigung und vor allem nicht ohne Beschäftigung lassen. Ein machtloser Feind mag ein guter Feind sein; aber ein Freund, der seine Machtvermehrung Ihnen verdankt, wird ein desto treuerer Freund sein." Er schöpft tief Atem, sagt dann mit allem Nachdruck, dessen er fähig ist: „Geben Sie Österreich ebensoviel wie Sie ihm nehmen, indem Sie ihm im Südosten freie Hand lassen. Auf diese Weise wird das Ansehen Habsburgs gehoben, ohne daß es Sie einen Sou kostet."

Er veratmet, sieht den Kaiser, dann die Marschälle erwartungsvoll an. Mit Ausnahme von Lannes, der gesenkten Kopfs vor sich hinblickt, starren sie ihn hoffärtig, abweisend an: der Stier Davout, der Pfau Soult und Bernadotte, von dem Fouché einst sagte, er sehe aus wie ein Adler, sei aber nur ein Gänserich.

Auch Napoleon scheint noch nicht gewonnen. Trotz gelegentlicher romantischer Grillen ein knapper Rechner, vermag er die Vorteile von Talleyrands Idee noch nicht zu erkennen, fragt trocken, sachlich:

„Und wozu das alles?"

Talleyrand zuckt leicht die Schultern.

„Den einen Grund habe ich bereits genannt, Sire: um sich Österreich zum Freunde zu machen. Wenn nichts anderes damit erreicht würde, als daß Sie einige Armeekorps freibekommen, so wäre es die großmütige Geste wert: muß ich Sie an Ihr eigenes Wort erinnern, daß ein Bataillon, das man mehr besitzt, eine Schlacht, ja einen Feldzug entscheiden kann? — Aber selbst wenn ich mich irrte, wenn Österreich Italien nicht verschmerzte und seinen Groll gegen uns behielte — welchen Einfluß hätte der Landerwerb, den ich empfehle, die Belohnung, die Marschall Davout verurteilt?"

„Verzeihung", unterbricht Soult mit ironischer Höflichkeit, „das war ich."

Talleyrand heftet seine müden Augen auf den Sprecher.

„Entschuldigen Sie", sagt er langsam, nachlässig, „daß ich Sie aus Unachtsamkeit beinahe eines Gedankens beraubt hätte. — Welchen Einfluß also", kehrt er sich wieder Napoleon zu, „hätte ein Landerwerb im Südosten, etwa der Walachei, der Moldau, auf Österreichs künftige Politik? Daß es sein Antlitz von uns ab- und dem Osten zuwenden müßte, der ihn in den nächsten Jahren völlig in Anspruch nehmen würde."

Mit Genugtuung sieht er ein leises Straffen in des Kaisers Haltung, ein leises Glimmen in den schwer, unbeweglich auf ihm liegenden Imperatorenaugen. Endlich! denkt er, beeilt sich, seinen Gedanken näher zu erläutern:

„In Anspruch nehmen, Sire, nicht nur, weil es alle Hände voll zu tun haben wird, das Land zu besetzen, zu ordnen, zu zivilisieren, mit einem Wort aus seinem dumpfen asiatischen Schlaf zu wecken, sondern vor allem, weil es mit seinem gegenwärtigen Bundesgenossen Rußland, das in jenen Gegenden sein natürliches Glacis erblickt, früher oder später notwendig in Konflikt geraten muß. Nicht nur also wird es keine Zeit haben, Feindschaft gegen uns zu hegen, nicht nur wird es im Gegenteil auf unsere freundschaftliche Rückendeckung den größten Wert legen — es bindet uns auch noch einen der beiden wahrhaft lebensgefährlichen Gegner, den Koloß Rußland, das verhindert wird, seine unerschöpflichen Menschenmassen gegen uns zu mobilisieren."

Die Stirn des Kaisers ist tief gefaltet, aber das Glimmen in seinen Augen hat sich verstärkt. Das Militärische hat ihn gepackt, sagt sich Talleyrand, er denkt vornehmlich als Soldat. Ich muß ihm Zeit lassen, es zu verarbeiten. Er wartet geduldig, horcht dem Wispern nach, das hinter ihm hörbar ist. Ein vorsichtiger Blick zurück erklärt es ihm: Bernadotte, offensichtlich beeindruckt, redet leise auf den verbohrt dreinsehenden Davout ein. Er ist also doch kein solcher Gänserich, wie Fouché meint. — Lannes? Soult? Unverändert. Gut. Er setzt fort:

„Aber das ist noch nicht alles. Rußland, in seinen europäischen Aspirationen enttäuscht, wird sich zwangläufig gleichfalls nach Osten kehren: nach Asien. Hier jedoch trifft es auf Ihren zweiten großen Gegner, auf England, auf dessen asiatische Besitzungen es mit seinem ganzen Gewicht drückt. Noch mehr als gegen Österreich ist hier der Konflikt unausbleiblich. Er beraubt Albion seiner stärksten Waffe, des Reichtums Indiens, zwingt es, in Europa Ruhe zu halten, ja, Ruhe zu suchen. Und das alles, ich wiederhole es, ohne daß es Sie einen Sou kostet, ohne daß Sie einen Finger zu rühren brauchen."

Tiefes Schweigen, durch Bernadottes leises Flüstern eher unterstrichen als unterbrochen. Der Kaiser sitzt unbeweglich, prüfend, wägend. Die linke Hand, die immer noch die Fahne festhält, liegt im Schoß, die rechte auf der Stuhllehne, diese umfassend. Das verhärtete Gesicht, die in einem fremden Glühen glosenden Augen, die schauen, was kein anderer schaut, zeugen von der titanenhaften Gedankenarbeit in seinem wie von einer Cäsarengemme abgezeichneten Kopf.

Da unterbricht Davouts heftige Stimme die Stille. Er schüttelt den immer noch leise auf ihn einredenden Bernadotte mit rauhen Worten ab.

„Lassen Sie mich in Ruhe!" bellt er. „Das sind ja alles Phantasien, Schaumschlägereien, für die ich keinen Pfifferling gebe! Hier ist ein geschlagener Feind, dem wir die Lust nehmen müssen, mit uns noch einmal anzubinden, sonst nichts!"

„Das ist auch meine Ansicht", stimmt Soult zu, beherrschter, doch nicht weniger nachdrücklich. „Wenn wir Österreich heute Luft lassen, kehrt es sich morgen gegen uns."

„Und erst recht übermorgen", fertigt ihn Talleyrand ab, „wenn Sie es zu sehr drücken." Stadions Mahnung klingt ihm ins Ohr: nicht zu wehe tun!

„Dann werden wir es wieder schlagen und immer wieder schlagen!" trumpft Davout auf.

Der Minister schaut dem Marschall fest in die Augen. Ja, bis es einmal so zurückschlägt, daß Sie das Aufstehen vergessen, sagt dieser Blick. Dann irren die festen Augen ab, wenden sich wieder dem Kaiser zu. Was wird der Kaiser tun?

Der Kaiser wurde durch Davouts und Soults laute Stimmen aus seinem Herrschertraum aufgeweckt. Die Glut in seinen Augen ist erloschen, die gemmenhafte Starre seines Cäsarengesichts hat sich gelockert, die Stimme klingt wie immer, da sie entscheidet — nach den Regeln und Forderungen des Alltags entscheidet.

„Ihr Plan", sagt Napoleon, „ist zweifellos interessant. Vielleicht kann ich später einmal darauf zurückkommen. Zunächst soll uns Österreich diesen Krieg bezahlen — mit Land und Geld bezahlen. Gute Nacht." Er steht auf.

Auch Talleyrand erhebt sich, verneigt sich stumm. Er ist nicht fähig, ein Wort zu sprechen. Schwer wie ein Stein liegt das Herz in seiner Brust: die unwiederbringliche große Stunde, die Sternenstunde, ging ungenützt vorbei ...

Politikerinnen

Räderrollen, ewiges Räderrollen ...

Wieder die endlosen Fahrten in rumpelnden, holpernden Gefährten, deren hochgeschwungene Sprungfedern nicht ausreichen, die Stöße aufzufangen, mit denen die schlechten Straßen überreichlich segnen; in dumpfigen, ungelüfteten Gaststuben übernachten, unter der Last riesiger Federbetten fast ersticken; an lieblos gedeckten Wirtstafeln lieblos zubereitete Speisen schlingen, sie mit ungepflegten oder verfälschten Weinen herunterspülen; sich täglich weiter von allem entfernen, was Behagen heißt, Anmut, verfeinerte Lebensgewohnheiten; nicht mehr leben, nur noch vegetieren, nicht mehr Mensch sein, nur noch Werkzeug in der Hand eines, der, in immer weiter schweifenden Träumen verfangen, selbst nicht mehr weiß, was er eigentlich will.

Das Jahr zuvor war es Österreich, das zusammen mit seinem Bundesgenossen Rußland von den kaiserlichen Waffen in einem Siegeszug sondergleichen niedergeworfen wurde, heuer ist es Preußen, der so lange verhätschelte halbe Bundesgenosse, dessen rechtzeitigen Beitritt zur russisch-österreichischen Koalition man zu verhindern gewußt hatte. Noch schneller als im vorigen Feldzug fällt hier die Entscheidung: eine einzige Schlacht, die Doppelschlacht von Jena und Auerstädt genügt, um das stolze, sieggewohnte Heer des Fridericus Rex so vollkommen zu schlagen, daß die rückflutenden Massen kaum noch Truppen zu nennen sind. Alles, was gegen den Kaiser im Felde stand, hat den Kopf verloren: wo die flüchtenden Massen eingeholt werden, strecken sie, meist kampflos, die Waffen; eine Festung nach der andern wird — gleichfalls meist ohne Versuch eines Widerstandes — den vorrückenden Kolonnen der Sieger übergeben. Was zu tun diesen übrigbleibt, ist kaum mehr als ein militärischer Spaziergang nach der preußischen Hauptstadt, um dort den Frieden zu diktieren.

An dieses Friedens endgültiger Abfassung mitzuwirken, wurde Talleyrand berufen. Darum also Wagengerumpel, schlechte Kost und schlechte Betten, Mühsalen aller Art, um so schwerer zu ertragen, als der Minister von ihrer Nutzlosigkeit überzeugt ist. Er wird nur wieder erleben, was ihm schon einmal beschieden war: mitzureden werden nur die Generale haben, und ihr Appetit wie der ihres Herrn werden mit jedem neuen Erfolg wachsen; gestern gegebene Versprechen werden morgen vergessen oder verleugnet, gestern getroffene Abmachungen ungültig oder gebrochen sein; und der Schar der Feinde, die die Spinne England gegen den unersättlichen Eroberer sammelt, wird sich ein neuer zugesellen, still und untätig nur, solang er schwach ist, aber emsig bestrebt, wieder zu Kräften zu kommen, um dann den Waffengang nochmals zu wagen — eine ständig drohende Gefahr, eine ewig schwärende Wunde.

Er hat gewarnt — und es ist schon ein Beispiel da, das zeigt, wie berechtigt diese Warnung war: in Österreich ist der sanfte, verträgliche Cobenzl, mit dem sichs so angenehm verhandeln ließ, vom finstern, feindseligen Stadion abgelöst worden, und der tatkräftige Erzherzog Karl, dem militärischen Genie des Kaisers kaum unterlegen, hat eine durchgreifende Heeresreform in die Wege geleitet. Um den Österreich aufgezwungenen Frieden zu verewigen? Gewiß nicht!

Durchgerüttelt und durchfroren erreicht Talleyrand zu Beginn des Winters Berlin. Dort erfährt er, daß der Kaiser sich nach Warschau gewandt und dort Winterquartiere bezogen hat. So heißt es denn neuerlich sich auf den Weg machen.

Doch seltsamerweise ist dieser Teil der Reise, vor dem er sich am meisten fürchtete, der wenigst unbequeme. Mit dem ersten Schneefall verwandelt sich alles so vollständig, als sei man auf einen andern Planeten versetzt worden. Statt im holpernden Wagen sitzt man, in dicke Pelze eingemummt, in einem geräumigen Schlitten, gleitet ohne Holpern, ohne Stöße, ohne einen andern Laut als das Schellengeklingel der Pferde über die glatte Schneedecke dahin; abends aber findet man sich in einem der verschwenderisch gastfreien Schlösser oder Herrenhäuser wieder, zwischen schönen Damen und jovialen Herren. Alle kennen sie Paris, alle sprechen sie französisch, ein etwas sarmatisches Französisch, aber immerhin!, alle überbieten sie sich in Zuvorkommen, in Dankesbezeigungen, als seien sie es, die beschenkt, bewirtet wurden. Und wenn sie dann endlich einsehen, daß man weiter muß — „Vous savez, il ne faut pas faire attendre l'Empereur!" — so lassen sie den Gast nicht eher fort, als bis er heilige Eide abgelegt hat, er werde auf dem Rückweg nochmals einkehren, begleiten ihn noch zehn Meilen weit, trinken ein letztes, ein allerletztes Gläschen mit ihm, er fühlt feuchte, verheißungsvolle und nasse, schnapsduftende Küsse auf Mund, Nase, Stirn, Wangen — dann saust der Schlitten davon, verfolgt von hallenden Rufen:

„A bientôt alors, mon cher ami, et mille remerciments! Zegnaj, panie dobrodzieju!“

Diese Fülle von Liebenswürdigkeit, die bis zur Liebedienerei geht, wird in Warschau noch überboten. Die Franzosen sind Herren der Stadt — und willkommene Herren. Von den kleinen Schenkstuben angefangen, deren Pächter sich eine Ehre daraus machen, den zufällig eintretenden Soldaten mit Schnaps und „Zakuski“ zu regalieren, bis zu den Salons der hohen Aristokratie, wo alles ehrfurchtsvoll lauscht, wenn ein kleiner Leutnant seine jugendliche Weisheit auszukramen geruht, vom rotbackigen Dienstmädchen, das die derben Zärtlichkeiten schnauzbärtiger Galane mit geschmeicheltem Kichern duldet, bis zur vornehmen Dame, die jedem Uniformträger süße Augen macht, steht alles im Dienst, drängt sich alles in den Dienst der Eroberer, als habe dieses stolze Volk seine große Vergangenheit völlig vergessen und erblicke sein Heil in freiwillig auf sich genommener Sklaverei.

Ein Rätsel also; aber eines, dessen Lösung nicht auf sich warten läßt. Bei einem der ersten Empfänge, die der Kaiser dem Adel und den Patriziern Warschaus gibt, fällt Talleyrand eine schöne junge Dame auf, die von Napoleon mit besonderer Auszeichnung behandelt wird. Auf seine Fragen erfährt er, sie heiße Gräfin Marya Walewska, sei die Gattin eines alten polnischen Magnaten und stehe dem Kaiser sehr nahe. Er beeilt sich, ihre Bekanntschaft zu machen, was ihm ohneweiters gelingt, da sie gleiches zu wünschen scheint. Sie ist es auch, die sogleich nach der Vorstellung seinen Arm nimmt und ihn mit sich fortzieht. Und sie verweilt erst in einem abseits gelegenen Zimmer, wo sie sich auf ein Kanapee niederläßt, ihrem Begleiter einen Platz an ihrer Seite anbietend.

Das sieht ganz nach einem Schäferstündchen aus, und Talleyrand, der zu einem solchen, noch dazu mit einer fast Unbekannten, nicht die mindeste Lust verspürt, überlegt, wie er sich ohne allzugroße Unhöflichkeit aus der Affäre ziehen könnte. Wie erstaunt er aber, als die schöne Gräfin seine beiden Hände erfaßt, ihm mit flammenden, verehrungsschweren Augen ins Gesicht sieht und erregt atmend hervorstößt:

„Ich danke Ihnen, Graf! Ich danke Ihnen!"

Überrascht sieht er sie an, vergeblich um eine Erklärung ihres Betragens bemüht. Eine Schwärmerin! denkt er. Wo nicht eine Irre!

„Wie, Gräfin", ruft er, „Sie danken mir? Wofür?"

„Daß Sie endlich gekommen sind! Nun ist es gewiß! Wir konnten Sie nicht mehr erwarten, fürchteten schon, Sie würden gar nicht kommen!"

„Gräfin! Gräfin! Beruhigen Sie sich doch! Wer ist dieses ‚wir'? Was ist gewiß?"

„Polen wird wieder frei! Er hat es uns versprochen! Wir sollten nur auf Sie warten, sagte er."

„Wer?" drängt Talleyrand, den die Ahnung von einem fürchterlichen Gaukelspiel zu erfassen beginnt.

„Er!" gibt sie zurück, fast verwundert, daß er noch fragen kann. Setzt, da die Frage in seinen Augen bleibt, in leichtem Unmut hinzu: „Der Kaiser!"

„Der Kaiser hat Ihnen versprochen, Polen zu befreien?"

„Es war der Preis."

„Wofür?"

„Für mich." Märtyreraugen, leidend, stolz.

Talleyrand findet kein Wort. Erst nach einer Weile fragt er:

„Wer — brachte Sie zu ihm?"

„Prinz Murat. Er hatte den Auftrag —" Sie wird plötzlich blutrot, verstummt.

Er versteht, fragt weiter, vorsichtig, tastend:

„Und Sie stellten die Bedingung —"

„Nicht ich allein. Wir alle waren bereit, Polen unsere Ehre zu opfern. Ich hatte das Glück, die Erwählte zu sein."

Soll ich sie bemitleiden, fragt sich Talleyrand, oder bewundern? Er weiß es nicht. Da spricht sie schon weiter:

„Ich zitterte, als ich zum Kaiser kam. Bedenken Sie: eine junge Frau, fast Mädchen noch, in völliger Abgeschiedenheit aufgewachsen, einem Gatten vermählt, der ihr Vater sein könnte. Kaum wußte ich, was mich erwartete. Und wenn ich auch bereit war —" Sie kann nicht weiterreden, schließt die Augen, schöpft tief, mühevoll Atem. Als sie wieder reden kann, läßt sie die Stimme fallen, spricht leise, raunend, als verrate sie ein Geheimnis: „Es kam alles ganz anders. Der Kaiser war — Kein Wort von Liebe, nur Fragen, Fragen: Wie unsere Lage sei? Und wie wir lebten? Und auf wen es in Polen ankomme? Und wen er in Warschau treffen könne? Und welche Meinungen, Hoffnungen, Aussichten wir hätten? Stundenlang. Da erkannte ich, daß Wahrheit war, was man mir versprochen hatte, daß er glühte, das gesunkene Polen wieder zur alten Größe zu erheben. Und als er schließlich verstummte, da war ich es, die sich in seine Arme warf", endet sie mit großen, nachtdunklen Augen, die ihn auf einmal an die tiefen Augen der kleinen Dorothea von Kurland erinnern.

Ein großer Zorn steigt in ihm auf, ihr mit Mühe verhohlen. Was! Sind sie nicht mehr damit zufrieden, Männer zu unterjochen, beginnen sie nun auch, mit der Frauenehre ihr Spiel zu treiben, mißbrauchen sie die edelsten Empfindungen, die Liebe zur Heimat, den Glauben an Größe, die Hoffnung auf eine schönere Zukunft? Er wird ihnen ihr Spiel verderben! Wenn er nur die geringste Möglichkeit sieht, wird er seine ganze Kraft dafür einsetzen, daß Wahrheit werde, was sie sich als Gaukelei gedacht hatten.

„Und", setzt er zusammenhanglos an, „der Kaiser sagte Ihnen, Sie sollten mich erwarten?"

„Ja", bestätigt sie eifrig. „Da es ja Ihre Sache sei — als Minister des Auswärtigen —" Sie sieht ihn erwartungsvoll an.

Ihre gläubige Einfalt schnürt ihm das Herz zusammen. Aber er hat nicht den Mut, sie zu enttäuschen, nickt nachdrücklich, fast feierlich.

„Der Kaiser sprach wahr", sagt er mit fester Stimme. „Was er versprach, werde ich ausführen. Der Weg wird lang sein und voll Mühen, aber an seinem Ende —"

„— steht die Freiheit!" ergänzt sie mit unterdrücktem Jubel.

„Sie können es so nennen", stimmt er etwas melancholisch zu. Ihm fällt ein, daß sie seinen Skeptizismus falsch deuten könnte; darum zwingt er sich zu seiner gewohnt freundlichen, wohlwollenden Miene, beendet das Gespräch mit einem väterlichen Lächeln: „Wollen wir nun wieder zur Gesellschaft zurückkehren?"

Sie erwidert das Lächeln.

„Leichten Herzens", antwortet sie mit heller Stimme, „da ich nun auch Ihr Versprechen habe." Und zutraulich, wirklich wie ein junges Mädchen sich in seinem Arm einhängend, führt sie ihn zur Gesellschaft zurück. —

Das Warschauer Idyll hat so wenig Bestand wie die auf den polnischen Adelsschlössern. Preußen gibt sich noch nicht geschlagen, benützt den Winter, an Truppen zu sammeln, was ihm übriggeblieben ist, stellt sich nochmals, von Rußland, das die Niederlage von Austerlitz nicht verwinden kann, unterstützt. Der Krieg, der schon beendet schien, flammt von neuem auf.

Wie ein hochgescheuchter Löwe fährt der Kaiser auf, reißt sich aus den Armen seiner schönen Geliebten, trifft mit gewohnter Schnelligkeit bei der Armee ein. Unter fortdauernden Gefechten drängt er den Gegner zurück, über den Narew, die Weichsel, die Passarge, nach Osten, immer weiter nach Osten, von den besorgten Blicken der verantwortlichen Armeeintendanten verfolgt: denn wenn auch die kaiserliche Armee den Grundsatz der Revolutionsheere, sich vom eroberten Land zu ernähren, übernommen hat, so wird es doch mit jeder Meile Entfernung schwieriger, das Heer zu bekleiden, ihm Pferde, Fahrzeuge, Waffen nachzusenden und vor allem, es mit Munition zu beliefern.

Eine Schlacht wird geschlagen, verläuft, da sie nicht ausgenützt werden kann, unentschieden; eine zweite wird zu einem Sieg des Kaisers, doch zu keinem entscheidenden: die feindlichen Armeen vermögen sich loszulösen, ziehen sich in guter Ordnung zurück. Wenn sie aus den Tiefen Rußlands Nachschub an ausgebildeten Soldaten erhalten und sich nochmals zum Kampfe stellen, kann die Lage Napoleons kritisch werden.

Aber nein: der junge Selbstherrscher aller Reußen hat von der abermaligen Niederlage genug, tritt mit dem Soldatenkaiser in Verhandlungen. In Tilsit, im östlichsten Winkel Preußens, sollen Besprechungen stattfinden, und Talleyrand ist gezwungen, sich abermals auf den Weg zu machen.

Winter war es, als er in Warschau einzog. Im Spätfrühling verläßt er es wieder. Die Reise verläuft dementsprechend, und die Befürchtungen, die er bei der Herfahrt hegte, werden nun Wirklichkeit. Die Miniaturgebirge der ausgefahrenen Landstraßen erweisen sich als Folter sondergleichen, rütteln und schütteln den Reisenden so durcheinander, daß er trotz der ihm anbefohlenen größten Eile immer wieder Erholungspausen einschalten muß. Denn dem Kaiser mag es gleichgültig sein, wenn er einen geräderten Außenminister im Hauptquartier empfängt; aber er braucht immerhin einen, der — sich eben noch gebrauchen läßt, nicht in völliger Erschöpfung ans nächste Feldspital abgegeben werden muß.

Und wahrhaftig: der Kaiser zögert keine Minute, ihn zu gebrauchen! Kaum ist Talleyrand in Tilsit eingetroffen, dessen nüchterne Häuser und östlich breite Straßen an seinem müden Blick unerlebt vorbeigleiten, so wird er schon zum Kaiser berufen. Und dieser achtet nicht der hohlen Wangen, der eingesunkenen, von schwärzlichen Ringen umgebenen Augen seines Außenministers. Der gewaltige Plan, den er, dem Drange seiner rastlos arbeitenden Gedanken gehorchend, ausgesonnen hat, muß — sofort! sofort! — in Vertragsform gebracht werden. Statt also endlich den langentbehrten Schlaf zu finden, ist Talleyrand gezwungen, die Nacht durchzuarbeiten, um auftragsgemäß seinem Herrn am andern Morgen das fertige Konzept vorlegen zu können.

Denn die Besprechungen mit Rußland, anfangs nur als Friedensverhandlungen gedacht, haben ein ungeahntes Ausmaß angenommen, und der russische Unterhändler Lobanow, von Napoleon bezaubert, bringt dem Zaren ein Angebot zurück, das letzten Endes auf nicht weniger als eine einverständliche Teilung in die Weltherrschaft hinausläuft. Noch schwankt Zar Alexander, seiner Verpflichtungen gegen Preußen eingedenk, das, auf seine Versprechungen bauend, den Krieg erneuerte. Doch als er von Napoleon feierlich zu einer persönlichen Aussprache eingeladen wird, kann er nicht mehr widerstehen. Bei dieser aber, die mit fast maurerischem Pomp in einem Zelt auf einer Insel des Niemen stattfindet, nehmen schon die ersten Worte des russischen Herrschers: „Ich hasse die Engländer wie Sie . . .“ die Entscheidung vorweg. Als er das Zelt verläßt, tut er es als Freund und Bundesgenosse des großen Korsen.

Und Preußen? — Preußen wird nun für sich selbst sorgen müssen. Der Zar ist gnädig genug, sich seiner zu erinnern; aber er bringt seinen Wunsch nach Schonung des unglücklichen Landes nicht als Bedingung, sondern als bloße Bitte vor, auf die der Kaiser nur mit ein paar unverbindlichen Worten antwortet.

Als daher König Friedrich Wilhelm, von seinem Verbündeten allein gelassen, um Frieden bittet, wird ihm dieser unter Bedingungen angeboten, die nahezu tödlich sind und, wie man dem König gleich zu verstehen gibt, kaum noch abgeändert werden können. Der Kaiser ist entschlossen, das ‚undankbare Preußen‘, wie er es nennt, vollkommen zu entmachten. Darum die Auferlegung einer ungeheuren Kriegsentschädigung, die das karge, erschöpfte Land nie wird bezahlen können, darum Gebietsabtrennungen im Osten und Westen, die den Rest in der Lage eines ausgespannten Schmetterlings zurücklassen, darum endlich die Beschränkung des Heeres auf ein Dutzend Regimenter. Wieder Gewalt also und Verewigung einer Feindschaft — einer Feindschaft mehr.

So würde Talleyrand sich hier überflüssig fühlen, wenn auf dem politischen Schachbrett nicht eine neue Figur erschiene, eine Dame — eine wirkliche Dame: Königin Luise von Preußen.

Sie ist gekommen, um trotz nahezu völliger Aussichtslosigkeit eine Milderung der furchtbaren Friedensbedingungen zu erbitten — zu erbetteln, wenn es nicht anders geht. Aber ihr Besuch steht von Anbeginn unter einem Unglücksstern. Schon als Napoleon von ihrem Kommen erfährt, bricht er in wilde Schmähungen gegen die ‚Armida dieses Krieges' aus, und als sie bei ihm um eine Audienz ansucht, empfängt er sie in einer Art, wie sie sich kein Mann gegen eine Frau, geschweige denn ein Herrscher gegen eine Herrscherin erlauben dürfte.

Talleyrand selbst hat die Aufgabe, sie einzuführen. Als er sie ins Arbeitskabinett des Kaisers eintreten läßt, ist dieser eben mit der Lektüre von Aktenstücken beschäftigt. Er geruht die Anmeldung zu überhören, sieht nicht eher auf, als bis er unter die Papiere ein hingeworfenes ‚N' gesetzt hat, dessen Schlußstrich meist das Ende der verwendeten Feder bedeutet. Dann erst erhebt er sich, heftet seine zornigen Augen auf die Königin, die mit der steinernen Ruhe eines Opfers wartet, stößt endlich, ohne zu grüßen, hervor:

„Wie konnten Sie es wagen, Madame, mit Ihren geringen Hilfsmitteln mir, mir! den Krieg zu erklären?!"

Wollte er damit die schöne Bittstellerin einschüchtern, so wird er enttäuscht. Ohne ihre Fassung, ja, selbst ohne ihre ruhige, würdevolle Haltung zu verlieren, antwortet ihm die Königin:

„Sire, der Ruhm Friedrichs des Zweiten ließ uns unsere Kräfte überschätzen."

Napoleon sieht sie groß an, wird unwillkürlich höflicher.

„Setzen wir uns, Madame", sagt er, auf eine Gruppe von Lehnstühlen deutend. Läuft zu einem davon, läßt sich hineinfallen, ohne auf die Königin zu warten. Völlig große Dame, übersieht sie es, nimmt Talleyrands Hand, der alle Grazie eines Herrn aus dem ancien régime entwickelt, um sie zu einem andern Lehnstuhl zu geleiten, setzt sich mit ruhiger Anmut. Er verbeugt sich gegen sie sehr würdevoll, sehr zeremoniell, läßt sich gravitätisch gleichfalls nieder.

Napoleon hat diesen Austausch stummer Höflichkeiten

mißmutigen Blicks verfolgt. Nun eröffnet er das Gespräch mit der mürrischen Frage:

„Sie haben mich um eine Aussprache gebeten, Madame; was wünschen Sie von mir?"

„Den Frieden", antwortet sie mit ihrer sanften, melodischen Stimme.

„Den Frieden können Sie jederzeit haben. Die Bedingungen wurden doch dem König übersandt?" wendet er sich an Talleyrand.

„Ich selbst", erwidert dieser, „habe sie dem Grafen Kalckreuth in die Hände gelegt, der mir versprach, sie unverzüglich seinem Souverän vorzulegen."

„Sire", sagt die Königin, „das ist kein Friede."

Napoleon sieht sie überrascht an.

„Kein Friede?" wiederholt er hämisch. „So, so, kein Friede! Was ist es denn, Madame, wenn ich fragen darf?"

„Ein Diktat."

„Das zum Frieden führt", versetzt er achselzuckend. „Es gibt keinen andern Weg." Brennus! denkt Talleyrand.

„Doch, Sire", widerspricht sie. „Den der Verhandlung und des Übereinkommens."

„Den hat sich Preußen verscherzt", knurrt er.

„Ich wüßte nicht, wodurch", beharrt sie. „Zweimal wurden uns Friedensbedingungen überreicht, zweimal waren wir bereit sie anzunehmen. Aber jedesmal wurden die Forderungen dann größer und umfassen heute mehr als die Hälfte Preußens."

Ein Laut des Unmutes unterbricht sie.

„Sie scheinen zu vergessen, Madame", fährt er sie an, „daß ich Ihr Land besiegt habe, wie es noch nie besiegt wurde! Jena, Prenzlau, Eylau, Danzig, Friedland – sagen Ihnen diese Namen nichts?" Mit böser Genugtuung sieht er die Röte der Scham und der hilflosen Verwirrung in ihre Wangen steigen, setzt ruhiger fort: „Es ist das Recht des Siegers, die Bedingungen zu diktieren, die Pflicht des Besiegten, sie anzunehmen."

Brennus! Oh, Brennus!

Die Königin hat sich inzwischen gefaßt, erwidert, immer in jenem ruhigen Ton, der ein wenig an eine klagende Melodie erinnert:

„Sire, wenn Sie sich auf Ihre Macht berufen, gibt es allerdings nichts, wozu Sie sich nicht auch berechtigen könnten. Gewiß können Sie uns zwingen, Ihre Bedingungen anzunehmen. Es ist nur die Frage, ob diese Bedingungen für Sie günstig sind."

Napoleon sieht sie überrascht an, Talleyrand lächelt verstohlen über ihre weibliche Klugheit. Königin Luise spricht etwas lebhafter weiter:

„Für Sie, Sire, jawohl, ich habe mich nicht versprochen. Sie sind ein großer Mann, ich, die Sie für Ihre Feindin halten, bin die erste, die es anerkennt. Auf dem Schlachtfeld von Austerlitz zerschlugen Sie das tausend Jahre alte deutsche Reich — denn die tatsächliche Auflösung wenige Monate später war nur noch Formsache. Aber, Sire, eben weil ich Sie für einen großen Mann halte, kann ich mir nicht denken, daß Sie nur zerstören wollen. Sie müssen einen Plan haben, und ich glaube ihn zu erraten: nicht umsonst schwebte über Ihrem Krönungswagen die Krone Karls des Großen. Sie zerbrachen diese Krone nur, um sie neu zu schmieden."

Die etwas geduckte, immer an eine sprungbereite Katze gemahnende Haltung Napoleons lockert sich, er lehnt sich, durch Luisens Worte sichtlich angenehm berührt, behaglich zurück. Die Königin bemerkt es, und es scheint sie mit Hoffnung zu erfüllen. Ihre Stimme bekommt etwas Einschmeichelndes, Werbendes:

„Doch auch der beste Schmied muß mit der Güte des verwendeten Materials rechnen. Wenn die Mischung nicht vollendet ist, wenn sich Teile darin finden, die der Einfügung widerstreben, etwa starr, spröde bleiben, so ist die ganze Arbeit gefährdet. Sie sind viel zu klug, Sire, mich nicht zu verstehen, nicht zu wissen, daß ein geschontes Preußen sich dem Bund deutscher Fürsten, den Sie um sich gesammelt haben, willig anschließen, ein niedergeworfenes Preußen aber immer ein Fremdkörper bleiben wird, der in Ihrem Werk —"

„Ein Schönheitsfehler", wirft Napoleon geringschätzig ein.

„Mehr als das, Sire: ein schwacher Punkt sein wird", verbessert sie. „Und darum bitte ich Sie, Sire, bitte ich Sie inständig!" Sie hebt die gefalteten Hände gegen den Kaiser. „Überlegen Sie sich Ihre Bedingungen nochmals! Mildern Sie sie! Seien Sie nicht zu hart gegen uns — um unsert- wie um Ihretwillen!"

Die weiche Stimmung des Kaisers ist wieder verflogen. Die Darlegungen der Königin, statt ihn zum Nachdenken zu bewegen, haben sein Mißtrauen erweckt. Argwöhnisch blickt er sie an, sieht dann zu Talleyrand hinüber, fragt diesen in rauhem, fast barschem Ton:

„Haben Sie mit der Königin gesprochen, Talleyrand?"

„Ich hatte die Ehre, Ihre Majestät abzuholen", antwortet der Minister steif.

„Ich meine — über diesen Gegenstand — den Frieden."

„Ich hatte leider keine Gelegenheit dazu, Sire."

„Sonderbar!" Napoleon runzelt die Stirn. „Ich hätte darauf geschworen. Ganz die Predigt, die Sie mir in Austerlitz hielten, erinnern Sie sich? Milde, Versöhnung und so weiter."

„Es ist die Stimme der Vernunft, Sire", bemerkt die Königin rasch. „Kein Wunder, daß sie auch aus Herrn de Talleyrands Munde kam."

„Eure Majestät!" Talleyrand, durch das Kompliment tief berührt, legt die Hand aufs Herz und verbeugt sich tief.

Aber der Kaiser ist nun vollends verärgert. In jener Mißachtung der Formen, durch die er einem, der bei ihm in Ungnade fiel, diese zu zeigen wünscht, lümmelt er sich auf den Tisch und schaut der Königin mit nadelspitzen Blicken ins Gesicht.

„Madame", sagt er, und sein Ton ist der eines Obersten, der seinen jüngsten Leutnant abkanzelt, „ich habe Sie reden lassen, damit zu den Ungerechtigkeiten, die Sie mir nachsagen, nicht jene verbohrter Bosheit hinzukomme. Was Sie mir aber sagten, wußte ich alles im voraus. Ich kenne dieses Lied zur Genüge, die falschen Unschuldsbeteuerungen, den scheinheiligen Appell an die Vernunft, die schuldbewußte Bitte um Gnade, den unwürdigen Kleinmut nach dem frevelhaften Übermut. Nichts davon vermochte meine wohlerwogenen Entschlüsse umzustoßen. Es bleibt bei meinen Bedingungen. Eigentlich hatte ich die Absicht, Preußen zu vernichten. Wenn ich es leben lasse, so tue ich dies auf die Fürbitte Seiner Majestät des Zaren, meines hochgeschätzten Freundes. Aber ich werde dafür sorgen, daß dieses Land, das ich mit Freundschaftsbeweisen und Wohltaten überhäufte, und das mich zum Dank in einem Augenblick, wo ich nicht achtzugeben schien, in die Ferse zu beißen versuchte, daß dieses Preußen, sage ich, sich nie wieder erhebe, nie, hören Sie, Madame? Nie! In alle Ewigkeit nie!" Er hat sich in Zorn geredet, schlägt mit der Faust wiederholt auf den Tisch. Schaumbläschen stehen in den Ecken des verzogenen Mundes, das Gesicht ist hochrot.

Desto bleicher ist das der Königin. Aber ihre Haltung ist vollendet, als sie aufsteht und mit einer klingenden Stimme, aus der die süß klagende Melodie völlig verschwunden ist, sagt:

„Sire! Mit Ewigkeiten darf nur Gott rechnen."

Damit neigt sie das Haupt und geht der Türe zu, die

der eilfertig herbeihumpelnde Talleyrand, den Kopf fast zur Erde neigend, vor ihr aufreißt.

Draußen aber ist ihre Kraft zu Ende. Mehr taumelnd als gehend rettet sie sich in eine Fensternische. Teilnahmsvoll tritt der Minister zu ihr. Ihre leidvollen Augen sind wie um Hilfe flehend unverwandt auf ihn geheftet, ihre Lippen beben.

„Herr von Talleyrand", haucht sie mit versagender Stimme, „von allen Menschen hier, ich weiß es, bedauern nur zwei den Schritt, den ich getan habe: ich und Sie. Nicht wahr, Sie zürnen mir nicht, wenn ich mit diesem Gedanken scheide?"

Er antwortet nicht; aber die unglückliche Königin hat die Genugtuung, in Talleyrands Augen etwas zu sehen, was noch niemand darin erblickte: Tränen.

Ein Platz wird frei

„Ich verstehe Eure Majestät nicht."

Der Kaiser macht eine ungeduldige Bewegung.

„Sie sind sonst nicht so schwer von Begriffen, Talleyrand."

„Gewiß nicht, Sire. Aber es gibt Begriffe, die einem zu fern liegen, als daß man sie sofort erfaßte."

„Dieser da ist sehr einfach: Spanien muß eng an Frankreich geschlossen werden."

„Ja, ebendas fürchtete ich zu verstehen."

„Was ist da zu fürchten? Die regierende Dynastie ist es nicht wert, dieses schöne Land zu beherrschen. Zudem: soll ich in Spanien Bourbonen dulden, wo ich ihnen die Herrschaft in Frankreich verwehre?"

„Und wem, wenn ich fragen darf", erkundigt sich Talleyrand mit steinerner Miene, „haben Eure Majestät die Krone Spaniens zugedacht?"

Die Frage scheint Napoleon in einige Verlegenheit zu bringen.

„Ich —" sagt er gedehnt, „dachte an meinen Bruder Josèphe."

„Der ist doch König von Neapel."

„Das würde ich Murat überlassen."

„Hm."

„Was wollen Sie mit Ihrem ‚Hm' sagen?"

„Daß es schwer halten wird, einen Vorwand zu finden."

„Wofür?"

„Für das, was Eure Majestät vorhaben. Spanien hat sich immer willfährig gezeigt, Bündnisse abgeschlossen, jedes gewünschte Opfer gebracht, so daß es doch das Recht auf eine wenigstens scheinbare Selbständigkeit hätte."

„Die kann es haben — aber ohne Bourbonen."

„Ihr Haß gegen die Bourbonen, Sire, scheint unersättlich. Dennoch wird es bei deren Nachgiebigkeit Mühe kosten, wenigstens den Schein der Gerechtigkeit aufrecht zu erhalten."

„Oh", lacht der Kaiser vergnügt, „den brauchen wir gar nicht. Es ist alles mit dem Principe de la Paz schon abgemacht. Er veranlaßt erst den König, dann den Kronprinzen zu einem freiwilligen Thronverzicht, so daß die spanische Krone herrenlos wird."

„Und Sie frei darüber verfügen können."

„Jawohl!"

„Hm!"

„Was denn?" ruft Napoleon aufgebracht. „Hm-men Sie nicht herum, sondern reden Sie offen wie ein Mensch!"

„Sie wissen, Sire, was dieser ‚Friedensfürst' für ein Kerl ist?"

„Selbstverständlich."

„Aus der Hefe des Volkes, habgierig, erzfalsch, bestechlich, Liebhaber der Königin, bis ins letzte Haus Spaniens gehaßt —"

„Um so weniger Gewissen mache ich mir daraus, diesen Betrüger zu betrügen."

„Betrügen?"

„Er glaubt natürlich, daß ich die Krone ihm anbieten werde!" sagt Napoleon hämisch.

Talleyrand schweigt, sammelt seine Gedanken. Beginnt endlich:

„Sire, darf ich offen reden?"

„Ich bat Sie schon vorhin darum."

„Werden Sie mir meine Worte nicht verübeln?"

„Das fängt ja gut an!" fährt Napoleon auf. „Aber immerhin", setzt er ruhiger hinzu, „sprechen Sie nur! Sie wissen, daß Sie zu den wenigen gehören, von denen ich mir was sagen lasse."

„Ich darf Sie an eine Unterredung erinnern, Sire, die ich bald nach dem 18. Brumaire mit Ihnen hatte. Sie zitierten damals ein Wort von Cromwell."

„Der kommt am weitesten, der nicht weiß, wohin er geht", nickt der Kaiser.

„Ich gab Ihnen zu bedenken, daß ein solcher aber auch nicht wisse, wohin er kommt."

„Ich erinnere mich."

„Sie forderten damals von mir auch, ich möge Ihnen Ihren ‚kleinen Krieg' lassen und beteuerten, wenn die natürlichen Grenzen Frankreichs erreicht seien, hätten Sie keine Forderungen mehr an Europa. — Nun, Sire", fährt er ohne Pause leicht gesteigert fort, „dieser kleine Krieg ist inzwischen hübsch groß geworden, und ich zögere, Westfalen und Neapel Frankreichs natürliche Grenzen zu nennen."

„Die Verhältnisse haben es eben so gefügt", murrt Napoleon mit umwölkter Stirn.

„Die Familienverhältnisse", verbessert Talleyrand kühn, mit heimlicher Freude an seiner geistreichen Bosheit. „Ihr Bruder Louis ist König von Holland, Ihr Bruder Jerôme König von Westfalen, Ihr Bruder Josèphe heute König von Neapel, morgen nach Ihrem Willen König von Spanien, Ihre Schwester Pauline Gattin des Gouverneurs von Piemont, Ihre Schwester Karoline Gemahlin des morgigen Königs von Neapel —"

„Wozu erzählen Sie mir das alles?" schreit Napoleon, um so heftiger, als er die versteckten Vorwürfe bei sich als berechtigt anerkennen muß.

„Um Ihnen vor Augen zu führen", antwortet Talleyrand desto stiller, je heftiger der Kaiser wird, „was aus unserm Traum geworden ist." Er sieht auf Napoleons Gesicht wieder den trotzigen Knabenausdruck von einst erscheinen, achtet es nicht, spricht eindringlich weiter: „Wir hatten Frieden mit Österreich, wir hatten Frieden mit England, wir hatten Frieden mit der ganzen Welt. Die Ordnung, die Sie aufgerichtet hatten, das Aufblühen Frankreichs bildeten die Bewunderung Europas, der sich hebende Wohlstand, die Freude an der Arbeit, die über den Alltag hinaus zweckvoll geworden war, machten das Glück des Landes aus."

„Kann ich dafür, daß Englands Neid das nicht ertragen konnte?"

„Was hatte die Errichtung der Königreiche Holland und Italien mit Englands Neid zu tun?" Talleyrands Stimme bleibt ruhig und respektvoll. Nur die Worte geben ihr Gewicht. Der Kaiser muß dazu Stellung nehmen.

„Desto mehr aber", schlägt er zurück, „Österreichs und Preußens unprovozierte Angriffe, von Rußland unterstützt, von England finanziert! Meine Antwort hieß Austerlitz und Jena", schließt er mit dem befriedigten Grollen eines gesättigten Löwen.

„Damals war es auch Frankreichs Antwort, und ich erlaubte mir, Vorschläge zu machen, die, wie ich heute noch bedauere, nicht die Zustimmung Eurer Majestät fanden."

Der Kaiser macht eine vage Handbewegung.

„Das ist Vergangenheit", sagt er herb. „Vielleicht wäre einiges anders geworden, wenn ich Ihren Rat befolgt hätte, vielleicht sogar besser. Aber wir müssen mit dem rechnen, was ist, nicht mit dem, was hätte werden können. Aus dem jedoch, was ist, erwachsen mir Aufgaben, denen ich mich weder entziehen kann noch will. Und die nächste davon heißt Spanien."

„Sire —" bittend wird Talleyrands Stimme — „überlegen Sie sich nochmals diesen Gedanken!"

„Es ist kein Gedanke mehr, es ist bereits ein Entschluß."

„Dann", sagt Talleyrand mit gewechseltem, sehr festem Ton, fast dem Ton eines Richters, „hören Sie nur noch eines: Wenn ein Mann von Welt Dummheiten macht, seine Frau schlecht behandelt, sich Mätressen hält, selbst wenn er gegen seine Freunde ein ernstliches Unrecht begeht, wird man es mißbilligen, aber wenn er über Macht, Klugheit und Mittel verfügt, mit Nachsicht behandeln; wenn er aber beim Kartenspiel betrügt, wird man ihn ohne Gnade und unwiderruflich aus der Gesellschaft anständiger Menschen ausstoßen."

Napoleons gelblicher Teint ist olivgrün geworden. Er will sprechen, bringt keinen Ton heraus. Stößt endlich mit Anstrengung hervor:

„Soll das heißen, daß Sie mit mir zu rechten wagen?"

„Ich muß es, Sire."

„Sie verweigern mir den Dienst?" tönt es wieder, heftig, empört.

„Diesen Dienst – ja."

„Sie sind entlassen!" Der Kaiser bemüht sich, fest, im Tone eines Herrn zu sprechen, der einen ungetreuen Diener davonjagt, aber es ist eher der Schrei bitterer Enttäuschung und gekränkter Eitelkeit, der sich seiner Kehle entringt.

Talleyrand bleibt ruhig wie immer.

„Ich bedauere es", antwortet er, „aber ich bin leider außerstande, meinen Standpunkt zu ändern." –

Man hat die erregte Stimme des Kaisers bis in den Vorsaal gehört. Als aber Talleyrand aus dem Audienzzimmer tritt, zeigt sein Gesicht die gewohnt gleichmütige Maske. Er bleibt einen Augenblick lang stehen, dankt mit leichtem Kopfneigen für den mechanischen Präsentiergruß der beiden die Türe flankierenden Gardisten, läßt dann seinen Blick über die Wartenden schweifen.

Es sind ihrer heute besonders viele: neben Provinzpräfekten und Finanzfachleuten hauptsächlich hohe Offiziere. Er sieht die derben Züge Neys, das harte, kalte Gesicht Davouts, die stets etwas melancholische Miene Lannes'. Soult führt seine Eitelkeit spazieren, Massena schwelgt in unechter Biederkeit. – Da ist auch Fouché mit seinem falschen, süßlichen Lächeln!

Dieser ist es auch, der auf Talleyrand zutritt, der sich bereits in der Richtung auf den Ausgang zu in Bewegung gesetzt hat.

„Nun, lieber Fürst, was gibt es Neues?" fragt er händereibend.

„Einen Regen von Adelstiteln und Prädikaten", antwortet Talleyrand.

„Das ist doch eine Neuigkeit von vorgestern!"

Talleyrand beachtet den Einwurf nicht, macht, seine Handschuhe zuknöpfend, einige langsame Hinkeschritte.

„Eine sonderbare Maskerade hat sich der Kaiser da ausgedacht", philosophiert er lässig. „Man hört ‚Herzog von

Danzig', und zum Vorschein kommt der Bär Lefèbvre; man hört ,Herzog von Auerstädt', und hervortritt die Bulldogge Davout; man hört ,Herzog von Otranto' – und was bekommt man zu Gesicht? Ihren lieben Vipernkopf!"

Mit einer raschen Bewegung, die wirklich an das Züngeln einer Schlange erinnert, leckt Fouché seine trockenen Lippen.

„Und was sieht man, wenn man ,Fürst von Benevent' hört?"

„Talleyrand", antwortet sein Gegenüber mit unwillkürlichem Hochmut.

Fouché nickt.

„Talleyrand", wiederholt er. „Sie haben recht: das sagt wirklich alles." Er findet selbst, daß die Riposte nicht sehr geglückt ist, bricht ab, sieht vorsichtig um sich. Sie stehen allein, alle andern haben sich diskret zurückgezogen. In gewechseltem Ton fährt er fort: „Aber so allerliebst diese Scherze sind, mir scheint es an der Zeit, ernsthaft zu werden." Seine Blicke werden hart und spitz wie Dolchspitzen – Inquisitorenblicke. „Sie haben tatsächlich Ihre Demission gegeben?" fragt er leise.

„Tatsächlich", bestätigt Talleyrand. Der Mensch weiß alles fast noch ehe es geschieht, denkt er unwillkürlich.

„Weil Sie das spanische Abenteuer nicht mitmachen wollen?"

„Das war nur der letzte Anlaß. Aber er war mir willkommen."

„Sie glauben, es wird nicht gut ablaufen?"

„Das weiß ich nicht. Das kann keiner wissen. Aber hat man Ihnen seinerzeit im Seminar die Äsopfabel von der durstigen Krähe erzählt?"

„Erinnern Sie mich nicht daran, was man mir im Seminar erzählte", wehrt Fouché mit häßlichem Lachen ab. „Wie geht die Fabel?"

„Eine durstige Krähe findet einen Krug mit Wasser, aber der Wasserspiegel ist nicht hoch genug, daß sie ihn mit dem Schnabel erreichte, und der Hals zu eng, als daß sie den Schnabel hineinstecken könnte."

Wieder der rasche Blick rundum. Dann die Stimme Fouchés, noch leiser:

„Das paßt nicht auf ‚ihn': er steckt den Schnabel überall 'rein."

Talleyrand verzieht keine Miene über den bösen Witz.

„Es paßt überhaupt nicht auf ihn, denn er hat zwar die Klugheit der Krähe, aber nicht ihre Mäßigung."

„Ah, die Fabel ist noch nicht aus?"

„Die Fabel beginnt erst."

„Da bin ich neugierig."

„Die durstige Krähe beginnt Kiesel in den Krug zu werfen. Einen nach dem andern."

„Ich verstehe: der Wasserspiegel hebt sich allmählich —"

„Und steigt schließlich so hoch, daß sie ihren Durst stillen kann."

„Es paßt auch darum nicht auf ihn", schließt Fouché ab, „weil er nicht aufhört, Steinchen in den Krug zu werfen."

„Bis einer davon das Wasser zum Überlaufen bringt, gewiß. Es ist ein Vergnügen, Ihnen Fabeln zu erzählen."

Ein dritter Blick Fouchés rundum. Dann ein Hauch, kaum hörbar:

„Und — wenn man den Krug umwürfe?"

Die müden Lider heben sich, aus den sonst verschleierten Augen starrt Fouché unverhohlene Verachtung entgegen.

„Ich fürchte, mein Bester", sagt Talleyrand langsam, „wir haben uns beide geirrt: ich glaubte Bundesgenosse zu sein; Sie suchten einen Komplizen." Er hebt die Hand zu spöttisch höflichem Gruß: „Auf Wiedersehen, lieber

Herzog, auf Wiedersehen!“ Von niemandem mehr aufgehalten, hinkt er dem Ausgang zu.

Draußen befiehlt er einem der herumlungernden Lakaien:

„Meinen Wagen. Rasch.“

Der Diener eilt die Stiege hinunter, Talleyrand folgt ihm gemessen. Als er den Hof erreicht, ist der Wagen bereits vorgefahren. Er klettert mühsam hinein, sagt sein gewohntes „Heim!“, läßt sich in die Polster sinken.

So ist also endlich der Schritt erfolgt, denkt er, während der Wagen dahinrollt, den er seit Austerlitz erwog, zu dem er sich in Tilsit entschlossen hatte, auf eine Gelegenheit wartend, die auch vor ihm selbst die Durchführung rechtfertigte: sein Weg und der des Kaisers haben sich getrennt.

Er gedenkt flüchtig des großen Stückes Wegs, das sie zusammen gewandert sind, vom 18. Brumaire bis zu den ungeheuren militärischen Triumphen der letzten Jahre. Es berührt ihn nur wenig. Man kann sich leicht von einer Realität trennen, aber schwer von einer Illusion. Und immer noch war bis vor kurzem diese eine in ihm lebendig, daß es schließlich doch gelingen werde, den Tatendrang Napoleons von kriegerischen Erfolgen ab- und einem großen innern Reformwerk, für das kaum erst der Grund gelegt war, zuzuwenden. Die Illusion ist als solche erkannt, er hat gesehen, daß der Kaiser statt der Festigung seiner Erfolge sich nur noch deren Ausweitung zu widmen bereit ist, und damit sind ihm beide fremd geworden.

Er atmet tief und schließt die Augen. Wie gut, daß er damit nichts mehr zu tun hat, nicht mehr seine Zustimmung zu Dingen zu geben braucht, die ihm in tiefster Seele entgegen sind! Er wird sich beeilen, auch seiner höfischen Verpflichtungen so schnell wie möglich quitt zu werden und sich dann auf eine Weile zurückziehen, um zunächst wieder einmal zu sich selbst zu kommen. Welches die nächste Station seines bewegten Lebensweges sein wird, stellt er dem Schicksal anheim: ducunt fata volentem...

Wenn auch nicht mit der Welt, so doch wenigstens mit sich zufrieden, fährt der neuernannte Fürst von Benevent in den Hof seines neuen Hauses in der Rue de Varenne ein und hinkt mit gewohnter würdevoller Gelassenheit die Treppe zu seinen Gemächern empor.

„Pascal", sagt er oben zu Monsieur Courtiade, der ihn in untadeliger Haltung auf der Treppenhöhe erwartet, „laß alles bereitmachen: wir fahren aufs Gut."

Der Kammerdiener verbeugt sich.

„Die Luft von Valençay wird Eurer Durchlaucht sehr bekömmlich sein", bemerkt er mit respektvoller Vertraulichkeit. Er genießt sichtlich den neuen Titel. –

– – – – – – – – – – – – – – – – –

Ungefähr zur selben Zeit geht im Arbeitszimmer des Kaisers die Beratung zu Ende. Mit Ausnahme von Fouché haben nur Militärs an ihr teilgenommen. Der Kaiser gibt die letzten Direktiven aus: General Junot rückt mit achtundzwanzigtausend Mann in das noch befreundete Land, dem Vorgeben nach, um zusammen mit dem Großteil der spanischen Armee das mit England verbündete Portugal zu bekämpfen; General Dupont hält sich bei Bayonne, um bei erster Gelegenheit mit vierzig- bis fünfzigtausend Mann gleichfalls in Spanien einzumarschieren; den Oberbefehl über die gesamte Expedition erhält Murat zusammen mit dem Auftrag, das von heimischen Truppen entblößte Madrid wegzunehmen.

Napoleon erteilt seine Weisungen im trockenen Ton einer Befehlsausgabe. Er endigt, fast nur der Form halber, mit der Frage:

„Noch etwas unklar?"

Die Generale schütteln den Kopf, stecken ihre Notizbücher ein. Nur Fouché hebt einen Finger, fast wie ein

Schüler vor dem Lehrer. Der Kaiser kehrt ihm seinen fragenden Blick zu:

„Nun, Fouché?"

„Sire", sagt der Polizeiminister, „Eure Majestät haben den Herren Marschällen und Generalen Dispositionen erteilt, deren unübertreffliche Klarheit des Genies Eurer Majestät würdig ist. Ich darf vielleicht nur daran erinnern, daß eine nebensächliche Kleinigkeit noch nicht erörtert wurde."

„Und zwar?" fragt der Kaiser stirnrunzelnd.

„Eine Kleinigkeit, wie gesagt: ein König ist da — eine Königin — ein Kronprinz. Was geschieht mit ihnen?"

Napoleon sieht ihn verblüfft an.

„Parbleu, die haben wir wahrhaftig vergessen!"

„Die werden doch zu den Verhandlungen nach Bayonne gebracht", wagt Murat schüchtern — vor Napoleon sind sie alle schüchtern — seinen kaiserlichen Schwager zu erinnern.

„Nach Bayonne kommen sie; aber dann, Sire? Wenn die Verhandlungen das zu erwartende Resultat ergeben haben?" Fouché hütet sich zu lächeln, ja selbst nur seiner Stimme den leisesten ironischen Beiklang zu geben. „Wohin mit ihnen?"

„Jedenfalls nicht nach Spanien zurück." Was der Stimme Fouchés an Spott mangelt, enthält die des Kaisers in überreichem Maße.

„Zweifellos", stimmt Fouché geschmeidig zu. „Aber wohin?"

Napoleon fixiert ihn scharf.

„Sie haben einen Gedanken, Fouché", sagt er. „Heraus damit! Wohin würden Sie die — äh —"

„Gäste", hilft Fouché aus.

„Meinetwegen Gäste. Ja, wohin würden Sie sie stecken?"

„Ich würde sie, oder wenigstens einen Teil davon, denn es wäre nicht gut, sie beisammenzulassen, nach Valençay senden."

„Valençay? Wo ist das?"

„Es ist das Gut des Herrn von Talleyrand."

Napoleon sieht ihn an und, oh Seltenheit, beginnt laut zu lachen.

„Eine glänzende Idee!" ruft er. „Ja, auf Talleyrands Gut sollen sie kommen! Veranlassen Sie alles Nötige! Auf Talleyrands Gut! Ein göttlicher Einfall, wenn er nicht so teuflisch wäre!"

Der Rundgang des Hausherrn

Seine Durchlaucht der Fürst von Benevent geruhen tief in Gedanken zu sein. In unruhigen Gedanken, stellt Monsieur Courtiade fest, als er das Frühstück bringt und die Vorhänge des Schlafzimmers aufzieht. Der Fürst hat zwar mit gewohnter Freundlichkeit für den Gruß des Kammerdieners gedankt, knüpft aber keine seiner gewohnten Bemerkungen dran, starrt vielmehr abwesend vor sich hin, trinkt zerstreut die Tasse halbleer und läßt den Rest auskühlen. Offenbar beschäftigt ihn etwas Unerfreuliches, denkt Monsieur Courtiade, hütet sich aber, auch nur die leiseste Andeutung zu machen.

Auch die feierliche Handlung des Frisierens leidet unter der schwermütigen Stimmung des Fürsten. Sonst wird sie von einer beiden Teilen erwünschten Unterhaltung zwischen Herrn und Diener begleitet, in der Talleyrand manches erfährt, was großen Herren sonst verborgen bleibt, und von dessen Kenntnis man oft guten Gebrauch machen kann; heute bleibt er schweigsam und versonnen, und Monsieur Courtiade drückt lange herum, ehe er sich zu reden getraut.

Und doch ist es gerade heute sehr wichtig, daß Seine Durchlaucht unterrichtet werden. Der gute Ruf der Gastfreundschaft steht auf dem Spiel, wenn nicht schleunig Abhilfe geschaffen wird. Seit kurzem beherbergt das Schloß Seine königliche Hoheit den Infanten Don Fernando von Spanien mit seiner Suite. Sie sind Gäste, das wurde von den amtlichen Stellen immer wieder betont; dennoch hat man es für nötig erachtet, ihnen eine Abteilung Gendarmen beizugeben, deren Kommandant, ein Oberst Henry, alles tut, um den ‚Gästen' vor Augen zu führen, daß sie in Wahrheit Gefangene sind. Schloß und Park werden unaufhörlich durchstöbert, und seit neuestem treibt der Oberst seine Rücksichtslosigkeit so weit, die Untersuchungen auch auf die Privatzimmer des Infanten auszudehnen.

Der Fürst hat erst zerstreut, dann immer aufmerksamer den zögernden Bericht seines Kammerdieners angehört. Als dieser geendet hat, befiehlt er kurz, trocken:

„Laß doch diesen Henry einmal hierherkommen."

In Monsieur Courtiades Augen ist ein zufriedenes Aufblitzen, das verrät, daß auch er mit dem Gendarmerieobersten schon seine Schwierigkeiten hatte. Beflissen fragt er:

„Sofort?"

„Sofort."

Der Kammerdiener geht gravitätisch zur Tür, öffnet sie, erteilt einem draußen wartenden Lakaien einen Befehl, kehrt zurück, setzt sein unterbrochenes Werk der Verschönerung fort. Keiner der beiden spricht, sie warten, Talleyrand lässig wie immer, Monsieur Courtiade voll heimlicher Spannung. Nach einiger Zeit hört man im Vorraum Sporenklirren, dann tritt der Lakai ein, der vorhin den Befehl erhielt, meldet:

„Der Oberst Henry."

„Soll hereinkommen", erklingt Talleyrands auffallend kalte Stimme.

Der Gemeldete kommt. Es ist ein Mensch von der Sorte, die Talleyrand Bullenbeißer zu nennen pflegt: das Maul breiter als die Stirn. Er steht wartend, sagt endlich, vergeblich bestrebt, seiner polternden Stimme eine höfliche Färbung zu geben:

„Sie haben mich zu sprechen gewünscht, Fürst."

Der Fürst geruht nicht, sich umzudrehen, mustert ihn, während Courtiade fortfährt, ihn zu frisieren, im Spiegel. Verbessert mit der vorigen Kälte, gedämpft, als stehe es ihm nicht dafür, lauter zu werden:

„Ich habe Sie herbefohlen." Er beachtet nicht das Aufzucken des Obersten, setzt frostig fort: „Es ist mir zu Ohren gekommen, daß Sie Ihre Befugnisse überschreiten, meine Gäste belästigen, sich eine Kontrolle erlauben, die —"

Oberst Henry hat sich von seiner Verblüffung erholt, fährt empört auf:

„Ich habe meinen Auftrag, und niemand —"

„Unterbrechen Sie mich nicht!" Es klingt nicht lauter, aber der Oberst verstummt augenblicklich. „Sie haben den Auftrag, Valençay unauffällig – unauffällig! – unter Beobachtung zu halten. Die Ihnen zuteil gewordene Anweisung spricht weder vom Schloß, noch vom Park, nicht einmal vom Forst von Gâtine. Wenn ich Sie bisher dort leider duldete, so geschah dies aus Entgegenkommen, und Sie hatten die Pflicht, sich dieser Duldung durch entsprechendes Benehmen würdig zu erweisen."

„Ich benehme mich, wie ich will!" fährt der Oberst wutschäumend auf. „Sie haben mir gar nichts zu befehlen!"

Kann die frostige leise Stimme so laut werden? Herr von Talleyrand ist herumgefahren, die Herrenaugen blitzen, ein Donner geht über den Obersten hin:

„Nur ich habe Ihnen hier zu befehlen! Denn hier bin nur ich der Herr! Und wenn Sie eine Sekunde lang zögern, mir zu gehorchen, so werde ich dafür sorgen, daß

Sie es Ihr Leben lang bereuen! Abtreten! Augenblicklich abtreten! Und hüten Sie sich, daß ich noch eine einzige Klage über Sie höre!" Er dreht sich, während sich über seine Züge wieder die Maske ständigen Gleichmutes legt, zurück, sagt im ruhigsten Ton der Welt zum Kammerdiener: „Weiter, Pascal!"

Oberst Henry steht unbeweglich. Sein Gesicht läuft blaurot an. Dann macht er schroff kehrt, stürmt davon. Wie durch Zauber öffnet sich die Tür vor ihm, schließt sie sich hinter ihm. Lange noch hört man das Klirren seiner Sporen.

Talleyrand hat nichts davon zu beachten geruht. Nur als sein Blick in den Spiegel fällt, sieht er darin das Gesicht des Monsieur Courtiade, um dessen Lippen ein zufriedenes Schmunzeln spielt. Der Herr zieht die Augenbrauen ein wenig hoch, das Lächeln verschwindet. Das ist der ganze Epilog zur Niederlage des Obersten Henry.

Die Emotion hat Talleyrands Blut in Wallung gebracht; aber die kämpferische Stimmung hält nicht an, wird bald wieder von der melancholischen abgelöst, in der er nachts erwachte und die er, nach vollendeter Toilette allein geblieben, nicht loszuwerden vermag.

Die Entfernung von den Staatsgeschäften hat etwas mit sich gebracht, woran er zu allerletzt gedacht hätte: ein ihm früher unbekanntes Gefühl der Leere, der Vereinsamung. Weder seine Bücher, noch Schloß und Garten, noch irgendeine Art tätiger Muße vermögen ihn zu fesseln; die Pflichten der Gastfreundschaft erfüllt er korrekt, aber ohne innere Anteilnahme; von seinen Freunden hat er sich innerlich zu weit entfernt; die Frauen –

Er hat viele sein eigen genannt, Frauen aller Stände und Ränge –

‚v' han contesse, baronesse,
marchesine, principesse',

wie es in seiner Lieblingsoper „Don Juan“ heißt, viele — ‚geliebt‘, pflegt man es wohl zu nennen; aber die Liebe, die ihn die Herzogin Dorothea zu suchen geheißen hatte, diese Liebe war nicht dabei: die spart man für die Eine auf, die heimliche Sehnsucht eines jeden Mannes: Freundin, Geliebte und Geschöpf seiner Seele.

Aber gibt es denn diese Frau überhaupt? Ist sie nicht nur eine Dichterphantasie, nur erdacht, Antrieb zu geben nach trügerischen Zielen, die sich im gleichen Maß entfernen, als man ihnen näher zu kommen glaubt?

Die Wirklichkeit heißt Madame de Talleyrand, durch einen tyrannischen Befehl zu seiner Gattin gemacht. Immer noch schön, aber nichts als das — und schon so gewohnt! Lange nicht so dumm, wie die Lästerzungen behaupten, aber ohne das mindeste Streben, die ausgefahrenen Geleise der Konvention zu überwinden — und alles schuldig geblieben, was selbst sie hätte sein können!

Das diskrete Eintreten Monsieur Courtiades reißt ihn aus seinen Gedanken.

„Durchlaucht“, mahnt der Kammerdiener, „es ist Zeit zum Morgenbesuch bei Seiner königlichen Hoheit.“

„Ich komme“, antwortet Talleyrand aufstehend. „Laß mich inzwischen bei Seiner königlichen Hoheit anmelden.“

Eine Minute später betritt ein fürstlicher Lakai, der — eine der Aufmerksamkeiten des Hausherrn — in die spanischen Farben Rot und Gelb gekleidet ist, das Zimmer des diensttuenden Kammerherrn des Infanten und bringt die untertänige Bitte Seiner Durchlaucht vor, Seiner königlichen Hoheit seine Aufwartung machen zu dürfen. Der Kammerherr hört die Bitte würdevoll an, verschwindet in den Räumlichkeiten des Infanten, kehrt nach einer Weile zurück, erteilt dem wartenden Diener Bescheid, Seine königliche Hoheit habe die Gnade, Seiner Durchlaucht die untertänige Bitte zu gewähren. Es steht somit nichts im Wege, daß unmittelbar darauf Seine Durchlaucht der Fürst in einem dunklen, feierlichen Anzug erscheint, den Kämmerer mit gemessener Höflichkeit begrüßt, von ihm ebenso begrüßt und zur Tür des Schlafgemachs des Infanten geleitet wird. Eine pomphafte Stimme kündigt ihn an, er darf endlich eintreten.

Seine königliche Hoheit geruhen noch zu Bette zu sein und sich soeben an der Morgenchokolade zu erlaben. Das recht ausdruckslose Gesicht, von dem nur zwei Eigenschaften: Hoffart und Beschränktheit, abzulesen sind, verzieht sich zu einem gnädigen Lächeln, die etwas schrille Stimme spricht freundliche Worte, geruht sogar zu scherzen.

„Da ist ja unser lieber Kerkermeister! Sie versäumen es nie, sich nach den Opfern Ihrer Tyrannei umzusehen."

„Eure königliche Hoheit tun mir unrecht", wehrt Talleyrand unbewegten Gesichts ab. „Soweit es auf mich ankommt, sind Eure königliche Hoheit vollkommen frei."

„Oh la là!" protestiert der Infant. „Das sagen Sie, mein Bester. In Wirklichkeit halten Sie uns fester als mit Gittern und Ketten. Nur sind Ihre Mittel viel subtiler; sie heißen vorzügliches Essen und bezaubernde Frauen." Er beendet seine Chokolade, reicht die leere Tasse achtlos dem neben dem Bett wartenden Lakai. „Die Chokolade ist ausgezeichnet", lobt er. „Sie könnte in Madrid nicht besser sein, und Sie wissen: Chokolade ist eine Spezialität von Madrid."

„Ich hoffe", bemerkt Talleyrand, „daß Eure königliche Hoheit eines Tages dies auch von unsern Frauen sagen werden."

Der Infant blinzelt ihm zu.

„Wir sind jetzt schon geneigt, es zu sagen. Wir sind Unserer Sache nur noch nicht ganz sicher." Seine Gedanken springen. „Übrigens gut, daß ich mich erinnere, der Kanonikus Escoiquiz" (Was für ein Name! denkt

Talleyrand) „hat inständig gebeten, man möge ihn beiziehen, wenn Wir Ihnen Audienz erteilen.“ Er bewegt einen Finger in der Richtung des Lakaien. „Man hole den Kanonikus!“ sagt er in die Luft hinein.

„Eure königliche Hoheit wollen gnädigst vergeben“, mengt sich der Kammerherr mit ehrfürchtig gedämpfter Stimme ein. „Der Kanonikus ist vor etwa einer Viertelstunde mit dem Herzog de San Carlos fortgegangen.“

Unwillig zieht der Infant die Brauen zusammen. Talleyrand fällt rasch ein:

„Ich werde ihn schon zu finden wissen.“

„Es handelt sich nämlich“, erklärt Don Fernando mit einer Stimme, aus der der Ärger noch nicht verschwunden ist, „um den Protest gegen —“ ‚meine Gefangennahme‘, erwartet Talleyrand, aber der Infant setzt fort: „— die Unverschämtheiten dieses Obersten Henry.“

„Eure königliche Hoheit, Oberst Henry wird sich keine Unverschämtheiten mehr herausnehmen. Ich habe ihm Schloß und Park verboten.“

„Sie sind das Ideal eines Kerkermeisters, Wir sagen es ja. Sie erraten die Wünsche, noch ehe sie ausgesprochen werden.“ Wieder springen seine Gedanken: „Was haben Sie uns für den heutigen Tag zu bieten?“

„Nach der Messe wird mein Oberförster sich glücklich schätzen, Eurer königlichen Hoheit die Anfangsgründe der Handhabung eines Jagdgewehrs vorführen zu dürfen. Es schließt sich je nach Wunsch Eurer königlichen Hoheit eine Wagenpartie oder ein Ausflug zu Pferde an.“

„Eine Wagenpartie“, entscheidet der Infant.

„Nach dem Dejeuner werden Eure königliche Hoheit wohl Siesta halten wollen. Dann sammelt sich die Gesellschaft auf der großen Terrasse, um den Tänzen meiner Bauern zuzusehen und ein Gitarrenkonzert zu hören, und abends nach dem Diner folgt eine zwanglose Promenade zu zweit im Park. Hiebei werden die berühmten Nachtigallen von Valençay das Konzert fortsetzen."

„Und so fort bis zur Abendandacht", fällt der Infant etwas hastig ein. „Es ist gut, Fürst. Denken Sie sich für morgen wieder was Hübsches aus. Wir bleiben Ihnen in Gnaden gewogen." Er hebt die Hand zu einem müden Abschiedsgruß, dann kümmert er sich nicht weiter um den Hausherrn, der sich mit einer zeremoniösen Verbeugung entfernt.

Talleyrand setzt seinen Rundgang fort, ohne daß ihm anzukennen wäre, was für Gedanken ihn bewegen. In Wahrheit sind diese ein Gemisch aus Geringschätzung und verletztem Stolz. Besonders empört ihn, daß diese aufgeblasene Null durch einen merkwürdigen Witz der Geschichte mehrere Wochen hindurch sich König nennen durfte und es sich seither angewöhnt hat, das majestätische „Wir" zu gebrauchen, obwohl diesem bedeutsamen Wort nichts folgt als Wünsche nach oberflächlichem Wohlleben.

Noch ehe er den Park erreicht hat, kehren seine Gedanken dahin zurück, von wo sie ausgegangen waren: wo die Eine zu finden, die des Mannes letzte Sehnsucht ist.

Oder gäbe es heute noch Götter, die Sterblichen die Pygmalion gewährte Gunst erweisen, seine Künstlerträume belebt zu sehen? Wäre es möglich. jene Eine zu — bilden? Ein junges Mädchen etwa wie —

So plötzlich steht das Bild der jungen Dorothea, der Tochter der Freundin — und seiner Tochter — vor ihm, daß er es wie einen jähen Schlag aufs Herz spürt. Er muß stehen bleiben, ringt fast minutenlang nach Fassung, geht nur langsam, fast schleppend weiter, schwer sich auf seinen Stock mit dem Goldknauf stützend.

Die kleine Dorothea ... Ja, die könnte wirklich werden, was ihm vorschwebt: das Geschöpf seines Geistes, wie es das seines Blutes ist. Noch ist sie weich und bildsam, wenn auch diese Jungmädcheneigenschaften auf einem demantnen Kern ruhen. Und sie hat ihn lieb, sie hält ihr Versprechen, wie er das seine hält. Es ist in diesem Kind eine leidenschaftliche Hingabe, die weit über das Alter wie auch über die blutmäßige Verbundenheit (von der sie natürlich nichts ahnt) hinausreicht und zugleich rührt und erschreckt.

Ist das schon diese Liebe, von der die Freundin sprach? Er weiß es nicht, weiß nur das eine, daß er dieses Kind sich nahe haben muß, um leben zu können.

Aber wie könnte das geschehen? Dorothea ist jetzt fünfzehn Jahre alt, zu groß, als daß er sie zu sich nehmen könnte. Zudem würde ihre Mutter sie gar nicht hergeben: Mütter entlassen ihre Töchter aus ihrer Obhut nur, um sie zu verheiraten.

Verheiraten . . . Talleyrand fühlt das Ende eines Ariadnefadens in seiner Hand. Verheiraten. Warum nicht? Sie ist reichlich jung, aber körperlich wie geistig weit über ihr Alter entwickelt. Nur — wen? Am liebsten würde er selbst — trotz des Altersunterschiedes — die Gedanken überstürzen sich, werden ihm selbst nur in Abkürzungen bewußt — er könnte es ohneweiters, zumal seine Ehe ohne kirchlichen Segen —

Nein. Das wäre unanständig. Seine Frau ist ihm allmählich eine Last geworden; aber selbst eine Last auf so brutale Weise abzuschütteln wäre ein schlechter Beginn jener Liebe, die nicht das Ihre sucht und nicht nach Schaden trachtet. Es muß sich eine andere Lösung finden, die —

Abermals wird er in seinen Überlegungen unterbrochen. Ein leiser Anruf hemmt seinen Schritt und bringt ihn zur Erde zurück. Aufschauend erblickt er den Kanonikus mit dem unaussprechlichen Namen. Er hat ein rundes, braunrotes Gesicht und eine ungeheure Hose, die sich unter der kurzen Soutane bläht wie die Pluderhose eines Piraten. Aber die groteske Gestalt hat etwas Versöhnliches und aus dem roten Gesicht leuchtet einem ein Paar unendlich gutmütiger Augen entgegen, deren Blick einen Teufel entwaffnen könnte.

Der Kanonikus hat einen Finger vor den Mund gelegt und nähert sich mit bittenden Gebärden.

„Nicht stören!“ fleht er. „Nicht stören! Es ist ein so hübsches Bild!“

„Was?“ fragt Talleyrand etwas erstaunt.

„Ihre Frau und der Herzog de San Carlos“, antwortet der Kanonikus naiv. „Er hat ihre Füße in Rosen gebettet, und sie hat ihn mit einem Lorbeerkranz geschmückt.“

„Die beiden werden es mit meinem Gärtner zu tun kriegen“, bemerkt der Hausherr trocken, „wenn sie solche Spässe machen. Wo sind sie denn?“

„In der Rosenlaube“, flötet der Kanonikus verzückt. „Nicht stören!“ wiederholt er inbrünstig seine Bitte.

Talleyrand zuckt die Achseln, macht sich vorsichtig auf den Weg zum bezeichneten Platz. Er geht so leise wie möglich, aber er kann das trockene Knacken der Maschine, die seinen lahmen Fuß umspannt, nicht ganz unterdrücken. Ärgerlich preßt er die Lippen zusammen: werden sie's nicht hören?

Nein, sie sehen nichts, sie hören nichts, sind beide ganz in dem Spiel verfangen, das sie vielleicht nur zum Spaß begonnen haben, das aber leicht stärker werden könnte als sie.

Die Dame hält den Kopf gesenkt, leicht gegen die eine Schulter geneigt, auf die sich eine losgelöste blonde Locke niederringelt. Über ihre Füße ist tatsächlich eine Decke von Rosen gebreitet, deren betäubender Duft die ganze Umgebung erfüllt. Der Herr, den dunklen Krauskopf mit einem zusammengewundenen Lorbeerreis geziert, sitzt neben ihr, hält ihre Hände fest und sucht mit seinen etwas kurzsichtig blinzelnden Augen die ihren.

„Und was sagt", hört der Lauscher die vollerblühte Schöne schmachtend hauchen, „in Spanien ein Mann zu einer Frau, die er liebt?"

Ein Wortschwall, mit leidenschaftlich bebender Stimme vorgetragen, dem Talleyrand nicht folgen kann, weil er gleichzeitig boshaft denkt, daß sie, wenn sie ehrlich ist, jedenfalls antworten müßte: „Je suis dinde!"

Etwas zupft ihn vorsichtig am Ärmel. Es ist wieder der Kanonikus. Mit sprechender Gebärde deutet er auf das Paar, sieht Talleyrand flehend an. Dem kommt plötzlich die Komik der Situation zum Bewußtsein: er hört dem Liebesgeplänkel seiner Frau mit einem fremden Herrn zu, und ein Mann der Kirche bittet ihn, dafür Verständnis zu haben.

Mit Mühe unterdrückt er ein Lachen, begnügt sich, spöttisch den Mund zu verziehen, entfernt sich ebenso leise und unbemerkt, wie er gekommen ist. Der Kanonikus wird sein freiwilliges Wächteramt wohl wieder aufnehmen, denkt er.

Erst nach einer Strecke Wegs fällt ihm ein, daß er vergessen hat, dem geistlichen Herrn von der Unnötigkeit einer Beschwerde zu erzählen. — Bah, er wird es schon von irgendjemandem erfahren! —

Also nicht er Dorotheas Gatte, kehrt er zu seinen hastenden Gedanken wieder zurück. Selbst nicht nach dem eben Gesehenen. Er würde sich selbst degradieren, wenn er daraus irgendwelche Konsequenzen ziehen wollte.

Aber wer sonst? Es müßte jemand sein, der ihm nahe steht, aber doch nicht so nahe, daß er im Wege stünde, wenn —

Wieder laufen seine Gedanken, verhalten dann plötzlich. Edmond! Sein Neffe Edmond, der liebenswürdige Tunichtgut, der ihm so sehr verpflichtet und mehr: der ganz von ihm abhängig ist! Welch einfache Lösung! denkt er ganz glücklich. Er wird sie verheiraten, sie werden bei ihm wohnen, und wie er seinen Neffen kennt, wird dieser in kürzester Zeit nur dankbar sein, wenn ihm jemand die Mühe abnimmt, sich um seine junge Frau zu kümmern. Edmond also.

Hindernisse? Er sieht keine. Die Herzogin wird einverstanden sein; Dorothea hat zu wenig erlebt, um einer Entscheidung der zwei ihr liebsten Menschen entgegen zu sein; und seinem Neffen endlich ist es nur um sein behagliches Leben zu tun, wie es ihm die reichlichen Zuwendungen von Seiten seines Onkels gestatten.

Erhellten Blickes, erleichterten Gemütes sieht Talleyrand um sich. Nun die Last von seinem Herzen genommen wurde, ist auch die Klarheit der Überschau wieder da, die seinen größten Stolz ausmacht, und mit ihr eine neue Fröhlichkeit, die ihm Flügel zu verleihen scheint. Selbst sein Hinkebein scheint beschwingt, und er spielt mit seinem Stock mehr, als daß er ihn benutzte, während er raschen Schrittes, als versäume er etwas, zum Schlosse zurückkehrt. Ah, da ist ja auch Pascal!

„Pascal!“ ruft er fröhlich.

Monsieur Courtiade dreht sich um, beschleunigt den Schritt.

„Wir suchen Eure Durchlaucht schon“, meldet er etwas außer Atem. „Der Herr Graf de Montrond ist gekommen.“

Montrond? Was will der?

„Wo hast du ihn hingeführt?“

„In den Gartensaal. Der Herr Graf befahl ein Frühstück.“

Talleyrand nickt zustimmend.

„Aber keine Chokolade, wie ich ihn kenne, was?“

„Nein. Pastete, kaltes Huhn und Chambertin.“

Am Morgen schon Chambertin? Aber meinethalben!

„Es ist gut, Pascal, ich komme."

Montrond hat dem Wein offenbar schon gehörig zugesprochen, begrüßt den Schloßherrn mit etwas lärmender Lustigkeit.

„Charles", ruft er, „Sie sollen leben! Ihr Chambertin ist vorzüglich!"

„Es freut mich, daß er Ihnen schmeckt, lieber Casimir."

„Er ist aber auch an keinen Unwürdigen verschwendet!"

„Natürlich nicht. Ich weiß."

„Nein, nicht wegen der Kennerschaft: wegen der Botschaft, die ich bringe."

„Ich fragte mich allerdings — so sehr ich mich über Ihren Besuch freue —"

„Er wird sehr kurz sein: wir fahren in zwei Stunden gemeinsam nach Paris zurück."

„So holte man unsereins seinerzeit in die Bastille ab; aber die ist ja gestürmt."

„Was, Bastille! Der Kaiser wünscht Sie zu sprechen."

„Der hat mich doch entlassen!"

„Tut nichts. Er braucht Sie für wichtige Geschäfte."

„Wenn es spanische Geschäfte sind —"

„Keine Spur von Spanien. Die geplante Zusammenkunft mit dem Zaren soll nun endlich stattfinden. In Erfurt."

„Und der Zweck dieses Treffens?"

„Ein Freundschaftsbündnis für die nächsten hundert Jahre."

„Sie werden schrumpfen. Und was soll ich dabei?"

„Sie sollen den Vertrag aufsetzen. Das ist ja Ihre Spezialität."

„Sonst nichts?"

„Was denn sonst noch? — Werden Sie es tun?"

Ein kurzes Überlegen. Dann:

„Gut, den einen Dienst will ich ihm noch erweisen." Er läutet, sagt zum eintretenden Kammerdiener: „Pascal, ich fahre mit dem Herrn Grafen nach Paris zurück und von da nach Deutschland. Du bleibst hier und kommst erst nach, bis ich dich rufe. Inzwischen —" seine Stimme wird langsamer, gewichtiger gleichsam — „kümmerst du dich hier um die Ordnung". Er sieht den Diener ruhig, sehr fest an.

Monsieur Courtiade verbeugt sich gemessen.

„Eure Durchlaucht können sich verlassen."

Erfurt I

Im Gedränge des übervollen Theatersaales hat Madame de Rémusat ihren Begleiter verloren. Nun steht sie unschlüssig und etwas verlegen unter dem Kronleuchter und blickt um sich, suchend, wer sie aus ihrer unbequemen Lage befreite.

Wie bei allen napoleonischen Festlichkeiten, funkelt es rings um sie von Gold und Edelsteinen, schimmern kostbare Kleider, prunken ordenübersäte Uniformen. Der Glanz dieses Festes aber wird noch gesteigert durch den Rang seiner Gäste. Neben den vom Kaiser verliehenen Titeln wimmelt es von ererbten; der Durchlauchten und Hoheiten wird kaum geachtet; erst die Kaiserlichen Prinzen und die Majestäten — es sind ihrer nicht weniger als vier anwesend: die Könige von Bayern, von Sachsen, von Westfalen und von Württemberg — vermögen die Aufmerksamkeit zu fesseln. Das drängt sich und spreizt sich und schwatzt und lacht, daß man völlig davon benommen wird und den letzten Rest seiner schon von Anfang an nicht bedeutenden Gelassenheit einbüßt.

Eben faßt die junge Frau den Entschluß, den nächsten Offizier um seinen Arm zu bitten und sich von ihm hinausgeleiten zu lassen, als sie ihren alten Freund, den Herrn de Talleyrand auftauchen sieht. Er geht an der Seite eines mittelgroßen Herrn, der, merkwürdig genug, keine der prunkvollen Uniformen oder Hofkleider trägt; dennoch geht er in seinem einfachen dunklen Frack, mit seiner sehr aufrechten Haltung, seiner schönen, edlen Stirn und seinen leuchtenden Augen, wie ähnliche die junge Frau noch nie gesehen hat, gleich einem heimlichen König durch die glitzernde Menge.

Sich mit leiser Mühe der Faszination dieser Augen entreißend, kehrt Madame de Rémusat ihren Blick wieder Talleyrand zu, der sich inzwischen mit seinem Begleiter genähert hat. Er fängt den Blick, dessen Hilflosigkeit er sogleich begreift, auf, lächelt freundlich, fast väterlich zurück, kämpft sich mit einiger Mühe zu ihr durch.

„Meine liebe Claire", begrüßt er sie, immer noch das gute, väterliche Lächeln auf den Lippen, „warum diese Sorgenfalten auf der schönen Stirn? Vor welchem Ungemach darf Ihr getreuer Ritter Sie erretten?"

„Ich habe keinen Platz", erläutert sie, halb ärgerlich, halb lachend. „Mein Kavalier geriet mir in Verlust, und allein habe ich wohl keine Aussicht, etwas zu finden."

„Das trifft sich gut", versetzt Talleyrand wohlgelaunt. „Ich habe vom Kaiser den Auftrag, für Monsieur —" indem er auf seinen Begleiter deutet, nennt er einen Namen, den sie nicht versteht — „einen Platz zu beschaffen. Zur Vorsicht besorgte ich zwei. Wenn Sie also mit diesem zweiten vorlieb nehmen wollen —?"

„Wenn ich den Herrn nicht störe —" sagt sie zögernd, errötend.

„Sie stören mich keineswegs, Madame", mengt sich der fremde Herr ins Gespräch. „Es ist mir im Gegenteil eine

Auszeichnung, Ihr Nachbar sein zu dürfen." Sein Französisch ist vollkommen korrekt, nur der fremde Beiklang läßt ihn als Ausländer erkennen.

„Vortrefflich, vortrefflich", unterbricht Talleyrand etwas pressiert. „Kommen Sie also, bitte." Er geht geradewegs auf die Menschenmauer los; sie tut sich wie magisch vor ihm auf. Behend trotz seines Hinkens gleitet er in die Lücke, von den beiden gefolgt, führt sie nach kurzem Suchen zu einer Reihe, in der noch einige Plätze frei sind. „Hier, meine Herrschaften", sagt er mit einladender Geste, „sind Sie am Ziel."

Ein General sitzt an der Ecke, rührt sich nicht, sieht Talleyrand hoffärtig an.

„Hier können Sie nicht herein", schnarrt er.

„Mit wem habe ich das Vergnügen?" fragt Talleyrand kalt, setzt boshaft hinzu: „Sie verzeihen meine Unkenntnis, aber da heutzutage jeder zweite Mensch General ist —"

„Ich bin der General Cambronne", schnarrt wieder der Gefragte, „und diese Reihe hat sich der Kaiser für seine persönlichen Gäste vorbehalten."

„Da werden Sie eben", erwidert Talleyrand sehr liebenswürdig, „wenn nötig, Platz machen müssen." Er wechselt den Ton. „Ich handle auf ausdrücklichen Befehl des Kaisers", sagt er dürr.

Dem General steigt die Zornesröte ins Gesicht, aber er murmelt nur einen kurzen Soldatenfluch, steht auf und gibt für Frau de Rémusat und den fremden Herrn den Weg frei. Während sie sich an ihm vorbeizwängen, sehen sie Talleyrand einem Herrn zuwinken. Claire de Rémusat kennt ihn: es ist ein Deutschrusse und, wie es heißt, engster Vertrauter des Zaren.

„Ah, mein lieber Nesselrode!" hören sie das tiefe, schwingende Organ Talleyrands unbekümmert rufen. „Ich bin nach dem Theater bei der Fürstin Taxis zum Tee. Kommen Sie auch hin?"

Sie hören Nesselrodes Antwort nicht, aber sein eifrig zustimmendes Kopfnicken ist Antwort genug.

„Der Fürst ist doch mit aller Welt bekannt", bemerkt der fremde Herr lächelnd.

Fürst? Ja so, von Benevent! Frau de Rémusat kehrt sich nach Talleyrand um, will ihm noch dankend zuwinken. Aber er ist bereits verschwunden, als habe er sich in Luft aufgelöst.

„Wir haben gute Plätze", stellt der Herr zufrieden fest. „Sehen Sie —" er deutet auf eine Art Estrade zur Rechten —, „gerade gegenüber den Sitzen der beiden Kaiser."

„Ja", stimmt sie zu, „Herr de Talleyrand war sehr gütig."

„Herr de Talleyrand ist gegen alle Welt gütig. Ich bin überzeugt, ich verdanke ihm auch die Audienz beim Kaiser."

„Oh, der Kaiser hat Sie in Audienz empfangen?" ruft sie mit großen Augen. „Sind Sie Diplomat?" fragt sie neugierig.

„Nein, ich bin der Leiter des Weimarer Theaters."

„Da sprachen Sie wohl über Bühnenangelegenheiten? Sind Sie auch Schauspieler?"

„Lieber Gott, nein", gibt er etwas rasch zurück.

Sie will etwas verwundert bemerken, daß Schauspieler sein doch nichts Übles sei, als eine Bewegung durchs Haus geht und alles sich erhebt. Ein Paar Hände beginnt zu klatschen, dann mehrere, schließlich durchtobt ein Beifallssturm das Haus: die beiden Kaiser, Napoleon von Frankreich und Alexander von Rußland, haben die kleine Estrade betreten und verbeugen sich dankend.

Ein Zufall will es — oder ist es Absicht? —, daß beider Uniform die gleiche Farbe trägt, ein dunkles Flaschengrün, von dem die goldenen Rangabzeichen und die bunten Ordensbänder sich besonders stark abheben: Napoleon ist in die eher schlichte Uniform der berittenen Gardejäger gekleidet, die man bei ihm gewohnt ist, Alexander hat die Uniform eines Obersten seines Preobraschenskijregiments angelegt, mit ihren reichen Fangschnüren und breiten Epauletten.

Immer wieder verbeugen sich die beiden Herrscher, Alexander mit einem strahlenden Ausdruck in seinem etwas weichlichen Gesicht, Napoleon mit einem gefrornen Lächeln, das allmählich einer unzufriedenen, fast finstern Miene Platz macht. Er ist es auch, der, da der Beifall nicht enden will, sich formlos niedersetzt, ohne Rücksicht auf seinen hohen Gast, der nicht müde wird, mit Kopfnicken, Verbeugungen und freundlich winkenden Gesten seiner weißbehandschuhten, weichgepolsterten Hände zu danken.

Endlich nimmt auch er Platz, immer noch lächelnd und mit einer entschuldigenden Gebärde auf die Bühne deutend, auf der heute zu Ehren des festlichen Anlasses das Schauspiel „Cinna“ von Corneille gespielt werden soll.

Nach einiger Zeit willfahrt das Haus seinen beschwörenden Winken. Der Beifall wird schwächer, versickert, endet. Wie zu Beginn ist es abermals ein Paar Hände, das noch einige klatschende Schläge tut, dann ist auch dieses still. Der Kronleuchter wird hochgezogen, hinter der Bühne wird ein Stab dreimal gegen den Boden gestoßen, dann hebt sich der Vorhang.

In einer römischen Architektur nach dem Geschmack des frühen Barocks klagt Ämilia, durch die trotz ihrer Jugend berühmte Duchèsnois verkörpert, mit anmutigen Gesten und in nicht minder anmutigen Versen teils den beiden Kaisern, teils dem auf der linken Seite des Theaters sitzenden dicken König von Württemberg ihr Leid: sie liebt Cinna und haßt Augustus, gegen den sie den Geliebten zu einem Anschlag aufreizt. Sie mißachtet den guten Rat ihrer Freundin Fulvia, sich auf heimliche Unsegenswünsche zu beschränken, und nimmt mit finsterer Genugtuung den Bericht des ebenfalls herbeikommenden Cinna entgegen, es sei alles aufs Beste vorbereitet, der nächste Tag werde den Tod des Augustes und den gewünschten Aufstand bringen. So scheint alles in bester Ordnung, als ein Bote Cinna und Maximus, den andern Anführer der Verschwörung, zu Augustus beruft. Die noch eben so heroische Ämilia wird stracks kleinmütig und muß erst beruhigt werden, indessen Fulvia, deren Part für diesen Akt zu Ende ist, sich auf einige ausdrucksvolle Gesten beschränkt. Unter einem Austausch schöner Worte fällt der Vorhang.

Totenstille. Fiel die Darstellung ab oder wagen die Zuhörer der Meinung so hocherlauchter Persönlichkeiten nicht vorzugreifen? Madame de Rémusat stellt sich keine der beiden Fragen. Ach, seufzt sie für sich, ich hatte doch recht. Das ist alles so konstruiert, daß man das Knarren des Räderwerks zu hören glaubt. Was sagt mein Nachbar, der Theaterdirektor aus Weimar, dazu? Verstohlen sieht sie ihn von der Seite an, vermag aber im Halbdunkel nichts richtig zu erkennen. Auch unterbricht der wieder aufgehende Vorhang weitere Reflexionen.

Die Dekoration ist dieselbe, nur wurde ein Altar von bemalter Pappe auf die andere Seite versetzt, um einen Wechsel des Schauplatzes anzudeuten. Augustus, von Talma gespielt, erklärt den beiden Verschwörern, er habe sie gerufen, um ihren Rat einzuholen: er sei enttäuscht und müde und denke daran, sein beschwerliches Amt niederzulegen. In der folgenden kunstreichen Wechselrede plädiert Cinna für, Maximus gegen Augustus' Verbleiben auf dem Thron. Schließlich ruft Cinna – Lafont, der ständige Nebenbuhler Talmas stellt ihn dar – mit großer Geste aus:

„Rom dankt den Königen die Mauern und das Sein,
Den Konsuln seine Macht und seinen Ruhmesschein,
Und nun empfängt es noch von deines Genius Glanz
Erhabene Vollendung seines Glückes ganz!"

Wieder, wie beim Eintreten der beiden Kaiser, beginnt ein Paar Hände wütend zu klatschen. Aber diesmal ist nicht irgendein anonymer Irgendwer, der sie regt, sondern der Zar Alexander persönlich, und damit nur ja alle Welt verstehe, wen er meint, wendet er sich seinem erhabenen Nachbarn zu und blickt ihn mit seinem strahlenden Lächeln an.

Mein Gott, das ist doch alles ganz falsch! denkt Madame de Rémusat, während alles rund umher in den Applaus des Zaren einstimmt. Cinna lügt doch, da er Augustus diese faustdicken Schmeicheleien zuruft, begreifen denn die Menschen das nicht?

Offenbar wirklich nicht, oder es ist ihnen gleichgültig, sie nehmen nur jede Gelegenheit wahr, sich unter dem Stiefel in ihrem Nacken noch tiefer in den Staub zu bükken. Auch die drei Schauspieler, Talma, Lafont und Desprès, der den Maximus gibt, haben ihr Spiel unterbrochen, kehren sich, die rechte Hand auf dem Herzen, in demütiger Verbeugung den Sitzen der beiden Kaiser zu.

Die eigenen Hände im Schoß, duckt sich Claire de Rémusat inmitten des Beifalls wie unter einer dröhnenden Glocke. Wenn sie nur endlich aufhören wollten, denkt sie, schielt vorsichtig zu ihrem Nachbarn hinüber. Auch er rührt sich nicht, scheint gleich ihr mit Ungeduld das Ende der Ovation zu erwarten. Wenigstens einer!

Müdeapplaudiert beendet Zar Alexander seine Huldigung. Er läßt die Hände sinken, und so plötzlich, wie er einsetzte, setzt der Beifall wieder aus.

Das Spiel geht weiter, Augustus läßt sich von Cinna sichtlich nicht ungern bereden, Herrscher zu bleiben, schenkt ihm die Hand Ämiliens, belehnt Maximus mit der Statthalterschaft von Sizilien und entfernt sich mit der schwachen Begründung, seiner Gemahlin Livia die Neuigkeit mitteilen zu wollen. Allein gelassen, versichern Cinna und Maximus einander, daß alles beim alten bleibe und entfernen sich, da es Cinna nachträglich einfällt, daß die Wände des Palastes wahrscheinlich Ohren haben. Der Vorhang fällt zum zweitenmal.

Warum sie Augustus nicht ermordet haben? denkt Madame de Rémusat. Sie erinnert sich, daß sie sich diese Frage vorlegte, seit sie als dreizehnjähriges Mädchen „Cinna" zum erstenmal las, und daß sie bis heute keine Antwort darauf gefunden hat.

Aber vielleicht wird der fremde Theaterdirektor diese Antwort wissen! Ihre Schüchternheit überwindend, neigt sie sich ihm leise zu und legt ihm flüsternd das Problem vor.

Er hört sie aufmerksam an, die leuchtenden Augen in die ihren versenkend; dann antwortet er mit einem etwas spitzbübischen Lächeln, das sie diesmal trotz des Halbdunkels unterscheidet:

„Sehr einfach, Madame: Weil dann das Stück schon im zweiten Aufzug aus wäre."

„Aber wo im Leben hat man dergleichen gehört?" wendet sie zaghaft ein.

„Mein Kind", erwidert er mit Autorität, „das Theater hat ganz andere Gesetze als das Leben."

„So . . ." Sie wagt kein Wort mehr, sitzt in einer Art freiwilliger Erstarrung, bis der Vorhang sich wieder erhebt.

Der Pappealtar ist auf seinen ursprünglichen Platz zurückgewandert. Es ist also wieder der Schauplatz des ersten Aufzugs.

Zunächst redet der Freigelassene Euphorbius seinem Herrn Maximus zu, Cinna zu verraten und sich Ämilia anzueignen; dann nähert sich dem Schwankenden der ebenfalls, aber nach einer andern seelischen Richtung schwankende Cinna, der, durch Augustus' Größe gerührt, vor der Durchführung des Anschlages zurückschreckt; seinen bösen Trieben nachgebend sucht Maximus den Freund im ursprünglichen Entschluß zu bestärken und gibt dann das Feld Ämilia frei und mit ihr der großen Szene des Schauspiels.

Es ist einer der Augenblicke, wo eine ganze Zuhörerschaft den Atem und fast den Herzschlag anhält, um nur ja keine Silbe der Sprache, keine Geste der Hände, keine Nuance des Mienenspiels zu verlieren; und das Schauspiel, das — wiederholt über Längen, leere Stellen, unechtes Pathos — diesem Höhepunkt zustrebte, entfaltet nunmehr seine volle Kraft. Nach einem Monolog Cinnas, einem Meisterstück der Seelenzergliederung, erscheint Ämilia. Sie findet den Freund unbeschädigt; aber sie sieht ihn verändert, in einem unerwarteten Konflikt zwischen Liebe und Ehre. Enttäuschung und Schmerz verleiten sie zu heftigen Worten, er antwortet ebenso — und im Nu sind beide in einem geistigen Zweikampf auf Leben und Tod ... einer Liebe begriffen. Keiner der beiden Duellanten findet Zeit und Lust zu leeren Tiraden: Wort klirrt an Wort wie aufeinanderprallende Klingen, und manches davon ist geschliffen wie die tödlich scharfe Spitze eines Degens:

„... Das Glück, das du mir schenken willst, raubt
mir die Ehre ..."

— — — — — — — — — — — —

„Dein Feuer, deine Schwüre wichen seiner Gunst ...“

— — — — — — — — — — —

„Das, was dir Tugend heißt, reißt dich zum Hasse hin!“

— — — — — — — — — — —

„Das, was mir Tugend heißt, ist die der Römerin!“

Endlich entlädt sich Ämilias schmerzlicher Groll in einer großartigen Kaskade von Worten. Hier übertrifft die junge Duchèsnois sich selbst. Nicht nur ihre Augen — ihre Haare, ihre Haut, die Spitzen ihrer Finger scheinen Funken zu sprühen, ihre wohllautende Stimme steigt, steigt, wird gellend wie die eines Heldenweibes, das den weichenden Verlobten in die Schlacht zurücktreibt, bis sie schließlich mit einem letzten kühnen Aufschwung ihren Höhepunkt erreicht:

„Beklage nicht mein Los, du selbst bist schuld daran:
Ich steig' hinab ins Grab, das du mir aufgetan,
Wohin der Ruhm mir folgt, der dich umschweben sollt' —
Und hätt' doch dir gelebt, wenn du es nur gewollt!“

Der Rest des Aufzugs: die letzten Worte des verzweifelt davonstürzenden Cinna, der Zusammenbruch der aus ihrer Exaltation erwachenden Ämilia gehen unerlebt, fast ungehört vorbei. Übers Fallen des Vorhangs hinaus klingt es den erschütterten Zuhörern noch ins Ohr:

„Und hätt' doch dir gelebt, wenn du es nur gewollt!“

Aber bei Höflingen dauert Ergriffenheit nicht lange. Kaum hat der Kronleuchter sich wieder gesenkt zum Zeichen, daß nun eine Pause eintrete, verläßt alles seine Plätze, um den beiden Kaisern nachzueilen, die sich in einen anstoßenden Salon zurückgezogen haben. Nur wenige Menschen bleiben im großen Saale, unter ihnen Madame de Rémusat und der fremde Herr an ihrer Seite.

„Welch schöne Sprache", bemerkt er, den Wohllaut der ziselierten Verse nachgenießend. „Ich bin dem Kaiser wirklich dankbar, daß er mir Gelegenheit gab, die Aufführung zu sehen."

„Kennen Sie unser französisches Theater?" fragt sie zutraulich.

„Ich habe Voltaires ‚Mahomet' für die deutsche Bühne bearbeitet", antwortet er einfach.

„Teilen Sie auch die weitverbreitete Ansicht", (‚die auch die meine ist', hätte sie beinahe hinzugesetzt) „daß es unlebendig sei, affektiert, konstruiert?"

„Madame", erwidert er etwas lehrhaft, „ich hatte bereits die Ehre zu bemerken, daß die Gesetze des Theaters andere seien als die des Lebens. Lassen Sie mich hinzusetzen, daß mir das, was Sie Affektation und Konstruktion nennen, als Typisierung und Stilisierung erscheint."

„Aber", wendet sie ein, „diese Stilisierung muß doch eine Absicht haben, nicht? Oder wäre sie nur um ihretwillen da?"

Über sein edles Gesicht geht ein Lächeln, das Lächeln eines freundlichen Gottes.

„Zweifellos hat sie eine Absicht", versetzt er. „In der Hand eines Meisters dient eine strenge Formung einer sittlichen Idee. Ein großer dramatischer Dichter, wenn er zugleich produktiv ist und ihm eine mächtige edle Gesinnung innewohnt, die alle seine Werke durchdringt, kann erreichen, daß die Seele seiner Stücke zur Seele des Volkes wird. Ich dächte, das wäre etwas, das wohl der Mühe wert wäre. Von Corneille ging eine Wirkung aus, die fähig war, Heldenseelen zu bilden."

„Nun verstehe ich", wirft sie eifrig ein, „warum der Kaiser wiederholt sagte, wenn Corneille noch lebte, würde er ihn zum Fürsten machen."

„Sagte er das?" ruft der fremde Herr erfreut. „Welch wahrhaft kaiserliches Wort!"

Seine Begeisterung drängt sie, ihm etwas Angenehmes zu sagen. Mit betonter Wärme fragt sie:

„Sicherlich haben Sie auch bedeutende dramatische Dichter in Deutschland, nicht wahr?"

„Zwei", entgegnet er mit einigem Stolz, „deren jedes Volk sich rühmen könnte: Lessing und Schiller."

„Und als Bühnenleiter sind Sie natürlich mit beiden in Verbindung?"

„Der eine war mein Freund. Aber sie sind beide schon tot. Ich allein bin zurückgeblieben."

Durch die Trauer seiner Worte klingt etwas Geheimnisvolles, das Madame de Rémusat aufhorchen macht. Aber ehe sie diesem nachforschen kann, kündigt das Zurückströmen der Zuschauer auf ihre Plätze die bevorstehende Fortsetzung der Vorstellung an. Kurz darauf wird der Kronluster wieder hochgezogen und unmittelbar nach ihm der Vorhang.

Der vierte Aufzug, der wieder in die Bahnen dessen einlenkt, was der fremde Herr Stilisierung nannte, führt die lockere Intrige weiter und ist eigentlich nur eine Vorbereitung zum Schlußakt. Augustus erhält die Nachricht von der Verschwörung; dem Unschlüssigen, dessen Natur ihn zur Gnade, dessen staatsverbundenes Denken ihn zur Strenge drängt, empfiehlt seine Gattin Livia Milde; Ämilia betritt die leere Bühne, trifft mit Maximus zusammen, der das Gerücht seines freiwilligen Todes verbreiten ließ und ihr gemeinsame Flucht vorschlägt; sie weist ihn mit Verachtung zurück und überläßt den Verräter am Freunde wie am Werk seinen Selbstvorwürfen. Der Vorhang senkt sich, um sich gleich wieder zu erheben: der fünfte Aufzug beginnt, der die Lösung bringen soll.

Einen großen Teil des Publikums erfaßt die leise Unruhe der Abspannung. Es kennt seinen Corneille von Jugend auf und damit auch die Vorgänge der restlichen Szenen. Es ist wie bei einem öfter wiederholten Feuerwerk, dessen Schlußtableau man noch bewundert, aber nicht mehr bestaunt.

Doch die Schauspieler tun ihr Möglichstes, ihre Aufgabe in großer Form zu Ende zu führen. Nie war Talma bedeutender als in der Auseinandersetzung des Augustus mit Cinna, nie spielte Lafont Aufbäumen trotziger Verzweiflung eindringlicher. Und als nun gar Livia mit der gleichfalls als Verschworene entdeckten Ämilia auftritt, erklingt ein Quartett der Sprechkunst, das alle Kenner wie eine erlesene Delikatesse genießen.

Nun muß bald die letzte große Szene kommen mit der berühmten Schlußrede des Augustus. Claire de Rémusat erinnert sich noch ihrer Erörterung durch den Kaiser, damals noch Ersten Consul. Das war an jenem Abend, an dem das Schreckliche geschah... So urmächtig überkommen sie die leidvollen Schauer der Erinnerung, daß sie es fast überhört, wie Talma ansetzt:

„Ist es genug, oh Himmel?“

Breit, pastos, vom geschulten, tragenden Organ Talmas bis ins letzte ausgekostet rollen die von höchstem Pathos erfüllten Verse dahin. Claire von Rémusat hört es kaum, hört viel stärker die Stimme des Ersten Consuls, die Worte, die er damals sprach: „... einmal sah ich Monvel spielen, und da enthüllte sich mir das Geheimnis dieser großen Konzeption ...“ Er meinte den berühmten Satz, den heute Talma sprechen soll. Wird auch er —

Jetzt! Jetzt kommts! Sie fühlt ihr Herz in der Kehle — und hört noch breiter als bisher, noch pastoser, im Brustton des Biedermanns:

„Cinna,
Wir wollen Freunde sein!"

Ein Sesselrücken, eine lebhafte Bewegung ziehen die allgemeine Aufmerksamkeit zum andernmal von der Bühne zu den beiden Kaisern: Napoleon ist aufgesprungen, hat die beiden Hände des Zaren ergriffen, zieht ihn daran zu sich empor. Nun stehen sie einander gegenüber, schütteln einander die Hände immer wieder, lange, lange, lassen endlich los, aber nur, um einander in die offenen Arme zu sinken.

Der Saal tobt vor Begeisterung. Alle erheben sich, verlassen ihre Plätze, eilen hinzu, den beiden eigentlichen Helden des Abends die Bewunderung, die Freude, das Entzücken, das alle erfüllt, aus nächster Nähe auszudrücken. Ein Taumel hat alle erfaßt, selbst die Darsteller auf der Bühne, die sich mit Leidenschaft an dem Beifallsklatschen, dem Winken, den begeisterten Zurufen beteiligen.

Auch Claire de Rémusat ist aufgestanden. Aber nicht, um den zwei Kaisern zu huldigen, im Gegenteil: mit weit aufgerissenen, entsetzten Augen starrt sie in das erregte Gewühl, und wie vorhin Talmas Worte, übertönt nunmehr den brausenden Jubel jene Stimme aus der Vergangenheit, die Stimme des Ersten Consuls Napoleon Bonaparte: „ . . . diese Geste ist nichts als ein bloßer Schachzug. Man muß als Berechnung nehmen, was als Empfindung lächerlich wäre . . ." So sprach er damals. Und heute — heute —

Ihr schwindelt. Die Knie geben unter ihr nach. Halb ohnmächtig sinkt sie auf ihren Sitz zurück.

Indessen geht das Toben besinnungsloser Freude weiter.

An ein Weiterspielen ist nicht zu denken. Zwar hat Demoiselle Beaucourt, die Darstellerin der Livia, geistesgegenwärtig versucht, mit Überspringung von Ämilias, Cinnas, Maximus' Schlußreden gleich die Prophezeiung des Schlusses zu sprechen. Aber soweit sie sich überhaupt verständlich zu machen vermag, ersticken ihre Worte, in deren jedem Anspielungen auf die Gegenwart gefunden werden, immer wieder in Applausstürmen. So beschränkt sie sich endlich darauf, mit großer Geste auf die beiden Kaiser hinzuweisen, die, jeder den Arm um die Schultern des andern, gnädig über dem brandenden Tosen stehen und den überreichen Weihrauch des Beifalls wie etwas ihnen Gebührendes entgegennehmen.

Nur langsam leert sich der Theatersaal. Die Menschen sind viel zu erregt, finden kein Ende, den Schlußeffekt des Abends zu beschwatzen. In die Menge eingekeilt, kommen Madame de Rémusat und ihr Nachbar, der sie sorgsam geleitet, nur mühsam, schrittweise weiter.

Endlich im Vorsaal ist etwas mehr Raum. Und da ist auch Talleyrand wieder, großartig überlegen wie immer. Er winkt, tritt würdevoll hinkend herzu.

„Mein lieber Geheimrat", sagt er, „Sie haben sich als mutiger Beschützer bewährt. Aus diesem Trubel eine Dame ungefährdet herauszuführen ist eine Leistung. Gestatten Sie, daß ich nun die Sorge um Madame übernehme."

„Sie sind zu gütig, Durchlaucht", antwortet der fremde Herr artig, kehrt sich dann Claire de Rémusat zu: „Madame, ich weiß Sie in besten Händen. So darf ich Sie bitten, mich zu beurlauben: ich muß leider noch heute abend nach Weimar zurück."

Sie erwidert ebenso höflich und reicht ihm die Hand. Er beugt sich darüber, verabschiedet sich freundschaftlich von Talleyrand und entfernt sich. Indem sie ihm nachsieht, hat sie abermals die Empfindung, ein fremder König schreite unerkannt durch die Menge.

„Nun“, hört sie die Stimme des Fürsten, „haben Sie sich gut unterhalten?“

„Außerordentlich“, antwortet sie, sich dem Sprecher zukehrend. „Welch geistvoller Mensch! Wie heißt er? Ich habe den Namen bei der Vorstellung nicht verstanden.“

„Goethe“, erwidert Talleyrand lächelnd.

„Wie?“

„Goethe. Haben Sie denn nicht den ‚Werther‘ gelesen?“

Claire de Rémusat macht große Augen.

„Das war er?!“

Erfurt II

Als Talleyrand den Salon der Fürstin von Thurn und Taxis betritt, findet er nur einen kleinen Kreis versammelt, wenige Herren und Damen, meist dem bayrischen Adel angehörend. Er begrüßt den bayrischen Außenminister Grafen Montgelas, den er von diplomatischen Konferenzen her kennt, wird mit einem Grafen Preysing, einem Freiherrn von Lerchenfeld, einem Fräulein von Bechtoldsheim bekanntgemacht, bis er schließlich auch dem Grafen Nesselrode, der sich bescheiden und schweigsam im Hintergrund hielt, die Hand reichen kann.

Es ist dem Fürsten eine selbstverständliche Pflicht der Höflichkeit, sich zunächst einmal der Hausherrin zu widmen. Die Tasse dünnen Tees, die ihm das offenbar als Haustochter fungierende Fräulein von Bechtoldsheim gereicht hat, in kleinen Schlucken trinkend, hört er geduldig den Sorgen zu, die die Fürstin vor ihm ausbreitet: ihr Gemahl war Generalerbpostmeister des deutschen Reiches.

Seit es aber ein solches nicht mehr gibt, muß er mit den einzelnen Fürsten verhandeln, um seine alte Stellung zu behalten oder sich entsprechende Entschädigungen herauszuschlagen.

In einer Zeit, wo alle alte Ordnung umgestürzt ist und die Welt nach einem schreit, der ihr eine neue Ordnung schaffte, ist der Fall des Herrn Generalpostmeisters eine unwesentliche Nebensächlichkeit. Da jedoch die Fürstin eine alte Freundin Talleyrands ist, verspricht er ihr, sich ihres Gatten und seiner Angelegenheit anzunehmen und hauptsächlich mit dem Zaren Alexander, auf den sie Wert zu legen scheint, darüber zu sprechen.

Sie sind noch nicht zum Ende gekommen, als ein alter herrschaftlicher Diener eintritt und in untadeliger Haltung, aber sichtlich sich der Bedeutung des Augenblicks bewußt, mit tönender Stimme meldet:

„Seine Majestät Kaiser Alexander von Rußland!"

Er gibt den Weg frei und läßt mit einer tiefen Verbeugung den Angemeldeten eintreten.

Der Zar, den Federnhut unterm Arm, geht mit raschen Schritten auf die Herrin des Hauses zu, winkt zugleich beschwichtigend gegen die übrigen Anwesenden, die sich rasch erhoben haben.

„Bitte, Prinzessin", ruft er, „lassen Sie sich nicht stören! — Ich bitte, meine Damen! Ich bitte, meine Herren! — Wenn Sie für einen armen Pilgrim eine Tasse Tee haben, Prinzessin, so ist er mehr als zufrieden."

Talleyrand beobachtet mit Vergnügen, daß die Fürstin bei aller Einhaltung der Etikette ihre Würde zu wahren weiß. Zwar sinkt sie in den pflichtgemäßen Hofknix, aber als sie sich wieder daraus erhebt, ist sie es, die dem Zaren zuerst die Hand reicht, und sie nimmt seinen respektvollen Handkuß mit der Selbstverständlichkeit der großen Dame entgegen.

„Die Tasse Tee wird dem armen Pilgrim mit Vergnügen gereicht", antwortet sie in wohlabgewogen scherzendem Tone, „und auch eine Kleinigkeit zum Knabbern dazu. — Klio, die Brötchen", fügt sie in bittendem Ton hinzu, der den Befehl geschickt verhehlt.

Klio? Die Muse der Geschichte? Amüsiert hebt Talleyrand den Kopf.

Ah, das Fräulein von Bechtoldsheim! Gehorsam trippelt sie zu einem Tischchen, bringt auf einem Silbertablett belegte Brötchen, bietet sie dem Zaren an, der inzwischen Platz genommen hat.

„Sagen Sie, Exzellenz", wendet sich Talleyrand an den neben ihm sitzenden Grafen Montgelas, „wie kommt die junge Dame zu diesem mythologischen Namen?"

Graf Montgelas sieht ihn groß an; doch ehe er antworten kann, erklingt wieder die aufgeräumte Stimme des Zaren:

„Ah, Talleyrand! Ich freue mich, Sie zu sehen! Ich habe viel mit Ihnen zu reden!"

„Sire, ich stehe gern zu Diensten", versichert Talleyrand zuvorkommend. Nesselrode hat gut funktioniert, denkt er.

„Klio", hört er wieder die Stimme der Fürstin, „die Tasse Seiner Majestät ist leer!"

Klio! Talleyrand blickt dem jungen Mädchen, das bereitwillig zur Türe geht und dem erscheinenden Diener den Auftrag der Fürstin weitergibt, nach. Der Musenname unterhält ihn ungeheuer. Er denkt sich für das junge Mädchen Befehle aus: ‚Klio, lassen Sie frischen Tee aufgießen, aber nicht zu dünn, bitte! — Klio, schreiben Sie die Geschichte der großen Revolution, aber nicht zu kraß, bitte! — Klio —'

Wieder ist es der Zar, der ihn seiner Beschäftigung mit Klio entreißt:

„Sagen Sie, lieber Fürst, Sie waren doch heute natürlich im Theater?"

„Gewiß, Eure Majestät. Und ich erfreute mich ebensosehr an dem Schauspiel, das wir erwarten, wie an dem, das wir nicht erwarten konnten."

„Faßten Sie es als Schauspiel auf?"

„Ich hätte richtiger ‚Schaustück' sagen sollen."

„Was ist der Unterschied?" fragt der Zar etwas übellaunig.

„Daß dieses echter ist als jenes."

„Echter. Hm. Manchmal ist der Komparativ eine Abschwächung, finden Sie nicht?"

„Ich hoffe, nicht in diesem Fall, Eure Majestät."

Der Zar wirft den Kopf herum, kneift die Augen ein, sieht den Fürsten durchdringend an; steht unvermittelt auf.

„Ich muß mit Ihnen sprechen", stößt er hervor. „Kommen Sie! — Kommen Sie, Nesselrode!" Das erste klang noch wie eine Bitte, das zweite ist ein unverhohlener Befehl.

„Klio", erhebt sich wieder die gesammelte Stimme der Fürstin, „sagen Sie dem Diener, er möge Seine Majestät und die beiden Herren ins blaue Kabinett führen." —

Sobald sie im Kabinett Platz genommen haben, Alexander auf einem bequemen Sofa, Talleyrand und Nesselrode gemäß seinem Wink auf weniger bequemen Taburetts, beginnt der Zar ohne Umschweife:

„Was halten Sie von unserer Zusammenkunft hier in Erfurt, Talleyrand?"

„Sire, ich hoffe, daß sie zum Guten ausschlagen wird."

„Zum Guten für wen? Für Frankreich?"

„Für Frankreich natürlich auch. Aber ebenso für die von Eurer kaiserlichen Majestät beherrschten Gebiete, und ebenso für Österreich, Deutschland, Italien — kurz, für die ganze Welt."

„Sie haben England und Spanien ausgelassen."

„Sire, aus guten Gründen."

„Ich kenne sie, und hier weichen meine Ansichten von denen Ihres Kaisers ab. Europa braucht England, solange es dieses nicht durch etwas Besseres ersetzen kann."

„Sire, ich bin glücklich, daß meine Auffassung sich mit der Eurer Majestät so vollkommen deckt."

Wieder der Blick aus zusammengekniffenen Augen. Dann sagt der Zar langsam:

„Das ist mir eine erfreuliche Überraschung."

„Sire", widerspricht Talleyrand respektvoll, „keineswegs, wenn Sie meine Laufbahn zu verfolgen geruhten."

„Sie haben allerdings stets zu einem Einvernehmen mit England geraten", räumt Alexander ein.

„Und stellte meinen Posten zur Verfügung", ergänzt Talleyrand bedeutungsvoll, „als gegen meinen Rat das spanische Abenteuer unternommen wurde."

„Es ist wahr", muß Alexander abermals zugeben, „das spanische Abenteuer, wie Sie es nennen, hat sich recht unerfreulich entwickelt. Wer hätte auch gedacht, daß die Bevölkerung so sehr an der alten Dynastie hängt! Aber", fügt er hinzu, „der Kaiser hat mir gesagt, er werde unmittelbar nach Abschluß unserer Besprechungen selber nach Spanien gehen und Ordnung schaffen."

„Sire, ich zweifle nicht, daß es dem militärischen Genie des Kaisers gelingen wird, in Spanien ‚Ordnung zu schaffen'. Aber bedenken Sie die Situation, die sich daraus ergibt, bedenken Sie die Situation Europas. Wohin man blickt, befehdete Staaten und unterworfene Völker. In dieser Situation braucht nur eine wirkliche Großmacht sich zu erheben, und —" Er vollendet den Satz nicht, aber sein Achselzucken ist beredter, als Worte es sein könnten.

Tiefes Schweigen folgt. Zar Alexander hat Talleyrands Worte sehr wohl verstanden, hütet sich aber, sich dazu zu äußern. Erst nach einer Weile sagt er ablenkend:

„Da Sie, wie Sie sagen, Ihr Amt als Außenminister zur

Verfügung gestellt haben — ich glaube", unterbricht er sich, „Champagny hat es jetzt inne, nicht wahr?"

„Gewiß, Eure Majestät", bestätigt Talleyrand, „Champagny. Er moussiert aber nicht." Mit Bedauern bemerkt er, daß der Zar auf das Wortspiel nicht reagiert. Er ist vollkommen humorlos, denkt er. Ein Romantiker.

„Da also", hört er wieder die Stimme des Zaren, „Champagny jetzt Außenminister ist, in welcher Eigenschaft sind Sie hier?"

„Der Kaiser erwies mir die Ehre, mich mit der Abfassung eines Entwurfes für eine etwaige Konvention zu betrauen."

Alexander blickt ihn verwundert an.

„Sie — der Verfasser des Entwurfes für die Konvention? Aber der Kaiser sagte mir doch, er habe ihn eigenhändig niedergeschrieben, damit die Sache ganz unter uns bleibe."

„Dann hat er zweifellos einige Änderungen vorgenommen. Es wäre von Interesse, zu wissen, welche."

Mit einer raschen Bewegung greift der Zar in die Innentasche seines Waffenrocks, zögert, sieht von Talleyrand zu Nesselrode, von Nesselrode zu Talleyrand. Aber Nesselrodes Gesicht ist ausdruckslos wie das eines Statisten, das Talleyrands wie das eines Glückspielers.

Noch ein kurzes Zögern und Erwägen, dann zieht der Zar mit raschem Entschluß ein dünnes Paket Papier aus der Brusttasche, reicht es Talleyrand hin.

„Da!" sagt er kurz, heftig. „Der Kaiser bat mich zwar, den Entwurf niemandem zu zeigen, aber da Sie, wie Sie sagen, der Verfasser sind, gilt dieser Wunsch wohl nicht für Sie."

Die schmale, langfingrige Hand nimmt das Paket, die schweren Lider sinken über die kühlen, ruhig prüfenden Augen. Nur jetzt keine Bewegung zeigen! Sein Blick fliegt über die Seiten. Er hört den Zaren Nesselrode etwas zuflüstern, aber er versteht es nicht. Es war wohl russisch.

Verrat! klingt es in ihm. Ich bin im Begriff, den Kaiser zu verraten! Ein Wort über die Veränderungen, die auf jeder Seite, in jeder Zeile in die Augen springen, und ich habe seine Sache preisgegeben, mich an die Seite jener gestellt, die seine Entwürfe vereiteln wollen! Der Zar vertraut mir; schweige ich, so willigt er in die Konvention, und die Pläne des Kaisers gehen weiter, überrollen Zentraleuropa, wenden sich ins Uferlose, in den riesigen Raum, in dem alle Bewegung zerfließt, treiben — wohin! Mein Gott, wohin?

„Nun, Talleyrand", ertönt des Zaren ungeduldige Stimme, „sind Sie mit der Überprüfung fertig? Ist es Ihr Entwurf?"

Talleyrand blickt auf. Sein Gaumen ist trocken, Zunge und Lippen haben Mühe, Worte zu formen. Aber er bringt es zustande, seiner Stimme den gewohnten ruhigen Klang zu geben.

„Es ist mein Entwurf", antwortet er, „bis auf einige geringfügige Veränderungen." Noch habe ich nichts gesagt, denkt er. Noch nicht.

„So raten Sie mir", fragt Alexander weiter, „diesem Entwurf zuzustimmen?"

Kein Zögern jetzt! Nur ja kein Zögern! Der Würfel rollt . . .

„Ja", erwidert Talleyrand, „bis auf einen Artikel, der nicht von mir ist." Das Boot hat vom Lande abgestoßen, die Wellen haben es ergriffen und tragen es weiter. Er hat keine Macht mehr darüber, nur das Steuer gehorcht ihm noch, nur noch das Steuer. — Nur?

So schnell liefen die Gedanken, daß er die folgende Frage des Zaren unverzüglich zu beantworten vermag.

„Welchen Artikel?" fragt der Zar.

„Den Schluß des Artikels neun." Ihm ist, als spreche ihm ein anderer die Worte vor, und er habe nichts zu tun als sie nachzusprechen. „Dort, wo von den zu erwartenden Feindseligkeiten zwischen Rußland und der Pforte die Rede ist." Er nimmt das Blatt auf. Die Worte verschwimmen vor seinen Augen, aber er zwingt die Stimme weiterhin zu einer Ruhe, die er nicht empfindet. „‚Sollte der Kaiser Alexander'", liest er, „‚infolge dieser Feindseligkeiten gezwungen sein, ein Armeekorps zusammenzuziehen, so wird dies möglichst nahe der österreichischen Grenze geschehen.'"

„Ja", stimmt der Zar zu, „ich wunderte mich auch über diesen Artikel. Er paßt gar nicht zu den übrigen. Diese ständig durchbrechende Abneigung Ihres Kaisers gegen Österreich ist auffallend. In seiner letzten Unterredung mit mir drängte er mich, einer unmittelbar gegen dieses Land gerichteten Unternehmung meinen Beistand zu leihen."

„Und Eure Majestät sagten zu?" fällt Talleyrand rasch ein.

„Keineswegs", verneint Alexander. „Ich habe keinen Grund, Österreich zu favorisieren, aber ebensowenig einen, es zu schwächen. Schließlich war dieser Staat in den Stürmen der letzten zwanzig Jahre ein fester Pol."

„Österreich, Sire, ist mehr." Es ist keine Spur Wärme in Talleyrands Stimme: was er zu sagen hat, sagt er im Ton mathematischer Feststellungen. „Dieses zusammengeerbte und zusammengeheiratete Konglomerat von Völkern ist der Knoten an dem Seil, das Europa zusammenhält."

„Sie sprechen warm für Österreich."

„Ich bitte um Verzeihung, ich spreche nicht für Österreich, ich spreche für Europa und den Frieden."

„Auch zu Ihrem Kaiser?"

„Ich tat es, solang es möglich war, Sire."

„Aber, wie es scheint — Sie verzeihen, lieber Freund — ohne Erfolg.“

„Sire, ich hoffe, daß der Kaiser schließlich doch seinen Vorteil erkennen wird.“

„Und wenn dies wider Erwarten — nicht der Fall sein sollte — ?“

„Dann müßte man seinen Vorteil gegen den Frankreichs abwägen“, sagt eine leblose Stimme.

— — — — — — — — — — — — — — —

„Es wäre gut“, sagt Zar Alexander aufstehend, „wenn wir uns öfter bei der Fürstin treffen würden. Ich könnte Ihnen von meinen Unterredungen mit dem Kaiser erzählen, und Sie, der ihn so gut kennt, könnten mich beraten.“

Talleyrand verbeugt sich stumm, verschlossenen Gesichts.

„Und das da —“ der Zar schlägt mit der flachen Hand auf den Vertragsentwurf — „was soll ich damit machen?“

„Sire, der Kaiser gab Ihnen den Entwurf doch, damit Sie dazu Stellung nehmen. Da könnten Eure Majestät leicht sagen, daß Sie die Artikel, die von Österreich handeln, für überflüssig halten, da sie schon im Vertrag von Tilsit enthalten sind.“

„Sie haben recht. Auf morgen also, lieber Talleyrand!“

„Auf morgen, Sire.“

Komplizen

Dorothea von Kurland — nein: seit zwei Wochen von Talleyrand-Périgord — ist reizend, mit einem ungewohnten Klopfen des Herzens stellt Talleyrand es fest. Aus dem schweren weißen Brokatkleid mit seinem Chrysanthemenmuster und seinen blaßvioletten Schatten heben sich die noch halb kindlichen Schultern wie eine Elfenbeinstatuette aus einer seidenen Umhüllung. Ein einziges Schmuckstück ziert den schlanken Hals: ein dünnes Goldkettchen mit einer kostbaren tropfenförmigen Perle, deren matter Schimmer vollendet mit der zarten Haut des Busens harmoniert, auf dem sie ruht. Über die reiche Lockenfrisur hat die junge Gräfin einen Schleier aus Seidentüll geworfen, der das süße Gesichtchen mit seinen tiefen Augen in leiser Strenge umrahmt und der ganzen Erscheinung etwas Sakrales, fast Vestalinnenhaftes gibt.

Im Gegensatz zu ihrer Zurückhaltung wirkt ihr Gatte Edmond, Talleyrands Neffe, fast übermütig, da er, von Gast zu Gast gehend, auf seine Art die Honneurs zu machen sucht. Sein hübsches, oberflächliches Gesicht läßt deutlich erkennen, daß es fast ausschließlich die äußern Vorteile sind, die ihm diese Heirat angenehm machen, und seine Witze, über die er selbst am meisten lacht, nehmen allen etwa geplanten Hochzeitsspässen den Wind aus den Segeln.

Idiot! denkt Talleyrand.

Er ist nicht der einzige, dem Edmonds Benehmen mißfällt. Gleich ihm verfolgte die Herzogin von Kurland den Weg des jungen Ehemannes, und ihre Miene läßt erkennen, daß sie die Taktlosigkeiten ihres Schwiegersohnes ernster nimmt als sein Oheim.

Es drängt Talleyrand, sie zu beruhigen. Sich trotz seines lahmen Beines behend durch den Trubel der Gäste hindurchwindend, tritt er an ihre Seite, legt behutsam die Hand auf ihren Arm.

„Ich werde schon auf sie aufpassen", sagt er beschwichtigend.

Ihre Augen lassen den unreifen Jungen los, suchen die des Mannes an ihrer Seite. Wirklich? fragt ihr Blick. Und der seine antwortet: Wirklich. Erleichtert seufzt sie auf.

„Ihre Zusage beruhigt mich, lieber Freund. Dorothea ist fast noch ein Kind."

„Und mein Neffe fast schon wieder", bemerkt er mit einem mißbilligenden Blick auf Edmond, der soeben, nach seinem schmetternden Lachen zu urteilen, einen besonders wirksamen Witz losgelassen hat. „Also ist es notwendig, daß jemand Erwachsener da sei, der nach dem Rechten sieht. Der werde ich sein, verlassen Sie sich drauf!"

„Ich danke Ihnen, Charles. Sie waren schon früher so hilfreich —"

„Sprechen Sie nicht mehr davon. Schließlich war es ja nichts anderes als eine Kinderei."

„Kinderei — nun ja. Halbe Kinder wie Dorothea sind in einem sehr gefährlichen Zustand. Sie fangen leicht Feuer, und man weiß nie, welche Spuren die Flamme zurückläßt."

„Sie erschrecken mich! Dieser Csartoryski —"

„Dieser Csartoryski hat alles, was einem schwärmerischen jungen Mädchen gefährlich ist: Schönheit, blendende, großartige Manieren — und den Nimbus des unglücklichen Polen um sein Haupt."

„Aber das Zarentum war es doch, das Polens Freiheit zerstörte, und Csartoryski ist der engste Freund des Zaren!"

„Was versteht ein junges Geschöpf davon! Es sieht eine schmachtende Locke, umflorte Augen —" Die Herzogin bricht ab.

„Und das kleine, heiße Herzchen", setzt Talleyrand die Analyse fort, „ist schon weit offen. So sah ich es noch gar nicht! Da war ja diese Ehe ein reines Glück!"

„Vor allem die Energie, mit der Sie das schillernde Traumgespinst zerstörten. Und nun ich Ihr Versprechen habe, über Dorothea wachen zu wollen, bin ich völlig zufriedengestellt." Der Themenwechsel bedeutet, daß diese

Frage für sie erledigt ist: „Wo soll das junge Paar denn wohnen?"

„Zunächst auf einer meiner Besitzungen in Périgord. Später mögen sie in Paris ein Haus führen, wenn es noch notwendig ist."

„Sie sagen das so eigentümlich, lieber Freund."

„Kümmern Sie sich nicht darum, es entspricht meinen eigentümlichen Gedanken. Auf jeden Fall sollen Sie wissen, daß Dorothea immer auf meine Liebe zählen kann. Auf jene Liebe, von der Sie sprachen, als Sie mir das Kind ins Haus brachten."

Sie lächelt ihm mit nassen Augen zu.

„Sie hätten mir nichts Lieberes sagen können", flüstert sie.

Er nickt, und um seine Bewegung zu verbergen, kehrt er sich von ihr ab. Dabei streift sein Blick die Türe und trifft auf Monsieur Courtiade, der dort ruhig wartend steht, höflich gelassen wie ein chinesischer Mandarin und unenträtselbar wie das Schicksal. So stand er an dem Tag, wo Madame de Genlis beim emigrierten Herrn Grafen von Talleyrand in dessen Londoner Wohnung am Kensington Square zu Besuch war, und draußen der Constabler mit dem Ausweisungsbefehl wartete; so an dem Tage, wo der Herzog de Vaudemont das lebhafte Verlangen zeigte, die Herzogin in Talleyrands Schlafgemach zu suchen; so auch an dem Tag, wo Madame Delacroix mit dem kleinen Eugène, der übrigens in der Académie des beaux arts bereits von sich reden macht, auftauchte; und so, weiß Talleyrand, wird er immer stehen, um seinen Herrn durch seine ausdrucksvolle Stummheit aufmerksam zu machen, daß etwas Unerwartetes da sei, und ihm so Zeit und Gelegenheit zu Fassung und Sammlung zu geben.

Mit der gewohnten Vorsicht nähert sich Talleyrand der Tür. Monsieur Courtiade öffnet sie, läßt seinen Herrn durchschlüpfen, folgt eilig, zieht die Tür hinter sich zu.

„Wer ist es denn diesmal?" fragt der Fürst gedämpft.

„Seine Hoheit der Herzog von Otranto", erwidert der Diener ebenso.

„Nicht möglich! Wo ist er?"

„Ich habe den Herrn Herzog in die Bibliothek geführt."

Auf dem kurzen Weg überlegt Talleyrand eilig. Was Fouché ihm sagen wird, weiß er natürlich. Aber wie ihm antworten? Wie weit sich ihm ausliefern? Nun, man wird ja sehen!

Fouché steht an einem der hohen Büchergestelle. Beim Knirschen von Talleyrands eiserner Fußstütze dreht er sich um und begrüßt den Hausherrn mit familiärer Vertraulichkeit.

„Mein lieber Fürst", fährt er fort, „ich muß noch nachträglich um Verzeihung bitten. Es war mir unmöglich, unter Ihren Büchern zu weilen, ohne ein wenig zu stöbern. Sie haben ja wahre Schätze!"

Talleyrand ist nicht so töricht, die Vertraulichkeit zurückzuweisen. Mit graziöser Handbewegung wehrt er Fouchés Entschuldigung ab.

„Aber natürlich, lieber Herzog", ruft er freundschaftlich. „Stöbern Sie nur zu! Ich werde Sie doch nicht in Ihrer Lieblingsbeschäftigung stören!"

Fouché überhört die Bosheit, hält Talleyrand zwei Kleinoktavbände entgegen.

„Da — die Erstausgabe der ‚Liaisons dangereuses'! Eine Hochschule der Verführungskunst! Ein Rarissimum! Wie sind Sie zu der gekommen?"

„Ich kannte den Verfasser. Laclos war eine Art Freund von mir."

„Da haben Sie ihn vermutlich zu seinem Werk inspiriert?"

Talleyrand nimmt den Stich mit demselben verbindlichen Lächeln entgegen, mit dem er den seinen austeilte.

„Das hatte Laclos nicht nötig", meint er obenhin, setzt

behaglich hinzu: „Aber nach diesem Austausch von Liebenswürdigkeiten sagen Sie mir doch, lieber Herzog, welchem Umstand ich das Vergnügen Ihres Besuches verdanke?"

„Wie", versetzt Fouché mit gutgespieltem freundschaftlichem Vorwurf, „Sie können noch fragen? Ihre schöne Schwiegernichte hat ihren ersten Empfang, und Sie wundern sich, daß ein alter Freund des Hauses sich gleichfalls mit seinem Glückwunsch einfindet?"

„Ah, darum sind Sie gekommen!"

„Nur darum!" versichert der Polizeiminister feurig.

Talleyrand nickt und weist auf zwei der bequemen Lehnstühle, die einladend im Raum verstreut sind.

„Setzen wir uns", sagt er zufrieden. „Das wird eine längere Unterhaltung werden."

„Aber lieber Fürst!" versucht Fouché zu protestieren.

„Aber lieber Herzog!" repliziert Talleyrand. „Ich bitte Sie, keine Umschweife! So sehr ich eine Unterhaltung mit Ihnen schätze — ich habe heute Hausherrnpflichten. Also los, lassen Sie hören!"

„Ich weiß nicht recht, wo ich beginnen soll", sagt Fouché, sich endlich in dem angebotenen Fauteuil niederlassend.

„Gehen Sie davon aus", schlägt Talleyrand vor, „daß wir zwei die einzigen sind, die einander von Grund auf kennen und einander daher auch nichts vorzumachen gedenken. Nochmals, lieber Herzog, ohne Umschweife!"

„Sie haben recht", stimmt Fouché zu. Er schweigt dennoch ein paar Augenblicke lang, dann setzt er an: „Sie haben eine interessante Zeit hinter sich. — In Erfurt", setzt er auf einen fragenden Blick Talleyrands ergänzend hinzu. „Sie sprachen mit bemerkenswerten Persönlichkeiten."

„Gewiß", bestätigt Talleyrand. „Mit dem König von

Bayern, mit dem Fürstprimas von Dalberg, mit dem deutschen Dichter Goethe —"

„Und mit dem Kaiser Alexander von Rußland", fällt Fouché triumphierend ein.

„Und mit dem Kaiser Alexander von Rußland", sagt Talleyrand mit ruhiger Zustimmung nach.

„Wiederholt. Am 28. September, dem Tag seiner Ankunft, das erstemal, dann fast täglich bis zur Abreise des Zaren am 14. Oktober."

„Dreizehnten", verbessert Talleyrand mit höflicher Sachlichkeit.

„Verzeihung, Sie haben natürlich recht! Am vierzehnten fuhr der Kaiser nach Paris zurück." Er lehnt sich bequem zurück und sieht den Hausherrn schmunzelnd an. „Nun, lieber Fürst", sagt er mit der ihm eigenen falschen Süßigkeit, „gestehen Sie, daß bei den Gesprächen mit dem Zaren nicht nur die Partner, sondern auch die Unterhaltungen sehr interessant waren."

„Lieber Herzog, mein Freund Sainte More — kennen Sie den Marquis de Sainte More?"

„Augenblicklich nicht. Ich müßte erst meine Akten zu Rate ziehen."

„Das wäre überflüssig. Er lebt auf seinen Gütern und kümmert sich nicht um Politik. Also Sainte More war während der Schreckensherrschaft eingekerkert und wurde, da man ihm eigentlich nichts nachweisen konnte, wiederholt verhört. Lange Zeit später sagte er mir einmal: ‚Mein Lieber, wenn Sie mit der Polizei oder gar mit dem Gericht zu tun haben, hüten Sie sich, auf den wohlwollenden Rat der Amtspersonen einzugehen und irgendetwas zu gestehen, was man Ihnen nicht nachweisen kann.' "

„Ja", bestätigt Fouché betrübt, „diese Halsstarrigkeit ist es, was der Polizei die Arbeit so erschwert. Wenn wir nicht unsere sichern Nachrichten hätten —" Er bricht ab, zieht aus der Seitentasche seines Fracks ein kleines, abgegriffenes Büchlein, blättert darin. Nach einer Weile sagt er halb murmelnd mehr zu sich selbst: „In der Unterredung am 28. September zeigte Ihnen der Zar die vom Kaiser eigenhändig niedergeschriebenen zwölf Artikel —" Er sieht auf. „Zwölf waren es, nicht wahr?"

„Ja", bestätigt Talleyrand gleichgültig.

„Teilgeständnis des Angeschuldigten", murmelt Fouché vor sich hin, spricht gleich weiter: „— zwölf Artikel des Geheimvertrages, erbat sich wegen Artikel neun — Österreich — Ihren Rat; am 3. Oktober gaben Sie dem Zaren den Rat, dem Kaiser von Österreich zu schreiben und ihn der von Rußland einzuhaltenden wohlwollenden Neutralität zu versichern. Am Tag darauf, dem 4. Oktober, teilte Ihnen der Zar mit, er habe Ihren Rat befolgt und —"

„Lieber Herzog", fällt ihm Talleyrand ins Wort, „wozu diese Details? Ich war stets überzeugt, daß Sie vorzüglich unterrichtet sind, und Ihr heutiger Besuch bestätigt es mir aufs neue."

„Diese Details", flötet Fouché, zu seiner vorigen Süßigkeit zurückkehrend, „sind von einer Art, daß sie davor behütet werden müssen, in die richtigen Hände, die in diesem Fall die falschen wären, zu fallen. Behüten aber kann sie nur ein Freund."

„Ein Bundesgenosse", verbessert Talleyrand.

„Ein Komplize", verbessert Fouché nochmals. Seine Stimme ist so übersüßt, daß Talleyrand den Geschmack davon auf der Zunge zu spüren meint. Abscheu und die ohnmächtige Wut, die empfangene Ohrfeige einstecken zu müssen, schließen ihm den Mund. Da spricht Fouché schon weiter: „In der Tat hat sich die Lage derart kompliziert, daß nur eine Vereinigung von Komplizen —" er kostet das Wortspiel aus wie ein Bonbon — „daraus einen Ausweg finden kann." Immer noch schweigt sein Gegenüber; so schließt er mit versteckter Drohung: „Ich hoffe, ich habe mich klar genug ausgedrückt?"

„Vollkommen", erwidert Talleyrand.

„Und was haben Sie zu meinen Ausführungen zu sagen, mein Fürst?"

„Daß sie bis ins Letzte richtig sind, mein Herzog."

„Und die Folgerungen, die Sie daraus ziehen?"

„Sind die von Ihnen erwarteten." Er schweigt einige Augenblicke lang, spricht dann ruhig, gesammelt, als halte er einen Vortrag: „Ich bin mir über Ihre Beweggründe nicht restlos im klaren — nicht einmal über meine eigenen; ich weiß nicht, inwieweit der Egoismus darin eine Rolle spielt; ich weiß aber, daß etwas getan oder wenigstens vorgekehrt werden muß, daß dieses Land, dem wir beide angehören, nicht Schaden leide." Wieder schweigt er, setzt dann noch gelassener, noch gemessener fort: „Wie Sie zu Napoleon Bonaparte stehen, ist mir unbekannt; ich jedenfalls bewahre ihm noch einen Rest jener Neigung, die uns in den ersten Jahren seines kometenhaften Aufstiegs verband; da Sie aber so gut über meine Unterredungen mit dem Kaiser Alexander Bescheid wissen, wird Ihnen gewiß nicht das Wort entgangen sein, das ich dem Zaren gleich am ersten Abend sagte: daß man auch über Napoleon Bonaparte hinweg für Frankreichs Vorteil handeln müsse. Das, und weil ich sehe, daß Sie der einzige ernstzunehmende Mensch sind, mit dem ich so handeln könnte, macht mich zu Ihrem Bundesgenossen, welchen Namen immer Sie dieser Verbundenheit geben mögen."

„Ich gebe ihr", erwidert Fouché mit Bitterkeit, „den Namen, den Sie selbst ihr gegeben haben."

„Ich erinnere mich", gibt Talleyrand mit eisernem Gesicht zurück. „Es war am Tag meiner Abdankung als Minister. Ich sagte, ich möchte nicht gern Komplize werden."

„Sie haben keine Wahl." Brutal, geradezu, stößt Fouché es heraus.

„Schade!"

„Warum schade?"

„Kümmern Sie sich nicht darum. Ich bedauerte nur, daß die Amalgamierung unserer geistigen Potenzen bei den Gehirnen haltmacht."

„Es ist besser so, glauben Sie mir. Je fühlloser der Chirurg, desto sicherer seine Hand. Erlauben Sie mir, darum hinzuzufügen, daß mich Ihre Bemerkung vorhin, Sie hätten sich für Napoleon eine gewisse Schwäche bewahrt, einigermaßen erschreckte."

„Ein Atavismus, der Ihnen fremd sein muß", sagt Talleyrand entschuldigend.

„Der aber Ihre so wertvolle Mithilfe beeinträchtigt! Ich bitte Sie, trachten Sie ihn loszuwerden! Ich will Ihnen gern dabei behilflich sein."

„Wohl auch ohne mein Einverständnis?"

„Nach den von Ihnen gepredigten Grundsätzen, lieber Fürst."

„Ich bin Ihnen sehr verbunden", schließt Talleyrand mit vollendeter Kälte ab. Er macht eine Bewegung, als wolle er aufstehen, unterdrückt sie, sichtlich nur aus Höflichkeit. „Wollen Sie mir die Ehre erweisen, dem jungen Paar Ihre Glückwünsche auch persönlich auszusprechen?"

„Muß das sein?" fragt Fouché zögernd.

„Schon darum, weil es zu polizeimäßig aussähe, wenn Sie mein Haus während einer Feier betreten und sich entfernen, ohne daran teilgenommen zu haben."

„Nun gut." Fouché erhebt sich. „Ich stehe Ihnen zu Diensten. Aber Ihre Gäste werden erstaunt sein, mich an Ihrer Seite zu sehen."

„Meine Gäste können nicht mehr erstaunt sein, als ich selbst es bin. Kommen Sie!"

„Kurier aus Paris mit Depeschen für den Kaiser."

„Bitte hier herein, mon lieutenant." Der Unteroffizier stößt beflissen eine Türe auf, macht sie hinter dem Eintretenden wieder zu.

Mit flüchtigem Dank die Hand an den Tschako legend, tut der junge Offizier zwei Schritte, bleibt stehen, sieht sich um. Ein kahler Raum, ein Tisch, zwei Strohsessel, an der Wand eine lange Bank. Auf ihr liegt, in einen Militärmantel gewickelt, ein Schlafender. Durch das Sporenklirren geweckt, hebt er den Kopf, setzt sich auf, gähnt herzhaft. Auch er trägt Offiziersuniform.

Der Neuangekommene geht auf ihn zu, verbeugt sich straff, militärisch.

„Leutnant Dumesnil von den 12. Hussards."

Der andere erhebt sich mit der leisen Trägheit eines aus dem Schlaf Gerissenen.

„Leutnant Benoit von den 3. Lanciers", stellt er sich, die Verbeugung erwidernd, seinerseits vor. „Bitte, nehmen Sie Platz, Kamerad." Er setzt sich wieder.

„Aber meine Depeschen?"

„Berthier schaut immer wieder herein", beruhigt ihn Leutnant Benoit. „Ich dachte, er sei es, als Sie hereinkamen. Nehmen Sie Platz", wiederholt er. „Sie scheinen etwas ermüdet zu sein."

Man sieht es dem jungen Offizier tatsächlich an, daß er einen scharfen Ritt hinter sich hat. Seine Uniform ist kotbespritzt, die Kuriertasche an seiner Seite, die Haare und selbst die Brauen und das winzige Schnurrbärtchen tragen einen Belag von rötlich-grauem Staub, so daß der Reiter den Eindruck eines ergrauenden Rothaarigen macht. Der wiederholten Aufforderung des andern Folge leistend, geht er sporenklirrend zu einem der Sessel hin, läßt sich darauf niederfallen.

„Sie können wetten, Kamerad", sagt er, „daß ich ermüdet bin. Ich hab die dreizehn Lieues von Burgos nach Valladolid in fünfeinhalb Stunden bei nur einmaligem Pferdewechsel zurückgelegt!" Er erwartet eine Anerkennung, aber der andere sagt nur trocken:

„Das ist unser tägliches Brot. Ich bin auch erst seit zwei Stunden zurück."

„Von wo?" fragt Dumesnil neugierig.

„Von Astorga. Das wird Ihnen nichts sagen. Wir jagten die Engländer und hätten sie beinahe erwischt. Jetzt soll sich Soult allein mit ihnen herumärgern." Wieder gähnt er, als wolle er den ganzen Raum verschlingen.

Der Husarenleutnant möchte sichtlich gern etwas fragen, drückt herum, platzt endlich heraus:

„Sagen Sie, Kamerad – der Krieg da in Spanien –"

„Ja?" muntert ihn der Kamerad zerstreut auf.

„Der ist –" stottert der junge Mann – „das ist wohl nicht der rechte?"

„Wie meinen Sie das?"

„Nun –" der junge Mann wird immer verlegener – „da hat der Kaiser seine besten Marschälle mitgenommen, Soult und Lefèbvre und Lannes und Ney –"

„Und Victor und Berthier", ergänzt Leutnant Benoit.

„Ja", stimmt der Pariser Kurier eifrig zu. „Und doch –" er verstummt nun vollständig.

„Der Kaiser und seine Marschälle haben überall gesiegt!"

„Natürlich – das ist ja auch nicht anders denkbar – aber –"

„Aber", setzt Leutnant Benoit beißend fort, „wir marschieren in Madrid ein, marschieren aus Madrid 'raus, stoßen nach dem Süden vor, ziehen uns aus dem Süden zurück und verbleiben schließlich im Norden, nahe der

Grenze, als sollten wir heute oder morgen Spanien räumen. Das wollen Sie sagen, nicht?"

Dumesnil antwortet nicht, hält nur die Augen unverwandt fragend auf den Kameraden geheftet. Der steht auf, tritt zum Tisch, der mit Schriftstücken, Zeitungen und sonstigen Papieren bedeckt ist, sucht, fischt ein dünnes Büchlein heraus, kehrt sich um.

„Sprechen Sie spanisch?" fragt er kurz.

„Nein."

„Alles eins. Ich werde es Ihnen übersetzen. Das da —" er schwenkt das kleine Buch in der Luft — „ist ein Katechismus, den wir einem zehnjährigen Buben abnahmen. Aus dem Verhör mit dem kleinen Briganten, der mit einer angeblich gefundenen Pistole auf marschierende Truppen schoß, zum Glück, ohne zu treffen, also aus diesem Verhör ging hervor, daß dieser Katechismus in tausenden und tausenden Exemplaren unter der Bevölkerung verteilt wurde. Und nun passen Sie auf." Er blättert, liest dann vor: „‚Frage: Was sind die Franzosen? Antwort: Ehemalige Christen, nun Ketzer. Frage: Ist es eine Sünde, einen Franzosen zu töten? Antwort: Nein, wer einen von diesen Ketzerhunden tötet, verdient sich den Himmel.' " Er wirft das Buch auf den Tisch zurück. „Jetzt wissen Sie, was für ein Krieg das ist."

„Verdammt!" murmelt der kleine Husar.

„Auf den Straßen", fährt Benoit fort, „sind Sie einigermaßen sicher: unsere Gendarmen sind wachsam und machen nicht viel Geschichten." Der Husar nickt, erinnert sich einiger Gehängter an den Alleebäumen, an denen er vorbeijagte. „Aber", hört er wieder die Stimme des Kameraden, „weichen Sie einen Schritt von diesen Straßen ab — und Gott gnade Ihrer Seele und vor allem Ihrem Leib!" Der Sprecher verstummt kurz, setzt dann fort: „Mit dem Essen ist es genau so. Solang der Nachschub in Ordnung ist, geht es halbwegs. Aber wehe, wenn da einmal eine Stockung eintritt! Essen Sie einen Bissen Landbrot, trinken Sie einen Schluck aus irgendeinem Brunnen — und Sie haben nicht einmal mehr Zeit, sich das Spital auszusuchen, in dem Sie verrecken wollen!" Wieder schweigt er, hebt dann nochmals an wie einer, der sich alles von der Seele reden will: „Und dann die Engländer! Vor vier Monaten sind sie an Land gegangen, und seither haben wir sie ständig auf dem Hals. Gehen wir zurück, so rücken sie nach; gehen wir vor, so weichen sie aus, aber nur, um unsere Flanke zu bedrohen; machen wir endlich ernst, so entwischen sie uns, um uns bei nächster Gelegenheit aufs neue zu belästigen. Es geht uns wie einem Pferd, hinter dem die Bremsen her sind: die es erwischt, müssen dran glauben, aber die andern bleiben und machen es verrückt."

„Nun verstehe ich den letzten Witz aus Paris", bemerkt Leutnant Dumesnil, für seine Jahre ungewöhnlich gedankenvoll. „Talleyrand soll gesagt haben: ‚Wir werden solange siegen, bis alles beim Teufel ist.'" Er bemerkt plötzlich, daß Leutnant Benoit dienstliche Haltung angenommen hat und auf seine Worte nicht reagiert; dreht sich um, sieht einen mittelgroßen, auffallend schönen Mann in Marschalluniform in der offenen Tür stehen: Berthier; springt auf, nimmt schleunigst gleichfalls Haltung an, erwartet mit miserablem Gewissen das unausbleibliche Donnerwetter.

Doch Berthier sieht an ihm vorbei, wendet sich an den andern:

„Benoit, halten Sie sich bereit. Sie werden in einer Stunde zu Soult reiten müssen."

„Zu Befehl, mein Marschall", antwortet Benoit, ohne eine Miene zu verziehen.

„Tut mir leid, daß ich Sie schon wieder fortjagen muß,

aber wir brauchen einen verläßlichen Mann." Er deutet mit dem Kinn auf den Neuankömmling: „Und das da?"

„Kurier aus Paris mit Depeschen für den Kaiser", meldet Leutnant Dumesnil überstramm.

„Geben Sie her!" Er nimmt die Mappe, die ihm der junge Mann eilfertig hinreicht, geht ohne ein weiteres Wort zur Tür. Erst dort dreht er sich um, sieht den erblassenden Leutnant mit einen durchbohrenden Blick an. „Sie können von Glück reden", sagt er kalt, betont, „daß wir für Sie keine Zeit haben — gar keine Zeit!" Er tritt hinaus, läßt die Tür hinter sich zufallen.

Ehe er sich zum Kaiser begibt, geht er zunächst in sein Zimmer, um die eingelaufenen Depeschen zu sortieren. Sein geübtes Auge erkennt sofort die untergeordneten militärischen Meldungen, die er allein erledigen kann; diese legt er beiseite; übrig bleiben nur noch einige offizielle Schriftstücke, darunter ein dickes Schreiben des Ministers Champagny, seit kurzem Herzog von Cadore, und ein Brief des Prinzen Eugène de Beauharnais, des Stiefsohns Napoleons. Diese beiden beschließt er als erste dem Kaiser vorzulegen.

Napoleon scheint mißgestimmter zu sein, als er es war, als Berthier ihn verließ. Er hat eine der großen Generalstabskarten ausgebreitet über den Tisch geworfen, liegt mit halben Leib drauf und mißt mit einem Zirkel Distanzen ab. Dabei summt er vor sich hin, was bei ihm fast immer ein Zeichen übler Laune, zumindest aber unzufriedener, gespannter Stimmung ist.

Dem entspricht auch der gereizte Ton, in dem er den eintretenden Berthier fragt, was es denn gebe.

„Depeschen aus Paris, Eure Majestät", meldet der Marschall.

„Schon wieder? Wir haben doch ohnehin erst den ganzen Neujahrsrummel durchgesehen. Vermutlich einige Nachzügler, die uns die Zeit stehlen wollen."

„Ich glaube nicht, Eure Majestät", widerspricht Berthier respektvoll. „Es ist ein umfangreicher Brief aus dem Außenministerium dabei und ein zweiter von der Hand des Vizekönigs."

„Eugènes?"

„Jawohl, Eure Majestät."

Napoleon, der die bisherigen Fragen stellte, ohne seine Lage zu verändern, gleitet vom Tisch herab und streckt die Hand aus.

„Geben Sie her", befiehlt er.

Berthier reicht ihm zunächst den Brief des Außenministers. Achtlos reißt Napoleon den Briefumschlag auf, läßt ihn zu Boden fallen, versenkt sich in den Inhalt des Schreibens.

„Wir bekommen einen neuen Krieg, Berthier", sagt er endlich. „Raten Sie, gegen wen."

„Doch nicht gegen Österreich?" ruft Berthier überrascht.

„Gegen Österreich, allerdings", bestätigt der Kaiser. „Ich erwartete es auch nicht so früh. Man scheint in Wien meine Bindung an Spanien zu überschätzen." Er blickt wieder in den Brief. „Ich hätte Champagny nicht für so umsichtig gehalten. Wissen Sie, was ihn auf die Spur gebracht hat? Die plötzliche Abreise des österreichischen Botschafters Metternich. Aus heiterm Himmel begann er überall Abschiedsbesuche zu machen, sogar bei Champagnys Vorgänger Talleyrand, und ist heidi! davon. Wenn ein Diplomat sich entschließt, den Pariser Fasching zu versäumen, weiß jeder, was das zu bedeuten hat." Die üble Laune ist gewichen, jene tiefe, von innen durchglühte Ruhe, die Berthier so gut kennt, überkommt den Kaiser. „Holen Sie die Karten von Süddeutschland", befiehlt er.

„Eure Majestät“, erinnert Berthier, „es ist auch noch ein Brief des Vizekönigs da!“

„Ja, her damit“, sagt Napoleon zerstreut, kehrt, während er das Siegel des nur einfach gefalteten Schreibens bricht, zu seinen vorigen Gedanken zurück. „Sie werden vorausreisen und den Oberbefehl führen müssen“, ordnet er an, „solang, bis ich komme“. Er beginnt den zweiten Brief zu lesen, ruft plötzlich wütend: „Was ist das?!“, legt den Brief auf den Tisch, beugt sich, die Fäuste rechts und links aufstemmend, darüber, als wolle er das Schreiben mit seinen Blicken aufspießen. So steht er mit mahlenden Kiefern, unverständliche Worte murmelnd, bis er die letzte Zeile gelesen hat und sich mit einem jähen Ruck aufrichtet.

„Berthier“, sagt er, und es ist, als schlügen Flammen aus ihm, „sind Kuriere bereit?“

„Zwei. Aber den einen brauchen wir für Soult, und der andere kommt von Paris und“, fügt er mit unwillkürlichem Mitleid hinzu, „scheint mir recht müde zu sein“.

„Das tut nichts. Schreiben Sie. Zunächst an Soult. Nein, gleich hier. Da sind Tinte und Feder. Schreiben Sie: ‚An den Herzog von Dalmatien. Sie übernehmen mit sofortiger Wirkung das Oberkommando über sämtliche Truppen in Spanien.‘ Haben Sie? Nun an Champagny. Nehmen Sie ein zweites Blatt. ‚An den Herzog von Cadore. Ich folge dem Überbringer dieses auf dem Fuße. Mein Kommen ist strengstens geheimzuhalten.‘ Geben Sie her!“ Er nimmt dem völlig betäubten Berthier die Feder aus der Hand, kratzt sein „N“ unter die Blätter, sieht ungeduldig dem Falten und Siegeln zu. „Nur fort! Fort!“ drängt er.

Berthier stürzt mit wirbelndem Kopf davon. ‚... Ich folge dem Überbringer dieses auf dem Fuße ...‘ – Was steht in Beauharnais' Brief? Er reißt die Tür des Kurierzimmers auf. Beide Leutnants springen auf. Er reicht Benoit den Brief an Soult.

„Hier, Benoit", sagt er. „Machen Sie sich gleich auf den Weg. Eilt." Er kehrt sich dem kleinen Husaren zu. Phrasen wie ‚Gelegenheit, wieder gutzumachen' gehen ihm durch den Kopf. Aber für Gerede ist keine Zeit. So reicht er dem jungen Mann den Brief an Champagny mit dem einfachen, jeden Depeschenreiter zur höchsten Schnelligkeit anspornenden Befehl: „Eilt! Eilt!"

Die beiden Kuriere stürzen hinaus. Durch die offen gebliebene Tür ruft Berthier den Taghabenden herein, befiehlt Alarm für die Gardeeskadron, hastet wieder zurück zum Kaiser.

Der hat sich wieder über den Brief gebeugt, sagt, ohne ein Auge davon zu wenden:

„Was meinen Sie, Berthier, soll ich gleich hier ein Kriegsgericht zusammenstellen, oder hat es Zeit bis Paris?"

„Kriegs —?"

„Ich dachte daran, die Schuldigen verhaften zu lassen, aber ich weiß wahrhaftig nicht, durch wen. So weit ist es gekommen!"

„Wen, Majestät?"

„Murat, Fouché, Talleyrand." Der Kaiser schnippt den Brief mit den Fingerspitzen dem Marschall zu. „Sie hofften, Spanien werde mir den Hals brechen und wollten Murat an meine Stelle setzen. Jetzt weiß ich, warum Metternich bei Talleyrand war!"

„Sie Dieb, Sie Lump ohne Glauben, ohne Gott! Ihr Leben lang haben Sie sich von Ihren Pflichten gedrückt! Sie würden Ihren Vater verkaufen, wenn Sie den geringsten Vorteil davon hätten! Ich habe Sie mit Gnaden überhäuft, und Sie sind bereit, mich zu betrügen und zu verraten, wie Sie alle Welt betrogen und verraten haben!"

Alle Großwürdenträger des Reichs sind Zeugen dieses Ausbruchs. Vom Reichserzkanzler Cambacérès bis zum Erzschatzmeister Lebrun stehen sie bleich an den Wänden, mit ihnen so viele Generale, Senatoren und hohe Beamte, als eben erreichbar waren. Alle ohne Ausnahme wünschen sich tausend Meilen fern von hier, um diese unbeherrscht heulende Stimme, die sich immer wieder überschlägt, nicht mehr hören, dieses verzerrte, vor Wut dunkel gefärbte Gesicht mit den Glotzaugen eines tobenden Irren nicht mehr sehen zu müssen. Seit jenem ersten Wutausbruch nach dem Attentat bei der Oper haben sie den Kaiser oft rasen gesehen; aber nie war er so außer sich wie diesmal, so ohne den letzten Rest von Beherrschung — und fast von Besinnung.

„Seit Monaten, seit Sie zu wissen glauben, daß meine Sache in Spanien schlecht steht, erzählen Sie jedermann, Sie hätten das Unternehmen stets mißbilligt, während in Wahrheit Sie es waren, der mir den ersten Gedanken dazu eingab, so wie Sie es waren, der mir den Aufenthalt des unglücklichen Enghien verriet!"

Der Mann, auf den diese unerhörten, bewußt falschen und darum desto fürchterlichern Beschuldigungen niederprasseln, hebt dem gegen ihn brandenden Sturm sein kaltes Antlitz entgegen. An den Kamin gelehnt, den einen Arm auf den Sims, das lahme Bein auf das Gitter der

Einfassung gestützt, sieht Talleyrand dem Rasenden unverwandt ins Gesicht. Seine Züge sind bleich, gewiß; aber, während der Katarakt der Beschimpfungen ihn zu ertränken droht, nicht bleicher als sonst.

„Warum habe ich Sie nicht längst behandelt, wie Sie es verdienen? Warum habe ich Sie nicht längst am Gitter des Carrousels aufhängen lassen? Aber es ist noch nicht zu spät!"

So schnell es irgend möglich war, ist der Kaiser von Valladolid zurückgeeilt: am 17. Jänner reist er ab, ist tags darauf in Burgos, zwei Tage später in Bayonne und erreicht am 22. Jänner Paris. Fünf Tage einer einherbrausenden Hetzjagd, die auch bei Nacht kaum unterbrochen wird, ihn und seine kleine Eskorte im Flug dahinträgt.

Fünf Tage nur; aber immerhin fünf Tage, in denen der weißglühende Grimm der ersten Stunden ruhigerer Überlegung weicht. Und diese Überlegung, die den Unheilbrief Eugènes wieder und wieder überprüft, ist gezwungen, zu begreifen, daß eigentlich nichts Tatsächliches passiert, nichts Greifbares vorhanden ist, daß man also die im Brief genannten Personen nicht zu packen, nicht zur Rechenschaft zu ziehen vermag.

Da ist zunächst Murat. Aber erstens ist er sein Schwager, der Gatte seiner Schwester Karoline, und zweitens hat man sich gegen ihn ja auch nicht sehr schön benommen: man hat ihm erst Aussichten auf den spanischen Thron gemacht und diesen dann Bruder Josèphe zugeschanzt; kein Wunder, daß die lockenden Einflüsterungen der beiden Schlangen Fouché und Talleyrand bei ihm kein taubes Ohr fanden. So fliegt von Bayonne aus ein Brief an den Schwager, voll von Vorwürfen, Schmähungen, Drohungen, der aber doch die Türe nicht zuschlägt, sondern einen Spalt offen läßt für Erklärungen, Beschwörungen, Beteuerungen.

Da ist ferner Fouché; aber erstens weiß der, daß man ihm ohnehin nicht traut und war deshalb mit der entsprechenden Vorsicht am Werk, und zweitens ist er unentbehrlich: er hat das dichte Spinnennetz gewoben, das über ganz Frankreich und halb Europa liegt und jeden Widerstand, selbst den leisesten, niederhält. So wird er noch am Tage der Ankunft Napoleons in die Tuilerien zitiert, doch nur, um die Höhle des ergrimmten Löwen nach einer eineinhalbstündigen Auseinandersetzung zwar etwas verknittert, aber heil und im Besitz sämtlicher Ämter und Würden wieder zu verlassen.

Mit Talleyrand ist es eine andere Sache. Zwar kann man auch dem nichts nachweisen; aber er hat gewagt, was noch keiner vor ihm: dem Allmächtigen den Dienst aufzusagen und seiner Wege zu gehen. Und als man ihm Gelegenheit bot, tätige Reue zu zeigen, sich neu zu bewähren, in Erfurt, als es galt, den Zaren für die kaiserlichen Wünsche zu gewinnen, hat er versagt und mehr: sich gleich wieder zurückgezogen, aus seiner Verurteilung des spanischen Abenteuers kein Hehl gemacht, böse Witze ausgestreut, in aller Öffentlichkeit Opposition getrieben —

Nein, an Talleyrand muß ein Exempel statuiert, es muß ihm ein für allemal die Lust genommen werden, sich gegen seinen Herrn aufzulehnen. Darum die Berufung aller erreichbaren Notabeln, darum die große Szene, die, ursprünglich mit gewohnter Theatralik gespielt, angesichts der statuenhaften Gleichgültigkeit des Opfers zu Wirklichkeit wird, alle Dämme kaiserlicher Fassung durchbricht:

„Was wollen Sie? Wonach gelüstet es Sie? Haben Sie wenigstens den Mut, es zu sagen! — Sie schweigen. Das ist Ihre ganze Kunst: schweigen! So wie Sie auch über Ihre privaten Unsauberkeiten schweigen. Mit keinem Wort haben Sie mir gesagt, daß der Herzog de San Carlos der Geliebte Ihrer Frau war!“

Der unbeweglich am Kamin Stehende schweigt nicht. Er öffnet den Mund, sagt mit kühler, gleichgültiger Stimme, als erwähne er etwas ihm unendlich Langweiliges:

„Wahrhaftig, Sire, ich hätte nicht geglaubt, daß ein solcher Bericht für den Ruhm Eurer Majestät und den meinen von Interesse wäre."

Diese parfümierte Impertinenz bringt Napoleon vollends außer sich. Wutfauchend springt er auf den Sprecher zu, und völlig vergessend, daß er ihm eben sein Schweigen vorwarf, und ebenso sich selbst völlig vergessend, schreit er ihn an:

„Schweigen Sie! Schweigen Sie, Sie Stück Dreck in Seidenstrümpfen! Sie Klumpfuß!" Er hat das letzte Wort kaum gesprochen, so bereut er es schon. Seine empfindlichen Nerven fangen das allgemeine Erschrecken, die allgemeine Mißbilligung auf, seine Augen werden von zwei andern festgehalten, in denen er plötzlich nicht zu lesen wagt. Zehn Sekunden, eine Viertelminute lang steht er wie erstarrt, dann läßt die krampfartige Spannung seiner Haltung nach, mit einem kehligen Grollen, das etwas vom Donner eines abziehenden Gewitters hat, schließt er: „Ich könnte Sie zerschmettern wie ein Schnapsglas, Sie würden es verdienen. Aber ich verachte Sie zu sehr, als daß ich mir die Mühe machen wollte." Und durch die kaum geöffneten Zähne, keuchend, tonlos: „Gehen Sie!"

Der Mann am Kamin läßt den Arm vom Sims niedergleiten, hebt den Fuß vom Gitter, stellt ihn auf. Mit ruhiger, unerschütterlicher Miene verbeugt er sich, nicht zu seicht, nicht zu tief, richtet sich wieder auf, geht am Kaiser mit demselben gleichmütigen Gesichtsausdruck vorbei, den er während der ganzen Szene beibehielt.

Napoleon rührt sich nicht, blickt ihn nicht an, blickt ihm nicht nach, hält die Augen auf den Boden geheftet. Erst nach einigen Augenblicken besinnt er sich, daß die

Zeugen des Auftritts, bleich wie Statuen, längs der Wände stehen, sagt, immer noch ohne aufzublicken, leise:

„Gehen Sie, meine Herren!"

Sie verlassen lautlos den Raum, einer nach dem andern, dieselbe automatische Verbeugung vollführend wie der Mann, der als erster ging. Keiner wagt den Kaiser anzusehen.

Im Vorsaal sehen sie den passiven Helden der letzten Stunde vor sich, langsam, gemessen wie immer, einen vorsichtigen Hinkeschritt vor den andern setzend. Bei der Ausgangstür holen sie ihn ein, zwingen ihn durch ihr Stehenbleiben dazu, gleichfalls den Schritt zu verhalten. Sie blicken in ein völlig ruhiges, gesammeltes Gesicht, dessen Augen ironisch leuchten.

Cambacérès fühlt sich verpflichtet, einige den Kaiser entschuldigende Worte zu sagen, verstummt aber angesichts dieser ironischen Augen nach wenigen Sätzen, macht nur eine unbestimmte Handbewegung, als wolle er den so schwer Gekränkten auffordern, sich auch seinerseits zu äußern.

Talleyrand tut ihm den Gefallen. Der schwere Vorhang seiner Lider senkt sich, zugleich mit den Mundwinkeln, die sich in unmerklicher Geringschätzung abwärts krümmen. Die tiefe, volle Stimme sagt mit demselben lässigen Gleichmut, mit dem sie Napoleon antwortete:

„Schade, daß ein so großer Mann so schlechte Manieren hat."

Alle nehmen die Worte schweigend hin. Sie fühlen, daß dieser Epilog vernichtend ist. Fast scheu ziehen sie die Hüte, als sie an dem langsam Weiterschreitenden vorbeigehen, um zur Treppe zu gelangen.

Nur ein Gesicht zeigt ein zufriedenes Lächeln: das Fouchés, der als einer der letzten vorbeikommt. Auch er kann sich nicht enthalten, Talleyrand anzusprechen.

„Nun?“ fragt er mit dünnen Lippen. „Sind Sie von jenem ‚Rest einer Neigung‘ nunmehr geheilt?“

Mit forscherhafter Aufmerksamkeit suchen die Augen des Angesprochenen die des Sprechers. Die Gedanken fliegen mit der Schnelligkeit von Blitzen, mischen, weben, ballen das Ergebnis in eine Frage:

„Wie brachten Sie Eugène Beauharnais so schnell in Aktion?“

Fouchés Antwort ist ebenso konzis:

„Ich stellte die Schwatzhaftigkeit der Prinzessin Karoline in Rechnung.“ –

Noch einen Aufenthalt gibt es, ganz unten, am Treppenfuß, schon während der Portier nach seinem Wagen ruft.

Duroc ist die Ursache, der Palastmarschall, wie man ihn nennt, getreu seiner Pflicht auch dort, wo sie ihm sauer wird. Er ruft Talleyrand an, wird vor Verlegenheit krebsrot.

Der Fürst kehrt sich ihm zu. Sein Gesicht ist eine einzige Frage.

„Durchlaucht“, stottert Duroc verzweifelt, „der Kaiser wünscht – befiehlt – ich habe von Seiner Majestät den Auftrag, Sie um Ihren Kammerherrnschlüssel zu bitten.“ Endlich ist es heraus! denkt er.

Die ewig hochmütigen Augenbrauen heben sich.

„Ich werde meinem Kammerdiener Auftrag geben, den Schlüssel für Sie bereitzulegen“, klingt es kalt, eisig kalt zurück. –

– – – – – – – – – – – – –

Auch da er sein Haus betritt, behält er jene Miene gelangweilter Teilnahmslosigkeit mit den ironischen Lichtern in den Augen bei. Würdevoll hinkt er die Treppe hinauf, die von einem Lakaien angebotene Unterstützung mit kurzer Geste ablehnend.

Aber Monsieur Courtiade, der ihn wie immer mit respektvoller Verbeugung auf der Treppenhöhe erwartet, läßt sich von diesem anscheinend undurchdringlichen Panzer nicht täuschen. Durch jene geheimnisvolle Telegraphie, die alle Diener vornehmer Häuser verbindet, vom Geschehenen bereits unterrichtet, hat er alle Vorkehrungen getroffen, die ihm für den vorliegenden Fall nötig erscheinen. In der langjährigen Verbindung ein genauer Kenner seines Herrn geworden, weiß er, was dieser brauchen und verlangen wird.

So wickelt sich das Gespräch, das er mit dem Fürsten führt, ganz nach seinen Erwartungen ab.

„Pascal", befiehlt Talleyrand, „laß im Schlafzimmer Feuer machen und mein Bett herrichten. Ich bin müde."

„Das Feuer im Kamin brennt, Eure Durchlaucht, das Bett ist bereit samt Wärmpfanne und Fußwärmer."

„Und bereite mir den Schlaftrunk nach dem Rezept, das dir meine Großmutter für mich vererbte, erinnerst du dich, Pascal?"

„Der Schlaftrunk nach dem Rezept Ihrer Hoheit ist bereitet und warmgestellt, Eure Durchlaucht."

„So bring mich hinüber."

Die Hand, die die Hilfe des Lakaien ablehnte, stützt sich schwerer als sonst auf die Schulter des Kammerdieners, der schleppende Schritt ist langsamer. Im Schlafzimmer tastet Talleyrand nach dem nächsten Lehnstuhl, sinkt hinein, läßt sich von Monsieur Courtiade wie ein Kind entkleiden und zu Bett bringen. Dankbar trinkt er den warmen Kräutertee, läßt sich in die Kissen fallen.

„Vergiß nicht", mahnt er, „mich um sechs Uhr zu wecken. Ich bin zu Madame de Laval zum Essen geladen."

„Eure Durchlaucht werden um sechs Uhr geweckt werden", antwortet Monsieur Courtiade mit wohlsordinierter Stimme. Sein glattes Gesicht verzerrt sich plötzlich, in den Augen glüht ein tierischer Haß auf. „Durchlaucht —" stammelt er — „wie durfte dieser — dieser Emporkömmling es wagen —"

Eine elfenbeinerne Hand hebt sich aus den Decken.

„Warten, Pascal", sagt eine leise Stimme, „warten. Wir haben jetzt Zeit genug dazu . . ."

III. Teil

DAS KÖNIGREICH

Wen die Götter verderben wollen...

„Fouché, ja, Fouché! Das war ein Polizeiminister!" Talleyrand lächelt vor sich hin wie ein Feinschmecker, der sich einer ausgesuchten Delikatesse erinnert. „Unsichtbar und unhörbar und doch allgegenwärtig. Er sah alles und bemerkte alles und verstand daraus seine unfehlbaren Schlüsse zu ziehen." Er nippt preziös an dem Glas geschmuggelten Sherrys, das vor ihm steht, setzt fort: „Er besaß auch die Mittel, alles zu erfahren, er hatte sie geschaffen. Gewalt, Erpressung, Bestechung — niemand wußte sie zu gebrauchen wie er. Wer dem Verdächtigen nahestand, war gekauft, ehe er sich's versah, und wer weiß? womöglich der Verdächtige selbst." Ein neues Nippen, dann: „Und seine Menschenkenntnis! Er täuschte sich nie, weder in den Absichten derer, die er beobachtete, noch im Zeitpunkt der Ausführung ihrer Pläne. Die Verdächtigen hatten ihre Verbrechen oft noch gar nicht begangen — und der Bericht an den öffentlichen Ankläger lag bereits abgeschlossen und unterfertigt in seinem Schreibtisch. Ja, das war ein Polizist!"

Die schöne Gräfin Kielmannsegge, der Talleyrand sein Loblied auf den gestürzten Minister vorsingt, hat das unklare Gefühl, zum besten gehalten zu werden. Der spöttische Unterton der sonoren Stimme gibt den Worten einen Hintersinn, dem sie nicht auf die Spur zu kommen vermag.

„Dagegen Savary!" erklingt wieder die spöttische Stimme. „Ich hörte einmal in Deutschland die Geschichte von einem Menschen, der in eine kleine Residenz kam und dem Torschreiber auf die Frage nach seinem Beruf treuherzig antwortete: ‚Spion.' Sehen Sie, schöne Gräfin, so kommt mir Fouchés Nachfolger vor. Oh, nichts gegen den guten Savary persönlich! Er hat zweifellos seine Qualitäten, die allerdings den Personen, die ihn besser kennen als ich, vertrauter sind als mir. Aber zum Polizisten taugt er nicht. Die Korrespondenz beschnüffeln! Ich bitte Sie! Den Umgang des zu Beobachtenden bespitzeln! Briefe können so geschrieben werden, daß nur der Eingeweihte sie versteht, und ein gefährlicher Mensch hat meistens Freunde, die auf ihrer Hut zu sein wissen."

Immer unruhiger wird die Gräfin. Weiß er denn —? Seine Worte scheinen auf etwas zu zielen, das ihm unbekannt sein sollte, tiefstes Geheimnis ist zwischen Savary und ihr —

„Das Naivste aber", hört sie wieder die gelassene, volle Stimme, „ist sein Versuch, Agentinnen ins Treffen zu schicken, den Verdächtigen durch Damen beobachten zu lassen, die er offenbar besser kennt als seine Delinquenten. Als habe man keine Augen! Als lese man es den schönen Schurkinnen nicht von der Nasenspitze ab, welch trauriges Gewerbe sie betreiben! Sie haben kein anderes Verdienst, als dem Klugen in Erinnerung zu bringen, daß es kein größeres Vergnügen gibt, als das, für dümmer gehalten zu werden, als man ist." Die schweren Lider heben sich einen Augenblick lang, eine kurze, sengende Flamme schlägt der schönen Spionin entgegen. Dann sinkt der Vorhang wieder, Talleyrand erhebt sich. „Adieu, schöne Gräfin", schließt er liebenswürdig. „Es war mir ein besonderes Vergnügen, Sie auch persönlich kennenzulernen. Ich habe schon so viel von Ihnen gehört." Er verbeugt sich und hinkt einer andern Gruppe der im Salon verteilten Gäste zu. Du wirst mir nicht mehr in die Quere kommen, denkt er befriedigt.

Es ist im Hause der Herzogin von Kurland, wo er Gräfin Kielmannsegge traf, dem Klatsch als intime Freundin Savarys bekannt. Eine vieljährige Freundin der Herzogin, wurde sie von der ewig Harmlosen in deren engsten Kreis aufgenommen. Sie vergilt es ihr damit, daß sie ihrem Geliebten aus dem Salon der Freundin alle erreichbaren Nachrichten zuträgt.

Mit der ihm eigenen wohlwollenden Überlegenheit überblickt Talleyrand die Gesellschaft. Kaum etwas hat sich darin geändert, man könnte, wenn nicht die Jahre ihre Spuren hinterlassen hätten, sagen: nichts. Immer noch bewegt die Herzogin von Luynes ihren Papageienschnabel in lebhaftem Gespräch hin und her, macht Signora de Brignole, strahlend vor lachender Schönheit, ihre witzigen Bemerkungen, redet die unermüdliche Madame de Laval auf die großäugig schwärmerische Madame de Souza ein; die Hausfrau zeigt der Prinzessin de Vaudemont einen neuen Schmuck, Madame de Rémusat, von den hochadeligen Damen bei aller Freundlichkeit ein wenig als Außenseiterin behandelt, sieht bewundernd zu.

Nur eine Gestalt ist von der Peripherie in den Mittelpunkt gerückt, bildet vielleicht sogar diesen Mittelpunkt: Dorothea von Talleyrand-Périgord, geborene Prinzessin von Kurland. Aus dem magern, tiefäugigen Ding ist eine blendende Schönheit geworden, eine Königin der Salons, die sie beherrscht, so unbestritten, daß ihr nicht nur die Augen der Herren in grenzenloser Bewunderung folgen, nein, daß sogar die Damen ihre Vorzüge anerkennen, obwohl sie zu allem andern auch noch die offenkundige Gebieterin über Talleyrands Herz ist — wie er der Gebieter über das ihre.

Denn trotz ihrer Ehe mit Talleyrands Neffen Edmond, der augenblicklich in einem von Murats Reiterregimentern dem kriegerischen Lorbeer nachstrebt, ist es er, der

Onkel, dem sie ihre ganze, ungeteilte Zuneigung schenkt: nach ihm, ihm allein sieht sie, ob er etwas braucht, ihm hört sie selbstvergessen zu, wenn er spricht, seinen Beifall allein trachtet sie zu erringen, wenn sie, gleichsam seine Meinung ergänzend, die ihre zu äußern wagt. Er hingegen behandelt sie wie ein geliebtes Kind mit einer Mischung aus fast großväterlicher Güte und fast eifersüchtiger Zärtlichkeit: nur für sie scheint er zu sprechen, nur ihren liebevollen Blick scheint er zu suchen, ihr Wohlergehen scheint es zu sein, was allein in der Welt seinen Anteil erweckt.

Und doch — was ist alles in den Jahren geschehen, die diesem Kreis so wenig anhaben konnten! Dem Rückschlag von Spanien folgte der trotz Aspern siegreiche Feldzug gegen Österreich; folgte der Friede von Schönbrunn; folgte Napoleons Trennung von Josephine und seine Trauung mit Erzherzogin Marie Luise, die Verbindung einer Emporkömmlingsdynastie mit dem vornehmsten Herrscherhaus Europas; folgte endlich die fast nicht mehr bestrittene Herrschaft des großen Korsen über die Länder Europas. Und nun scheint er den Schlußstein zu seinem Werk setzen zu wollen, indem er sich anschickt, auch Rußland, Englands letzte Trumpfkarte, niederzuwerfen.

Die Veränderungen, die diese Jahre Talleyrand selbst brachten, zeigten nicht so hohen Wellengang. Sie erschöpften sich in der ewigen Anziehung und Abstoßung zwischen ihm und dem Kaiser. Trotz jener großen Szene hat Napoleon, fasziniert von Talleyrands einzigartigem geistigen Mechanismus, immer wieder versucht, ihn an sich zu ziehen — um ihn dann doch wieder, von der unbewegten Maske irritiert, fortzuschicken, kaltzustellen, zu demütigen. Es ist ein heimlicher, stummer Kampf zwischen ihnen, ein Ringen im Dunkeln, von der einen Seite mit brutalen Schlägen geführt, denen ein Schwächerer längst erlegen wäre, von der andern mit ätzend giftigen Stichen, die nicht töten, aber lähmen.

Talleyrands Lippen verziehen sich zu einem unbeschreiblichen Lächeln. Es ist nicht Spott darin, nicht Bitterkeit, nicht Selbstverachtung, und doch ein Gemisch aus allen dreien, hervorgerufen durch die Erinnerung an den Verrat von Erfurt. Es war notwendig, sagt eine Stimme in ihm, und wurde darum nie bereut: es gab keine Wahl, Frankreich ging an Napoleons maßlosem Ehrgeiz zugrunde, wenn man ihn gewähren ließ. Es war aber doch Verrat, meldet sich eine andere Stimme, fortgesetzter Verrat am Vertrauenden, der es so sehr ist, daß er bis heute nicht weiß, wie weit Talleyrands Verbindung mit seinen Feinden von morgen schon gediehen ist.

Alle diese Reminiszenzen dauerten um so kürzer, als sie nur eine Übersicht über längst erfolgte Formulierungen darstellten. Als Talleyrand zur Herzogin von Kurland tritt, um sich gleichfalls über den herrlichen, fast daumengroßen Smaragd zu beugen, den sie den Gästen zeigt, ist in seinen Zügen bereits wieder das wohlwollende Lächeln, dessen Gleichgültigkeit nur der durchschaut, der Talleyrand näher kennt.

„Eine neue Huldigung, liebe Freundin?" fragt er lächelnd.

„Noch dazu vom Zaren selbst!" bestätigt sie triumphierend.

„Dann möchte ich wetten, daß die Emballage mindestens ebenso wertvoll war wie der Inhalt."

„Sie würden die Wette gewinnen", versetzt sie lebhaft. „Ein Handschreiben voll der feurigsten Beteuerungen."

Er hebt ein wenig den Kopf, will eine Frage tun, sieht die Gräfin Kielmannsegge sich nähern, sagt rasch:

„Sie werden mir dann mehr davon erzählen." Er verbeugt sich leicht und tritt zur Seite, als wolle er das Gespräch der Freundinnen nicht stören.

„Eure Durchlaucht —“ sagt eine Stimme hinter ihm. Er dreht sich um und blickt in die Augen des Grafen La Bésnadière, seines alten Mitarbeiters aus dem Außenministerium.

„Ah, lieber Freund!“ ruft er angenehm überrascht. „Ich habe Sie nicht gesehen, sonst hätte ich mich des Vergnügens, Sie zu begrüßen, nicht beraubt. Wie geht es Ihnen?“

„Unter Ihrer Leitung ging es uns besser, Durchlaucht. Erinnern Sie sich, wie Sie mir Vorwürfe machten über die, wie Sie sich ausdrückten, unwürdige Hast, mit der im Ministerium gearbeitet wurde?“

„Ein Vorwurf, den ich zu Ende meiner Amtszeit nicht mehr zu erheben brauchte. Nur die jungen Herren machten noch die Aktendeckel mit einiger Eile auf. Hat sich Champagny an meine Empfehlungen gehalten?“

„Immerhin einigermaßen“, räumt La Bésnadière ein. „Desto eiliger hat es unser neuester Chef.“

„Ja, Maret war immer ein Plebejer“, bemerkt Talleyrand; setzt gleichgültig, nebenbei fort: „Was gibt es sonst neues, mein Lieber?“ Und noch gedämpfter: „Wann bricht der Krieg aus?“

Graf La Bésnadière läßt sich durch den leichten Ton nicht täuschen. Viel zu oft hat er diesen nachlässig dahingleitenden Tonfall gehört, als daß er nicht wüßte, daß diese Leichtigkeit gespanntes Interesse verbirgt. Er beeilt sich denn auch, sachlich zu berichten, als sei er noch der erste Mitarbeiter seines ehemaligen Chefs:

„Nicht vor drei Monaten. Der Kaiser will die wärmere Jahreszeit abwarten, da sie allein die grundlosen Straßen im Osten passierbar macht. Zudem hofft man auf die Ernte, um die Armee ernähren zu können.“

„Wieviel Mann sollen aufgeboten werden? Man spricht von vier- bis fünfhunderttausend."

„Mehr." Fast flüstert es der andere. „Mit den Hilfskontingenten an sechshunderttausend." Er sieht Talleyrand die Augenbrauen hochziehen, setzt bedeutsam hinzu: „Der Kaiser will sicher gehen."

„Sicher. Hm — Hat der Kaiser noch Freunde in seiner Umgebung?"

„Aber gewiß! Berthier!"

„Ich meine, Freunde mit Kopf."

„Ségur."

„So sagen Sie Ségur, er möge zum Kaiser gehen und ihn mit aufgehobenen Händen anflehen, diesen Krieg nicht zu führen."

„Für so verhängnisvoll halten Sie ihn, Durchlaucht?"

„Sagen Sie, La Bésnadière, haben Sie in Ihrer Kindheit Schmetterlinge gefangen?"

„Oh ja." Der Graf, der Talleyrand kennt, wundert sich nicht über die scheinbare Abschweifung.

„Und dann auch aufgespannt?"

„Nein."

„Mich lehrte es ein Lakai auf dem Gut einer Ahnin. Man spießt den Schmetterling auf, spannt ihm die Flügel aus und hält sie mit Papierstreifen auf einem Brett fest."

La Bésnadière überlegt, sagt dann betrübt:

„Ich bin des Umgangs mit Eurer Durchlaucht entwöhnt. Seinerzeit hätte ich nicht um eine Erläuterung bitten müssen."

„Sie ist sehr einfach", erwidert Talleyrand. „Bis auf das Aufspießen, das noch kommen kann, ist die Lage des Kaisers die gleiche."

„Sie meinen, mein Fürst, die Flügel —"

„Der eine wird in Spanien festgehalten; fester denn je; den andern ist er im Begriff freiwillig auszustrecken."

„So glauben Sie nicht an einen Sieg?"

„Ich glaube an so viele Siege wie Sie wollen. Ich glaube nur nicht, daß der Kaiser das Ersiegte wird halten können."

„Unterschätzen Sie den Kaiser nicht, Durchlaucht?"

„Jedenfalls schätze ich die Möglichkeiten dieses Feldzugs richtig ein. Darum, wenn noch ein Freund um den Kaiser ist, möge er ihn warnen — vor diesem Krieg warnen!"

„Warum tun Sie's nicht selbst, Durchlaucht?" stößt der andere hervor.

„Auf mich hört er nicht mehr", sagt Talleyrand kalt, verschlossen. Er nickt La Bésnadière bedeutsam zu und tritt wieder zur Herzogin von Kurland.

„Wo ist denn unsere schöne Spionin?" erkundigt er sich.

„Sie sollten nicht so sprechen", weist ihn die Herzogin zurecht. „Die Gräfin mag ihre Fehler haben, aber sie hat einen Vorzug: sie hat das Herz, sich Empfindungen zu leisten, und den Mut, ihnen zu gehorchen."

„Mag sein", räumt Talleyrand ein, „obwohl ich ihre Empfindungen weder teile noch auch nur begreife. Aber wo ist sie?"

„Sie hatte noch eine Verabredung",

Das heißt, denkt er, sie beeilt sich, Savary zu melden, daß ich auf meiner Hut bin. Aber er spricht es nicht aus, sagt statt dessen:

„Sie wollten mir vom Brief des Zaren erzählen."

„Ja", fällt sie ein. „Komplimente über Komplimente — und ein seltsames Nachwort: Zar Alexander rechnet mit dem Krieg und versichert, er wolle bis zur endgültigen Entscheidung kämpfen, und wenn er Napoleon bis Kasan hinter sich herschleifen müsse."

Gedankenvoll nickt Talleyrand vor sich hin. Die Frage ist nur, sagt er sich, ob sich Napoleon so weit wird schleifen lassen. Vielleicht auf der Lockspur seiner Siege, hm. So versunken ist er in seine Überlegungen, daß er die Frage fast überhört, die die Herzogin an ihn richtet:

„Glauben Sie, kommt es heuer noch zum Krieg?"

„In drei Monaten, behauptet La Bésnadière", antwortet er aufblickend. „Als Untertanin des Zaren werden Sie gut daran tun, Paris rechtzeitig zu verlassen." Besonders wo Sie eine Kreatur Savarys um sich dulden, setzt er in Gedanken hinzu.

„Und Sie?" fragt sie.

„Ich bleibe. Ich könnte es mir nie verzeihen, der Entscheidung ferngeblieben zu sein."

Im Lampenschimmer

Die Argandlampe breitet ihr freundliches Licht über den Schreibtisch, das Feuer im Kamin strahlt behagliche Wärme aus. Dennoch zeigt das Gesicht Talleyrands nur Unlust und Verdrossenheit. Unähnlich erlauchten Vorbildern wie Madame de Sévigné und Mademoiselle de L'Espinasse haßt er es, Briefe zu schreiben — selbst an die ihm nächststehenden Menschen wie in diesem Fall an die Herzogin von Kurland. Er betrachtet das weiße Papier vor sich, das bisher nur die Worte ‚Meine teure Freundin!' trägt, mit Mißbilligung und muß sich überwinden, nicht ernsthaft ärgerlich zu werden.

Vielleicht, denkt er nach einer Weile fruchtlosen Grübelns, findet sich ein Anhaltspunkt in dem, was sie schreibt. Er nimmt ihren Brief, der, offen an das Schreibzeug gelehnt, wie die Episteltafel eines Altars der Freundschaft anmutet, auf, überfliegt ihn.

‚Mein lieber Freund', schreibt die Herzogin, ‚ich kann Ihnen nichts Schöneres von Frankfurt sagen, als daß wir hier überhaupt nichts vom Krieg spüren. Selbst die Durchzüge der Soldaten erfolgen bei Nacht — wie es heißt, der englischen Spione wegen, die man überall zu sehen glaubt.

Herr von Dalberg ist bezaubernd und entfaltet seinen ganzen Charme, um mir meinen Aufenthalt angenehm zu machen. Konzerte, Opernabende, Empfänge wechseln ohne Rast, so daß es mir manchmal fast zuviel wird. Aber ich lasse es mir gefallen, weil ich hinter allem die gute Absicht dieses liebenswerten Greises fühle.'

Na also, denkt der Einsame, da kann man ja anknüpfen. Er ergreift die Feder und schreibt in einem Zug:

„Vielen, vielen Dank für Ihr Schreiben, das mir heute zugestellt wurde. Mit einer Mischung aus Befriedigung und Eifersucht ersehe ich daraus, daß Sie sich in der Verbannung offenbar recht wohl fühlen. Fast zürne ich Freund Dalberg, daß er Sie mit so vielerlei Banden an Frankfurt zu fesseln weiß; doch empfinde ich christlich genug, Sie dennoch zu bitten, ihn in meinem Namen zu umarmen. Natürlich so, daß seine erzbischöfliche Würde darunter nicht leidet."

So, denkt er, das ist immerhin ein Anfang. Was schreibt sie weiter?

‚Daß ich dennoch nach Paris, nach den Freunden, nach Dorothea — und nach Ihnen Sehnsucht habe, — muß ich das erst sagen? Sie sind mir so gegenwärtig, lieber Charles, daß ich oft nahe daran bin, den Befehl zum Einspannen zu geben, um Ihnen einen Besuch abzustatten. Doch dann erinnere ich mich, daß viele hunderte Lieues uns trennen. Ich finde es eigentlich nicht sehr schön, ‚historische' Zeiten mitzumachen. Es ist, als werde man als Erwachsener gezwungen, bei einem Räuber-und-Gendarm-

Spiel mitzutun, bei dem noch dazu die Gewehre und die Arreste echt sind!

Da ich nun nicht wirklich bei Ihnen sein kann, bin ich anmaßend genug, zu verlangen, daß Sie mir wenigstens oft und ausführlich schreiben. Schreiben Sie mir, was Sie wollen, aber schreiben Sie! Mich interessiert alles: Hofnachrichten, Gesellschaftsklatsch, Tagesneuigkeiten. Nur hören will ich von Ihnen.'

Neuigkeiten? Nun gut – in Auswahl.

„Da Sie die Güte haben, liebe Freundin, mich zum Redakteur Ihrer Privatzeitung zu ernennen, will ich mich bemühen, mich dieser hohen Ehre würdig zu erweisen. Vernehmen Sie also! Zunächst Hofnachrichten (ich schreibe nur das Wichtigste): Ihre Majestät die Kaiserin befindet sich wohl, ihr erhabener Sprößling, der König von Rom, geruhte einen Rötelausschlag gut zu überstehen. Die üblichen Hofintrigen übergehe ich und schreite gleich zur Sparte ‚Aus der Gesellschaft': Die immer noch schöne Madame de Récamier versüßt sich ihr Fernsein von Paris – Sie sehen, meine Teure, Sie sind nicht die einzige Verbannte – durch einen Dichter, und raten Sie, durch wen? Durch keinen andern als den Herrn de Chateaubriand, der sich von den Aufregungen seines neuesten Märtyrerromans in ihren weichen Armen zu erholen wünscht – was ihm zweifellos auch gelingen wird." Warte nur, Lästermaul! denkt der Briefschreiber zufrieden. ‚Das Laster, gestützt auf das Verbrechen'! Unvergessenes Wort!

Er ist nun heiterer. Die Trägheit ist überwunden, die Gedanken strömen ihm freier zu. Eifrig setzt er fort:

„Nächste Rubrik: Tagesneuigkeiten. Halt, hier habe ich Ihnen etwas zu erzählen, was Ihnen Spaß machen wird.

Denken Sie, ein gewisser Malet, ein typischer Revolutionsgeneral, beschloß eines Tags, auf eigene Faust große Politik zu machen. Da man einige Zeit hindurch vom russischen Kriegsschauplatz nichts gehört hatte, sprengte er das Gerücht aus, der Kaiser sei plötzlich gestorben, und setzte sich von eigenen Gnaden zum vorläufigen Regenten ein. Bisher wäre dies nur die absurde Tat eines Verrückten, wie sie jeden Tag vorkommen kann. Aber was meinen Sie, was geschah? Ein Teil der Pariser Nationalgarde nahm ihn ernst. Es kam zu einer Art Schilderhebung, die in der Verhaftung des — — Polizeiministers Savary gipfelte! Erst das Eingreifen verläßlicher Truppen machte dem Spuk ein Ende. Malet wurde seinerseits festgenommen und kurzerhand standrechtlich erschossen — was mir angesichts seines Heiterkeitserfolges eigentlich leid tut."

Nun geht es fließend weiter:

„Die ernste Seite dieser Vaudevilleangelegenheit aber, die Paris einen Tag lang lachen machte und am andern vergessen war, blieb merkwürdigerweise unbemerkt. Niemand machte sich Gedanken darüber, welch erschreckendes Licht sie auf die herrschenden Verhältnisse warf. Wenn schon ein Halbnarr die Behörden der Hauptstadt, wenn auch nur für kurze Zeit, in Verwirrung bringen konnte, welches Chaos würde erst entstehen, wenn ein wirklich energischer Mann nach der Herrschaft griffe?!

Fouché aber — Sie wissen, ich kann ihn in den Tod nicht ausstehen, und das verpflichtet mich erst recht, ihm Gerechtigkeit widerfahren zu lassen — Fouché, ein Polizeiminister ersten Ranges, der diesen glänzend verwalteten Posten nur verlor, weil er die gute Idee hatte, ohne Wissen des Kaisers nach England Friedensfühler auszustrecken, Fouché sitzt, womöglich noch ungnädiger behandelt als ich, in seinem Schloß zu Ferrières, fern von Paris, fern jeder Tätigkeit, die ihm Lebensnotwendigkeit ist."

Talleyrand hebt den Kopf. Obwohl keine Tür geknarrt hat, kein Schritt hörbar geworden ist, spürt er die Anwesenheit eines zweiten Menschen im Zimmer. Er dreht das Gesicht dem Dunkel um die Türe zu, sieht dort eine Gestalt stehen, unbeweglich, schweigend. Ah, Pascal! Er lehnt sich zurück, legt die Feder auf das Schreibzeug, massiert die etwas steifen Finger, tut leise gelangweilt die gewohnte Frage:

„Nun, Pascal, wer ist es denn heute?"

„Kein Pascal", kommt die Antwort aus dem Dunkel.

Die Stimme klingt bekannt. Die Hände auf die Seitenlehnen des Stuhles stemmend, äugt Talleyrand mit eingekniffenen Augen schärfer hin. Plötzlich ein kurzes Auflachen: er hat den geheimnisvollen Besucher erkannt.

„Mein lieber Herzog", ruft er, „Sie sind ein Meister der Überraschung! Eben schreibe ich einer Freundin — Aber kommen Sie doch näher! Wozu diese Geheimtuerei? Warum haben Sie sich nicht anmelden lassen?"

„Mein lieber Fürst", antwortet der andere, „weil ich weiß, daß Sie um diese Stunde jeden Besuch abweisen. Nur die außergewöhnlichen Umstände — die Notwendigkeit, Sie dringend zu sprechen —" Er tritt aus dem Schatten, zeigt das bleiche Gesicht Fouchés.

„Nehmen Sie Platz! Wie sind Sie an Pascal vorbeigekommen?"

„Monsieur Courtiade hält es unter seiner Würde, die Dienerstiege zu beachten."

„Und ich muß mir morgen seine Vorwürfe anhören!"

„Er wird nicht unversöhnlich sein", meint Fouché ungeduldig. „Nun hören Sie mich an. Ich bin gekommen —"

„Wegen Malet?"

„Ach, wer spricht denn von diesem Dummkopf!" fährt Fouché drein.

„Dieser Dummkopf hat zwei Regimenter alarmiert, zwei Generale aus dem Gefängnis geholt, Savary verhaftet —"

„Savary ist auch nur ein Dummkopf", fällt ihm Fouché

abermals ins Wort. „Womöglich ein noch größerer", setzt er wütend hinzu.

„Eben", bestätigt der Fürst sachlich. „Und nun bemühen zweifellos Sie sich um das Amt, für das Sie Gottes unerforschlicher Ratschluß erschaffen hat."

„Mein Amt mag der Teufel holen. Ich werde es wiederkriegen — und mehr. Darum kümmere ich mich nicht." Mit einem kurzen Atemstoß bläst er die Luft geräuschvoll aus der Nase.

„Dann weiß ich wirklich nicht, warum Sie mich zu einer Stunde heimsuchen, die ich mir vorzubehalten wünsche."

„Weil ich Sie dringend sprechen muß, sagte ich es Ihnen nicht?"

„Möglich. Warum müssen Sie mich dringend sprechen?"

„Wegen Napoleon."

„Was ist's mit ihm? Wo ist er?"

„In Moskau."

„Hat er es bereits eingenommen?"

„Vor den Toren Moskaus wurde eine blutige Schlacht geschlagen. Er gewann sie."

„Das ist schon so seine Gewohnheit. Und nun legt er die Armee dort ins Winterquartier, wie?"

„Nein."

„Sie sagen ‚nein'. Warum ‚nein'?"

„Weil Moskau brennt."

Diese Nachricht erschüttert selbst die eisernen Nerven des Fürsten. Er fährt im Lehnstuhl hoch, starrt Fouché mit aufgerissenen Augen, mit offenem Munde an.

„Was sagen Sie?!"

„Moskau brennt. Oder ist zweifellos bereits niedergebrannt. Von den eigenen Leuten angezündet."

„Vorsätzlich?"

„Ja."

„Um der französischen Armee keine Winterquartiere zu bieten?"

„Offenbar."

„Großer Gott!"

Ein Schweigen sinkt über beide, in dem alle Gedanken ertrinken, nur das grenzenlose Staunen übrig bleibt über das unfaßbare Volk, das die eigene Hauptstadt lieber niederbrennt, ehe es sie einem fremden Eroberer überläßt.

Endlich rafft sich Talleyrand auf.

„Das ist der Anfang vom Ende!" ruft er.

„Ebendarum bin ich da. Noch weiß niemand etwas. Wir können allen Möglichkeiten entsprechende Entschlüsse fassen."

„Nur dem entsprechend, was geschehen wird. Was wird geschehen?"

„Es kann dreierlei geschehen", erwägt Fouché.

„Es kann nur eins geschehen", widerspricht Talleyrand. „Denn er kann weder noch tiefer in den uferlosen Raum Rußlands eindringen, noch in den Ruinen Moskaus Quartiere beziehen. Er muß zur nächsten größern Stadt zurückgehen."

„Das ist Smolensk."

„Wie weit ist das von Moskau entfernt?"

„Keine Ahnung. Nicht unter hundert Lieues."

„Also mindestens zwei Wochen Marsches durch verwüstetes, ausgesogenes Land, in den Winter hinein, der in Rußland früher und härter ist als bei uns, von feindlichen Streifscharen gestört, verzögert. — Und wenn irgend etwas versagt? Und wenn die Magazine in Smolensk nicht ausreichen?"

„Sie haben recht", stimmt Fouché eifrig zu. „Um so nötiger ist es, ins reine zu kommen. Wenn der Kaiser zurückkommt — denn er kommt schleunig hierher zurück —"

„Selbstverständlich; sonst ist hier der Teufel los. Nun?"

„Wenn der Kaiser nach Paris zurückkommt, muß er vor vollendeten Tatsachen stehen."

„Was wollen Sie tun? Malets Beispiel nachahmen?"

„Natürlich nicht. Aber den Staatsrat ausschalten. Oder halten Sie das für unmöglich?"

„Nein", antwortet Talleyrand gleichgültig. „Er hat gar keinen Rückhalt in der Bevölkerung. Aber wozu das?"

„Um eine Regierung zu bilden, die dem Kaiser die innere Ruhe sichert."

„Das heißt, mit der er rechnen müßte. Wenn ich Sie recht verstehe, soll ich bei dieser Regierung mittun."

„Ja. Sie als Außenminister, ich als Innenminister — wenn wir Napoleon mit einer solchen Regierung entgegentreten —"

„So dauert es keine vierundzwanzig Stunden, bis wir uns in einem Winkel des Festungsgrabens von Vincennes an der Seite Malets und des Prinzen von Enghien von unsern Träumen ausruhen können."

„Sie weigern sich?"

„Ganz entschieden — in meinem wie in Ihrem Interesse."

Fouché kaut an seinen Lippen. Sagt dann verbissen:

„Sie versuchen mich zu täuschen. Sie haben selber etwas vor, und ich soll nichts davon wissen."

„Reden Sie keinen Unsinn!" Talleyrand schlägt ärgerlich mit der flachen Hand auf den Tisch. „Ich erkenne Sie nicht wieder! Einer der klügsten Köpfe Frankreichs, und denkt so verquer!"

„Es ist so verquer nicht", wirft Fouché tückisch hin.

„Es ists! Jetzt irgend etwas unternehmen zu wollen, ist einfach eine Dummheit. Das heißt um einer unreifen Frucht willen auf einen Baum steigen und mit dem brechenden Ast herunterfallen."

„Sie sagten doch selbst, das Ende sei da!"

„Der Anfang vom Ende! Soll ich mich vom Ertrinkenden in den Strudel hinabziehen lassen? Ich kann warten!“

Fouché antwortet nicht sofort. Seine Augen bohren sich tief in die seines Gegenübers. Der Fürst glaubt, noch nie einen so durchdringenden Blick gesehen zu haben. Dann sagt der ehemalige Polizeiminister mit durchfieberter Stimme:

„Ich weiß nicht, ob Sie die Wahrheit sprechen. Vielleicht. Ich weiß nicht, ob Sie recht haben. Wahrscheinlich. Gewiß weiß ich nur eins: Sie haben's gut, Sie können warten. Sie haben Ihre Weiber, Ihre Freunde, Ihr Ansehen, Ihren Namen.“ Er holt tief Atem, sagt andächtig vor sich hin: „Graf von Talleyrand-Périgord.“ Er kehrt zur vorigen fiebrigen Stimme zurück: „Aber ich! Ein armer, verwilderter Hund, gehaßt, gefürchtet — irgendein namenloser Fouché, der sich einen ergaunerten Herzogsmantel umgehängt hat — was habe ich? Was besitze ich? Nichts als meine Tat! Darum, ob dumm oder klug — ich muß handeln! Adieu!“ Er steht auf, tut einen Schritt in den Schatten zurück — und ist lautlos verschwunden, als ob das Dunkel ihn eingesogen hätte.

„Handeln Sie!“ sagt Talleyrand in dieses Dunkel hinein. Aber es kommt keine Antwort mehr.

Der nun wieder Einsame wartet einige Augenblicke lang, kehrt sich wieder dem Schreibtisch zu. Zerstreut liest er die letzten Worte seines angefangenen Briefes, dann legt er die Epistel der Herzogin darüber und schließt über beiden den Deckel der Schreibmappe: er ist außerstande, jetzt weiterzuschreiben. Schweigend verharrt er, dann hebt er die Hand zur Tischglocke, schellt. Unmittelbar darauf betritt sein Kammerdiener das Zimmer.

„Durchlaucht befehlen?“

„Sende zum Bankier Ouvrard. Ich lasse ihn bitten, sofort zu mir zu kommen.“

„Monsieur Ouvrard wartet seit siebeneinhalb Minuten in der Bibliothek."

Ein kurzes Aufblicken.

„Du hast gehorcht?"

„Durchlaucht — warum versucht der Herr Herzog von Otranto sich an mir vorbeizuschleichen?!"

Ein Schweigen. Dann wieder die Stimme des Fürsten:

„Pascal, es scheint, daß du mein einziger wirklicher Freund bist."

„Durchlaucht —" Monsieur Courtiade verbeugt sich tief, viel tiefer als sonst. Jedes weitere Wort wäre zuviel. Erst als er sich wieder aufgerichtet hat, fragt er mit gewohnter ruhiger Höflichkeit: „Darf ich jetzt Monsieur Ouvrard hereinbitten?"

„Ja, führ ihn herein. Und — Pascal —"

„Vielen Dank, Durchlaucht, ich habe bereits Verkaufsauftrag für meine Staatsrenten erteilt."

Kronrat

Es ist alles wie sonst. Der kleine Salon in den Tuilerien mit seinen hellgrauen Damasttapeten, die Empirefauteuils mit den grünen Seidenüberzügen, der lange Mahagonitisch mit dem schweren Bronzeschreibzeug und den in antiken Formen gehaltenen Armleuchtern, an seinem Kopfende der erhöhte Lehnstuhl für den Kaiser, an den Wänden die Bildnisse des Kaiserpaares, in Malweise und Auffassung nicht ganz zueinanderpassend: Napoleon von Gosse gemalt, in der gewohnten grünen Uniform der Gardejäger, mit dem breiten, selbst in der Trübnis des Wintertags leuchtenden Band der Ehrenlegion, Marie Louise von Isabey durchaus repräsentativ aufgefaßt, das Krondiadem auf dem Haupt und umwallt von dem riesigen Krönungsmantel.

Alles wie sonst — und doch ganz anders. So, als habe das alles plötzlich einen beiläufigen, provisorischen Charakter bekommen, sei nur noch zusammengewürfeltes Requisit für eine der letzten Szenen eines Spektakelstückes, deren Unerquicklichkeiten man am liebsten aus dem Wege gehen möchte. Das lautlose Erscheinen der zu Marionetten dressierten Diener, die die Kerzen der Armleuchter entzünden, ihr ebenso lautloses Verschwinden verstärkt noch den unwirklichen Eindruck und dämpft die Stimmen der Wartenden zu einem Flüstern, das kaum der Nachbar zu verstehen vermag.

Es sind ihrer sieben gekommen, um am ersten Kronrat des zurückgekehrten Kaisers teilzunehmen. Auch ihre Auswahl wirkt beiläufig, unorganisch: alte loyale Mitarbeiter wie Cambacérès und Caulaincourt, fachlich wertvolle, aber farblose Beamte des Außenministeriums wie Hauterive und La Bésnadière, brave Nullen wie Campagny und Duroc, der Schleicher Maret. Sie stehen in Gruppen beisammen und raunen einander besorgte Worte zu, nicht ohne vorher vorsichtig um sich geschaut zu haben. Und wenn sie in halben Andeutungen von dem gesprochen haben, was ihnen allen das Herz beschwert, schließen sie den Mund so fest, als wollten sie ihn nie wieder öffnen, lassen nur ihre Augen sprechen, in denen dieselbe Sorge ist wie in den leise verklingenden Reden.

Cambacérès steht mit Caulaincourt beisammen, wendet sein etwas leer blickendes kluges Juristengesicht den andern Gruppen zu. Caulaincourt erzählt irgendeine belanglose Hofgeschichte, der der andere gar nicht zuhört. Den Redenden mitten im Wort unterbrechend fragt er kurz:

„Fällt Ihnen nichts auf, Caulaincourt?"

„Was sollte mir auffallen?"

Cambacérès schüttelt unmerklich den Kopf, sagt halb zu sich selbst:

„Es scheint, nur Juristen können beobachten. Offenbar hängt das mit der langjährigen methodischen Schulung des Denkens zusammen. — Es könnte Ihnen verschiedenes auffallen“, wendet er sich wieder an Caulaincourt. „Zum Beispiel, daß kein einziger General anwesend ist.“

„Kein Wunder, die sind alle bei den Rekrutenaushebungen.“

„Ich denke, das ist Sache der Präfekturen.“

„Eigentlich ja; aber —“ Caulaincourt dämpft die Stimme noch mehr — „das ist heute sehr schwer. Die furchtbaren Verluste in Rußland schrecken alle ab.“

„Sind diese Verluste wirklich so hoch?“ Nun ist es auch Cambacérès, der seine Stimme dämpft.

„Die schlimmsten Gerüchte bleiben hinter den Tatsachen zurück. Wenn man die Wahrheit wüßte, würden nicht fünfzigtausend desertieren, sondern zwei-, dreihunderttausend.“ Er zögert, sagt dann: „Der Rekrutenjahrgang 1812 liegt größtenteils bereits unter dem russischen Schnee. Man hat auf den von 1813, ja, von 1814 vorgreifen müssen.“

„Das ist ja furchtbar! Wie will man das verantworten?!“

„Der Kaiser will um jeden Preis eine neue große Armee aufstellen“, erläutert Caulaincourt achselzuckend. „In allen Ländern erheben die Unzufriedenen ihr Haupt, und er hält eine starke Wehrmacht für das einzige Mittel, sie niederzuhalten.“

„Aber das sind doch lauter Rekruten!“

„Das habe ich ihm auch gesagt. Er antwortete mir, die Fahnen und die Adler seien die alten, und die Marschälle auch. Darum hat er diese, soweit sie in Frankreich sind, in die Departements geschickt. Sie sollen den Neulingen Mut machen.“ Cambacérès antwortet nicht, schüttelt nur unaufhörlich den Kopf. Sichtlich um seinen unfrohen Gedanken zu entrinnen, fragt Caulaincourt ablenkend: „Und was soll mir noch auffallen?"

„Die Zusammensetzung dieser Versammlung", antwortet Cambacérès. „Haben Sie sich darüber keine Gedanken gemacht? Keiner von den führenden Männern, kein Fouché, kein Talleyrand —"

„Fouché darf sein Schloß nicht verlassen. Er war beim Kaiser, aber der schickte ihn sogleich zurück mit dem strengen Befehl, weitere Weisungen abzuwarten. Ich glaube, er soll eine Mission bekommen, die ihn von Paris möglichst weit wegführt."

„Und Talleyrand?"

„Talleyrand kommt. Ich mußte ihn eigens einladen."

„Was Sie nicht sagen!" Cambacérès ist ehrlich überrascht. „Mißtraut denn ihm der Kaiser weniger?"

„Er braucht ihn. Talleyrand ist ein unersetzlicher Kenner des Auslandes und als Diplomat unerreicht. ‚Talleyrand ist der einzige, der die Lage meistern kann', sagte mir der Kaiser."

In Cambacérès Gesicht tritt der besorgte Ausdruck, der auch in den Mienen der andern zu sehen ist.

„Glauben Sie überhaupt an eine Lage", fragt er, „die man meistern kann?"

„Es sind nicht nur Schattenseiten da", verteidigt Caulaincourt eifrig seinen Optimismus. „Der Zar scheint gar nicht so entschlossen, den Krieg fortzuführen. Statt sofort nachzustoßen, wie es der Kaiser selbstverständlich getan hätte, durch ein Preußen, das ihm nicht hätte wehren können, und ein Deutschland, das ihm bestimmt nicht gewehrt hätte, bleibt er an der Ostgrenze Preußens stehen, seine Bevollmächtigten verhandeln statt zu fordern, seine Generale temporisieren statt zu marschieren — sieht das nach Kriegsentschlossenheit aus?"

„Da kommt Talleyrand“, bemerkt Cambacérès statt einer Antwort.

Auch die andern haben den schweren Schritt des lahmen Beins gehört, das leise Knacken der Maschine, die es umspannt. Nicht, wie der ehemalige Zweite Consul, von einem Eingeweihten unterrichtet, sehen sie überrascht zur Türe hin, als müsse eine der tragischen Geistererscheinungen eintreten, wie englische Balladen, die neueste Modelektüre von Paris, sie so gerne gebrauchen.

Aber es ist nur die altgewohnte, allen vertraute Gestalt, der feine Kopf mit den verschleierten Augen und dem freundlich gleichgültigen Lächeln, die zierliche Gestalt, die nur durch das kranke Bein entstellt wird. Und es ist auch die gewohnte selbstverständliche Verbindlichkeit des Grußes, die zugleich alle Verwunderung auslöscht und durch ihre leise Förmlichkeit eine Schranke errichtet, die jede Vertraulichkeit verhindert. Mit einem Wort — es ist Talleyrand.

Er tritt zu keiner der Gruppen, hinkt zu einer der Fensternischen, schickt sich, an den Rahmen gelehnt, an, den verschneiten Garten zu betrachten. Ein, zwei Blicke treffen ihn noch, dann kommen die leisen, sorgenvollen Gespräche langsam wieder in Gang.

Dennoch scheint mit ihm etwas Fremdes in den Raum gekommen zu sein, der geheimnisvolle Hauch einer andern, schicksalhaften Welt: als ob eine Entscheidung bereits gefallen sei, in Sphären, die sich der allgemeinen Erkenntnis verschließen.

Erst als die Flügeltür sich öffnet und eine schallende Stimme ihr: „Messieurs, l'Empereur!“ erklingen läßt, entschwindet alles spukhafte Gefühl vor der Realität. Napoleon tritt, gefolgt von Savary, wie immer mit kurzen, raschen Schritten ein, begrüßt die Anwesenden, die sich schweigend verbeugen, mit einem kurzen Kopfnicken, hastet zu seinem Lehnstuhl, sinkt hinein, sagt kurz, abgehackt:

„Bitte, nehmen Sie Platz, meine Herren!“

Sie gehorchen. Nur Talleyrand bleibt bei seinem Stuhl stehen.

„Nun, Talleyrand“, sagt Napoleon ungeduldig, „warum setzen Sie sich nicht?“

„Sire“, entgegnet Talleyrand halb fragend, und selbst sein vertrautester Freund könnte aus dem Tone den versteckten Hohn nicht heraushören, „ich dachte, Sie seien böse auf mich.“

Napoleons Stirne verfinstert sich.

„Lassen Sie Vergangenes vergangen sein und setzen Sie sich!“ befiehlt er ärgerlich. Wartet, bis Talleyrand gehorcht hat, wendet sich dann ohne Einleitung an die Versammelten. „Meine Herren“, sagt er, „es wäre müßig zu leugnen, daß der bisherige Verlauf des russischen Feldzugs unsern Erwartungen nicht entsprach. Wir können dies umso leichter zugeben, als niemanden von uns daran die Schuld trifft. Wir begegneten Hindernissen, mit denen wir im Vorhinein nicht rechnen konnten. Ich hielt es daher für meine Pflicht, zurückzukehren und die notwendigen Maßnahmen zu treffen, daß der Feind nicht Vorteile, an denen ihm kein Verdienst zukommt, für sich benütze.“ Er hütet sich, bei dieser euphemistischen Umschreibung seiner unleugbaren Niederlage zu verweilen, setzt etwas hastig fort: „Ehe ich nun den Krieg fortsetze und, wie ich mir wohl zutrauen darf, einen jetzt schon zaghaften Gegner niederringe, möchte ich mit Ihnen die Möglichkeiten erörtern, die mir etwa erlauben, ein vielleicht unnützes Blutvergießen zu vermeiden und einen ehrenvollen Frieden zu schließen. — Cambacérès“, wendet er sich an diesen, „sehen Sie eine solche Möglichkeit?“

„Sire“, antwortet der Reichserzkanzler bedächtig, „eine

solche Möglichleit ist immer vorhanden. Sie sind der Schwiegersohn des Kaisers von Österreich. Wenn Sie die Vermittlung dieser Macht anrufen —“

Napoleon unterbricht ihn, ungeduldig wie immer, wenn er jemandes Meinung zu kennen glaubt, ruft:

„Champagny? Was sagen Sie?“

„Sire“, schlägt dieser vor, „warum nicht mit Rußland unmittelbar verhandeln? Eine direkte Verständigung gibt die besten Ergebnisse, wie wir schon in Tilsit gesehen haben.“

Duroc und Maret stimmen gleichfalls für direkte Verhandlungen, die beiden Beamten und Savary, der offenbar nur als Begleiter des Kaisers in den Kronrat gekommen ist, werden übergangen. Es bleiben nur noch Caulaincourt und Talleyrand übrig.

„Ich stimme für den Vorschlag des Herrn Reichserzkanzlers“, sagt Caulaincourt. „Neben dem schon erwähnten Vorteil hat er noch den zweiten, daß er uns Österreichs Neutralität verbürgt.“

Napoleon wendet rasch den Kopf nach ihm, sieht ihn scharf an.

„Österreichs Parteinahme kann uns gleichgültig sein“, bemerkt er mit beabsichtigter Nachlässigkeit. „Es hat wiederholt erfahren, was es bedeutet, den Degen mit uns zu kreuzen. — Talleyrand?“

Talleyrand erhebt sich mit einiger Mühe, stützt sich schwer auf den Tisch. Die gekünstelte Gleichgültigkeit ist verschwunden, seine Stimme klingt sehr bestimmt — und sehr fest.

„Sire“, sagt er, „Ihr von Ihnen geäußerter Wunsch, Blutvergießen zu vermeiden, erlaubt mir, offen zu reden, ohne befürchten zu müssen, daß meine Worte mißverstanden werden.“ Er macht eine kurze Pause, sagt dann, jedes Wort betonend, mit etwas erhobener Stimme: „Sire, ob unmittelbar oder durch Österreich, ist gleichgültig;

wie, ist gleichgültig; wichtig ist nur eins: verhandeln Sie!"

Napoleon hat mit halbgeschlossenen Augen zugehört, sagt nun mit deutlicher Zurückweisung von Talleyrands Drängen:

„So unbedingt?"

„Sire", wiederholt Talleyrand so ernst und nachdrücklich wie zuvor, „verhandeln Sie. Jetzt haben Sie Faustpfänder in der Hand; wenn Sie zuwarten und diese verlieren, können Sie nicht mehr verhandeln."

„An der Spitze von sechshunderttausend Mann kann ich ruhig abwarten, bis die andern um Verhandlungen bitten."

Napoleon sieht beifallheischend um sich; aber die treuen Diener machen bedenkliche, die beiden Beamten gar sorgenvolle Gesichter. Nur Maret sucht sich bei seinem Herrn einzuschmeicheln, läßt ein ironisches Kichern hören.

„Von diesen Sechshunderttausend spreche ich eben." Talleyrands Ernst bleibt immer der gleiche. „Wenn Eure Majestät auch nur einen davon verlieren, haben Sie nicht mehr sechshunderttausend, denn er ist nicht mehr zu ersetzen — und keiner der übrigen: es ist das Letzte, was Ihnen Frankreich geben konnte."

Tiefe Stille. Alles blickt verstohlen nach dem Kaiser. Der sitzt in sich zusammengesunken, trommelt mit einer Hand auf den Tisch, starrt vor sich hin. Talleyrand, da die Antwort nicht erfolgt, die er erwartete, spricht weiter, mit einer gespannt ruhigen Sachlichkeit, die das Furchtbare seiner Worte umso eindringlicher macht:

„Es wäre verhängnisvoll, sich in diesem schicksalhaften Augenblick zu täuschen. Die Tatkraft der Nation ist nicht mehr die gleiche wie die Ihre, Sire: sie hat zuviel aushalten müssen, als daß sie nun nicht nachließe. Frankreich braucht Ruhe, Eratmen, Erneuerung seiner Kraft. Sonst könnte es sich eines Tages außerstande fühlen, Ihnen noch zu folgen." Nun kommt der Wutausbruch, denkt er. Auch das muß überstanden werden.

Aber der Wutausbruch erfolgt nicht. Zwar hob Napoleon bei den Worten seines frühern Ministers den Kopf und sah rundum, als erwarte er von irgendeiner Seite einen Protest. Aber sei es, daß die düstere Stummheit, der er überall begegnet, und die selbst ein Maret nicht zu brechen wagt, ihm ans Herz greift, sei es, daß er die Wahrheit von Talleyrands Worten selber empfindet — er beendet seinen Rundblick Aug' in Auge mit dem Sprecher, sieht ihn lange schweigend an. Dann sagt er ebenso ruhig, ebenso sachlich, nur mit einem leisen Bruch in der Stimme, den der Zuhörer kaum vernimmt:

„Ich muß Ihnen die Gerechtigkeit widerfahren lassen, daß Sie immer der gleiche geblieben sind. Aber selbst wenn ich Ihren Rat befolgen wollte, so könnte ich es nicht: an der Spitze von sechshunderttausend Mann verhandelt man nicht; es könnte allzuleicht für Schwäche ausgelegt werden. Friede kann erst sein, wenn sich unsere Gegner von unserer unverminderten Stärke überzeugt haben." Er verstummt kurz, wendet sich dann an die andern. „Ich sagte zu Beginn, meine Herren, ich wollte mit Ihnen erörtern, ob die Möglichkeit eines ehrenvollen Friedens schon vorhanden sei. Die Tatsache, daß niemand von Ihnen mir für einen solchen Frieden einen greifbaren Vorschlag zu machen wußte, beweist, daß dieser im Augenblick unmöglich ist." Er steht auf, und alle folgen seinem Beispiel. „Der Kampf geht weiter", sagt er mit seiner trockenen, harten Stimme, „muß weitergehen bis zum entscheidenden, zum Endsieg. Ich danke Ihnen, meine Herren!" Er nickt, dreht sich schroff um und verläßt, wie er gekommen ist, mit kurzen, raschen Schritten den Salon.

Im Fortgehen nähert sich La Bésnadière dem in sich gekehrten Talleyrand.

„Ich muß gestehen“, setzt er an, „wir bewunderten alle den Mut Eurer Durchlaucht.“

„Es war der Mut Don Quichotes“, versetzt Talleyrand. „Ich merkte es bei seinen Schlußworten. Er hatte seine Pläne schon fertig und brauchte nicht uns noch unsern Rat, sondern nur unsere Namen. Morgen wird im ‚Moniteur‘ stehen, daß der Kronrat, an dem neben dem Kaiser die und die teilnahmen, einmütig die notwendigen Beschlüsse faßte.“

„Dennoch war es verdienstlich von Ihnen, so gesprochen zu haben.“

„Vielleicht, wenn meine Stimme hinausdringt und gehört wird. Ich sprach nicht für ihn, sondern für jeden einzelnen der Sechshunderttausend, die er auf die Schlachtbank führen will.“

„So erhoffen Sie sich nichts von des Kaisers, wie er sagt, letztem Feldzug?“

Talleyrand findet von seinem fast tragischen Ernst zu einem maliziösen Lächeln zurück. Antwortet, behutsam die Worte wählend:

„Diese Frage ohneweiters zu beantworten, müßte man ein Dummkopf sein — oder ein Rebell.“ Er winkt La Bésnadière freundschaftlich zu und hinkt voll gelassener Würde zu seinem eben vorfahrenden Wagen.

Eines Mannes letztes Glück

„Seine Durchlaucht läßt fragen, ob der Frau Gräfin sein Besuch genehm ist?“

Die junge Frau läßt das Modejournal, in dem sie blätterte, sinken und erwidert mit leichtem Lächeln:

„Der Besuch Seiner Durchlaucht ist mir jederzeit willkommen.“

Monsieur Courtiade verbeugt sich mit dem vollendeten Anstand eines Botschafters und verläßt das Boudoir.

Madame Edmond de Talleyrand-Périgord sieht ihm nach, immer noch das leichte Lächeln um die Lippen. Der gute Pascal! Er ist nur selig, wenn er sich pomphaft geben, sein braves, weiches Herz hinter einer Fassade verstecken kann. Wie hat er sie umsorgt, sooft sie zu Onkel Charles zu Besuch kam, wie hellte sich sein Gesicht auf, wenn sie seine tausend kleinen Aufmerksamkeiten mit einem freundlichen, nein, freundschaftlichen: „Danke, Pascal!“ beantwortete! Und nun kommt er, der alte Freund ihrer Kindheit, und spielt Gesandter! Was sind die Männer drollig!

„Seine Durchlaucht der Fürst!“

Oh, denkt sie, wenn es so feierlich hergeht, muß ich auch das meine tun! Sie steht auf, erfaßt mit spitzen Fingern den weiten Seidenrock des Hauskleides und versinkt in einem tiefen Hofknix.

„Aber meine Beste, ich bitte Sie!“ erklingt eine geliebte tiefe Stimme, durch deren zeremoniöse Abwehr humoristische Nebentöne hindurchzittern.

Lächelnd blickt sie auf, sieht in die lächelnden Züge Talleyrands, streckt die Hand aus, läßt sich daran aus ihrem Knix hochheben und sinkt dem Onkel an die Brust, ihm zärtlich die Wange zum Kusse bietend.

„Warum diese Zeremonien?“ fragt sie mit liebevollem Vorwurf, als sie beide Platz genommen haben, sie auf ihrem Sofa, der Fürst in einem bequemen Fauteuil.

„Pascal ließ sich's nicht nehmen. Er fand, ‚wir‘ könnten Madame nicht so mir nichts dir nichts überfallen. Er tyrannisiert mich von Tag zu Tag mehr“, schließt er mit einem komischen Seufzer.

„Er meint es ja gut", wirft sie begütigend ein.

„Und dabei wette ich", fährt der Fürst triumphierend fort, „daß er dir den Grund meines Besuchs gar nicht mitgeteilt hat!"

„Du würdest die Wette gewinnen. Ist ein besonderer Grund? Ich dachte, dir genüge der, mich sehen zu wollen", setzt sie mit kokettem Schmollen hinzu.

„Schlimmes Kind!" Er ergreift ihre Hand und küßt sie, wird aber gleich wieder sachlich. „Ich wollte dich bitten, mir einen Artikel aus dem ‚Rheinischen Mercur' zu übersetzen."

„Den über den Waffenstillstand?"

„Du hast die Zeitung schon gelesen?" fragt er überrascht.

„Den ich dir unlängst übersetzte", erinnert sie ihn. „Wo es hieß, daß der Kaiser nach seinem Sieg bei Dingsda —"

„Bautzen."

„Nach seinem Sieg bei Bautzen die österreichische Vermittlung wegen eines Waffenstillstandes angenommen habe."

Er lacht.

„Aber Kind, wo bist du! Der Waffenstillstand ist längst geschlossen und soll demnächst schon ablaufen. Darüber ist eben ein Artikel in der Zeitung, mit dem ich nicht recht fertig werde."

„Gib her", sagt sie willfährig. Er reicht ihr das aufgeschlagene Blatt, deutet auf den fraglichen, zum Überfluß rot angestrichenen Artikel. Eilig überfliegt sie ihn. „Sie führen in Prag Friedensverhandlungen, nicht wahr?" fragt sie. „Unter österreichischer Patronanz?"

„Ja", bestätigt er. „Aber sie wurden, scheint's, abgebrochen, so viel habe ich herausgebracht. Oder nur unterbrochen?"

„Warte", murmelt sie, die Augen aufs Blatt geheftet.

„Da steht es", ruft sie dann. „Da die Antwort Kaiser Napoleons weder zeitgerecht erfolgte noch befriedigend war, erklärten die Verbündeten die Negotiationen für beendet und stellten dem Grafen Caulaincourt seine Pässe zu."

„Lies von Anfang an", forderte er sie auf.

Nochmals überfliegt sie die Meldung, dann beginnt sie stockend zu übertragen:

„Wie Ihr Korrespondent aus Prag vom 11. d. M. erfährt, wurde die bis 10. d. M. befristete Anfrage bezüglich der sechs Fundamentalsätze, die Fürst Metternich zur Grundbedingung für die Einleitung meritorischer Verhandlungen — Du mußt verzeihen", unterbricht sie sich, aufsehend, „aber das ist alles so verschachtelt!"

„Macht nichts! Macht nichts!" beschwichtigt er sie. „Ich verstehe schon. Lies nur weiter."

„Wo war ich denn? — Ah ja! — meritorischer Verhandlungen erklärt hatte, von Kaiser Napoleon erst am 11. d. M. beantwortet. In seiner Antwort schlug er die Auflösung des Herzogtums Warschau gegen eine anderweitige Entschädigung des Königs von Sachsen, die Schaffung eines Freistaates Danzig und die Rückgabe von Illyrien und Dalmatien, jedoch mit Ausnahme der Freien Stadt Triest, an Österreich vor. Da die Antwort Kaiser Napoleons — Aber das habe ich dir ohnehin schon übersetzt."

„Ja", nickt Talleyrand abwesend.

Sie sieht seine Gedanken arbeiten, zögert, fragt endlich: „Sag, Onkel Charles —"

Er wendet den Kopf nach ihr. Sein Blick läßt sie ahnen, wie weit er fort war. Dennoch lächelt er ihr freundlich zu.

„Was willst du, Kind?"

„Der Abbruch der Verhandlungen —"

„Ja?“

„Bedeutet der das Ende des Waffenstillstands?“

„Ohne Zweifel.“

„Und Österreich?“

„Wird sich jedenfalls den verbündeten Preußen und Russen anschließen. Ich würde mich sehr wundern, wenn es sich jetzt, während wir sprechen, nicht schon im Kriegszustand mit Napoleon befände.“

Ein Schweigen. Dann setzt sie nochmals an:

„Was sind das eigentlich, diese sechs Fundamentalsätze?“

„Friedensbedingungen, die so formuliert waren, daß Napoleon sie unmöglich annehmen konnte. Zweien hat er ohnehin zugestimmt.“

„Also fängt der Krieg wieder an?“ Er nickt stumm. Sie fährt ängstlich fort: „Glaubst du, behält er die Oberhand?“ Wieder eine stumme Antwort: ein sehr skeptisches Achselzucken. Noch banger stößt sie hervor: „Schließlich hat er die vereinigten Russen und Preußen besiegt! Sogar zweimal!“

„Es fragt sich“, erwidert Talleyrand endlich mit Worten, „ob er sie nach dem Hinzutritt Österreichs ein drittesmal besiegen kann.“

„Das bedeutet also für ihn — das Ende?“

„Das sage ich ihm seit dreiviertel Jahren.“

„Unausweichlich?“

„Ein Diktator, der nicht diktiert, sondern sich diktieren läßt, hört auf, einer zu sein.“

„Und nachher?“

„Ja — nachher! Die Linke träumt von der Republik, die Rechte von den Bourbonen.“

„Und du?“

„Ich bin noch nicht entschlossen. Meinen Neigungen käme am meisten eine Regentschaft bis zur Großjährigkeit des Königs von Rom entgegen. Meine Feinde würden sagen, weil ich selbst der Regent sein möchte." Er lehnt sich behaglich zurück. „Vielleicht haben sie recht", überlegt er. „Ich liebe es nicht, so tief in mich hineinzuschauen, ich weiß es nicht."

Sie muß wider Willen lachen.

„Du bist der ehrlichste Mann, den ich kenne!" ruft sie fröhlich.

„Und du bist die einzige Frau, die eine solche Kühnheit zu behaupten wagt", gibt er vergnügt zurück. Er nimmt ihre Hand, die sie ihm willig überläßt, tätschelt sie zärtlich. „Was hörst du von Edmond?" wechselt er das Gespräch.

„Wenig", antwortet sie kurz mit einem leisen Naserümpfen. Setzt nach einem unmerklichen Zögern hinzu: „Und je weniger, desto besser."

„Ihr vertragt euch nicht?" fragt er mit einem prüfenden Blick.

„Das – kann ich nicht einmal sagen. Es gibt keine Szenen zwischen uns und keine häßlichen Auseinandersetzungen. Aber wir sind einander so fern, daß uns nur noch eine einzige Brücke verbindet: eine eisgekühlte konventionelle Höflichkeit."

„Hm." Er möchte etwas sagen, verschluckt es, sagt statt dessen: „Und wie soll das weitergehen?"

Sie macht eine unbestimmte Handbewegung, antwortet aber nichts. Es ist plötzlich eine Spannung in der Luft, diese ist elektrisch geladen wie vor einem Gewitter.

Noch ein letztes kurzes Zögern. Dann murmelt Talleyrand, die Augen vor sich auf den Boden geheftet:

„Ich hätte dir einen Vorschlag zu machen." Er merkt, daß sie aufblickt, ihn erwartungsvoll ansieht, wagt es nicht, ihre Augen zu suchen. Mit der immer gleichen gedeckten Stimme, unverwandt vor sich hinsehend, setzt er fort: „Du weißt, daß Madame de Talleyrand sich die meiste Zeit des Jahres auf ihrem Gut Pont-de-Sains aufhält und, wenn sie nach Paris kommt, dieses Haus nicht betritt.“ Etwas wie unbewußte Härte schwingt in seiner Stimme. Er merkt es, verstummt, von einer unbestimmten Scham erfüllt.

Ein unmerkliches Zucken der Hand, die er immer noch zwischen seinen beiden festhält, fordert ihn auf, fortzufahren. Aus geengter Brust Atem holend spricht er etwas mühsam weiter:

„Da nun Edmond bei seinem Regiment haust und du also so allein bist wie ich, wage ich es, dich zu fragen, ob du — ob du dieses Haus, das so glücklich ist, dich augenblicklich beherbergen zu können — ob du dieses Haus nicht als das deine betrachten, nicht deinen Wohnsitz dauernd hierherverlegen möchtest. — Selbstverständlich“, fährt er, nun, da das Schwerste gesagt ist, etwas gelöster fort, „bliebest du weiter deine eigene Herrin, könntest tun und lassen, was du willst, deine Mutter besuchen — in Périgord nach dem Rechten sehen — nur —“ und nun schlägt die tiefe Leidenschaft, die ihn erfüllt, durch die wohlgesetzten Worte hindurch — „nur laß mich wissen, daß du wieder zu mir zurückkommst, mich nicht allein lässest — nicht allein ...“ Die Stimme versagt ihm, er wagt endlich die Augen zu erheben, deren Flehen mehr sagt als der Mund, der alle seine Worte verloren hat.

Er blickt in ein flammendes Gesicht, in zwei Augen, die den seinen mit einer Mischung aus ungläubigem Staunen und bedingungsloser Hingabe begegnen, hört eine Stimme, ähnlich wie die seine von Erregung unterbrochen — erstickt:

„Du — rufst mich zu dir?“ Er kann nicht sprechen, nickt nur. Sie wiederholt: „Zu dir? Ganz zu dir?“ Und auf ein erneutes Nicken bricht sie aus: „Ja! Ja! Tausendmal ja! Nimm mich zu dir, laß mich bei dir! Hier bin ich daheim und nirgends sonst!“

Ein tiefes Glücksgefühl, wie er es nie für möglich gehalten hätte, erfüllt ihn. In dieser Sekunde öffnet sich sein mit sieben Riegeln verschlossenes Herz und ist bereit, die ganze Welt in sich aufzunehmen. Nur die Gewohnheit langer Jahre hindert es, daß er die Tränen, die in seinem glückstrunkenen Herzen aufsteigen, aus seinen Augen strömen läßt. Um von seinen Empfindungen nicht übermannt zu werden, rettet er sich in Nebensächlichkeiten:

„Natürlich", sagt er, und die Worte, die nach einem seiner geistreichen Aussprüche dazu da sind, die Gedanken zu verbergen, überstürzen sich, „wirst du deine eigenen Appartements haben und deine eigene Dienerschaft, und wenn du Gesellschaft hast, so nehme ich daran nur teil, wenn du es gestattest —"

„Ach", unterbricht sie ihn leidenschaftlich, „was liegt mir an alledem, was liegt mir an irgend etwas, wenn ich dir nur nahe sein darf!"

„Dorothea!" Ihm schwindelt.

Nun ist sie es, die mit beiden Händen nach den seinen greift, ihn zu sich aufs Sofa zieht. Aus nächster Nähe sieht sie ihn an, und es ist der volle Blick der Liebe, der den seinen trifft.

„Du weißt", sagt sie, und auch der Klang ihrer Stimme ist der Ausdruck ihrer Liebe, „was du mir bist. Seit ich dich kenne, warst du mir für alle Menschen das Maß, und keiner vermochte dich zu erreichen. So war in mir seit Jahren immer nur ein Wunsch: jener, den ich nie auszusprechen wagte — und den du mir heute erfüllt hast."

„Schweigst du — um der Menschen willen?"

„Was kümmern mich die Menschen! Nein, um meiner selbst willen. Weil ich Angst hatte, weil ich wußte, daß dir nahe zu sein für mich bedeute, mich für immer an dich zu verlieren. Aber mag's geschehen! Ich wußte nicht, daß es so schön ist, in deiner Liebe geborgen zu sein!"

Sein Herz pocht, daß er es bis in die leise zuckenden Lippen spürt.

„Es ist noch schöner, als du denkst", sagt er erstickt. „Weil es edler ist — reiner —" Er sieht ihren fragenden Blick, offenbart das Letzte: „Wußtest du nicht, daß ich deiner Mutter nahe sein durfte — ehe du geboren wurdest?"

Ihr Blick wird dunkel, tief wie das erstemal, als er seine Augen in die ihren senkte. Dann glüht abermals jenes Feuer der Liebe, das sein jüngstes, beglückendes Erlebnis war, darin auf, mit unbeherrschter Bewegung wirft sie ihm ihre Arme um den Hals. Er fühlt, wie seine Wange von ihren Tränen naß wird.

„Oh", schluchzt sie, „ich bin so glücklich, daß ich dich lieben darf — wie ich dich liebe!"

Das Fell des Bären

„Das hat doch Zeit! Ihr könnt alle nicht warten! Fouché sitzt jetzt glücklich in Dalmatien, weil er nicht warten konnte!"

„Durchlaucht, ich beschwöre Sie, sprechen Sie nicht so! Sie wissen sehr gut, daß es keine Zeit mehr hat! Jetzt, wo es nur noch um den Endkampf geht —"

„Der kann noch jahrelang dauern! Lehren Sie mich Napoleon kennen!"

„Aber wir müssen bereit sein! Sie selbst sprechen immer vom Bereitsein, Durchlaucht!"

„Vielleicht bin ich mehr bereit, als ihr denkt. Aber immerhin — Sie wollen beraten, also beraten wir. Wie stellen Sie sich das Bereitsein vor?"

„Durchlaucht, wir legen alles vertrauensvoll in Ihre Hände; nur eines bitten wir Sie, bitten wir Sie inständig: Legen Sie sich nicht auf die Regentschaft fest!"

„Mein lieber Ouvrard, Sie könnten mich lang genug kennen, um zu wissen, daß ich mich nie auf etwas festlege. Aber nur der Neugierde halber — was haben Sie gegen die Regentschaft?"

„Sehen Sie, Durchlaucht, wenn es Ihnen so sehr darum zu tun ist, das Ganze zu dirigieren, wird es Ihnen bestimmt nicht an Gelegenheit fehlen. Die vergehende und die kommende Herrschaft — das ist nicht wie die Wachablösung vor den Tuilerien, wo der eine dem andern Posten und Parole übergibt. Da liegt ein Chaos dazwischen, das nur eine eiserne Hand in samtenem Handschuh bändigen kann — Ihre Hand!"

„Die man gleich verwenden könnte", ergänzt Talleyrand sarkastisch, „der — wie sagten Sie so schön? ‚kommenden Herrschaft' die Kastanien aus dem Feuer zu holen, nicht? — Aber Sie haben meine Frage nicht beantwortet. Was paßt Ihnen an der Regentschaft nicht?"

„Aber Durchlaucht! Wie stellen Sie sich das vor?! Eine bonapartistische Regentschaft! ‚Bonaparte', ‚die Bonapartes', ‚bonapartistisch' — das sind Namen, die jedermann auf Jahre, wo nicht auf Jahrzehnte hinaus mit Verwünschungen begleitet wird."

„Das ist eine Frage der Einflußnahme", meint Talleyrand trocken.

„Außerdem werden die Mächte die Fortdauer irgendeiner bonapartistischen Herrschaft nie zugeben."

„Das ist schon ernster zu nehmen!"

„Vor allen Dingen England nicht!"

„Noch ernster. Aber wie kommt man an maßgebende Männer in England heran? Wer ist überhaupt heute in England maßgebend?"

„Meine Londoner Korrespondenten nennen den Kommandanten in Spanien, Lord Wellington, den kommenden Mann."

„Haben Sie Beziehungen zu ihm?"

„Baring und Co., meine Geschäftsfreunde, sind seine Bankiers."

Talleyrand zieht ein Notizbuch heraus, macht einen Vermerk, steckt es wieder ein. Setzt sein Verhör mit Ouvrard, den er längst durchschaut, fort:

„Und welche Regierungsform stellen sich die Mächte für Frankreich vor? Etwa gar die Republik?"

„Durchlaucht belieben zu scherzen", sagt Ouvrard gekränkt.

„Also eine Monarchie. Aber welche?"

„Keine andere als die legitime."

„Ereifern Sie sich nicht so patriotisch, Ouvrard. Es ist noch zu früh. Schließlich gibt es auch die Kompromißlösung Haus Orleans."

„Die Monarchie Ludwigs des Achtzehnten", beharrt der Bankier.

„Sie sind unerbittlich. Das muß sehr einträglich gewesen sein!" Er wischt die protestierende Bewegung des andern mit einer raschen Geste fort, überlegt blitzschnell. Nicht die schlechteste Lösung, denkt er. Brauchbar. Der Kampf nicht gegen Frankreich geführt, sondern gegen den Usurpator. Nicht Frankreich würde besiegt, sondern Napoleon Bonaparte. Hm!

„Die legitime Monarchie", drängt Ouvrard, der Talleyrands Nachsinnen für Zweifel hält, „würde auch die Meinung von Stabilität schaffen und damit das allgemeine Vertrauen wecken."

„Und die allgemeine Vertrauensseligkeit“, ergänzt Talleyrand boshaft, fährt, ohne dem Finanzmann Zeit zu überflüssigen Protesten zu lassen, fort: „Also gut, aber wenn ich mir diesen Gedanken durch den Kopf gehen lassen soll, erhebt sich eine Frage von Bedeutung.“

„Haben Durchlaucht materielle Bedenken?“ fällt Ouvrard rasch ein.

„Das“, versetzt Talleyrand mit elegantem Zynismus, „wäre für Sie beleidigend.“ Er übergeht das säuerliche Lächeln des Bankiers. „Nein, es ist keine materielle, sondern eine ideelle Frage. Ich bin kein kleiner Konspirationsagent, ich kann mich nicht anbieten.“

„Also eine Frage des Prestiges?“

„Nicht allein das; auch der praktischen Erwägung. Wenn ich bitten komme, muß ich Bedingungen annehmen; wenn ich gebeten werde, kann ich sie stellen.“

„Aber — Verzeihung, Durchlaucht — man kann doch vom König nicht verlangen —“

„Man könnte vielleicht auch das; doch ich bestehe nicht darauf. Immerhin — ich könnte ... überzeugt werden.“

Ouvrard versteht sogleich. Auf seinem harten, kalten Gesicht erscheint ein diabolisches Lächeln.

„Überzeugt“, wiederholt er langsam. „Durch wen, Durchlaucht?“

„Sie werden doch irgendeinen harmlosen Emissär des Königs kennen, der mich, den Unentschlossenen, für die ‚gute Sache‘ gewinnt.“

„Kennen — nun ja — aber irgendeiner — das ist Ihrer doch nicht würdig, Durchlaucht!“

„Sie reden wie ein armenischer Teppichhändler, mein Lieber!“

„Ich hab's!“ ruft Ouvrard, viel zu beschäftigt, als daß er der Malice irgendwelche Aufmerksamkeit schenkte.

„Kennen Sie Madame de Coigny? Die Exgattin des Grafen Montrond?“

„Sie erweist mir die Ehre, von Zeit zu Zeit mein Haus zu besuchen.“

„Kennen Sie auch ihren Freund?“

„Welchen? Madame ist eine charmante Frau und der Abwechslung so ergeben, daß mein Nachrichtendienst nicht immer nachkommt.“

„Egal.“ Ouvrard ist so in Fahrt, daß er höflich zu sein aufhört. „Es ist ein Herr de Boisgelin.“ Talleyrands Achselzucken läßt erkennen, daß ihm der Name nichts sagt. „Ein eifriger Royalist“, fügt der Bankier erklärend hinzu.

„Seit Fouché nicht mehr Minister ist, erfährt man überhaupt nichts mehr“, bemerkt Talleyrand mißbilligend. „Und dieser Herr de Boisgelin?“

„Ist in engster Verbindung mit dem königlichen Hof.“

„So etwas gibt es bereits?“

„Hier, Durchlaucht —“ Ouvrard beachtet den Einwurf nicht — „haben Sie, was Sie wünschen. Ich werde Aimée klarmachen —“

„Aimée?“

„Madame de Coigny klarmachen“, verbessert der Bankier leicht errötend, „daß sie der Sache des Königs am besten dient, wenn sie es unternimmt, Sie zu bekehren. Sie, Durchlaucht, müssen sich nicht den Vorwurf machen, sich den Legitimisten an den Hals geworfen zu haben, und der König gewinnt einen treuen —“

„Helfer“, ergänzt Talleyrand rasch.

„Helfer“, nimmt Ouvrard das Wort auf, „der mehr als irgend jemand anderer fähig ist, ihm seinen Thron wieder zu verschaffen.“

Die Schmeichelei bleibt ungewürdigt, denn Monsieur Courtiade tritt ein und meldet nicht ohne Bewegung:

„Durchlaucht, soeben reitet der Herr Marquis de Lafayette in den Hof ein!“

„Lafayette?“ verwundert sich Talleyrand. „Was will Lafayette bei mir?“

„Daß es ihn überhaupt noch gibt!“ ruft Ouvrard. „Eine Mode von vorgestern! Ein Gespenst!“

„Mein Lieber“, weist ihn Talleyrand zurecht, „Gespenster haben ihre eigenen Moden. — Du führst den Herrn Marquis natürlich sofort herein“, wendet er sich an den Kammerdiener.

„Sehr wohl, Durchlaucht.“ Monsieur Courtiade geht zur Tür, öffnet sie weit. „Der Herr Marquis de Lafayette“, meldet er feierlich.

Lafayettes Auftreten entspricht dieser Ankündigung nicht. Der Marquis macht gestiefelt und gespornt einige stürmische Schritte ins Zimmer herein und ruft, statt sich wegen des unpassenden Anzugs zu entschuldigen:

„Sagen Sie, ist es wahr?“

„Was soll wahr sein?“ fragt Talleyrand, obwohl er zu wissen glaubt, was Lafayette meint.

„Zu uns kam das Gerücht von einer großen Schlacht, die wir verloren haben sollen. Wissen Sie Näheres? Man wies mich an Sie.“

„Alles weiß ich und werde Sie genau unterrichten. Aber zuerst nehmen Sie bitte Platz. Meinen Freund Ouvrard kennen Sie ja wohl?“

„Ich hatte bereits das Vergnügen“, sagt Lafayette mit kalter Höflichkeit und läßt sich auf dem angebotenen Sessel nieder. „Ich bitte Sie“, wendet er sich drängend an Talleyrand, „sprechen Sie! Ich vergehe vor Ungeduld!“

„Ich werde mich so kurz wie möglich fassen“, beschwichtigt ihn Talleyrand. „Napoleons Krieg gegen die Alliierten hat eine verhängnisvolle Wendung genommen. Sie haben ihn bei Leipzig eingekreist und vollständig geschlagen. Seine Armee wälzt sich in halber Auflösung dem Rhein zu, die deutschen Hilfstruppen sind von ihm abgefallen, und nur dem Zögern der Sieger ist es zuzuschreiben, daß der Krieg nicht schon heute oder morgen nach Frankreich getragen wird."

„Vielleicht", wirft Ouvrard ein, „fürchten sie in den Winter hineinzukommen."

Lafayette hat mit gesenkter Stirn zugehört. Als Talleyrand verstummt, bleibt es still. Dann fragt der alte Freiheitskämpfer, ohne den Kopf zu heben:

„Und was wird jetzt geschehen?"

Ein verlegenes Schweigen tritt ein. Weder der überlegene Talleyrand noch der wendige Ouvrard finden eine Antwort. Endlich läßt sich der Fürst vernehmen:

„Nun — wir müssen auf alles gefaßt sein. Nach dem Geschehenen ist eine längere Dauer der Herrschaft Napoleons kaum anzunehmen."

„Und Sie beide —" Lafayette hat aufgesehen, seine Blicke gehen zwischen Talleyrand und Ouvrard hin und her — „treffen Ihre Vorbereitungen, um rechtzeitig zur Stelle zu sein, wenn es zur Teilung der Erbmasse kommt? Nun verstehe ich, Fürst von Benevent, warum Ihr Name, Ihr eigentlicher guter Name, durch eine Reihe redlicher Männer groß gemacht, warum der Name Talleyrand einen von allen Straßenecken anspringt! Warum es landauf, landab heißt, man müsse sich nach Ihnen richten, sich mit Ihnen verhalten! Mein Kompliment zu Ihrer Geschicklichkeit, Fürst von Benevent! Sie verkaufen sehr geschickt! Aber geben Sie acht, daß Sie das Fell des Bären nicht verkaufen, noch ehe er erlegt ist!"

„Sie tun mir unrecht", wehrt Talleyrand ruhig ab. „Ich weiß so gut wie Sie, daß der Bär noch gehörig um sich schlagen kann. Aber es geht darum, daß in den Zeiten allgemeiner Verwirrung einer da sein muß —"

„Der das Vaterland mit Hilfe der Börse rettet", wirft Lafayette ätzend ein.

„Herr Marquis, ich muß doch sehr bitten —" fährt Ouvrard auf.

Talleyrand heißt ihn mit einer leichten Geste schweigen.

„Auch mit Hilfe der Börse", sagt er gelassen, „wenn sie ein taugliches Mittel ist. Man muß sich nur darüber klar sein, was das Vaterland braucht."

„Das Vaterland braucht im Augenblick nur Kämpfer! Und wäre ich jünger, so müßten Sie mich nicht erst mahnen, daß ich ihm mein Blut und Leben danke und also auch schulde!" Das edle Feuer, mit dem Lafayette spricht, läßt den Gedanken an eine Phrase gar nicht aufkommen, so wie auch die nächsten Worte in seinem Munde nicht pathetisch klingen, sondern ergreifend: „So kann ich ihm nur meine inbrünstigen Wünsche senden und mein Gebet." Er scheint seinen eigenen Worten nachzulauschen, fährt ruhiger fort: „Alle Welt weiß, daß ich nie ein Freund der bonapartischen Herrschaft war und mich lieber auf meinem Gut vergrub als daran teilzunehmen. Aber wenn mein Land auf welche Weise immer in Not gerät, dann gebe ich ihm mein Letztes, ohne zu fragen, wer davon außerdem noch Nutzen hat!"

„Und dann?" fragt Talleyrand stark.

„Was dann?"

„Wenn der Krieg endet und, wie zu fürchten, mit einer Niederlage endet — wer stellt sich zwischen das geschlagene, blutende Land und die Sieger, die ihren Triumph haben wollen und ihre Rache?" Lafayette steht wie versteinert. Talleyrand setzt mit bebender Stimme fort: „Sie wissen, was Krieg heißt. Sie wissen, daß in ihm die Minderwertigen die größte Chance haben, am Leben zu bleiben, und die Hochwertigen die geringste.

Denken Sie an Lannes, der bei Aspern fiel. Wäre es nach Lannes gegangen, unser heutiges Gespräch wäre überflüssig. Nun denn, Marquis —" die Stimme hebt sich kaum, wird nur eindringlich durch das Stakkato ihrer klaren Artikulation —, „wenn Ihr Schlachtfeld mit Helden bedeckt ist, die für ihr Vaterland gefallen sind, mit andern Worten, die ihm keinen Dienst mehr leisten können — wer ist da, der die Verbindung mit den Feinden aufnimmt, mit ihnen verhandelt, ihren Grimm beschwichtigt, ihre Gier so gut wie möglich stillt? Wer? frage ich Sie, Marquis de Lafayette!"

Die Frage scheint den Marquis zu verwirren. Vor sich sehend, sagt er halblaut, verlegen:

„Es wird sich gewiß jemand finden —"

„Ja", fällt ihm Talleyrand mit unverhohlener Bitterkeit ins Wort, „und wenn er sich gefunden hat, so halten ihn Leute Ihres Schlages, die Helden, für einen üblen Bruder, meinen, er wolle aus dem allgemeinen Unglück seinen Vorteil ziehen, sein Süppchen am Brande kochen, der ein Reich einäscherte. — Nein, mein Herr Marquis de Lafayette", sagt er fest. „Einsatz gegen Einsatz. Ich lasse Ihnen Ihr Heldentum; aber dafür lassen Sie mir die Freiheit, das zu tun, was ich für nötig erachte!"

„Ich ließe sie Ihnen gern", sagt Lafayette schwer atmend, „wenn ich meines Urteils sicher wäre."

„Sie werden es sein", gibt Talleyrand in einem Ton zurück, der keine weitere Erörterung mehr zuläßt, „wenn Sie mich nach meinen Taten beurteilen, und nur nach meinen Taten."

Lafayette steht auf, sieht dem sich gleichfalls erhebenden Talleyrand prüfend ins Gesicht. Dann nickt er kurz.

„So sei es", sagt er. „Nach Ihren Taten, und nur nach Ihren Taten." Er hebt grüßend die Hand: „Lieber Graf — Verzeihung, Fürst —" Er markiert eine Verbeugung in der Richtung gegen Ouvrard: „Mein Herr —" Er schwingt sich auf den Fersen herum und verläßt das Zimmer.

Ouvrard wartet, bis das letzte Sporenklirren verklungen ist, dann schimpft er los:

„Unerhört! Dieser Krautjunker! Was man sich von so einem Herrn von Habenichts bieten lassen muß!"

„Still!" unterbricht Talleyrand die Schimpfkanonade. In seiner Stimme ist tiefe Achtung. „So dürfen Sie nicht sprechen. Sie haben soeben den letzten Paladin des großen Karl gesehen!"

Letzte Begegnung

Das erste, was dem eintretenden Talleyrand auffällt, ist die ungesunde Blässe des verfetteten Gesichts, der schlaffe, müde Zug um den Mund, die Erschöpfung in den Augen, in deren Hintergrund zugleich etwas wie ein nicht begreifendes Entsetzen zu sehen ist. Aber die Art, wie sich der Kaiser gibt, steht dazu in grellem Widerspruch. Napoleon ist beweglich, munter, fast fröhlich, als wolle er zeigen, wie wenig ihm das Mißgeschick der letzten zwei Jahre anhaben konnte.

„Hören Sie, Talleyrand", sagt er statt jeder Begrüßung, „keine Umstände. Wir sprechen jetzt nicht als Herrscher und Vasall miteinander, sondern als alte Kameraden, die manchen Streich zusammen ausgeführt haben, nicht wahr?" Er lacht vergnügt, und nur ein so scharfes Ohr wie das seines Besuchers hört den unechten Klang dieses Lachens.

Talleyrand verbeugt sich stumm, zeremoniell. Er hat mir meinen Fürstentitel nicht gegeben, denkt er. Ist es, weil er besonders familiär sein will, oder weil er bereits die von ihm verliehenen Titel abschreibt? Wir werden sehen! Er stelzt zum angebotenen Sessel, wartet, bis Napoleon sich gesetzt hat, nimmt gleichfalls Platz, hört aufmerksam dem Kaiser zu, der zu sprechen begonnen hat.

„Ich habe Caulaincourt dreimal zu Ihnen geschickt, um Ihnen den Posten eines Außenministers anzubieten, und dreimal haben Sie abgelehnt. Ich kann die Gründe, die Sie dafür anführten, nicht anerkennen. Darum habe ich Sie kommen lassen, um Sie Aug' in Auge, von Mann zu Mann zu fragen: Was haben Sie gegen das Amt einzuwenden, das ich Ihnen anbiete? Warum wollen Sie nicht mein Außenminister werden?"

„Sire, ich will nicht Ihr Außenminister werden, weil ich kein Außenminister für Sie bin."

„Geschwätz."

„Geschwätz, Sire, würden Sie es erst recht nennen, wenn ich Ihnen täglich wie ein Papagei zuriefe: ‚Machen Sie Frieden!' "

„Frieden macht unsereins nur als Sieger."

Geschwätz! denkt nun seinerseits Talleyrand, sagt laut: „Sire, als ich Sie zuletzt sah, bat ich Sie, zu verhandeln, solang Sie noch die Macht hätten."

„Und ich erwiderte Ihnen", fährt Napoleon, plötzlich die Maske fallen lassend, ihn an, „daß ich erst siegen muß!"

„Das war vor nicht ganz einem Jahr, Sire."

„Inzwischen —" Napoleon bricht ab. Er bringt es nicht über sich, seine Niederlage einzugestehen, tritt zum Fenster, blickt, die Hände auf dem Rücken, hinaus. Erst nach einer Weile dreht er sich um, grollt: „Eine Schlappe ist noch kein verlorener Feldzug."

„Sire", mit Trauer in der Stimme sagt es Talleyrand, „wieviel sind von den Sechshunderttausend noch übrig, von denen ich sagte, daß Sie keinen mehr ersetzen können?"

Napoleon beantwortet die Frage nicht, murrt unterdrückt:

„Mittlerweile ist der nächste Jahrgang waffenfähig geworden."

„Ja, Sire", beharrt Talleyrand. „Aber wie stark ist der?"

Wieder bricht Napoleon aus. Seine Nerven müssen schwer gelitten haben, denkt Talleyrand, hört die belfernde, gehetzte Stimme schreien:

„Stark genug, um die Lücken auszufüllen! Stark genug, um auf das läppische Angebot des Herrn von Lafayette verzichten zu können, mir mit seinen paar Jägern zu Hilfe zu kommen!"

Lafayette! Ewiger Ritter! So wolltest du deinen Traum Wahrheit werden lassen? Schon um deines großen Herzens willen hätte dein Angebot angenommen werden müssen!

„Sie scheinen nicht meiner Meinung zu sein?" hört er wieder Napoleons Stimme.

„Ich bin kein General, Sire", entgegnet er abweisend.

Napoleon fängt das Wort auf, als sei es ein Stichwort.

„General! Das ist das richtige Wort! Jawohl! Nicht als Kaiser Napoleon, sondern als General Bonaparte werde ich diesen Krieg führen, und das Volk, das ich aufrufe, wird unter meiner Führung seine heilige Erde gegen die Eindringlinge verteidigen!"

Phrasen über Phrasen! denkt Talleyrand. Ist es denn unmöglich, ihn dazu zu bringen, daß er die Dinge sieht, wie sie sind?!

„Sire!" sagt er beschwörend. „Sie haben so gute Nachrichten wie ich! Bessere, denn Ihnen steht der ganze Verwaltungsapparat zu Diensten. Dreihunderttausend Mann sind aufgerufen, sechzigtausend sind gekommen! Und selbst für diese wenigen fehlt es an Uniformen und Waffen!"

„Sie sind ja gut bedient", sagt der Kaiser zwischen den Zähnen.

„Sire, es fehlte noch, daß Sie hinzusetzen: ‚Spion'! Und

einen Menschen, dem Sie so mißtrauen, wollen Sie zu Ihrem Außenminister machen!“

Napoleon, der immer noch am Fenster stand, kommt eilig herbei, tritt nahe zu Talleyrand. Seine Rechte zuckt, als wolle sie die des andern ergreifen; dann aber stützt er sich doch gegen den Tisch. Er beginnt zu sprechen, bemüht, in seine Stimme alle Wärme zu legen, deren er fähig ist, allen Charme, über den er, wenn er will, in so reichem Maße verfügt:

„Talleyrand! Alter Freund! Sie wissen, ich hatte immer eine Schwäche für Sie! Ich will alles vergessen, was zwischen uns vorgefallen ist, mich nur der Dienste erinnern, die Sie mir erwiesen haben. Überlegen Sie sich doch die schiefe Lage, in der Sie sich befinden, und schlagen Sie in die Hand ein, die ich Ihnen entgegenstrecke: ‚Cinna, wir wollen Freunde sein!‘ “

Er sieht sofort, daß er einen Fehler gemacht hat. Während er sprach, hielt Talleyrand den Kopf gesenkt, schon berührt, wo nicht bewegt; bei diesem ‚Cinna, wir wollen Freunde sein!‘ hebt sich der Kopf, und die scharfblickenden Augen fesseln die des Kaisers und lassen deutlich erkennen, daß sie das Spiel völlig durchschauen.

Glänzender Taktiker auch im Gespräch, vollführt Napoleon eine blitzschnelle Schwenkung, geht von Schmeicheleien zu Drohungen über.

„Überlegen Sie sich gut, wie Sie sich entscheiden!“ So warm seine Stimme zuvor war, so kalt ist sie plötzlich, klirrend wie Eis. „Was ich Ihnen anbiete, ist vielleicht eine letzte Möglichkeit für Sie!“ Er sieht, wie sich über das Gesicht vor ihm jene unbewegliche Maske legt, die er seit der großen Szene kennt, und die ihn in ihrer betonten Gleichgültigkeit so maßlos reizt, erhebt seine kalte Stimme: „Es ist Ihr Kaiser, der zu Ihnen spricht und der das Recht hat, Ihnen zu befehlen! Wenn ich Ihnen heute einen nebensächlichen Auftrag geben würde, fern von Paris, was würden Sie tun? Gehorchen, denn Gott sei Dank, mir trotzt man nicht! Ich warne Sie! Auch meine Güte und Nachsicht könnten einem erklärten Feind gegenüber ein Ende nehmen!"

Auch die Drohung versagt, der Kaiser sieht es an der unbeweglichen Maske, die so starr ist wie die Gesichter der Königsstatuen, die der junge General Bonaparte in Ägypten sah. So versucht er sein drittes, sein letztes Mittel. Abermals wechselt seine Stimme, diesmal zu männlichem Ernst, zu machtvoller Beschwörung:

„Aber gut, wenn Sie einen alten, längst begrabenen Groll bewahren wollen — ich kann's und will's nicht hindern. Doch, Talleyrand, erinnern Sie sich: Sie sind Franzose! Nicht mir dienen Sie, sondern Frankreich! Das Vaterland ist in Gefahr, sagt Ihnen das Wort denn gar nichts? Wenn der Eindringling ans verschlossene Hoftor pocht, greift der Bauer zum Knüttel, um Haus und Hof zu verteidigen. Und seine Fürsten sollten feiern? Ich, Ihr Kaiser, bin es nicht mehr: Frankreich selbst ist es, das Ihnen zuruft: Bürger Frankreichs, tun Sie Ihre Pflicht!"

Die Maske sinkt, und unter ihr kommt ein ehernes Antlitz zum Vorschein, unbeweglich wie sie, aber erfüllt von innerer Glut, die durch sie hindurchzuschlagen scheint.

„Wohl denn", hallt es aus diesem ehernen Antlitz, „als Bürger Frankreichs rufe ich Ihnen zu, was ich als Ihr Freund, als Ihr Gefährte, als Ihr Diener Ihnen zurief: Machen Sie Frieden!"

„Ich stehe an der Spitze von dreihunderttausend Mann!"

„Machen Sie Frieden!"

„Die Feinde sind uneins und schwächer, als man glaubt!"

„Machen Sie Frieden!"

„Ich werde das ganze Land aufbieten und mich schlagen, wie ich mich noch nie geschlagen habe!"

„Machen Sie Frieden um jeden Preis!"

Auch Napoleons Antlitz erglühte während seiner sich immer mehr steigernden Ausrufe, und es scheint das Antlitz des Kriegsgottes selbst zu sein, das sich dem ehernen Antlitz ihm gegenüber erhebt: wie zwei Überirdische stehen die beiden Blick in Blick.

Dann erlischt das unirdische Feuer in beider Augen, es werden wieder Augen von Menschen. Napoleon tritt einen Schritt zurück, sagt ruhig, aber mit leicht brüchiger Stimme:

„Sie haben recht. Ich sehe selbst, daß Sie kein Außenminister für mich sind." Er macht kehrt, tritt wieder ans Fenster, blickt hinaus. Endet, ohne sich umzukehren: „Sie können gehen." Und nach einem kurzen Zögern: „Wenn ich zurückkomme, sprechen wir uns."

Drohung? Versöhnliche Geste? Wohl jenes. Ruhig erwidert Talleyrand:

„Wenn Sie zurückkommen, Sire, stehe ich Ihnen zu Diensten."

„Ihre Dienste werde ich nicht mehr brauchen", klingt es vom Fenster zurück. „Leben Sie wohl."

„Gott mit Ihnen, Sire." Talleyrand sendet dem von ihm Abgewandten, dessen Antlitz er nie mehr sehen wird, einen langen Blick zu, dann verbeugt er sich so zeremoniell, als tue er es nicht gegen den ihm zugekehrten Rücken, verläßt stumm das Audienzzimmer.

Jeder Schritt durch die Vorzimmer, die Warteräume, die Gänge, jede Stufe treppabwärts ist ein Abschied. Jedes der so überreich angebrachten „N" im Mittelpunkt strahlender Sterne besieht er mit der Gewißheit: das alles siehst du heute zum letztenmal.

Napoleon ist verloren, daran ist kein Zweifel. Während seine Kräfte zu Ende gehen, beginnen die Alliierten die ihren erst richtig einzusetzen, nach Österreich, Preußen,

Rußland, die bisher die Hauptlast trugen, mit neuestem auch England, das seinen Guineas nun seine Soldaten folgen läßt.

Verloren! Mag er sich tausendmal in Illusionen wiegen, wie er es — außer auf seinen Schlachtfeldern — sein Leben lang getan hat, mag er auch diesmal auf das Wunder vertrauen, das ihn so oft aus unabsehbaren Schwierigkeiten gerettet hat, vom Wunder von Marengo angefangen — er ist verloren!

Verloren! Die Zeitspanne, die ihm noch gegönnt ist, mag ein Fachmann des Krieges berechnen; sie hängt von Unwägbarkeiten ab, die der Laie nicht beurteilen kann, von Wechselfällen des Kampfes, von politischen Veränderungen, die nicht vorauszusehen waren. Aber ob ein halbes oder ein volles Jahr — er ist verloren!

Verloren! Es ist der einzige Gedanke während der Heimfahrt. —

Während Monsieur Courtiade seinem Herrn den Mantel abnimmt, neigt er sich vertraulich näher und flüstert:

„Madame de Coigny ist zu Besuch. — Im Augenblick bei der Frau Gräfin“, fügt er hinzu. „Aber sie fragte nach Eurer Durchlaucht.“

„So. Hm. Ich gehe in die Bibliothek. Bitte die Frau Gräfin, auf einen Sprung zu mir zu kommen. — Diskret, Pascal!“

„Durchlaucht!“ Ein vorwurfsvoller Blick, dann eilt Monsieur Courtiade davon. Eine Minute später betritt Gräfin Dorothea die Bibliothek. Sie findet Talleyrand in tiefen Gedanken, an eine halbhohe Kommode gelehnt, auf die er die Ellbogen stützt.

„Du wolltest mich sprechen?“ fragt sie.

„Ja, mein Kind.“ Er umarmt sie zärtlich und holt sich seinen Kuß. Dann erst fährt er fort: „Ich werde dann

Madame de Coigny hierherbitten. Sei so gut und laß mich mit ihr allein."

„Was will sie von dir?" fragt sie mit einem Anflug von Eifersucht.

Ein tiefer Schatten senkt sich über sein Gesicht, so tief, wie Gräfin Dorothea es noch nie gesehen hat.

„Sie soll mir helfen, einen Mann umzubringen", sagt er tonlos.

„Einen Mann umzubringen?"

„Napoleon — Bonaparte —"

Sie blickt ihn erstaunt an.

„Hat nicht ohnedies Ouvrard —"

„Auch eine Hinrichtung hat ihre Etikette." Sie versteht mich nicht, denkt er. Gott sei Dank, daß sie mich nicht versteht!

Einquartierung

Eine dumpfe, erwartungsvolle Stille liegt über Paris. Die Straßen sind menschenleer, nur schwerer Stampfschritt der Patrouillen, die unaufhörlich die Stadt durchziehen, ist zu hören. Treffen zwei solche Patrouillen zusammen, so wechseln die Anführer nur einige leise geraunte Worte, als fühlten auch die Soldaten ein unheimliches, unsichtbares Wesen, das sie belauert.

Die Bewohner aber sitzen in den Häusern bei der Talgkerze rund um den Tisch. Trotz der kargen Beleuchtung sind auch die Vorhänge zugezogen, so daß nicht der leiseste Lichtschein auf die Straße fällt. Und dem trübseligen Licht des Kerzenflämmchens entspricht auch die Stimmung der Versammelten. Kaum wagt es einer, den andern anzusehen, an ihn das Wort zu richten. Nur das

Nötigste wird gesprochen, mit einer hohlen, dumpfen Stimme, die den Zuhörenden zusammenschrecken läßt. Dennoch denken sie alle nur an eines, und wenn sich da und dort ein Haupt hebt, so ist es nicht, um sich den drückenden Gedanken zu entreißen, sondern um besser nach dem leisen Grollen fernen Kanonendonners zu horchen.

Inzwischen schlägt sich die letzte Armee des Kaisers mit der Erbitterung äußersten Entschlusses. Schon in den Kämpfen des Entscheidungsjahres 1813 hatte es sich zu allgemeiner Überraschung, nicht zuletzt zu der des Kaisers, gezeigt, daß die jungen Rekruten, die zögernd und unter Tränen zu den Fahnen gestoßen waren, einmal Soldaten geworden, wie die Teufel zu kämpfen verstanden. Großbeeren, Bautzen, Dresden — und selbst Leipzig waren Ruhmestage der französischen Tapferkeit. Aber die Leistungen der jungen Wölfe werden im neuen Feldzug noch übertroffen. Jeder rauft sich, als hänge von ihm das Schicksal Frankreichs ab, und wenn alte Truppen, soweit solche noch vorhanden sind, und junger Nachschub sich in etwas unterscheiden, so ist es lediglich der Wetteifer, mit dem sie sich in den Kampf stürzen, die Zähigkeit, mit der sie eroberte Stellungen verteidigen.

Zu gleicher Zeit aber mit den hin- und herwogenden Kämpfen tagt in Chatillon ein Friedenskongreß, an dem Delegierte aller kriegführenden Mächte teilnehmen. Die Verhandlungen sind um so schwieriger, als sie ein getreues Abbild des kriegerischen Geschehens bieten. Auf der Seite, auf die sich der Erfolg des Augenblicks neigt, wachsen zugleich auch die Ansprüche, um sich bei der nächsten Schlappe sofort entsprechend zu verringern. Mehr als einmal ist man gar nicht mehr weit von einem Friedensschluß entfernt, denn mit der Einigkeit unter den Alliierten, darin hatte Napoleon recht, ist es nicht sehr weit her, und angesichts der unerwarteten Stärke des Kaisers beginnt selbst England Zeichen von Kriegsmüdigkeit zu zeigen; aber immer wieder vernichtet die ständig wechselnde Kriegslage die hoffnungsvollen Ansätze.

Nach längerm Zögern sind die Verbündeten in Frankreich eingezogen: die Armee Schwarzenberg geht bei Basel, die Armee Blücher bei Caub über den Rhein. Diese ist es auch, die zuerst mit Napoleon in Fühlung kommt: nach einem ungünstigen Nachzugsgefecht ausweichend, geht sie, durch zwei Korps von Schwarzenberg und durch die Bayern verstärkt, gleich wieder zum Angriff vor und bereitet dem Kaiser beim Dorfe La Rothière seine erste Niederlage in diesem Feldzug. Der Sieg ist nur darum nicht entscheidend, weil Blücher, nur den Vormarsch nach Paris im Kopf und meinend, der Gegner sei vernichtet, die Verfolgung zu lau betreibt.

Die Unterschätzung des Löwen rächt sich. Zwar hat Napoleon seinen Bevollmächtigten in Chatillon, den Grafen Caulaincourt, sogleich angewiesen, er möge in seinen Zugeständnissen so weit gehen wie nur möglich; gleichzeitig aber sammelt der Herr der Schlachtfelder seine Truppen und zieht neue an sich, kampferprobte Kerntruppen aus Spanien. So erleben die Friedensdelegierten der Alliierten plötzlich eine schlimme Überraschung: während sie noch den armen Caulaincourt nach Herzenslust in die Enge treiben, hören sie mit einemmal von neuen Kämpfen Napoleons — und von Siegen! Er hat, den gegen die Marne vorrückenden Blücher ständig beobachtend, gut gesehen, daß dessen Armee in drei voneinander weitgetrennte Kolonnen zerteilt worden war. Mit gewohnter Schnelligkeit wirft er sich auf eine Abteilung nach der andern, besiegt an aufeinanderfolgenden Tagen alle drei, wendet sich gegen die Hauptarmee, schlägt abermals zwei selbständig operierende Abteilungen und zwingt so die Alliierten, sich zurückzuziehen. Der erste Sturm auf Paris ist abgeschlagen.

Aber damit sind die Widerwärtigkeiten für die Alliierten noch nicht erschöpft; noch eine zweite Enttäuschung erwartet sie: weit entfernt davon, sich gegen Napoleon zu erklären, beginnt sich die Landbevölkerung gegen die Eindringlinge aufzulehnen. Jeder Offizier, jeder Mann bekommt es zu spüren, daß er auf feindlichem Boden steht, und der Zwang zu ständiger Wachsamkeit, das Mißtrauen gegen alles und jeden zerren an aller Nerven.

So wendet sich auch in Chatillon das Blatt. Dieselben Diplomaten, die Caulaincourts ständiges Drängen mit Ausflüchten und unernsten Vertröstungen beantworteten, haben es nun selbst eilig, indes mit einemmal er zögert, ausweicht und auf die Befehle seines offenbar in siegreichem Vordringen befindlichen Souveräns wartet.

Da geschieht etwas vollkommen Unerwartetes. Blücher, oder vielmehr dessen genialer Generalstabschef Gneisenau weigert sich, den ruhmlosen Rückzug fortzusetzen, verlangt die Zustimmung des Oberkommandos zu seinem Plan, den aus Belgien anmarschierenden Korps Bülow und Winzigerode entgegenzurücken und mit ihnen vereint den Vormarsch auf Paris neuerlich anzutreten. Unter dem Einfluß von Schwarzenbergs Generalstabschef Radetzky — die jungen Generale sind es, die diesen Krieg entscheiden — stimmt der Kriegsrat zu.

Die unverhoffte Offensive stört Napoleons Pläne empfindlich. Im Begriff, den Landsturm der östlichen Departements aufzubieten, muß er diese Absicht aufgeben, um die Hauptstadt zu decken. Er wendet sich Blücher zu und gibt dadurch die Fühlung mit Schwarzenberg preis. Kaum ist dieser dessen gewahr geworden, als er gleichfalls wieder zum Vormarsch ansetzt.

Inzwischen hat sich der Kaiser mit seiner täglich kleiner werdenden Kriegsmacht auf Blücher geworfen. Dieser aber zieht Bülow und Winzigerode rasch an sich und bereitet nun Napoleon bei Laon eine zweite schwere Niederlage, ihn wie einen Ball der vorrückenden Armee Schwarzenberg zuwerfend. Schwarzenberg fängt den Ball auf und schlägt Napoleon bei Arcis sur l'Aube, worauf er seinen Vormarsch fortsetzt.

Die Kriegsereignisse beenden auch den ewig verhandelnden Kongreß von Chatillon. Mit der Begründung, daß Caulaincourt keine greifbaren Vorschläge seines Herrn vorzulegen vermöge, brechen die Alliierten den Kongreß ab und schließen ein Abkommen, ‚den Streit mit den Waffen durchzufechten, auch wenn die Anstrengungen hierzu zwanzig Jahre währen sollten'. Erleichtert wird ihnen dieser Entschluß durch die Nachrichten aus dem Süden: die Österreicher haben Lyon besetzt, der aus Spanien vorrückende Wellington ist in Bordeaux einmarschiert, und dieses hißt die bourbonischen Farben!

Keulenschläge für Napoleon — aber noch nicht schwer genug, um ihn niederzuwerfen. Im Gegenteil: die tödliche Gefahr treibt ihn zu einem kühnen, einem überkühnen Wagestück. Er ist wie ein Glücksspieler, der verhängnisvolle Verluste erlitten hat und sein Letztes auf eine Karte setzt, um den erlittenen Verlust wettzumachen — oder endgültig zusammenzubrechen.

Die Feinde marschieren auf Paris zu. Sie aufzuhalten, indem er sich ihnen in den Weg legt, ist kaum noch möglich. Aber er kann etwas anderes: sich ihnen in den Rücken legen, sie aus Sorge um ihren Nachschub auf sich ziehen und so die Hauptstadt retten. So marschiert er nach Osten, immer nach Osten, schlägt ein ihn beobachtendes Korps — und erfährt von den Gefangenen, daß auch dieser letzte Versuch fehlschlug, daß sich die Armeen der Verbündeten nicht eine Stunde lang in ihrem Vormarsch aufhalten ließen und ihm bereits drei Tagemärsche voraus sind.

Was tun? Macdonald will auf dem eingeschlagenen Weg fortfahren und im Elsaß und in Lothringen den Volkskrieg entfesseln; Berthier und Ney drängen den Kaiser, alles zu versuchen, die Hauptstadt zu retten. Nach langem Zögern — wann hätte er dergleichen früher gekannt! — entschließt er sich, dem Rate Neys zu folgen und hetzt über Bar, Troyes, Fontainebleau erst mit den Truppen, dann nur von den Leibgardeeskadronen begleitet weiter, um endlich, nur noch Caulaincourt an seiner Seite, in einem leichten Wagen über die Landstraßen dahinzufegen, dem einzigen Ziele zu, das noch Wert hat für ihn: Paris, der Hauptstadt seines Kaiserreichs, aber auch Paris, wo seine Frau ist und sein Sohn — sein Sohn!

Ein letztes Erbarmen seines Schicksals läßt ihn im unklaren darüber, was inzwischen geschehen ist. Er erfährt zwar noch von der Niederlage Marmonts bei Fère-Champenoise, aber nichts mehr von der Flucht der Kaiserin mit dem Kaisersohn, nichts mehr vom vergeblichen Heldenkampf der Pariser Nationalgarde, nichts mehr von der Erstürmung des Montmartre, nichts mehr von der Kapitulation von Paris ...

Tief in der Nacht reitet ein höherer Offizier in die Poststation Cour de France ein, um Pferde zu wechseln. Er wurde der abmarschierenden Armee Mortier vorausgesandt, um für die Truppen, die Paris verteidigt hatten, Kantonnements einzurichten. Neben einem leichten Wagen, der soeben mit frischen Pferden bespannt wird, warten zwei Reisende. Einer von ihnen ruft den Offizier an. Dieser will erst barsch antworten, stutzt, tritt näher — erkennt den Kaiser. Von ihm erfährt Napoleon eine nach der andern die Hiobsbotschaften. Das Spiel ist verloren ...

— — — — — — — — — — — — —

Talleyrand sitzt vor seinem Toilettetisch und läßt sich von Monsieur Courtiade frisieren. Der erfahrene alte Diener, der seinen Herrn besser kennt als sich selbst, hütet sich, einen Laut von sich zu geben. Schon der zerstreute Dank, den ihm der Fürst für seinen Guten-Morgen-Gruß bot, ließ ihn aufhorchen. Und als er nun gar im Spiegel Talleyrands blicklose, an unbekannte Fernen verlorene Augen sieht, weiß er: Durchlaucht dürfen um keinen Preis gestört werden.

Talleyrand hat eine schlechte Nacht hinter sich und ist sehr spät aufgestanden. Zum erstenmal in seiner Laufbahn ist es ihm widerfahren, daß er ohne Nachrichten blieb. Den Kanonendonner und das Prasseln des Kleingewehrfeuers hat natürlich auch er gehört, und ebenso dessen jähes Abreißen am Abend. Aber was bedeutete die plötzliche Stille? Verhandlungen? Kapitulation? Oder etwa gar Rückkehr des Kaisers? Es wäre dumm, vierundzwanzig Stunden vor dem unausbleiblichen Ende die Zeche zahlen zu müssen. Denn eines ist gewiß: selbst wenn Napoleon Talleyrands Doppelspiel nicht durchschaut – die letzte Aussprache wird er ihm nie verzeihen.

Noch spät abends hat er zu allen Freunden geschickt, soweit sie in Paris waren. Aber keiner seiner Boten erreicht sein Ziel, alle werden sie von den Patrouillen, die in dieser Nacht noch zahlreicher als sonst die Straßen durchstreifen, zurückgeschickt. Sogar Monsieur Courtiade, der sich schließlich selbst auf den Weg macht, muß unverrichteter Dinge umdrehen; das einzige, was er hört, ist eine Flut von Beschimpfungen und Verwünschungen, die aber ausschließlich ihm gelten und ihn daher von nichts unterrichten. So versteht er die unruhige Versunkenheit seines Herrn besser als irgend jemand anderer.

Denn ob auch das Schlafzimmer des Fürsten so abgeschirmt ist, daß kein Ton von außerhalb hereindringt, gegen eines konnte es nicht abgeschirmt werden: gegen die Angst, die kopf- und hilflose Angst des Kaninchens im Bau vor dem in die Röhre schlüpfenden Frettchen — diese über ganz Paris lastende Angst, die durch alle Fugen und Ritzen dringt, mit ihren Miasmen die Atemluft verpestet und sogar an so unerschütterliche Herzen rührt wie an das mutige Talleyrands und das getreue des Monsieur Courtiade.

Nur so ist es zu erklären, daß sie beide, Herr und Diener, zusammenzucken, als sich nach vorsichtigem Klopfen die Türe leise öffnet und ein Lakai eintritt, entgegen dem strengen Verbot, die heilige Handlung der ersten Toilette irgend zu stören. Und indem sie auf die Meldung des jungen Menschen warten, spüren sie beide, Herr und Diener, ihre Herzen klopfen und meinen es nicht erwarten zu können, bis er spricht.

Und dann endlich öffnet der Lakai den Mund und meldet:

„Seine Exzellenz der Herr Graf Nesselrode bittet, Seiner Durchlaucht seine Aufwartung machen zu dürfen."

„Nesselrode!" Talleyrand fährt hoch, gerade in Monsieur Courtiades geschwungene Puderquaste hinein, daß ihn das parfümierte Reismehl in eine Duftwolke hüllt. „Ich lasse bitten!" Er springt ungeduldig auf, fällt dem Eintretenden um den Hals, so daß auch der russische Graf im Nu vom Kopf bis zum Gürtel puderbestäubt ist.

Zum Glück nimmt Graf Nesselrode die Puderwolke von der humoristischen Seite. Nachdem er sich Talleyrands Umarmung entwunden und sich ausgehustet hat, beginnt er seine malträtierte Uniform abzuklopfen und ruft lachend:

„Mein lieber Talleyrand, es ist nicht ratsam, unversehens bei Ihnen einzudringen! Sie hüllen einen in duftenden Nebel, und man ist im Augenblick außer Gefecht gesetzt!"

„Lieber Nesselrode", versetzt Talleyrand entschuldigend,

„ich werde mir nie verzeihen können, daß Sie die Plumpheit meiner spontanen Freudebezeigungen für einen Angriff halten mußten!"

Inzwischen hat Monsieur Courtiade eine Bürste hervorgezaubert und geruht persönlich die Puderflecken vom Waffenrock Nesselrodes zu entfernen. Nach wenigen Minuten sitzt der Gast dem Hausherrn ebenso blitzblank gegenüber wie noch in der Sekunde vor seinem Eintreten in das gefahrvolle Schlafzimmer. Der Fürst hat um die Erlaubnis gebeten, vor seinem ‚alten Freund' in seiner Toilette fortfahren zu dürfen, und Monsieur Courtiade, ein eleganter Figaro, beginnt sich unverzüglich mit der etwas derangierten Frisur seines Herrn zu beschäftigen. Gleichzeitig kommt die Unterhaltung, von Talleyrand eröffnet, in Gang.

„Seit wann sind Sie in Paris?" erkundigt sich der Fürst. „Ich muß Ihnen gestehen, daß mich Ihr Kommen von einer großen Unruhe befreite."

Nesselrode sieht ihn erstaunt, mit kugeligen Augen an.

„Was! Sollten Sie der einzige Mensch in Paris sein, der von unserm Einzug nichts weiß?"

„Einzug? Großartig! Wann? Ich habe ihn total verschlafen."

„Vor etwa einer Stunde."

„Und da kommen Sie sofort zu mir? Lieber Freund — ich bin wirklich gerührt —"

„Natürlich wäre ich auf jeden Fall gekommen", sagt Nesselrode rasch. „Doch überdies ist es ein allerhöchster Auftrag meines Souveräns, was mich zu Ihnen führt."

„Sie können sich denken, wie begierig ich bin, die Befehle Seiner Majestät ehrfurchtsvoll zu vernehmen."

„Ich glaube, daß Sie darüber erfreut sein werden." Der russische Graf macht eine Bewegung, als wolle er sich erheben, begnügt sich aber dann doch damit, sich sehr aufrecht hinzusetzen, sagt feierlich: „Seine Majestät Kaiser Alexander hat Ihr Haus erwählt, ihm während seines Pariser Aufenthaltes als Wohnstätte zu dienen."

„Eine hohe Ehre für mich." Talleyrand sagt es mit der erforderlichen Ehrerbietung, aber zugleich mit der Selbstverständlichkeit eines Grandseigneurs, dem ein solcher Besuch keine Überraschung bedeutet. „Wann beabsichtigt Seine Majestät Quartier zu nehmen?"

„Nun, in den nächsten Stunden, denke ich", erwidert der Graf, etwas pikiert darüber, daß seine große Neuigkeit so wenig Eindruck macht.

Talleyrand und sein Kammerdiener wechseln im Spiegel einen raschen Blick. Dann verläßt Monsieur Courtiade eilig das Zimmer.

Graf Nesselrode wird immer unsicherer. Er sieht Talleyrand an, zögert, sagt endlich, mit der linken Hand Hut und Degen erfassend, die rechte auf der Seitenlehne seines Sessels:

„Lieber Freund, ich werde mich jetzt entfernen. Sie werden zu tun haben."

„Zu tun?"

„Die Vorbereitungen für den Empfang Seiner Majestät —"

Statt zu antworten sieht Talleyrand den eben zurückkehrenden Kammerdiener fragend an. Der antwortet an seiner Stelle:

„Es wird alles bereit sein, Eure Durchlaucht. Die Frau Gräfin überläßt Seiner Majestät ihre Appartements."

„Und wo bleibt die Frau Gräfin?"

„Die Frau Gräfin begnügt sich für die Dauer des Aufenthaltes Seiner Majestät mit den drei Zimmern neben der Bibliothek."

„Dann ist ja alles aufs beste geordnet", schließt Talleyrand gleichmütig ab. „Kleide mich an, Pascal."

„Ich habe den Frack bereitgelegt", bemerkt Monsieur Courtiade halb fragend.

„Ganz recht", stimmt Talleyrand zu. „Ohne Orden." Und er streckt an dem völlig verdutzten Nesselrode vorbei dem Kammerdiener die Beine hin, damit dieser die Hose darüberstreife. –

Als eine halbe Stunde später die Equipage des Zaren vorfährt, wird ihr Insasse von einer festlich gekleideten Gräfin Dorothea und einem in seinem schwarzen Frack höchst würdevoll aussehenden Talleyrand empfangen. Dieser neigt sich zeremoniell, weist dem Monarchen den Weg:

„Eure Majestät – mein Haus ist das Ihre!"

Der neue Chef

Das ist wieder das höfische Frankreich seiner Jugend, er erkennt es auf Schritt und Tritt: dieselbe vollendete Leichtigkeit der Umgangsformen, dieselbe schwebende Anmut der Konversation, dieselbe natürliche Würde des Auftretens, die wie der englische Rasen nur durch jahrhundertelange Züchtung erreicht werden konnte.

Aber es ist auch derselbe Dünkel, der sich über alles andere erhaben fühlt, dieselbe Oberflächlichkeit der Behandlung von Staats- und Volksangelegenheiten, dieselbe Neigung zur Intrige, die vor keines Menschen Ehre haltmacht.

Talleyrand sieht das alles schon aus dem Benehmen des Herzogs von Duras, der ihn zum neueingesetzten König Louis XVIII. führt. Zwar ist der Herzog von äußerster Liebenswürdigkeit und Zuvorkommenheit, als liege nicht fast ein Menschenalter der Emigration zwischen ihnen;

aber der Welterfahrene merkt wohl, daß hinter den verzuckerten Worten die Bitternis des Mißtrauens und der Ablehnung steckt: man kann ihm die Mitarbeit am Aufbauwerk Napoleons nicht vergessen — und insbesondere nicht die Lossagung von seiner einstigen Bischofswürde.

Am liebsten würden die neuen Herren, die so tun, als seien sie noch die alten, die Ära der napoleonischen Herrschaft ausstreichen, sie für nichtexistent erklären und nur auf ihre Schattenseiten hinweisen und die Lage beklagen, in die sie Frankreich gebracht hat; und am liebsten würden sie alle, die in irgendeiner Form am Geschehen des letzten Vierteljahrhunderts beteiligt waren, ohne Urteil, ohne die Frage nach Recht und Unrecht vernichten. Das ist die natürliche Folge der Heranziehung von Männern zu Staatsgeschäften, die gegen das gestürzte Regime wegen vermeintlich oder tatsächlich erlittenen Unrechts erbittert sind. Der Haß ist der schlechteste aller Ratgeber, da er sich notwendig mit der Gewalt verbinden muß und mit ihr Söhne zeugt, die seines Geistes sind.

Unter solchen Gedanken hat Talleyrand, von seinem gleichfalls wortkarg gewordenen Begleiter geführt, einen Vorsaal betreten, den er von zahllosen Audienzen her kennt. Nur halten vor der Tür, durch die der Herzog jetzt verschwindet, nicht kaiserliche Gardegrenadiere Wache, sondern zwei junge Männer, die ihre altmodischen Galanteriedegen gezogen haben. Unwillkürlich muß der Wartende ihre blassen, hochmütigen Gesichter mit den martialischen Mienen der napoleonischen Gardisten vergleichen. Ob sich die jungen Aristokraten da auch so gut schlagen würden?

Duras kehrt zurück, hält einen Türflügel offen, bittet den Fürsten mit einer einladenden Geste, einzutreten. Talleyrand gehorcht, sieht sich dem König gegenüber, verbeugt sich tief, höfisch.

„Keine Umstände, lieber Talleyrand!“,

Eine asthmatische Stimme macht ihn aufblicken, eine Hand streckt sich ihm entgegen, in die er die seine legt. Ein Händedruck — ganz nach englischem Muster, erinnert sich Talleyrand. Hoffentlich ist das nicht das einzige, was der König dort gelernt hat.

„Ich freue mich sehr“, fährt die asthmatische Stimme fort, „Sie bei mir zu sehen. Unsere Geschlechter sind gleich alt, nur waren meine Ahnen geschickter als die Ihren. Sonst würden Sie jetzt zu mir sagen: ‚Nehmen Sie sich einen Stuhl, setzen Sie sich zu mir und sprechen wir von unsern Geschäften.‘ So aber bin ich es, der sagt: ‚Setzen Sie sich, und plaudern wir ein wenig.‘ “

Dazu bin ich eigentlich nicht hergekommen, denkt Talleyrand. Aber vielleicht ist es nur eine Redensart. Laut sagt er:

„Eure Majestät sind sehr gütig.“ Er tritt zum angebotenen Fauteuil und läßt sich nach dem König nieder.

Beide Männer betrachten einander mit prüfender Aufmerksamkeit, die sie unter zuvorkommendem Lächeln zu verbergen suchen. Der König sieht einen, obwohl gealterten, noch immer gut erhaltenen Herrn mit etwas starrem Gesicht unter sorgfältiger Lockenfrisur, Talleyrand eine mächtige, korpulente Gestalt, doch eher imposant als lächerlich. Zudem sitzen in dem pausbäckigen Gesicht zwei grundgescheite, etwas verschleierte Augen, die fremden Blicken jeden Versuch des Eindringens mit Erfolg verwehren.

Nach einer wohlbemessenen Pause beginnt der König das Gespräch:

„Es wurde mir berichtet, welch großen Anteil Sie an der Wiederherstellung geschichtlich berechtigter Zustände in Frankreich hatten. Ich möchte nicht verfehlen, Ihnen darüber meine besondere Genugtuung auszudrücken.“

„Eure Majestät sind zu gütig", wiederholt Talleyrand abwehrend. „Wir sind es vielmehr, Sire, die Ihnen Dank sagen müssen, daß Sie unter so schwierigen Umständen die so schwere Last, ein Land wie das heutige Frankreich zu regieren, auf Ihre Schultern nahmen."

„Ich hatte keine Wahl", gibt der König seinerseits zurück. „Es war der Wille Gottes, der mich auf diesen Posten berief."

Phrase? Talleyrand sieht den König etwas erstaunt an. Aber er sieht in dessen Gesicht nur Überzeugung und innere Gewißheit. Da spricht der König auch schon weiter:

„Allerdings macht dies meine Aufgabe nicht leichter, und ich muß Sie als den Kenner dessen, was Sie das heutige Frankreich nennen, um Ihren Rat bitten, wie ich mir meine Last erleichtern oder wenigstens traggerecht machen könnte."

„Da Eure Majestät mich damit beehren, meinen Rat zu verlangen, ist es meine Pflicht, ihn zu geben. Übrigens ist er sehr kurz; er besteht aus zwei Worten: Ruhe halten!"

„Quieta non movere, wie es bei Sallust heißt", murmelt der König. „Nun ja ..." Er streicht sich gedankenvoll das Kinn. „Das Ruhige nicht aufrütteln. Es klingt ja sehr bestechend. Was aber ist ruhig in Frankreich?"

„Sire, noch –" er betont das Wort – „das ganze Land, das voll Erwartung, und ich darf ohne Schmeichelei hinzusetzen, voll Vertrauen zu Eurer Majestät aufblickt." Er hält inne, nicht eine Antwort erwartend, sondern weil er dem König die Bedeutung dieser Versicherung vor Augen führen will. Nun setzt er im Tone ruhiger Sachlichkeit fort: „Das Volk ist wie ein Schläfer, der sich von Zeit zu Zeit herumdreht, um den genehmsten Platz und die bequemste Stellung zu finden."

„Und diese Stellung?" fällt der König rasch ein.

„Ist in unserm Fall die Verfassung." Talleyrand ist sehr

zufrieden, daß der König so rasch auffaßt. Das wird es ihm wesentlich erleichtern, zu sagen, was gesagt werden muß. „Die Verfassung“, wiederholt er, „die es dem Volk ermöglicht, an der Lösung seiner Angelegenheiten mitzuwirken.“

„Also eine Anerkennung der Revolution?“ fragt der König. Etwas Lauerndes ist in seinem Tonfall. Talleyrand merkt es wohl und antwortet vorsichtig:

„Eine Anerkennung der bestehenden Verhältnisse; eine Anerkennung der bestehenden Besitztitel, wofern solche nicht durch räuberische Aneignung entstanden sind; eine Anerkennung endlich der Armee in der bestehenden Form als einziger Wehrmacht Frankreichs.“

Der König lehnt sich zurück, schließt halb die Augen, will ein Bein über das andere legen, zuckt schmerzlich zusammen und reibt mit beiden Händen den Schenkel.

„Ich habe es wieder mit der Gicht zu tun“, erklärt er leise stöhnend. Massiert den Schenkel abermals, läßt ihn endlich sinken, richtet sich aus der zusammengesunkenen Stellung auf. „Das klingt nach Bedingungen“, sagt er feindselig. „Ich habe nichts gegen eine Verfassung; ich habe nichts gegen rechtmäßig erworbene Besitztitel; ich habe am allerwenigsten etwas gegen die Armee; aber meine Anerkennung muß ich gewähren, aus freien Stücken gewähren, mein Fürst! Nie und nimmer darf es die Bedingung sein, unter der ich zu dem mir rechtens zustehenden Thron zugelassen werde!“

Auch er ist ein Bourbone, denkt Talleyrand. Sie lernen nichts, sie lernen nichts!

„Sire, Sie wollten meinen Rat, und ich gab ihn nach bestem Wissen und Gewissen. Die Entscheidung liegt bei Eurer Majestät.“

„Aber begreifen Sie denn nicht“, sagt der König mit einiger Heftigkeit, „daß mir ein Zurückweichen vor dem

Willen der crapule von vornherein meine Aufgabe bis zur Unerträglichkeit erschwert?!"

„Es wird sich gewiß eine Form finden", meint Talleyrand vermittelnd, „die dem Wunsch des Volkes Rechnung trägt, ohne daß Eure Majestät sich etwas vergeben."

„Hoffentlich!" knurrt der König übellaunig.

„Wir brauchen es um so mehr", setzt Talleyrand eindringlich hinzu, „als wir alles daransetzen müssen, so schnell wie möglich zu einem Friedensschluß zu gelangen."

„Das ist richtig", stimmt der König zu, so eifrig, daß der Fürst sofort erkennt, daß nichts von dem, was er bisher sagte, nach dem Geschmack des Königs war. „Wie werden Sie in dieser Frage vorgehen? Sie kennen ja die Hauptakteure."

„Sire, ich kenne Seine Majestät den Kaiser von Rußland und Seine Majestät den König von Preußen. Lord Castlereagh kenne ich nur dem Namen nach und auch Seiner Majestät dem Kaiser von Österreich hatte ich noch nicht die Ehre vorgestellt zu werden."

„Das bedeutet also Schwierigkeiten über Schwierigkeiten", ruft der König halb fragend.

„Nein, Sire, denn ich kenne den Fürsten Metternich."

„Ah!"

„Metternich, Sire, ist mit mir seit etwa zehn Jahren — ich möchte fast sagen, befreundet oder wenigstens in den Grundfragen gegenseitiger Politik eines Sinnes. Und Metternich ist der einzige unter den beteiligten Staatsmännern, der einen genügend kühlen Kopf und eine genügend heiße Phantasie für ein europäisches Konzept hat."

„Lieber Talleyrand, Ihre Phantasie erhitzt sich auch nicht schlecht. Wir haben noch nicht den Friedensvertrag, und Sie verirren sich bereits im Nebel eines europäischen Konzepts."

„Unser Friedensvertrag, Sire, ist ein Teil davon, und

beileibe nicht der wichtigste. Der Vertrag selbst ist in drei Wochen unter Dach. Wozu haben wir die Delegierten in Paris? Ich werde den Standpunkt durchsetzen, daß der Krieg nicht dem legitimen Frankreich galt, sondern dem Usurpator Bonaparte, und werde die Herren in der Schlinge ihres eigenen Edelmuts fangen. Aber, Sire, mit dem Friedensvertrag enden die Komplikationen nicht, sie fangen damit erst an! Ein Riese, oder, wenn Ihnen das für Bonaparte zu schmeichelhaft klingt, ein großer Räuber hat eine ungeheure Beute zusammengetragen. Nun, da sie ihm aus den Händen gerissen ist, gehen die andern daran, sie unter sich zu verteilen. Glauben Sie, Sire, daß sie Frankreich gutwillig daran teilnehmen lassen werden?"

„Und was kann man dagegen tun?" fragt der König, etwas betäubt von Talleyrands Worten, die ungeahnte Perspektiven erstehen lassen.

„Der Kaiser Alexander teilte mir im Vertrauen mit, daß er die Einberufung eines europäischen Kongresses plant. Wenn wir nun in absehbarer Zeit einen annehmbaren Friedensvertrag unterschreiben, so kann man uns von diesem Kongreß nicht gut ausschließen. Es wird dann Sache des Vertreters Frankreichs sein, den Mächten zu beweisen, daß wir immer noch die besten Diplomaten haben."

„Vortrefflich!" ruft der König enthusiasmiert. „Und wer wäre dazu besser geeignet als Sie, mein lieber Fürst?!"

„Eure Majestät erweisen mir eine hohe Ehre", sagt Talleyrand mit einer leichten Verbeugung. „Ich darf also Eurer Majestät gütigen Worten entnehmen, daß ich mein Hauptaugenmerk den äußeren Angelegenheiten zuzuwenden habe."

„Die ich", ergänzt der König herzlich, „ganz in Ihre Hand zu legen gedenke." Er steht etwas plötzlich auf, und Talleyrand ist gezwungen, seinem Beispiel zu folgen. Durch diese jähe Verabschiedung verhindert er den Fürsten an weitern, dem Bourbonenstolz etwa nicht genehme Erörterungen. „Nun, lieber Talleyrand, ich habe mich aufrichtig gefreut. Auf Wiedersehen! Auf baldiges Wiedersehen!“

Wieder ein Händedruck, dann entfernt sich Talleyrand nach den strengsten Vorschriften des Zeremoniells: in vorgeschriebener Beugung der Schultern rückwärtsschreitend, durch die Tür hindurch, die im Augenblick, wo er sie erreicht hat, von außen geöffnet wird. Im Vorsaal noch ein rascher Abschied vom Herzog von Duras, dann humpelt der Außenminister in spe gedankenvoll der Stiege zu.

Er mag mich nicht, denkt er trocken. Sonst wäre er nicht so herzlich gewesen. Ich verderbe ihm sein Konzept, und vielleicht noch mehr seinen Ratgebern, den Ultras. Nun, das wird er sich mit dem Volk ausmachen müssen. Wird da auch noch seine Wunder erleben: wer einmal Blut geleckt hat, bekommt den Geschmack nicht so leicht von der Zunge. Ich jedenfalls werde keine Möglichkeit haben, einzugreifen, mich haben sie in die Außenpolitik abgeschoben. Gibt auch genügend zu tun: jetzt der Friedensvertrag, später der Kongreß. Friedensvertrag, hm. Mit wem habe ich's zu tun? Der Zar wird am leichtesten zu behandeln sein, mit humanitären Phrasen, die er nicht müde wird, zu hören, und mit Vertröstungen auf den Kongreß, wo er versuchen wird, den Löwenanteil zu bekommen. Auch die Preußen werden ihren Atem für den Kongreß sparen und darum jetzt umgänglich sein. Bleiben noch Österreich und England; Österreich werde ich mit dem Verzicht auf unsere Politik in Italien gewinnen, alles andere muß meine Verbindung mit Metternich durchsetzen. England ist der härteste Brocken von allen. Der Friede wird wieder Kolonien kosten, und vermutlich nicht die schlechtesten. Ile de France werden sie nicht mehr hergeben. Auch die Malteser können sich den Mund wischen. Was die britische Bulldogge einmal zwischen den Zähnen hat, läßt sie ungern wieder aus. Überall in den Weltmeeren setzen sie diese waffenstarrenden Forts hin, die alle andern kontrollieren. Nun, c'est la guerre, c'est la guerre perdue. Wir werden sehen, wir werden sehen. Da ist mein Wagen.

Er steigt ein, ein wenig müde, ein wenig gelangweilt.

„Nach Hause."

Beginn in Wien

Potage de riz au gras ... pâtes d'Italie au gras ... tapioca — Nein, das ist nichts, mit schlecht entgifteter Tapioka hat er sich einmal fürchterlich den Magen verdorben — sagou — Hm, Sago: seine Lieblingssuppe als Kind. ‚Äuglein' pflegte er die durchscheinenden Körner zu nennen.

Weiter. Vorspeisen. Er blättert in dem umfangreichen Band. Petits pâtés au jus ... aux champignons ... Ravioli — Mein Gott, wo hat er nur diese vorzüglichen Ravioli gegessen? War es in Mailand oder in Monza nach der Königskrönung? — Vol-au-vent ... salmis de faisan avec truffes — Das würde sicher Dorothea gut schmecken. Sie liebt ja Wild. Hm, Dorothea. Ohne den Blick vom Buche zu wenden, tastet er nach der Glocke, läutet.

Monsieur Courtiade tritt ein.

„Eure Durchlaucht befehlen?"

„Ist die Frau Gräfin schon heimgekehrt?"

„Die Frau Gräfin hat schon zweimal nach Eurer Durchlaucht gefragt."

„Warum wurde ich nicht verständigt?"

„Die Frau Gräfin verbot, Eure Durchlaucht zu stören."

„Was für ein Unsinn! — Was wünschte die Frau Gräfin?"

„Frau Gräfin wollte Eure Durchlaucht erinnern, daß Teezeit ist."

„Richtig. Ich lasse die Frau Gräfin bitten, mich hier abzuholen."

„Sehr wohl, Durchlaucht. Darf ich mir erlauben, bei dieser Gelegenheit zu erwähnen —"

„Ja?" Der Fürst sieht auf.

„Ein Polizeispitzel benutzte die Ankunft der Frau Gräfin, um ins Haus zu schlüpfen. Ertappt, gab er sich für einen stellenlosen Bedienten aus. Der Portier hat ihn hinausgeprügelt."

„Der Portier soll in Hinkunft höflicher sein. So ein armer Teufel verdient sich sein Brot schwer genug. Außerdem soll man sich mit der Polizei immer gut stellen; man weiß nie, wann man sie braucht."

„Sehr wohl, Durchlaucht."

„Noch etwas, Pascal. Hast du in die Hofkellerei um den Tokayer geschickt, den uns Fürst Metternich versprochen hat?"

„Verzeihung, Durchlaucht."

„Was denn?"

„Der Versuch war vergeblich."

„Wieso?"

„Der Kellermeister sagte zu Michel, den ich geschickt hatte, er habe keinen Auftrag, und freiwillig gebe er keinem Franzosen was."

„So. Hm. Die Wiener scheinen uns für Napoleon leiden lassen zu wollen, findest du nicht?"

„Es sieht so aus, Durchlaucht."

„Ich werde mit dem Fürsten Metternich nochmals sprechen. Inzwischen heute zum Essen unsern Anjouer."

„Ich werde Auftrag geben."

„Und nun geh zur Frau Gräfin."

Monsieur Courtiade entfernt sich gravitätisch, und Talleyrand versenkt sich wieder in sein Buch.

Sie liebt Wild. Wo ist ‚Wild'? Er beginnt wieder zu blättern. Ah — gibier! Sanglier — chevreuil — lièvre — lapin — mm-na! Er teilt die Leidenschaft seiner Landsleute für Kaninchen nicht. — Aber was ist das? ‚Lapin à la Marengo'? Wie wird denn das zubereitet?

‚Man nehme ein junges Kaninchen, ziehe ihm das Fell ab und nehme es aus.' Stimmt! Genau so ging es bei Marengo dem General Desaix. Und Bonaparte verspeiste dann den Braten. Er lacht lautlos, mit der Kälte des Alters, vor sich hin. Mein Gott, wie lang ist das her!

„Was liest du da so Lustiges?" erklingt eine zärtliche Altstimme hinter ihm.

Sie! Im glücklichen Bewußtsein des Besitzes greift er nach rückwärts, zieht ihre Hand über seine Schulter, preßt sie zu einem langen Kuß an seinen Mund.

„Wie man Kaninchen à la Marengo zubereitet", erwidert er dann heiter.

Etwas ungläubig beugt sie sich über seine Schulter, ruft mit einem Gemisch aus Verwunderung und Enttäuschung:

„Ein Kochbuch!"

„Sag das nicht so obenhin! Ich lese Kochbücher wie du deine Dichter. Es soll mir helfen, Europa zu erobern." Er dreht sich nach ihr um, stutzt, fragt besorgt: „Aber was hast du, Kind? Du hast dich über etwas geärgert. Was war es?"

Sie weicht seinem Blick aus.

„Nichts", wehrt sie ab. „Es ist schon wieder vorüber."

„Nein", drängt er, „sag mir, was es war."

„Ach —" beginnt sie zu erzählen, „ich war bei meiner Schwester Wilhelmine, und denk dir, wie wir im besten Plaudern sind, ist auf einmal Lärm vor dem Haus, Lärm auf der Stiege, und als wir aus dem Fenster schauen, steigt gerade so ein kleines, pausbäckiges Ding aus mit strohblonden Haaren, ganz Tüll und Schleier, tänzelt durch eine Unzahl von Koffern und Schachteln auf unser Haus zu und verschwindet darin. Wir ließen uns dann nach ihr erkundigen — und erfuhren, daß sie das Liebchen des Zaren ist, eine gewisse Fürstin Bagration, für die man den Stock über Wilhelmines Wohnung gemietet hat."

„Aber Dorothea", mahnt er schmunzelnd, „wo bleibt deine Großzügigkeit? Da sie deiner Schilderung nach recht hübsch war —"

„Hübsch! Strohblond, mit Schlitzaugen wie eine Chinesin, einem frechen, üppigen Mund und dekolletiert bis zur Unmöglichkeit!"

„Mit einem Wort, wie gesagt, recht hübsch. Aber du wirst mir doch nicht einreden wollen, Kind, daß der alleinige Grund deines Ärgers diese — diese Fürstin Bougraton war, oder wie sie heißt."

„Nein", gibt sie zu. „Obwohl der andere auch nicht dafürstand." Ihre dunkelnden Augen strafen ihre Worte Lügen. „Unter Wilhelmines Gästen befand sich auch der alte Prinz de Ligne."

„Ach natürlich, de Ligne! Ich muß ihn demnächst aufsuchen, meinen guten alten Freund!"

Die schönen großen Augen verdunkeln sich in aufsteigendem Zorn noch mehr, die volle Altstimme wird rollend, dramatisch.

„Weißt du, was dein guter alter Freund von dir gesagt hat?"

„Sicher etwas Witziges."

„Na also — !" Sie zuckt entrüstet die Schultern. „Irgend jemand meinte, es sei sonderbar, daß du, so lange in Napoleons Diensten, nun hier in Wien das königliche Frankreich vertretest. Gereizt durch diese Bosheit sagte ich, Napoleon habe dir seit sieben Jahren mißtraut. ‚Erst?'

rief da de Ligne. ‚Ich mißtraue ihm schon seit zwanzig Jahren!' "

Talleyrand bricht in herzliches Lachen aus.

„Echt de Ligne!" stellt er mit Genugtuung fest. „Ich wußte ja, daß es etwas Witziges sein werde."

Sie sieht ihn halboffenen Mundes an.

„Du bist nicht empört?" fragt sie fassungslos.

„Ich? Im Gegenteil: entzückt!" Er sieht ihr immer noch verständnisloses langsames Kopfschütteln, faßt ihre beiden Hände. „Mein liebes Kind", sagt er freundlich, „ein überlegener Mensch wird auch lachen, wenn ein guter Witz auf seine Kosten geht; das ist sein sicherstes Kennzeichen. — Wer war sonst noch bei der Herzogin?"

„Ach — verschiedene Herren und Damen von Adel. Ich kenne ja niemanden. Ein Liechtenstein war, glaub' ich, da, und mein Nachbar war ein Herr von Wessenberg, ein kluger, ja, geistreicher Mann."

„Das glaube ich dir: er ist Metternichs Vertreter beim Kongreß. Worüber unterhieltet ihr euch?"

„Über alles und nichts — wie eben in einem Salon der guten Gesellschaft. Wer schon alles eingelangt ist — was die Wiener dazu sagen —"

„Nun, und was sagen die Wiener? Zum Beispiel über uns?"

„Nicht viel Gutes", erwidert sie gedrückt. „Sie können uns Austerlitz und Wagram nicht verzeihen."

„Wenn man einmal mit dem Nichtverzeihen anfängt, weiß man nie, wo man enden wird. Aber ich will hoffen, daß man es dir gegenüber nicht an Höflichkeit fehlen ließ."

„An Höflichkeit läßt es ein österreichischer Aristokrat nie fehlen. Sie kann aber von einer Art sein, daß einem eine saftige Grobheit fast lieber wäre."

„Nun, damit versorgt uns, wie ich höre, die Bevölkerung. Wir wollen das eine und das andere scheinbar ignorieren und in Wahrheit bekämpfen. Sonst wurde über nichts gesprochen?"

„Doch, ja, jetzt erinnere ich mich. Jemand fragte, wieviel Sitzungen die Mächte wohl benötigten, ehe der Kongreß eröffnet werden könne."

„Ah, das ist interessant! Was für Sitzungen wären das?"

„Ich weiß nicht, ich konnte nicht gut hinhören, da Herr von Wessenberg gerade ein sehr fesselndes Gespräch über römische Ausgrabungen mit mir begann."

„Das ist noch interessanter. Er äußerte sich also gar nicht zu diesen angeblichen Sitzungen?"

„Eigentlich niemand. Wenn ich mich recht erinnere —" sie blickt ihn plötzlich an, die Stirn in der Anstrengung des Denkens gefaltet — „ja", sagt sie gedankenvoll, „jetzt erinnere ich mich, daß es mir noch auffiel, wie rasch das Gespräch gewechselt wurde."

„Das ist das Interessanteste." Talleyrand beginnt laut zu denken. „Den wievielten haben wir heute?"

„Den siebenundzwanzigsten."

„Sieben, acht, neun, dreißig. Am ersten Oktober soll der Kongreß offiziell eröffnet werden. Also vier Tage. Nun, Zeit genug. Aber wir werden fleißig sein müssen."

„Was hast du vor?"

„Du wirst es gleich hören." Er steht auf, bietet ihr den Arm. „Komm in den Salon. Unsere Herren werden schon warten."

Sie warten tatsächlich: der Herzog von Dalberg, Neffe des Erzbischofs und Mitarbeiter Talleyrands; der Graf de la Tour du Pin, ein Freund noch von der amerikanischen Verbannung her; der Herr de Noailles, Royalist strengster Observanz; La Bésnadière, wegen seines ungemeinen Wissens auch hier unentbehrlich. Einige junge Herren kommen hinzu, die sich beim Kongreß ihre diplomatischen Sporen verdienen sollen.

Während Gräfin Dorothea den Tee einschenkt, plaudert der Fürst mit den einzelnen Delegationsmitgliedern. Alle bringen sie die gleichen Nachrichten: in diplomatischen und Gesellschaftskreisen, soweit man mit solchen überhaupt in Berührung kommt, zurückhaltende Höflichkeit, unter der sich eisige Ablehnung verbirgt; bei der Bevölkerung offene Feindseligkeit, sobald man als Franzose erkannt wird.

„Ich hoffe aber", bemerkt Talleyrand halb fragend, „Sie alle, meine Herren, wissen Ihre Würde zu wahren?" Ein Murmeln der Zustimmung antwortet ihm. Er setzt hinzu: „Denn es wäre grundfalsch, sich anders zu verhalten. Man sieht uns als besiegte Nation an, der man ihre jahrelangen frühern Siege nicht verzeihen kann. Hüten Sie sich, meine Herren, dieser Auffassung durch Ihr Betragen Vorschub zu leisten! Das ‚mea culpa' ist nur in der Religion am Platz — in der Politik neigt es dazu, die Lage des Besiegten zu verschlechtern: dem Demütigen gegenüber fühlt sich der Sieger noch mehr im Recht und wird ihm noch einen Fußtritt geben. Besonders Sie, lieber Noailles", wendet er sich an diesen, „mit Ihrer vielleicht berechtigten Abneigung gegen Bonaparte möchte ich daran erinnern, daß die Sieger von Austerlitz, Jena und von der Moskwa nicht nur Soldaten Napoleons — daß sie auch Franzosen waren." Noailles brummt etwas Unverständliches, das aber nicht nach offener Opposition klingt, und Talleyrand schließt, die Tasse entgegennehmend, die ihm Gräfin Dorothea reicht, im behaglichsten Ton der Welt: „Darum, meine Herren, seien Sie in Gesellschaft ja nicht hoffärtig, anmaßend, abweisend; lassen Sie Ihren Charme spielen, um zu bezaubern, Ihren Geist, um zu entzücken, Ihren Witz, ohne zu verletzen; seien Sie aber noch viel weniger demütig, schuldbewußt, bußfertig! Frankreich würde es Ihnen so wenig danken wie die andern!"

„Ihre Worte, Durchlaucht", läßt sich, kaum daß der Hausherr geendet hat, der Herzog von Dalberg vernehmen, „sind mir aus dem Herzen gesprochen; sie lassen nur eine Frage offen: Wo sollen wir von diesen löblichen Grundsätzen Gebrauch machen, wenn uns alle Türen verschlossen sind?"

„Sie werden es nicht ewig bleiben", erwidert der Fürst. „Da der Kongreß in dieser lebenslustigen Stadt nicht nur beraten wird, muß sich ein gesellschaftliches Leben entwickeln, von dem man uns nicht wohl ausschließen kann. Haben wir aber Positionen erobert, so ist es unsere Aufgabe, sie zu halten."

„Damit kann ich gleich heute beginnen", wirft La Tour ein. „Ich bin abends beim spanischen Gesandten, einem alten Bekannten, zum Essen geladen. In Spanien hat man es dir nicht vergessen, in welcher Art du Gastfreundschaft gegen den jetzigen König übtest."

„Wie heißt der Gesandte?" erkundigt sich Talleyrand interessiert.

„Es ist ein Marques de Labrador."

„Hm. Frag' doch, bitte, ob ich ihm morgen vormittag meine Aufwartung machen kann. — Ein bloßer Höflichkeitsbesuch", setzt er, eine etwas verwunderte Frage La Tours abschneidend, rasch hinzu.

„Ich glaube", bemerkt La Tour, verständnisinnig lächelnd, „deine Gegner haben einen Höflichkeitsbesuch von dir mehr zu fürchten als den ausgeklügelten Feldzugsplan einer ganzen Gruppe."

„In diesem Fall vielleicht wirklich", gibt Talleyrand etwas geheimnisvoll zu. Er genießt die Spannung in den Gesichtern seiner Umgebung, kann sich nicht gleich entschließen, sie zu lösen.

Gräfin Dorothea ist es, die eingreift. Ihn zärtlich an einer seiner silberweißen Locken zupfend, sagt sie mit sanftem Vorwurf:

„Du versprachst mir doch, ich solle hören, was du vorhast. Spanne mich — uns alle nicht so auf die Folter!"

„Nun gut", lächelt Talleyrand zurück, „wenn du mir noch eine zweite Tasse Tee gibst." Er nimmt das Erbetene dankend entgegen, wendet sich den andern zu. „Meine Herren, Ihre Beobachtungen über das feindselige Verhalten von Bevölkerung und Gesellschaft werden durch die mir zugekommenen Berichte ergänzt. Diese besagen, daß auch die Mächte, nämlich die großen Vier: England, Rußland, Preußen und Österreich, einer gleichen Haltung zuneigen. Dank einer liebenswürdigen Kundschafterin —" er streichelt die schöne Hand, die auf seiner Schulter ruht — „weiß ich, daß im geheimen vertrauliche Sitzungen stattfinden — angeblich, um den Kongreß vorzubereiten."

„Was für Vorbereitungen?!" fährt La Tour unwirsch dazwischen. „Sie wollen uns vor vollendete Tatsachen stellen, sonst nichts!"

„Ganz richtig!" stimmt de Noailles hitzig zu. „Und haben uns nur eingeladen, damit wir uns später nicht auf eine Vergewaltigung berufen können!"

Talleyrand hat mit dem Ausdruck vollkommener Genugtuung zugehört.

„Ich freue mich", sagt er, „Mitarbeiter zu haben, die so völlig mit mir übereinstimmen. Ja, meine Herren, Ihre Ansicht ist auch die meine. Dieses Konzept ist aber nicht unabänderlich. Wir können es stören, und wir werden es." Er lehnt sich zurück, sieht nochmals lächelnd rundum, beginnt mit gedämpfter Stimme zu erklären: „Die großen Vier haben nämlich einen kleinen Denkfehler gemacht. In ihrem Dünkel meinten sie, die Welt nach ihrem Belieben einrichten zu können, und haben dabei vergessen, daß es eine Anzahl von Mächten zweiten Ranges gibt, die einzeln natürlich kein solches Gewicht in die Waagschale werfen können wie sie, die aber —" er hebt unmerklich die Stimme — „vereinigt einen Machtfaktor darstellen, mit dem auch die Gewaltigen dieser Erde rechnen müssen."

Zustimmende, erfreute, entzückte Rufe unterbrechen ihn. Alle Anwesenden sind gewohnt, konstruktiv zu denken, sind politisch geschult, in allen Ränken und Kniffen der Diplomatie erfahren. Alle begreifen sogleich Talleyrands Gedanken, erkennen in ihm den Ausweg aus der Vereinsamung.

Zufrieden mit dem Eindruck seiner Worte fährt er gesteigert fort:

„Diese Vereinigung herbeizuführen ist unsere Chance und daher unsere Aufgabe. Sie werden nicht lange suchen müssen, Staaten zu finden, die mit dem Vorgehen ihrer selbsternannten vier Vormünder nicht einverstanden sind: Spanien, Portugal, Schweden sind unsere natürlichen Verbündeten. Nehmen Sie mit ihren Vertretern Verbindung auf, machen Sie ihnen klar, daß es ihr Vorteil ist, sich einer uneigennützigen, hilfsbereiten Großmacht anzuschließen — und heimsen Sie ein, was jene verschmähten. Gelingt das, so können Sie sicher sein, daß man uns im Kongreß hören wird, wenn wir unsere Stimme erheben."

Neue Rufe der Zustimmung, der Freude. Er streift La Bésnadière mit einem verschmitzten Blick, läßt die Stimme fallen.

„Nur noch eines. Erinnern Sie sich unserer ersten Aussprache, lieber Graf? Damals unterm Konsulat? Als ich das Außenministerium ganz frisch übernommen hatte?"

„Gewiß, Durchlaucht", schmunzelt der Gefragte. „Sie lehrten mich den Wert der Zeit kennen, die man sich zu nehmen habe."

„Ich sagte aber auch, daß Sie durch mich den Augenblick erfahren würden, wo Eile not tue, und daß Sie sich dann alle auch wirklich beeilen müßten. — Nun, meine Herren —" wieder sieht er rundum, und in seinen Augen ist ein Blitzen wie in denen eines Feldherrn — „dieser Augenblick ist da! Eilen Sie!"

Das erste Gefecht

Die von Talleyrand gegebenen Anweisungen tragen noch früher Früchte, als er wohl selbst zu hoffen wagte. Fürst Metternich, der einzige, der ihm an Klugheit und Überlegenheit nahekommt, wittert in kürzester Zeit sein Vorhaben und ladet ihn kurz entschlossen zur nächsten Sitzung der großen Vier ein, um ihn dort auszuforschen. Gleich Talleyrands erster Gegenzug, das Ersuchen, auch dem — bereits gewonnenen — Marques de Labrador eine Einladung zu senden, zeigt dem österreichischen Staatskanzler das Format seines Gegenspielers. Doch geht es nicht wohl an, dem neuen Gast seinen ersten Wunsch abzuschlagen, umsoweniger, als auch die andern Mittelmächte schon aufmerksam zu werden beginnen.

So finden sich der Fürst und der Marques zur festgesetzten Stunde gemeinsam in der Staatskanzlei ein. Neben Metternich, dem Hausherrn, treffen sie dort Lord Castlereagh als Vertreter Englands, den Fürsten Hardenberg und den Gesandten von Humboldt als Vertreter Preußens, und den Grafen Nesselrode als Vertreter Rußlands. Talleyrand begrüßt sie alle als gute Bekannte, Nesselrode noch von Erfurt her, die andern von den Friedensverhandlungen von Paris. Schließlich wird den Gästen noch der Reichshofrat von Gentz vorgestellt, der die Stelle eines Protokollführers innehat.

Nach Austausch einiger Höflichkeiten begibt man sich an den Beratungstisch. Lord Castlereagh nimmt mit einer irgendwelchen Widerspruch gar nicht in Rechnung ziehenden Selbstverständlichkeit den Vorsitz ein, ihm gegenüber, am untern Ende des Tisches, schickt sich Gentz an Platz zu nehmen. Ehe noch jemand anderer sich setzen konnte, ist Talleyrand herbeigehinkt und hat sich neben dem Engländer niedergelassen. Den andern bleibt nichts übrig, als sich zu fügen und die noch freien Plätze einzunehmen: Metternich neben Talleyrand, dann der Marques de Labrador, ihnen gegenüber die preußischen Delegierten und Graf Nesselrode.

Die Vertreter der Mächte haben es sich in ihren Lehnsesseln kaum bequem gemacht, als Talleyrand bereits das Gefecht eröffnet.:

„Darf ich fragen", sagt er äußerst verbindlich, „warum ich als einziger Vertreter Frankreichs eingeladen wurde?"

„Sehr einfach, lieber Fürst", antwortet Metternich nicht minder verbindlich. „Man hat zu den vorläufigen Konferenzen nur die Kabinettchefs eingeladen."

„Aber Herr von Humboldt hier neben dem Fürsten Hardenberg ist meines Wissens auch nicht Staatssekretär."

„Ich bin wegen des Gebrechens des Fürsten Hardenberg hier", erklärt Herr von Humboldt ziemlich unfreundlich. „Er ist fast taub."

„Nun", versetzt Talleyrand ironisch, „wenn man aus Gebrechen Rechte ableiten darf — damit kann ich auch aufwarten." Er setzt sich bequemer zurecht, aber nur, um die seinen lahmen Fuß umschließende Maschine bedeutungsvoll knacken zu lassen.

Das erste Geplänkel hat die selbstsichere Haltung der andern gestört. Das allein wollte Talleyrand. Darum besteht er nicht auf einer weitern Erörterung seiner Anfrage und sieht mit schläfrig halbgeschlossenen Augen weitern Schwächen der Konferenz entgegen.

Sie lassen nicht auf sich warten. Gleich zu Beginn überreicht ihm Metternich ein von den Vertretern der großen Vier unterfertigtes Protokoll über die bisherigen Verhandlungen. Talleyrand nimmt es mit der Miene eines mißtrauischen Bauern entgegen, studiert es mit derselben mißtrauischen Miene, sagt endlich kopfschüttelnd:

„Das verstehe ich nicht." Alle sehen ihn erstaunt an. Er wiederholt mit Nachdruck: „Nein, meine Herren, das verstehe ich nicht."

„Aber was ist da nicht zu verstehen, Fürst?" ruft Nesselrode, ohne zu ahnen, daß Talleyrand auf ebendiese Frage abzielte.

„Zunächst", erwidert er, „beginnt jeder Paragraph mit den Worten: ‚Die Verbündeten.' ‚Die Verbündeten beschließen . . .', ‚Die Verbündeten sind der Ansicht . . .' — immer wieder ‚Die Verbündeten'."

„Das ist —" versucht Lord Castlereagh zu unterbrechen. Doch Talleyrand wehrt ihn mit einer leichten Gebärde ab und setzt leise indigniert fort:

„Ja, meine Herren Exzellenzen, wo sind wir denn eigentlich? Sind wir in Chatillon? Oder in Paris? Ist der Friede noch nicht geschlossen? Wird noch Krieg geführt? Gegen wen? Gegen Bonaparte, der auf Elba sitzt? Meine Herren, wir wollen offen miteinander reden. Wenn es hier noch ‚Verbündete' gibt, dann bin ich hier zuviel."

„Lieber Fürst", läßt sich Metternich beschwichtigend vernehmen, „Sie ereifern sich unnötig. Der von Ihnen beanstandete Ausdruck wurde nur der Kürze halber verwendet."

„Lieber Fürst", pariert Talleyrand mit leiser Ironie, „auch ich schätze Kürze; aber sie darf nicht auf Kosten der Genauigkeit gehen. Sie sehen, was für Mißverständnisse daraus entstehen können."

„Also der Ausdruck ‚Verbündete' ist künftig in den Protokollen nicht mehr zu gebrauchen", ruft Metternich zu Gentz hinunter.

„Es ist nicht das allein", beharrt Talleyrand. „Das ganze Schriftstück ist mir unklar. Sie, meine Herren, sprechen von Verhandlungen der Verbündeten, von Ansprüchen auf Grund mir völlig unbekannter Verträge, von angeblich erworbenen Rechten — ich kenne nur zwei Daten, und dazwischen liegt — nichts! Das erste ist der dreißigste Mai, an dem die Einberufung eines Kongresses beschlossen wurde, das zweite der erste Oktober, an dem er zusammentreten soll. Alles, was in der Zwischenzeit geschehen ist, existiert für mich nicht."

„Lieber Fürst —" diesmal ist es Castlereagh, der das Wort ergreift —, „wir hatten keine Ahnung, daß Sie dieses harmlose Protokoll so tragisch nehmen werden." Er blickt in Talleyrands Gesicht mit den halbgeschlossenen, ironischen Augen, schlägt die seinen nieder, endet verlegen: „Um Ihnen gefällig zu sein, sind wir gerne bereit, es zurückzuziehen. Wir legen gar keinen Wert darauf."

„Haben es aber doch mit Ihren Unterschriften versehen", ergänzt der Marques de Labrador beißend. Talleyrand schießt einen raschen Blick nach dem Spanier hinüber, nickt ihm anerkennend zu.

Castlereagh, der errötet ist, erwidert kein Wort, schiebt das Protokoll, das Talleyrand auf den Tisch gelegt hat, Metternich zu. Dieser läßt es zu Labrador wandern, dieser mit sichtlicher Genugtuung zu Gentz, und Gentz endlich läßt es in einer großen Mappe verschwinden. Alle Anwesenden wissen: es wird nie wieder daraus auferstehen.

Es ist nicht mehr die frühere Zuversicht, mit der Lord Castlereagh dem Fürsten ein zweites Elaborat überreicht, das, wie er sagt, für die Geschäftsführung des Kongresses wichtig sei. Talleyrand wiegt das Schriftstück in seiner

Hand, reicht es dann wie mit einem raschen Entschluß zu Gentz hinüber.

„Vielleicht ist Herr von Gentz so freundlich", schlägt er vor, „es vorzulesen. Auch Herr de Labrador lernt so den Inhalt kennen, und wir verlieren keine Zeit."

Willig beginnt Gentz mit seiner wohllautenden Stimme die Einleitung zu lesen. Talleyrand schließt wieder halb die Augen, wie um besser zuzuhören. In Wirklichkeit merkt er gar nicht auf, sondern läßt seine Gedanken laufen.

Das eine hat er auf den ersten Blick gesehen: es sind zwei Parteien in Bildung begriffen. Wieweit die Amalgamierung schon gediehen ist — und damit die notwendig entstehenden Gegensätze —, läßt sich noch nicht feststellen; aber Unwägbarkeiten, winzige Kleinigkeiten, oft nur ein Blick lassen erkennen, daß Preußen und Rußland stark, Österreich und England schwächer, aber immerhin erkennbar einander zuneigen. Eine wertvolle Feststellung für die Rolle, die er zu spielen gedenkt, wenn es auch für ihn keine Frage ist, welcher der beiden Gruppen er sich lieber anschlösse. Man wird ja sehen, wiederholt er im Geist sein Lieblingswort, man wird ja sehen! —

Gentz scheint durch die Einleitung hindurch zu sein. Eben liest er mit innerer Bewegung, von der er in Wahrheit bestimmt nichts spürt, die feierliche Versicherung, daß durch die vorgeschlagene Regelung keines Beteiligten Rechte geschmälert werden sollen, und kommt dann zu dieser Regelung selbst. Talleyrand unterbricht seine Überlegungen und hört aufmerksam zu.

Im Gegensatz zur langatmigen Einleitung ist der Hauptteil auffallend dürftig. Er schlägt zwei Kommissionen vor, die alle Angelegenheiten bearbeiten sollen; erst wenn sie ihre Arbeit beendet hätten, soll der Kongreß sein Placet geben.

Talleyrand hat die Finte sofort durchschaut. Das würde euch so passen, denkt er grimmig, den Kongreß unumschränkt zu beherrschen, seine Zusammensetzung, die zu behandelnden Fragen und die Reihenfolge ihrer Erledigung selbstherrlich zu bestimmen. Wartet nur!

„Nun, Fürst", läßt sich Lord Castlereagh wieder vernehmen, „was sagen Sie zu diesem Entwurf?"

„Daß er", entgegnet Talleyrand geradeheraus, „vulgär gesprochen, das Pferd beim Schwanze aufzäumt. Man schlägt uns vor, zuletzt zu tun, was zuerst getan werden müßte. Wer könnte den Großmächten die im Entwurf angestrebten Machtvollkommenheiten geben, wenn nicht eben der Kongreß? Unverantwortliche Minister mögen sich darüber hinwegsetzen; aber Lord Castlereagh und ich, wir sind nicht in dieser Lage."

Der unerwartete Schachzug verblüfft; noch mehr aber verblüfft es, als Lord Castlereagh phlegmatisch bemerkt:

„Das stimmt. Dieselben Gedanken sind auch mir gekommen, und ich bin mir ihrer Beweiskraft voll bewußt. Aber welches andere Mittel gibt es, uns vor endlosen Verhandlungen und Debatten zu bewahren?"

„Und warum nicht sofort den Kongreß eröffnen? Welche Schwierigkeiten stehen dem gegenüber? Warum die Eröffnung, wie ich erst heute erfuhr, verschieben?"

Der Vorschlag, so natürlich er ist und so selbstverständlich er vorgebracht wird, entfesselt eine lebhafte Aussprache. Zunächst stimmt der Marques de Labrador mit seiner volltönenden Stimme den Ausführungen seines Vorredners lebhaft zu: man sei hergekommen, um einen Kongreß abzuhalten, also müsse dieser endlich einmal eröffnet werden. Gewiß, gibt Hardenberg, der von seinem Begleiter eilig unterrichtet wurde, zu; aber es sei notwendig, zu verhindern, daß jeder Duodezfürst in den Angelegenheiten Europas mitrede. Zugegeben, stimmt Talleyrand ein, es sei aber ebenso notwendig, zu verhindern, daß einzelne bevorzugte Mächte auf dem Kongreß eine diktatorische Gewalt ausüben.

„Ich bringe Ihnen“, schließt er seinen kühnen Vorstoß, „etwas, das wertvoller ist als alle Eroberungen, weil es allem, was geschieht, die unerschütterliche Grundlage gibt: Ich bringe Ihnen das Recht! Ich stehe auf dem festen Boden des klaren, unzweideutigen Wortlautes des Pariser Friedensvertrags. Ich kann also in keiner Frage, die den Kongreß beschäftigen wird, eine angemaßte Gewalt anerkennen und erkläre mit aller Bestimmtheit, daß ich mich mit keinem Vorschlag, der von einer solchen Gewalt erstattet wird, beschäftigen werde.“

Talleyrands mutige Worte lassen alle verstummen. In betretenem Schweigen sitzen sie da, und keiner weiß etwas zu erwidern. Doch der Fürst ist sich durchaus im klaren darüber, daß diese Betretenheit sich leicht in Verstocktheit und Abneigung wandeln könne und beeilt sich, einige verbindliche Sätze nachzusenden, die in Aussicht stellen, ohne fest zu versprechen.

„Mißverstehen Sie mich nicht, Exzellenzen“, wechselt er in einen konzilianten Ton hinüber. „Ich weiß selbst, daß es in einer so großen Versamlmung unmöglich ist, alles in allgemeinen Sitzungen zu erörtern. Ich bin mit Ihnen der Ansicht, daß die Fragen in Klassen geteilt und Komitees zugewiesen werden müssen, ohne daß dadurch das Interesse oder die Würde einer Macht verletzt würden. Woran allein ich festhalte, ist die baldigste Eröffnung des Kongresses, damit wir mit der Arbeit beginnen können.“

Der versöhnliche Ausklang hat die gewünschte Wirkung: die Aussicht, in den Ausschüssen leitende Stellungen einnehmen zu können, schafft bei allen Zuhörern eine friedliche Stimmung. So widerspricht niemand, als Castlereagh vorschlägt, Herr von Gentz möge alle alten Protokolle vernichten und von der eben stattgefundenen Sitzung ein neues abfassen. Zugleich wird für den übernächsten Tag eine neue Sitzung verabredet.

Nun, da er seinen Willen durchgesetzt hat, zeigt sich Talleyrand als charmanter Plauderer, der alle Anwesenden zu bezaubern weiß. Mit Metternich wärmt er Erinnerungen aus dessen Pariser Botschafterzeit auf, Nesselrode neckt er mit der puderreichen Begrüßung, von der er sogleich lachend erzählt, mit Castlereagh läßt er sich in ein Fachgespräch über Gartenkunst ein, Herrn von Humboldt fragt er nach den Forschungen von dessen berühmtem Bruder, den er von Paris her kennt, nur zu Hardenbergs ertaubtem Ohr findet er keinen Weg; doch die andern hält er so im Bann, daß sie alle ganz erstaunt sind, als Herr von Gentz sie zur Unterschrift des Protokolls an den Tisch zurückbittet.

„Wollen Sie, lieber Fürst", wendet sich Metternich an Talleyrand, „uns als Jüngstangekommener die Ehre geben, das Protokoll vor den andern zu unterfertigen?" Der Ton seiner Worte ist scherzhaft; aber die Versammlung fühlt, daß sie mehr sind als bloße Höflichkeit, und als der Hofrat von Gentz dem Fürsten die Feder überreicht, neigt er sich näher zu ihm und sagt halblaut:

„Durchlaucht haben uns unser ganzes Konzept verdorben und uns überdies gründlich abgekanzelt."

Der Ton, in dem dieser Vorwurf gesprochen wird, wandelt ihn zu einer Anerkennung, und als Talleyrand aufblickt, schaut er in ein feines, kluges Gesicht, in dem lächelnde Bewunderung zu lesen ist.

Er lächelt zurück und malt bedächtig seine Unterschrift, deren Oberlängen wie Landsknechtsspieße nebeneinanderstehen, auf das dicht beschriebene Blatt.

„Ich erkenne Eure Durchlaucht nicht mehr", bemerkt der Graf La Bésnadière. „Daß Sie Eile hatten, die fruchtbare Verbindung mit den mittlern Mächten herzustellen, ist ja begreiflich; aber Ihre Tätigkeit geht in gleicher Eile weiter, bringt Sie gar schon in Zeitnot —"

Talleyrand, der im Audienzanzug am Schreibtisch sitzt und die von seinem Chef des Protokolls verfaßte Note studiert, unterbricht etwas ungeduldig:

„Lieber Freund, es ist eine Zeit für Faulheit und eine Zeit für den Eifer; im Augenblick ist zu meinem Leidwesen diese gekommen." Er versenkt sich wieder in das Studium der Note.

La Bésnadière hütet sich, ihn noch einmal abzulenken, zieht nur verstohlen seine Taschenuhr mit ihren langsam, aber unbarmherzig weiterrückenden Zeigern.

Doch der Minister scheint heute besonders empfindlich zu sein. Ohne aufzusehen murmelt er:

„Ich weiß, es ist spät. Aber die Note muß fort, ehe ich zum Zaren gehe." Er blättert noch um, liest die letzten Zeilen, nickt zufrieden. „Es ist gut", sagt er. „Sie haben mich vollkommen verstanden: eine vorbereitende Kommission aus den acht Staaten, die den Friedensvertrag unterfertigt haben." Er blickt auf, sieht den Protokollchef bedeutsam an. „Immer am Friedensvertrag festhalten!" mahnt er. „Um den kommen die andern nicht herum! — Wo ist eine Feder? — Ah, hier, danke. Haben Sie Abschriften anfertigen lassen?"

„Fünf, wie Durchlaucht befohlen haben: an die Minister der Großmächte, das Konzept fürs Archiv."

„Sehr gut", lobt Talleyrand zerstreut, eine Note nach der andern unterfertigend. „Das wird den Herrschaften im Magen liegen", kichert er. „Vorbereitende Kommission, nicht mehr. Die Entscheidung hat immer der Kongreß." Seine Stimme klingt triumphierend.

Aber der Chef des Protokolls teilt den Triumph seines Ministers nicht. Wieder zieht er seine Uhr, diesmal offen, deutet darauf, ruft besorgt:

„Eure Durchlaucht werden zu spät kommen! Es ist allerhöchste Zeit!"

Seufzend steht Talleyrand auf.

„Nun gut", sagt er. „Da Sie so drängen, muß ich wohl gehorchen. Sie sorgen dafür, daß die Note gleich expediert wird."

„Selbstverständlich, Durchlaucht. Nur —"

„Ja, ja, ich gehe ja schon!" schneidet ihm Talleyrand bös das Wort ab, hinkt zur Tür, läßt sich von Monsieur Courtiade den Mantel umhängen und sich treppabwärts zum Wagen geleiten. Mit einem gekränkten Seufzer steigt er ein. Diese Nervosität! sagt jede Miene seines ärgerlichen Gesichts.

Dieselbe Nervosität trifft er im Vorsaal des Quartiers des Zaren Alexander in der Hofburg an. Nesselrode stürzt auf ihn zu, ruft aufatmend und vorwurfsvoll zugleich:

„Da sind Sie endlich, Durchlaucht! Wir fürchteten schon alle, Sie würden zu spät kommen!"

„Zu spät kommen? Ich war für sechs Uhr befohlen — es ist sechs Uhr." Ähnlich, wie vor ein paar Minuten La Bésnadière es tat, hält nun er Nesselrode seine Uhr vor die Nase.

„Ja, gewiß, aber —"

„Nun gehen Sie schon und melden Sie mich bei Seiner Majestät an! Sonst komme ich wirklich noch zu spät — durch Ihre Schuld."

Nesselrode eilt durch eine Flügeltür, neben der ein herkulisch gebauter Kosak mit gekreuzten Armen Wache hält, kommt fast augenblicklich zurück, lotst Talleyrand ins Audienzzimmer, dessen Tür er sogleich hinter ihm schließt.

Der Zar steht hochaufgerichtet, mit kaltem, fast finsterm Gesicht neben dem großen Diplomatenschreibtisch, sieht seinem Besucher unbeweglich entgegen. Was soll diese Pose? fragt sich der Fürst während seiner höfischen Verbeugung.

Alexander streckt ihm die Hand hin, läßt sie aber nach einem kurzen, zuckenden Händedruck gleich wieder fallen, steht steif wie zuvor. Er ist bemüht, seinem Blick etwas Durchbohrendes zu geben, ohne auf Talleyrand damit sonderlichen Eindruck zu machen. Du willst Komödie spielen? denkt der Fürst. Armseliger Stümper! Er sieht gelassen der Anrede des Herrschers enrgegen.

Der Zar läßt ihn warten, sucht offensichtlich nach einleitenden Worten, beginnt endlich Fragen zu stellen, kurze, mit einer bellenden, abgehackten Stimme hervorgestoßene Verlegenheitsfragen: Wie es in Frankreich gehe? Wie die Stimmung sei? Und die liberalen (er meint revolutionären) Ideen? Und die Preßfreiheit? Und die Armee?

Geduldig gibt Talleyrand Auskunft. Bei der letzten Frage kann er sich nicht enthalten zu bemerken, daß zu den hundertdreißigtausend des stehenden Heeres auf den ersten Aufruf weitere dreihunderttausend Mann stoßen würden.

Der Zar hört es offensichtlich nicht sehr gern. Doch dann scheint ihm etwas einzufallen.

„Aber die Marschälle?" bellt er.

„Welche, Sire?"

„Oudinot — Soult — Ney —"

Gelassen versichert Talleyrand, sie seien alle gewonnen, knüpft den boshaften Vorschlag daran, der Zar möge Ney für den Verlust früherer Dotationen entschädigen. Damit hat er seinen Widerpart ganz aus dem Konzept gebracht, und dieser geht ziemlich unvermittelt zum Gegenstand über.

„Wir wollen von unsern Angelegenheiten sprechen“, sagt er nervös. „Wir müssen zu einem Ende kommen.“

Schon? denkt Talleyrand. Wir beginnen doch kaum erst. Er erwidert kühl, abweisend:

„Das hängt einzig und allein von Eurer Majestät ab. Es wird sich alles rasch und glücklich erledigen, wenn Sie dieselbe Hochherzigkeit zeigen wie in Frankreich.“

Der Zucker der Schmeichelei ist zu dünn, die bittere Pille zu versüßen. Der Zar geht aus seiner bisherigen Zurückhaltung heraus, sagt unverblümt:

„Aber jeder muß seinen Nutzen davon haben!“

„Und jeder sein Recht“, gibt Talleyrand fest zurück.

„Ich behalte, was ich mit meinen Truppen besetzt habe!“ ruft der Zar, auf dessen Schläfen die Adern zu schwellen beginnen.

„Eure Majestät werden nicht behalten wollen, was Ihnen rechtens nicht zusteht“, kommt es kalt, unpersönlich zurück.

Recht — rechtens — da ist es wieder, das verfluchte Wort, über das man in einemfort stolpert! Aus blutunterlaufenen Augen sieht Alexander den vor ihm stehenden Talleyrand an. Was will es denn, das Mißgewächs? Sich gegen ganz Europa stellen?

„Die Großmächte sind mit mir einig!“ grollt er.

„Zählen Eure Majestät zu diesen auch Frankreich?“

Der Zar blickt ihn überrascht, verständnislos an.

„Ja — selbstverständlich —“ sagt er unsicher. Versteht allmählich, setzt verärgert, aber für den Augenblick gebändigt, hinzu: „Aber wenn Sie durchaus nicht den allgemeinen Nutzen wollen — was wollen Sie denn?“

„Das Recht, Eure Majestät. Der Nutzen kommt hinterher.“

Die kaum niedergeworfene Wut kehrt zurück. Recht! Recht!

„Recht! Der Nutzen Europas ist das Recht!“

„Sire!“ Talleyrand sucht in seinen Ton freundschaftlichen Vorwurf zu legen. „Das sprach nicht Ihr Herz!“

„Doch! Doch!“ Trotz erzwungener Festigkeit ist etwas wie Schwanken in der Stimme des Zaren. „Was für Europa nützlich ist, das ist auch das Recht. Ich habe es gesagt und wiederhole es.“

Den schmerzlichen Vorwurf, den er seiner Stimme gab, sucht Talleyrand nun in seinen Blick zu legen. Die unwiderstehliche Lust überkommt ihn, seinerseits auch Komödie zu spielen. Er wartet, bis die Augen des Zaren zu zucken beginnen, dann kehrt er sich ab und sagt zur Wand:

„Unglückliches Europa!“ Wartet wieder, wendet sich, da es still bleibt, zu Alexander zurück und ruft: „Sire! Soll es denn einmal heißen, daß Sie Europa zu Grunde gerichtet haben?“

Die Unsicherheit des Zaren hat sich inzwischen zu Trotz verhärtet.

„Eher den Krieg“, antwortet er verstockt, „als daß ich auf das verzichte, was ich besetzt halte.“ Er trifft auf den unverwandten Blick Talleyrands, wiederholt mit übertriebenem Nachdruck: „Jawohl, eher den Krieg!“

Noch mehr Komödie? denkt Talleyrand. Gut! Wieder kehrt er sich zur Wand, preßt die Stirne dran, flüstert mit erloschener Stimme in sich hinein:

„Wie Eure Majestät wollen. Aber uns trifft keine Schuld daran.“

Der Zar faßt ihn am Arm, dreht ihn daran herum. Seine Augen flirren, der volle, sinnliche Mund zuckt und windet sich, die Stimme gehorcht ihm kaum, da er, Talleyrand mit den Händen vorm Gesicht herumfuchtelnd, ihm aus nächster Nähe entgegenkeucht:

„Ja, wollen Sie, daß Sachsen, der Verräter an der Sache Europas, straflos ausgehe?“

Ich muß ein Ende machen, denkt Talleyrand. Sonst erwischt er mich noch beim Kopf und zerstört mir die Frisur. Nie war er seiner sicherer als in diesem Augenblick. Mit seinen bannenden Augen fängt er die flirrenden Alexanders ein, sagt bedeutsam, klar, mit einer wie eine Stahlsaite schwirrenden Stimme:

„Der Verrat an der Sache Europas ist nur eine Frage des Datums."

Der Zar hält mitten in der Bewegung inne, glotzt ihn an. Wenn er könnte, denkt Talleyrand, so würde er mich jetzt nach Sibirien schicken. Furchtlos, mit vollkommener Kälte erwidert er den Blick der kleinen, in diesem Augenblick an die eines gereizten Bären gemahnenden Augen.

Dann weicht aus diesen Augen die ohnmächtige Wut, ein Schleier geht darüber hin. Die fuchtelnden Hände sinken, Zar Alexander tritt einen Schritt zurück, sagt mit einer fremden, wie aus einem Automaten kommenden Stimme:

„Ich muß gehen. Es ist Zeit fürs Theater. Ich habe dem Kaiser versprochen, hinzukommen, man erwartet mich." Er sieht Talleyrand groß an wie ein Kind, das etwas ihm Wichtiges gesagt hat, kehrt sich ab, geht mit den Schritten eines marschierenden Soldaten zur Tür.

Bei dieser bleibt er stehen, senkt den Kopf, als denke er über etwas nach, das ihm entfallen ist, das er aber unbedingt wissen muß. Dann plötzlich macht er kehrt, eilt mit seinen natürlichen Bewegungen zu Talleyrand zurück, schlägt seine Arme um ihn, drückt ihn heftig an sich und sagt mit bewegter Stimme:

„Leben Sie wohl, Talleyrand! Wir sehen uns noch!"

Damit stürzt er fast laufend zum Zimmer hinaus.

Talleyrand folgt ihm langsam. Im Vorraum ist der Kosak verschwunden, und Nesselrode empfängt ihn sichtlich verstört. Seine Blicke fragen, was es gegeben habe.

Talleyrand findet es nicht für nötig, ihn aufzuklären, nimmt mit zurückhaltender Höflichkeit Abschied, geht. Der hat es auch nicht leicht, denkt er, unbewegten Gesichts der Stiege zuhinkend.

Während der Heimfahrt überlegt er, wie er den Rest des Tages verbringen könnte. Theater? Nein: nach der eben erlebten Komödie hat er keine Lust, eine erdichtete zu sehen.

Aber was wäre es mit der Soirée beim Fürsten Trautmannsdorff? Es ist die erste Einladung seitens des österreichischen Hochadels, und man könnte wertvolle Verbindungen anknüpfen. Ja, das ist ein Gedanke! Er wird zum Fürsten Trautmannsdorff gehen.

Zwei Stunden später steht er demnach, frisch rasiert, frisiert, gepudert, in seinem vom besten Pariser Schneider verfertigten Frack im Vorsaal des fürstlichen Palais und läßt sich von einem Lakaien den Pelz abnehmen. Ein Zufall will es, daß Herr von Humboldt neben ihn zu stehen kommt, um gleichfalls den Mantel loszuwerden. Große Begrüßung, dann fragt Herr von Humboldt:

„Was veranlaßte Sie, Durchlaucht, uns eine so kniffige Note zu schicken?"

„Note?" verwundert sich Talleyrand. „Eine harmlose Mitteilung."

„Die Sie unterfertigt und damit zu einer offiziellen Note gestempelt haben", beharrt Humboldt.

„Aber mein Bester! Sie korrespondieren und beraten doch auch untereinander und unterfertigen allerlei. Da dachte ich ebenso handeln zu können."

Herr von Humboldt sieht dem Fürsten in die Augen, senkt dann unwillkürlich den Blick auf dessen lahmen Fuß. Talleyrand bemerkt es, sagt lächelnd:

„Es ist kein Pferdefuß. Fragen Sie meinen Freund Monsieur Goethe, der versteht sich auf derlei."

Das ist so launig gesagt, daß Herr von Humboldt unwillkürlich lachen muß. Und immer noch lachend erwidert er:

„Immerhin — der Leibhaftige muß uns geritten haben, als wir uns mit Ihnen einließen! Auf Wiedersehen, lieber Fürst!" Lachend schütteln sie sich die Hände, dann wendet sich Humboldt dem Saale zu.

Lächelnd sieht Talleyrand ihm nach. Er sieht, seine Note hat den Herren ‚Verbündeten' Kopfschmerzen bereitet, das macht ihm das kalte Herz warm. Zufrieden reibt er sich die Hände, sagt leise vor sich hin:

„Ein wohl angewendeter Tag!"

Sorgen eines alten Mannes

Schon beim gemeinsamen Frühstück war ihm ihre Gedrücktheit aufgefallen; da sie jedoch nicht sprach, unterließ er jede Frage. Als er aber wegen irgendeiner Bedeutungslosigkeit ihr Boudoir betritt und sie in Tränen findet, überwindet seine Besorgnis alle Diskretion. Er hinkt eilig auf sie zu, faßt mit beiden Händen ihre Rechte, fragt, sich neben ihr niederlassend und den Blick forschend auf ihr Gesicht gerichtet:

„Kind, du weinst? Was ist geschehen?"

Sie schüttelt unwillig den Kopf, will antworten: ‚Es ist nichts', doch beim ersten Laut bricht ein Schluchzen aus ihrer Kehle.

Bestürzt faßt er auch ihre andere Hand, in der sie das tränennasse Taschentüchlein zusammenballt, ruft:

„Was hast du? Du bist ja ganz außer dir!"

Nochmals möchte sie abwehren, aber sie hat nicht die

Kraft dazu. So läßt sie den Kopf auf die Brust sinken und flüstert kaum vernehmlich:

„Er ist hier."

„Wer?"

„Adam Czartoryski."

Tief zieht der Fürst den Atem ein, fragt tastend:

„Du hast ihn gesehen?"

„Noch nicht."

„Woher also weißt du — ?"

„Er hat mir geschrieben."

Der Fürst möchte den Brief gern sehen, aber er wagt nicht sie darum zu bitten. Czartoryski. Keinen Namen fürchtete er mehr als diesen. Aus Egoismus, um Dorothea unlöslich an sich zu binden, hat er das Liebesband zwischen den beiden getrennt. Nun kehrt der für immer entfernt Geglaubte zurück, und der Kampf wird von neuem beginnen.

Nur eines möchte er wissen, und er beeilt sich, danach zu fragen:

„Was macht er in Wien? Ist er als Privatmann hier oder — ?"

„Im Dienste des Zaren Alexander. Um die Befreiung Polens zu betreiben."

Und das befreite dann dem Zaren zu Füßen zu legen, ergänzt er im Geiste mit Bitternis. Aber er bringt es nicht übers Herz, es laut zu sagen und ihr weh zu tun; lieber die ritterliche Aureole um des Fürsten Adam schönes Haupt noch um diesen Strahl vermehren! Ich muß sie ablenken, denkt er.

„Willst du den ganzen Tag zu Hause bleiben?" erkundigt er sich liebevoll.

„Nein", antwortet sie zerstreut, fährt plötzlich hoch. „Mein Gott, wie spät ist's denn?" ruft sie. „Ich soll mich mit Wilhelmine bei Lori Fuchs treffen!"

„Bei der Gräfin Fuchs?“

„Ja — wir sollen die Lebenden Bilder aussuchen, die wir in vierzehn Tagen bei Palffy's stellen werden — und die Toiletten für das große Karussell besprechen.“

Er nickt verständnisvoll. Welches Glück, daß die betrübteste Frau sich doch noch ein wenig Sinn wahrt für Unterhaltung und neue Kleider!

„Es ist ein so schöner Tag“, sagt er. „Hast du nicht Lust, mit mir auszufahren? Ich bringe dich dann zur Gräfin Fuchs hin.“

Sie begreift, sendet ihm ein gerührtes Lächeln zu. Eines mit umflorten Augen, aber immerhin ein Lächeln!

„Wenn es dir Freude macht“, antwortet sie, „gerne.“

„Du wirst dich umkleiden wollen“, sagt er aufstehend. „Auch ich werde den Anzug wechseln. Wenn du fertig bist, laß es mich wissen.“

„Ich werde mich möglichst beeilen“, versichert sie. Sie weiß, er wartet nicht gerne.

Sie hat die Genugtuung, vor ihm fertig zu sein. Als sie sein Ankleidezimmer betritt, ist Monsieur Courtiade eben dabei, die Toilette seines Herrn durch ein Meisterwerk von geschlungener Halsbinde zu krönen. Auch durch das Eintreten Gräfin Dorotheas läßt er sich nicht stören. Erst nach Vollendung seines Kunstwerkes begrüßt er sie mit einer seiner respektvollsten Verbeugungen. Sie nickt ihm freundlich zu und wendet sich zum Fürsten:

„Gehen wir?“

„Gehen wir“, wiederholt er aufgeräumt und bietet ihr den Arm.

Unten im Hofe wartet das Gefährt. Er hat einen offenen Wagen genommen, um den schönen Tag zu genießen — und aus wohleingestandener Eitelkeit.

„In meinem Alter kann man sich nicht genug mit schönen Frauen sehen lassen“, bemerkt er, im Fond neben ihr Platz nehmend. „Bei den Wohlwollenden vermehrt es den Kredit, bei den Übelwollenden den Neid.“

„Ist denn Neid so schätzbar?“

„Über alles! Er ist die Spiegelung unserer Erfolge und der Ansporn zu weitern. Nur muß man seiner Herr bleiben, denn er kennt kein Erbarmen.“

Sie rümpft leicht die Nase. Man merkt deutlich, daß ihr das Thema mißfällt. Sie lenkt ab:

„Kommst du mit mir zu Lori?“

„Nein, ich muß zu Metternich. Heute ist Sitzung, und er bat mich, vorher zu ihm zu kommen. Die Herren sind durch meine Epistel ein wenig durcheinandergeraten.“ Er kichert etwas hämisch, setzt hinzu: „Aber ich kann dich abholen.“

„Ja!“ sagt sie dankbar.

„Sollte ich verhindert sein, so nimmst du dir einen Fiaker.“ Er bemerkt nicht ihre enttäuschte, fast ängstliche Miene, spricht weiter: „Es wäre nicht das Schlimmste: die Wiener Fiaker sind berühmt. – Schau!“ Er deutet mit leichter Handbewegung auf ein Gespann, das vor einem leichten Wagen, an den vielen Kutschen um Haaresbreite vorbeiflitzend und doch keine auch nur streifend, den Graben herunterkommt, ihnen gerade entgegen. „Da hast du das Exempel.“

Die Gräfin blickt flüchtig hin, doch ihr Blick der großen Dame sieht sofort den Adel in den Bewegungen der beiden Schwarzbraunen, die ihre feingefesselten Füße im gleichen Takt werfen, und die vollendete Fahrkunst des Lenkers. Sieht kurz auch zu diesem hinüber, läßt die Augen über das verwegene Gesicht unter dem schief aufgesetzten Hut gleiten, über die im Triumph des zur Schau gestellten Könnens angespannten Züge, deren Arroganz nur durch das lustige Blitzen der Augen gemildert wird.

Hat der Fiaker ihren Blick bemerkt? Im Augenblick,

da die beiden Wagen sich kreuzen, legt er, ohne das Tempo zu verzögern, die Zügel in eine Hand, hebt mit der andern den Zylinder. Dann ist der Wagen vorbei.

„Eine Huldigung", spöttelt Talleyrand.

„Eine Unverschämtheit", gibt die Gräfin gleichmütig zurück. „Schau, ist das nicht der Zar?"

„Wo? — Ach ja, natürlich ist ers."

„Mit Eugène Beauharnais, wie gewöhnlich."

„Und mit dem König von Preußen. Eine seltsame Troika", setzt er boshaft hinzu, auf das russische Gefährt anspielend.

Ohne der Menge zu achten, die ihn umgibt, oder vielmehr sie zu sehr beachtend, so daß die Polizisten Mühe haben, die durch die freundlichen Blicke und Zurufe Alexanders ermunterten Zudringlichen fernzuhalten, promeniert der Zar, zu seiner Linken den von ihm sichtlich protegierten Stiefsohn Napoleons, zur Rechten den wie immer grämlich dreinschauenden König Friedrich Wilhelm, über den Graben. Jeden Gruß erwidert er aufs Liebenswürdigste, jedem frontmachenden Offizier ruft er ein breites „Servus, Freund und Bruder!" zu.

„Er macht sich populär", murmelt Talleyrand, im Vorbeifahren den Hut ziehend. Die schöne Gräfin neigt das Haupt. Zar Alexander sieht mit rascher Kopfwendung herüber, winkt dem Fürsten familiär, wirft der Gräfin eine Kußhand zu.

„Eine Unverschämtheit!" sagt Talleyrand ärgerlich.

„Eine Huldigung", verbessert sie mit dem vorigen Gleichmut. „Das Gedränge wird immer ärger", setzt sie zusammenhanglos hinzu, als der Wagen vom Graben auf den engern Kohlmarkt einbiegt.

„Kein Wunder, wir nähern uns der kaiserlichen Burg."

Es ist tatsächlich kaum durchzukommen. Immer wieder stauen sich die Wagen in dem langgezogenen Engpaß, und nur schrittweise kommen sie weiter. Der Fürst sieht um sich.

Ich glaube", bemerkt er „die Wiener werden ganz froh sein, wenn der Kongreß vorüber ist."

‚Warum? Es heißt doch, sie verdienen gut daran."

„Was nützt das, wenn sie nicht mehr das Gefühl haben, Herren im eigenen Haus zu sein! Ganz Europa scheint seine Soldaten auf Wien losgelassen zu haben. Ein Glück, daß die Österreicher weiße Waffenröcke haben, sonst würden sie in diesem Regenbogen von Uniformen verschwinden. — Da sind wir endlich auf einem freien Platz!"

Die Straße weitet sich mit einemmal. Gerade ihnen gegenüber erhebt sich der unvollendete Bau der großartig geplanten Vorburg, mitten darin das schmale Gebäude des Hoftheaters, zur Rechten enges Gassenwerk, zum Teil von Schwibbogen überwölbt. Talleyrands Kutscher fährt darauf zu, biegt um eine oder zwei Ecken, verhält vor dem Portal des Palais Fuchs die unruhig kauenden Pferde.

„Ich bin da", sagt Gräfin Dorothea aussteigend. „Also abgemacht, du holst mich ab."

„Wenn ich kann", schränkt Talleyrand die Zusage ein.

In ihre Augen tritt ein erschrockener Ausdruck.

„Nein", ruft sie drängend, „du mußt mich abholen! Bitte! Bitte!"

Er sieht sie erstaunt an. Warum diese Erregung? Aber dem stummen Flehen in ihren Blicken kann er nicht widerstehen. Er überlegt kurz, nickt dann:

„Also gut. Ich komme."

„Bestimmt?"

„Bestimmt."

Sie wirft ihm noch einen Blick zu, in dem sich Dankbarkeit und die Sorge, ob er sein Versprechen halten wird, mischen, eilt ins Tor hinein. —

Gräfin Dorothea ist längst im Hausflur des Palais verschwunden, und immer noch hält der Wagen des Fürsten.

Der Kutscher vermag die nervösen Pferde kaum zu halten, der Lakai wartet mit gezogenem Hut am Wagenschlag auf die Befehle seines Herrn, doch dieser ist in tiefe Gedanken versunken und rührt sich nicht.

Ein Anruf weckt ihn aus seinem Grübeln:

„Nun, Fürst, sind Sie vielleicht aus Dornröschens Schloß zu uns herabgestiegen?"

Er sieht auf: eine hohe Gestalt in österreichischer Generalsuniform, ein noch im Alter schönes, edel geschnittenes Gesicht mit klugen Augen, silberweißes Lockenhaar: der berühmte Prinz de Ligne.

Das Lächeln erwidernd, mit dem der Prinz ihn begrüßte, antwortet Talleyrand in gleichen scherzhaften Ton, den, wie er weiß, de Ligne besonders liebt:

„Ja, um in eines der berühmten Wiener Zauberstücke zu gelangen, in dem Sie, Prinz, die Rolle des Feenkönigs innehaben."

„Oh la la!" Der Prinz schwenkt bedauernd die Hand. „Die Feen haben mich längst entthront. Aber da ich Sie nun einmal attrapiert habe, müssen Sie unbedingt mit mir in mein Vogelbauer."

„Vogelbauer?"

„An prahlsüchtigen Tagen nenne ich es ‚Palais Ligne'. Aber Sie werden selbst sehen: es ist gleich um die Ecke." Er springt mit einer für einen Achtziger bemerkenswerten Elastizität in den Wagen, ruft dem Kutscher zu: „Fahr zu, ich werde dich dirigieren!"

„Aber ich soll um vier Uhr beim Fürsten Metternich sein", wendet Talleyrand ein.

„Zeit genug", beruhigt ihn de Ligne. „Das ist der Vorteil von Wien, daß hier alles hübsch beieinander liegt."

Er hat recht. Im Nu halten sie vor dem spaßigsten Haus von Wien. Es steht oben auf der Bastei, ist von oben bis unten rosenrot getüncht und nur zwei Fenster breit, was nicht hindert, daß es einen von zwei Säulchen getragenen winzigen Portikus hat.

„Hübsch, nicht?“ meint der Prinz mit der Selbstgefälligkeit einer Mutter, die ihr Kind lobt. „Aber kommen Sie weiter!“

Sie steigen eine halsbrecherische Hühnerleiter empor, die der Prinz mit dem hochtrabenden Namen ‚Treppenhaus‘ bezeichnet, und landen in einem mäßig großen Zimmer.

„In jedem Stockwerk ein Raum“, erklärt der Hausherr. „Das da ist der Salon. Sie sehen, Tapeten, Möbelbezüge, sogar das Stammbuch, in das Sie sich nachher eintragen müssen, sind rosenrot. So geht es das ganze Haus durch. Man gibt mir den Spitznamen des ‚rosenroten Prinzen‘. Was kann ich dafür? Rosenrot ist nun einmal meine Lieblingsfarbe.“ Sie haben während des Gesprächs Platz genommen, und der Prinz plaudert angeregt weiter: „Eben traf ich im Palais Fuchs Ihre schöne Nichte. A la bonheur, ist das eine süperbe Frau! Ich danke meinen Jahren, daß sie mein Blut ein wenig gekühlt haben — vor einem Dezennium wäre ich ihr rettungslos verfallen. Sie bereiten neue Lebende Bilder vor, nicht wahr?“

„Ich glaube.“

„Darum diese Menge junger Leute, die ich droben traf: die kleine Zichy war da, die kleine Thürheim, die kleine Bechtoldsheim —“

„Nicht Klio?“ wirft Talleyrand rasch ein.

„Ja, dieselbe. Woher kennen Sie sie?“

„Ich traf sie bei ihrer Tante Taxis und amüsierte mich über ihren mythologischen Vornamen.“

Der Prinz sieht ihn überrascht an, bricht plötzlich in ein schallendes Gelächter aus.

„Ah, das ist sehr gut!“ ruft er. „Wissen Sie, wie sie wirklich heißt? Clementine, abgekürzt Cleo. Und Sie verstanden ‚Klio‘!“

„Das hätten Sie mir nicht sagen dürfen", schmollt Talleyrand. „Nein, das will ich nicht gehört haben! Lassen Sie mir meine Illusion!"

„Also schön, Ihnen zu Gefallen ziehe ich meine Erläuterung zurück. Da haben Sie Ihre Klio wieder."

„Es ist nicht meine Klio. Sie gehört mir nicht."

„Aber Sie gehören ihr, denn Sie gehören der Geschichte an." Um dem Fürsten den Dank für das Kompliment zu ersparen, spricht er rasch weiter: „Auch an jungen Herren fehlte es nicht: ich sah Schönfeld, Woyna, Eszterházy — Adam Czartoryski wird erwartet —" Er bricht etwas plötzlich ab.

Das Hochziehen der Augenbrauen, das einzige Zeichen, wodurch Talleyrand seine Überraschung zu erkennen geben pflegt, verbirgt diesmal eine stärkere Bewegtheit. Die Gedanken rasen: Das also stand in dem Brief! Und darum hatte sie es so eilig, zur Gräfin Fuchs zu kommen! Kenne sich einer in den Frauen aus! — Aber, meldet sich versöhnlich ein neuer Gedanke, sie bat dich so dringend, sie abzuholen! Sie hat Angst, dich zu verlieren!

„Man sieht", hört er wieder de Lignes Stimme, „dem Zusammentreffen des schönen Adam mit Eva, will sagen, Ihrer Nichte, mit offenkundiger Spannung entgegen. Man scheint es als besondere Pikanterie zu empfinden."

Freund oder Feind? Talleyrand blickt dem Prinzen ins Gesicht. Doch dessen klare, offene Augen lassen keinen Zweifel.

„Es ist eine Jugendliebe", sagt er ruhig, beherrscht.

„Die nicht ausgelebt wurde", ergänzt de Ligne kopfnickend, „und darum vielleicht noch einen Gefahrenherd bildet."

„Czartoryski ist doppelt so alt wie Dorothea."

„Lieber Freund, in unsern Jahren dürfen wir den andern die ihren nicht nachrechnen." Indem er sich mit einbezieht, nimmt der Prinz seinen Worten das Peinliche eines allzuderben Winks. „Zudem spielt in der Liebe das Alter eine nebensächliche Rolle. Die Frau sucht instinktiv nur den, der ihrem Leben Erfüllung werden könnte."

Talleyrand spürt sein Herz stärker klopfen. Ach, dieses Herz! Es ist auch nicht mehr, was es war. Früher hätte es nicht so schwer gepocht, so hart, so — ängstlich ...

„Glauben Sie", sagt er leise, „daß Czartoryski das für Dorothea hätte sein können?"

Der rosenrote Prinz bedenkt sich.

„Eine Frage, die schwer zu beantworten ist, lieber Freund", meint er zögernd, schonend.

Doch Talleyrand hat sich schon wieder gefaßt und mehr: eine jähe Kraftwelle durchströmt ihn, spült alle Verzagtheit hinweg, macht ihn zuversichtlich, kühn.

„Und die zu stellen überflüssig war", sagt er mit ruhiger Festigkeit. „Es ist ein Urgesetz seit Anbeginn der Zeiten, daß die Frau dem Stärkern gehört und sich trotz aller Träume und Sehnsüchte willig damit abfindet." Er blickt triumphierend in die aufblitzenden Augen des alten Kriegers.

„So gefallen Sie mir!" ruft dieser. „Das ist ein Manneswort! Wir wollen den Jungen zeigen, daß wir Alten auch noch im Spiele sind!"

„Alt?" Talleyrand lächelt siegessicher. „Alt sein heißt zurückblicken; wir aber blicken vorwärts, den Taten entgegen, die wir vollbringen wollen, und mit denen sich die der andern nicht messen können!" Er steht auf. Nun ist er in der richtigen Stimmung, sich mit Metternich zu treffen — und dann mit einem andern. „Ich muß nun wirklich gehen", sagt er zum Prinzen. „Auf Wiedersehen — und vielen Dank für eine fruchtbare Viertelstunde!" Mit einer verbindlichen Handbewegung wendet er sich zum Gehen.

„Halt!" ruft de Ligne. „Sie dürfen nicht fort, ehe Sie

mir nicht etwas in mein Stammbuch hineingeschrieben haben!" Eilfertig schleppt er von einem Tisch ein schweres silbernes Schreibzeug herbei, schlägt das Buch auf, reicht Talleyrand die eingetauchte Feder.

Der nimmt sie, blickt auf die rosenroten Blätter des Buches nieder. Dann schweift sein Blick über die rosenroten Decken und Bezüge, die rosenroten Tapeten, die rosenrot verblaßten lächelnden Lippen des Prinzen. Er setzt die Feder an und schreibt:

‚On n'y peut s'empêcher de voir rose . . .'

Der Meisterfechter

Fürst Metternich muß ihn schon erwartet haben, denn er läuft Talleyrand, kaum daß er angemeldet wurde, mit ausgestreckten Armen entgegen und erfaßt seine beiden Hände, um sie endlos zu schütteln. Wenig fehlt, so würde er ihn umarmen.

„Ich danke Ihnen herzlich, mein lieber Freund, daß Sie gekommen sind", sagt er überströmend. „Bitte, nehmen Sie Platz, ich bitte Sie!" Er führt ihn zu einer mit rotem Samt überzogenen Palisandergarnitur, nötigt ihn auf das breite Sofa, nimmt daneben in einem Lehnstuhl Platz. „So können wir ungestört miteinander plaudern, ehe die Sitzung beginnt." Er zieht eine prachtvolle goldene Doppelmanteluhr aus der Tasche, läßt den Deckel aufspringen, hält sie ans Ohr, läßt sie zum Überfluß repetieren. „Eine echte Bréguet", sagt er stolz.

„Ich kenne sie, ich habe die gleiche", antwortet Talleyrand mit einem fatalen Lächeln. Er zieht sie aus der Tasche, hält sie dem Kanzler hin. Der sieht ihn groß an, auf seinem Gesicht erscheint ein Augurenlächeln, verschwindet sogleich wieder.

„Ich habe bis jetzt gearbeitet“, springt Metternich auf ein anderes Thema über. „Sie ahnen nicht, was dieser Kongreß allein an Vorarbeiten erfordert. Jeder kleine, von der Mediatisierung bedrohte Reichsritter glaubt seine Ansprüche durchsetzen zu müssen. Ob Sie es glauben oder nicht, ich mußte mir kürzlich über den westfälischen Frieden Vortrag halten lassen, um mir ihn ins Gedächtnis zurückzurufen.“ Wieder springen seine Gedanken. „Sie sandten uns einen Entwurf über die Führung der Kongreßgeschäfte. Wir haben auch einen ausgearbeitet. Er ist von Ihrem zwar etwas verschieden, aber doch nicht so sehr, daß Sie ihn nicht gutheißen könnten.“

„Kann ich ihn sehen?“ fragt Talleyrand mit unbewegter Miene.

„Leider habe ich ihn nicht zur Hand“, antwortet Metternich mit bedauernder Geste.

„Vermutlich zirkuliert er zur Zeit bei den Verbündeten?“ mutmaßt Talleyrand harmlos.

Metternichs bedauernde Geste verwandelt sich in eine der Abwehr.

„Sprechen Sie mir nicht von Verbündeten!“ ruft er. „Es gibt ja keine mehr.“

„Schade!“

„Was, schade! Sie haben sie ja selber umgebracht!“

„Ich meine auch nur Männer, die verbunden sein sollten.“ Er hält inne, aber Metternich behält den prüfenden Blick, mit dem er des Fürsten erste Worte entgegennahm. So setzt Talleyrand fort: „In dem Sinne, daß sie keine Beratung brauchen, sondern auch ohne sie das Gleiche denken und das Gleiche wollen.“ Wieder hält er inne, und wieder schweigt sein Zuhörer. Erst als die Stille peinlich zu werden beginnt, sagt Metternich:

„Erklären Sie sich näher, mein Fürst."

„Was soll ich viel erklären?" ruft Talleyrand. „Haben Sie nicht selbst Augen zu sehen und Ohren zu hören? Sind Sie so erfreut über die enge Verbindung des Zaren mit dem König von Preußen? Sind Sie so völlig einverstanden damit, daß der eine ganz Polen haben will und der andere ganz Sachsen?"

„Nun ja —" läßt sich Metternich mit einem unbestimmten Achselzucken vernehmen.

„Wie können Sie zustimmen", fährt Talleyrand gesteigert fort, „daß der Zar Ihre Grenzen bedroht? Wie kann es Sie kalt lassen, daß Sachsen, das Erbe eines guten Nachbars, des Witwers nach einer Erzherzogin und Gatten einer zweiten, dem Bundesgenossen des Zaren überantwortet wird? Sehen Sie denn nicht das Paradox, daß angesichts dieser doppelten Gefahr wir uns für Sie einsetzen, während Sie es scheinbar gar nicht beabsichtigen?"

Während des Sprechens beobachtete er, wie sich das Gesicht des österreichischen Staatsmannes immer mehr umwölkte. Nun, da er absetzt, um Atem zu schöpfen, sagt Metternich mit bedenklicher Miene:

„Lieber Fürst, Sie greifen eine Materie auf, die allerdings eingehende Erörterung verdiente. Dazu gehört aber Vertrauen — und solche Vertrauenserweise wollen überlegt sein."

„Für mich nicht", antwortet Talleyrand schnell. „Wer nach Grundsätzen handelt, hat dergleichen nicht nötig. Das ist mein Vorzug." Er sieht suchend um sich, deutet mit großer Geste auf Metternichs Schreibtisch. „Dort sind Tinte und Feder", sagt er. „Wollen Sie niederschreiben, daß Frankreich nichts für sich verlangt, ja, daß es auch nichts annimmt? Ich bin jederzeit bereit, meinen Namen darunter zu setzen!"

Ich hätte gute Lust, dich beim Wort zu nehmen, denkt

Metternich. Aber du wärest imstande, beim Hinhumpeln zu stürzen und dir absichtlich die Hand zu brechen, du schlauer Teufel! Laut sagt er:

„Aber Sie haben ja da die Sache mit Neapel, die eigentlich die Ihre ist."

„Neapel — meine Sache?"

„Nun ja — da sind Bourbonen — dort sind Bourbonen —"

Talleyrand schüttelt mit ruhigem Lächeln den Kopf.

„Neapel ist meine Sache nicht mehr als die von jedermann: eine Sache des Grundsatzes. Ich verlange nur, daß derjenige den Thron von Neapel einnehme, der darauf ein unbestreitbares Recht hat, und jeder ehrliche Mann wird es mit mir verlangen. Das ist alles."

Fürst Metternich sitzt mit gekreuzten Armen und übereinandergeschlagenen Beinen, läßt einen Fuß wippen, betrachtet Talleyrand unverwandt. Fragt endlich:

„Kennen Sie Schiller?"

„Dem Namen nach. Monsieur Goethe sprach, glaube ich, von ihm. Gelesen habe ich nichts. Warum?"

„In einem seiner Dramen kommt der Vers vor:

‚Leicht beieinander wohnen die Gedanken,
Doch hart im Raume stoßen sich die Sachen.' "

Napoleon zitierte Corneille, sagt sich Talleyrand, König Louis zitiert die lateinischen Klassiker, Metternich zitiert Schiller, ich zitiere Shakespeare — mir scheint, niemand hat mehr einen eigenen Gedanken. Aber er bequemt sich doch zu fragen:

„Was besagen will?"

„Daß man mit den sogenannten Grundsätzen allein keine Politik machen kann."

Talleyrand faltet die Stirne, überlegt. Diese zähe Verhandlungstaktik führt nicht weiter. Er muß einen Vorstoß unternehmen, der Metternich zwingt, eindeutig Farbe zu bekennen. Rasch sammelt er seine Gedanken, dann sagt er in entschlossenem Tone:

„Gut. Ich will Ihnen aufrichtig sagen, womit ich mich einverstanden erklären kann und womit nicht. Daß der König von Sachsen, da er nun einmal die Überfuhr versäumt hat, will sagen, seinem Verbündeten Bonaparte nicht rechtzeitig in den Rücken gefallen ist, einen Teil seines Landes abtreten muß, ist annehmbar, und hoffentlich wird er vernünftig genug sein, dieses Opfer auf sich zu nehmen. Wenn man ihm aber alles wegnehmen und Preußen ausliefern will, so erkläre ich, daß ich dazu niemals meine Einwilligung geben werde. Und ebensowenig werde ich zugeben, daß der Zar ganz Polen erhalte. Wird diesen Bedingungen zugestimmt, so bin ich mit jeder Neuordnung in diesem Teil Europas einverstanden."

Ein Hofrat tritt ein, bleibt mit einer Verbeugung an der Türe stehen. Metternich wendet den Kopf nach ihm.

„Was gibt es denn, lieber Hudelist?" fragt er.

„Eure Durchlaucht, ich wollte bloß melden, daß Ihre Exzellenzen im Konferenzsaal versammelt sind."

„Ja, danke", nickt der Kanzler. „Wir kommen gleich." Der Hofrat entfernt sich, und Metternich kehrt sich wieder Talleyrand zu. „Wir sprechen uns noch", sagt er mit professioneller Wärme. „Ich sehe mit Vergnügen, daß unsere Ansichten viel weniger auseinandergehen, als ich dachte." Er macht Miene, sich zu erheben, tut es angesichts einer jähen Bewegung Talleyrands wirklich.

Doch diese Bewegung war nur das äußere Merkmal des kalten Zornes, der den Fürsten plötzlich erfaßt hat. Er hat das überfeine Spiel satt, das Freundschaft beteuert, Erwartungen nährt, Hoffnungen weckt — und zum Schluß alles, Beteuerungen, Erwartungen, Hoffnungen in nichts zerfließen läßt. Er will Gewißheit haben und ist entschlossen, sie sich zu erzwingen, selbst gegen diesen aalglatten, selbstsichern Diplomaten, der da meint, ihn mit schönen Worten abspeisen zu können.

Metternich hat ein paar Schritte gegen die Türe zu gemacht. Talleyrand folgt ihm, doch statt an des Kanzlers Seite zu treten, vertritt er ihm den Weg.

„Lieber Fürst", sagt er mit gemessener Festigkeit, „unser Gespräch ist zu weit gediehen, als daß wir es mit einem flüchtigen ‚Wir sprechen uns noch' abbrechen könnten. Es muß zu Ende geführt werden, und ich bitte Sie, mir jetzt die Gelegenheit dazu zu geben."

„Lieber Freund", sucht Metternich auszuweichen, „ich möchte ja gern — aber Sie hörten ja selbst: wir werden erwartet." Er versucht an Talleyrand vorbeizukommen.

Aber Talleyrand läßt es nicht zu. Er stellt sich Metternich abermals in den Weg und legt ihm beide Hände rechts und links leicht an die Arme, als wolle er ihn halten.

„Lieber Fürst", sagt er nochmals, und seine Stimme ist nicht die geschulte, an einen Schauspieler erinnernde Diplomatenstimme, die jede Gefühlsregung nachzuahmen weiß, sondern die eines Mannes, der wirklich fühlt, was er spricht, und seine Leidenschaft nur mit Mühe beherrscht, „ich stehe vor Ihnen wie Jakob vor dem Engel, und wie Jakob rufe ich Ihnen zu: ‚Ich lasse dich nicht, du segnest mich denn!' Wir müssen besprechen, was besprochen werden, und beschließen, was beschlossen werden muß: denn wenn wir es nicht jetzt tun, so tun wir es nie!"

„Gewiß, gewiß", macht der Kanzler einen letzten Versuch. „Aber die Vertreter der Mächte —"

„Mögen warten!" fällt ihm Talleyrand ins Wort. „Ohnehin sind ihre ausfluchtreichen Aussprachen, die das Kind nie beim Namen zu nennen wagen, von keinem Nutzen. Man wird erst zu einem Erfolg gelangen, wenn man den respektiven allerhöchsten Herren ein kategorisches ‚Du sollst!' und vor allem ‚Du sollst nicht!' zuruft. Woran scheitert denn jeder Versuch, zu einem Neuaufbau Europas zu gelangen? Am Starrsinn des großen, ungezogenen Kindes, das sich Zar Alexander nennen läßt und gekränkt ist, weil es nicht den ganzen Kuchen zu verspeisen bekommt, an der Engherzigkeit des dem Zaren ergebenen Königs von Preußen, der von seinem eigenen Volk gezwungen werden mußte, die bonapartistischen Fesseln abzuschütteln, und der nun über den langsamern Kollegen zu Gericht sitzen möchte! — Ich weiß, ich wiederhole mich", unterbricht er sich auf eine unwillkürliche Bewegung Metternichs hin. „Aber mein Blut gerät in Wallung, sooft ich an diese — reichlich naive Kombination denke."

„Lieber Freund —" Metternich kann ein zustimmendes Lächeln nicht unterdrücken — „Ihre Charakteristik der beiden hohen Herren —"

„Ist durchaus zutreffend, Sie wissen das so gut wie ich. Oder muß ich Sie an die wiederholten Unterredungen erinnern, zu denen mich der Zar einlud und bei denen nichts herauskam? An seine Anwürfe gegen Sie, die", setzt er angesichts der plötzlichen Zornröte auf Metternichs Stirne rasch hinzu, „das ganze diplomatische Korps empörten? Oder an unsere Unterhandlungen mit dem Fürsten Hardenberg, die fast zu einer Einigung geführt hätten, wenn ihn sein eigener König nicht desavouiert hätte? Nein, lieber Fürst, solange diese kleinen, nur auf den Erwerb von Gebieten, auf die Befriedigung der Raffgier hinauslaufenden Ziele im Vordergrund stehen, ist an eine wirkliche Tätigkeit des Kongresses nicht zu denken."

„Nun gut", sagt Metternich, sichtlich gepackt, aber noch nicht gewonnen, „was Sie über die kleinen Ziele sagen, ist richtig. Aber wissen Sie einen andern Weg zu größern Zielen, ja, zum eigentlichen Ziel, als den über diesen Kleinkram von Verhandlungen, der mich ebenso anwidert wie Sie, weil er mich an die Springprozessionen meiner weitern Heimat erinnert, bei denen man drei Schritte vor und zwei Schritte zurückmacht?"

„Ich weiß ihn, und Sie wissen ihn auch", entgegnet Talleyrand mit suggestiver Kraft. „Es ist die Verständigung zwischen Ihnen und mir. Wenn wir zwei einig sind, so wird keiner wagen, wider uns aufzustehen. Das aber bedeutet nicht weniger, als daß wir beide, Sie, Clemens Lothar Metternich, und ich, Charles Maurice Talleyrand, das Schicksal eines Erdteils in Händen halten. Es gibt kein Ausweichen mehr und kein Vertagen: ob wir wollen oder nicht — wir tragen für den Frieden einer Generation die Verantwortung; das ist unsere Aufgabe; wir können sie verraten, wir können an ihr scheitern, aber wir können ihr nicht entfliehen: sie ist uns zum Schicksal geworden. Können Sie, wenn Sie das erwägen, noch zögern? Können Sie kleinliche Differenzen auskramen und sie sich als Sand in die Augen streuen, nur um die Verpflichtung nicht zu sehen, die unabweisbar wie eine Meereswoge auf uns zukommt? Wir haben nur die Wahl, uns von ihr tragen oder uns unter ihr begraben zu lassen. Gibt es da für Sie noch ein Schwanken? Die bloße Frage wäre eine Beleidigung für Sie!" Er tritt einen Schritt zurück, betupft sich mit dem Taschentuch die Stirn. Sein Blick geht an Metternich vorbei: nicht einmal mit den Augen will er fragen.

Metternich steht unbeweglich, atmet tief.

„Ich danke Ihnen", sagt er halblaut, schweigt dann wieder. Erst nach einer Weile beginnt er mit einer Stimme, die mit ihrer Bewegtheit kämpft: „Nun verstehe ich Ihren Zauber, von dem man sich so viel erzählt. Ich traf doch Jahre hindurch fast täglich mit Ihnen zusammen — glaubte Sie zu kennen; aber das — das —" Er beendet den Satz nicht, schüttelt nur den Kopf. „Nie hat jemand so zu mir gesprochen", setzt er wieder an. „Das waren keine Finasserien, keine diplomatischen Akrobatenstücke, das war der Anruf eines Herzens, und es wäre elend, ihn nicht ebenso zu beantworten. — Ja", sagt er freier, „Sie haben recht: es geht um den Frieden, und wir beide tragen die Verantwortung dafür. So wollen wir nicht auf das sehen, was uns trennt, sondern auf das, was uns eint, und gemeinsam für diesen Frieden eintreten."

Nun erst richtet Talleyrand seinen Blick suchend auf den des Kanzlers. Findet ihn, taucht hinein — tief.

„Verbündet?" fragt er.

„Verbündet", nickt der Kanzler. —

Als Talleyrand eineinhalb Stunden später den Salon der Gräfin Fuchs betritt, ist sein Gesicht trotz der gewohnten Maske das eines Kämpfers. Das Erlebnis der eben verlassenen bewegten Sitzung zittert noch in ihm nach: die Verblüffung Nesselrodes, als dieser plötzlich den österreichischen Staatskanzler an der Seite Talleyrands sah, die Schwermut Hardenbergs, den der Befehl seines Königs zu einer Politik verurteilt, die er mißbilligt, die aufmerksame Nachdenklichkeit Castlereaghs. Ihn gilt es als nächsten zu gewinnen. Er traut es sich ohneweiters zu. In ihm ist eine innere Sicherheit, die ihn unüberwindlich macht.

Auf den ersten Blick, die übrige Versammlung glänzender Namen gleichsam beiseiteschiebend, sieht er den Fürsten Czartoryski. Natürlich hält er das Haupt schmachtend geneigt, wohl vertraut mit dem Zauber erhabener Melancholie, und natürlich sitzt er neben Dorothea, mit der er offenbar ein vertrauliches Gespräch führte. Zu jeder andern Stunde würde es Talleyrand das Herz zusammenkrampfen; in dieser stärkt es nur seinen Kampfeswillen. Wir wollen es kurz machen, sagt er sich, während sein Blick über die Gruppe gleitet.

Kaum hat er mit der Würde eines regierenden Herrn die Vorstellung der Anwesenden entgegengenommen und sich niedergelassen, als er sich zum Fürsten Czartoryski wendet und in jenem überlegen nachlässigen Ton, der bei aller Höflichkeit wie eine Beleidigung anmutet, ihn anspricht:

„Als ich seinerzeit in Warschau war, glaube ich Sie nicht getroffen zu haben, Fürst."

Czartoryski errötet leicht unter seiner bräunlichen Haut.

„Nein", erwidert er etwas kurz, „ich war zu jener Zeit nicht in Warschau."

„Sondern in St. Petersburg, wenn ich recht unterrichtet bin", ergänzt Talleyrand mit leiser Insolenz.

„Ja!" stößt Fürst Adam schroff, abweisend hervor.

„Wie schade, Fürst", bemerkt Talleyrand spöttisch – alle diese Schattierungen seines Tonfalls sind mehr zu ahnen als zu erkennen – „Sie hätten mir bei der Lösung meiner Aufgabe von großem Nutzen sein können."

Czartoryski geht ihm ins Garn.

„Welcher Aufgabe?" fragt er.

„Polen zu befreien", gibt Talleyrand herb zurück.

Abermals die Röte auf des Fürsten Adam bräunlichen Wangen. Tief diesmal, auf Stirn und Hals übergreifend.

„Dieser Aufgabe diene ich heute", sagt er durch die Zähne.

„Im Einvernehmen mit dem Zaren", wirft Talleyrand leicht hin.

„Wie Sie einst im Einvernehmen mit Bonaparte", schlägt Czartoryski zurück.

Es ist ganz still geworden; jeder Mensch im Salon spürt: was da vor aller Augen vor sich geht, ist ein Duell auf Tod und Leben, wenn auch kein Tropfen Blutes fließen wird. Alles hält fast den Atem an, um besser lauschen zu können.

„Ja“, stimmt Talleyrand nachlässig zu, „ich war damals vergeblich bemüht, Bonaparte zur Räson zu bringen und vor allem zur Erfüllung seiner Versprechungen an Ihr unglückliches Volk zu verhalten.“

„Und heute“, spottet Czartoryski in wütender Verachtung, „dienen Sie mit dem gleichen Eifer dem König.“

„Gewiß. Denn ich diene vor allem meinem Vaterland. Wer es repräsentiert, kommt für mich erst in zweiter Linie in Betracht, sofern er ihm angehört und ihm zu dienen bereit ist wie ich.“ Er wartet auf die Riposte. Sie erfolgt nicht. So stößt er nach, brutal, unbarmherzig: „Glücklich jeder, der mit reinem Gewissen das von sich sagen kann!“

Immer noch keine Antwort. Es ist totenstill. Talleyrand läßt seine Augen wandern. Bleiche Gesichter, nervös mit Fächern, Lorgnons, Taschentüchern spielende Hände. Czartoryski wechselt wiederholt die Farbe, sieht aus, als wollte er seinem Gegner an die Gurgel springen. Gräfin Dorothea sitzt unbeweglich, sieht den polnischen Magnaten mit demselben kalten, hochmütigen Blick an, den das Kind Dorothea einst für Frau von Talleyrand hatte. Gut. Man kann das Spiel beenden.

„Es ist schade“, sagt er, „daß meine seinerzeitigen Bemühungen ebenso wie die jetzigen des Fürsten Czartoryski kein anderes Ergebnis haben werden als ein Kompromiß. Das ist das Unglück unserer Zeit: Kompromisse statt Lösungen.“ Unvermittelt kehrt er sich der Hausfrau zu, sagt in völlig verwandeltem, väterlich scherzenden Ton: „Nun, Gräfin, wie weit sind Sie mit Ihren Vorbereitungen für die nächsten Lebenden Bilder? Was kommt denn als erstes?“

„P-Partant p-pour la Syrie“, stottert Gräfin Fuchs mit einer Stimme, die ihr nicht recht aus der Kehle will.

„Von Madame Hortense Bonaparte“, nickt er nachdenklich. „Sehr passend! Sehr passend!“

— — — — — — — — — — — — —

„Dieser Adam Czartoryski ist ein netter Mensch“, bemerkt Talleyrand während der Heimfahrt zu Gräfin Dorothea. „Wenn es dir recht ist, möchte ich ihn gelegentlich einladen.“

Sie sieht ihn groß an, mit ihrem dunklen, unergründlichen Blick.

„Oh du!“ sagt sie mit einer Stimme, die aus den Tiefen ihres Herzens zu kommen scheint.

Der schwarze Domino

Während auf der Bühne ein junges Aristokratenpaar einander mit aller gebotenen Dezenz in den Armen liegt, umgeben von einem Kranz anderer junger Aristokraten beider Geschlechter, die ein Hochzeitslied singen, ist der Saal in ständiger Bewegung. Kaum daß die Insassen der ersten Fauteuilreihe den Darbietungen einige Aufmerksamkeit schenken, und auch diese nur notgedrungen: denn es sind die Potentaten, die hier versammelt sind, Ehrengäste des Abends und schon deshalb, wie nicht weniger ihres hohen Ranges wegen zu Wahrung von Würde und Etikette verpflichtet.

Alles übrige aber, unbekümmert um die Vorgänge auf der Bühne, scherzt, lacht, plaudert durcheinander in allen Sprachen des Kongresses, in allen Trachten Europas. Hier neckt eine zierliche Spanierin einen venetianischen Nobile in weichen russischen Lauten, dort konversiert eine brünette Neapolitanerin, deren Feueraugen sogar durch die

Maske hindurchglühen, in reinem Cockneydialekt mit einem ungarischen Magnaten; ein Kosakenhetman bringt einer Tirolerin ein Glas Mandelmilch – sie dankt in edelstem Toskanisch; eine rundliche Holländerin hängt sich zutraulich an den Arm eines Schotten, und beide gehen, unverfälschtes Wienerisch schwatzend, ihres Weges.

Dazwischen sind auch mythologische Kostüme verstreut: ein Apoll, den goldenen Lorbeer um die Stirne, schreitet sehr selbstbewußt durch die Menge, eine Minerva balanciert ihren mit einem riesigen Roßhaarbusch geschmückten Helm auf ihrem zierlichen Lockenkopf, eine üppige, sehr blonde. sehr tief dekolletierte Najade in nilgrünem Tüll schlüpft durch das ihr offensichtlich nicht unwillkommene Gedränge.

Eine Tracht aber beherrscht siegreich das ganze Kunterbunt: der Domino, einst die Verkleidung vornehmer Herrschaften, wenn sie auf der Straße unerkannt bleiben wollten. Hier sind es namentlich die hohen Würdenträger, die, um der Jugend den Spaß nicht zu stören, die seidene Hülle über Frack oder Uniform geworfen haben. Sogar die Souveräne haben den Domino angelegt und gehaben sich so leutselig wie nur möglich; allerdings haben die Vornehmsten unter ihnen auf die Maske verzichtet. Der Kaiser von Österreich trägt einen blau und dunkelrot schillernden seidenen venezianischen Tabarro, der Zar einen purpurnen Domino aus starrem Moiré, der König von Preußen einen Mantel von schwarzem Atlas. Andere höchste Herren wiederum haben in dem uneingestandenen Wunsch, einmal einfach Menschen unter Menschen sein zu dürfen, die Maske vors Gesicht gelegt; doch die meisten von ihnen sind zu bekannt, als daß es ihnen gelänge, sich zu verleugnen: den König von Württemberg macht sein unförmlicher Bauch kenntlich, den spindeldürren König von Dänemark seine Länge und seine abnorme Magerkeit.

An einer der Marmorsäulen lehnt ein silbergrauer Domino, neben ihm steht ein rosenroter. Beide beobachten das bunte Treiben ringsum, der silbergraue mit überlegenem Gleichmut, der rosenrote nicht ohne eine gewisse Unruhe zu verraten. Er streckt immer wieder den Hals und läßt die Blicke im Saal umherschweifen, und einmal macht er sogar ein paar Schritte ins Gewühl hinein, kehrt aber enttäuscht sogleich wieder zurück.

„Sie erwarten jemanden, Prinz?“ fragt der silbergraue Domino.

„Ja“, bestätigt der rosenrote zerstreut, einen neuen Spähblick in den Saal werfend. „Wenn Sie einen blauen Domino sehen, lieber Fürst, so machen Sie mich, bitte, aufmerksam.“

„Ich will es gerne tun; aber in diesem Farbenwirrwarr ist Blau schwer festzustellen.“

„Sie haben recht“, stimmt der Rosenrote etwas nervös zu. „Gehen wir ein wenig in den Vorsaal. Oder legen Sie auf die Produktionen da droben —“ er macht eine leicht wegwerfende Bewegung gegen die Bühne — „großen Wert?“

„Nicht allzugroßen. Ich muß nur wieder hier sein, wenn meine Nichte auftritt. Ich habe es ihr versprochen.“

„Wir können ja von Zeit zu Zeit hereinschauen. Kommen Sie, Lieber, kommen Sie!“ Mit jugendlicher Ungeduld lotst er den Silbergrauen dem Ausgang zu.

Im Vorsaal ist es empfindlich kühl, und ein Zugwind macht den Aufenthalt noch unangenehmer. Der Rosenrote zieht seinen Domino enger um sich und schauert leicht.

„Ich habe mich gestern auf der Bastei ein wenig verkühlt, als ich auf jemanden wartete“, erklärt er. „Das ist unser Los“, setzt er etwas melancholisch hinzu. „Erst lassen wir sie warten, dann lassen sie uns warten.“ Er erklärt sich nicht näher, aber der Silbergraue versteht.

„Wenn Sie verkühlt sind, Prinz", meint er, „wäre es vielleicht doch klüger, in den Saal zurückzukehren."

Doch der Prinz wehrt ab.

„Nein, nein, ein alter Soldat ist verschiedenes gewohnt. Übrigens hat der Zug aufgehört. Wahrscheinlich hatte man vergessen, eine Türe zu schließen." Er hüstelt leicht. „Sprechen wir von was anderm", setzt er fort. „Sie wissen, daß man mir schon wieder ein Bonmot nachsagt, mit dem ich in Wirklichkeit gar nichts zu tun habe? Ich soll gesagt haben: Der Kongreß tanzt, aber er kommt nicht vom Fleck."

„Das ist doch charmant!"

„Aber, wie gesagt, nicht von mir."

„Ich bitte Sie, lieber Prinz, leugnen Sie dieses hübsche Wort nicht ab! Es paßt mir zu gut in meine Pläne."

„Aber die Nachwelt?"

„Die Nachwelt wird Sie auf jeden Fall als Europas geistreichsten Kavalier preisen."

„Nun gut, mein lieber Fürst, um Ihnen gefällig zu sein, will ich die Schuld auf mich nehmen. Zwischen den Leuten von Geist gibt es eine geheime Bruderschaft, die man nicht verraten darf. Gleich morgen suche ich mir den ärgsten Schwätzer, damit er ganz Wien erzähle: ‚Der alte Ligne hat mir selber gesagt, das Wort vom tanzenden Kongreß sei von ihm.' — Ah!" ruft er plötzlich mit veränderter Stimme.

Der silbergraue Domino folgt mit den Blicken den Augen des rosenroten, begreift: eine Dame in blauem Domino ist eingetreten, bewegt sich mit leise wiegenden, odaliskenhaften Schritten vorwärts: die so sehnsüchtig Erwartete. Der rosenrote Domino murmelt eine rasche Entschuldigung, eilt auf sie zu, küßt inbrünstig ihre Hand, bietet ihr den Arm und führt sie, ohne noch etwas anderes zu sehen oder zu hören, in den Saal.

Glücklicher Mensch! denkt der Silbergraue, ihm nachblickend. Seine ewige Jugend macht ihn sogar dagegen blind, daß er zugleich rührend wirkt — und ein wenig lächerlich.

Da er von seinem Partner im Stich gelassen wurde, beschließt er, in den Saal zurückzukehren. Ohnehin muß bald das Lebende Bild drankommen, in dem Dorothea beschäftigt ist.

Er hat Glück. Der Zufall — er würde es vielleicht mit einem selbstironisierenden Lächeln ‚Magie der Liebe' nennen — wollte es, daß er kurz vor ihrem Auftreten gekommen ist. Der junge Baron de Thierry, einer von seinen jungen Herren, exekutiert eben ein empfindsames Musikstück auf der Harfe, das, wie er weiß, zur Einleitung und als Begleitung des Bildes bestimmt ist. Und tatsächlich öffnet sich nach kurzer Zeit der Vorhang und gibt den Blick auf die hell erleuchtete Bühne frei.

Man hat sich die Mühe genommen, als Schlußtableau den ganzen Olymp darzustellen. Mit etwas geringschätzigem Lächeln erinnert sich der Träger des silbergrauen Dominos der Wichtigkeit, die man gerade diesem Bild beilegte, der Intrigen um die Teilnahme, der Besorgnis, ob der zur Darstellung des Apoll bestimmte Graf Wrbna sich herbeilassen werde, sich seinen Schnurrbart rasieren zu lassen. Nun, da er das Ergebnis vor sich sieht, unterscheidet er in dem ganzen Göttergewimmel nichts als ein über alles geliebtes Antlitz mit großen, unergründlichen Augen. Und er rührt sich nicht, bis der Vorhang sich wieder schließt, sich nochmals öffnet, nochmals, diesmal endgültig schließt. Die Vorstellung ist zu Ende, alles, soweit es saß, verläßt seinen Platz, um sich nun ungestört den Redoutenfreuden hinzugeben.

Schon einige Zeit hindurch hatte der silbergraue Domino das Gefühl, daß jemand ganz nahe bei ihm stehe und ihn beobachte. Nun, da er nicht mehr durch das Schauspiel auf der Bühne gefesselt wird, wendet er langsam den Kopf — und blickt gerade in die schwermütigen Augen einer weiblichen Maske in schwarzem Domino, die ihn unverwandt ansehen. Prüfend gibt er den Blick zurück, wartet auf die Anrede.

Sie läßt nicht auf sich warten, erfolgt mit einer warmen, weichen Stimme, in flüssigem, etwas fremdartig gefärbtem Französisch:

„Haben Sie ein wenig Zeit für mich, mein Fürst?"

Die etwas förmliche Frage verrät, daß es der fremden Maske nicht um ein Abenteuer zu tun ist. Er verbeugt sich höflich, sagt, ebenfalls mit leiser Förmlichkeit:

„Zu Ihren Diensten, Madame." Die ‚schöne Unbekannte', die sich ihm auf die Lippen drängt, unterdrückt er, bietet der Fremden den Arm.

Sie nimmt ihn, folgt ihm längs der Saalwand, bemüht, ihren leichten Schritt seinem mühevoll beherrschten Hinken anzupassen. So gehen sie schweigend nebeneinander her, dem bunten Treiben, das neben ihnen stürmischer denn je dahinbraust, nach Möglichkeit ausweichend. Schließlich erlaubt ihnen eine Seitentüre, einen weniger belebten Nebensaal zu betreten. Hier erst nimmt der silbergraue Domino das Wort.

„Ich gehe wohl nicht fehl, Madame", sagt er mit ruhiger Zuvorkommenheit, „wenn ich annehme, daß es Ihnen um mehr zu tun ist als um ein munteres Redoutengeplauder."

„Sie haben recht, Durchlaucht", antwortet sie, etwas unruhig um sich sehend.

Mit der selbstverständlichen Sicherheit eines großen Herrn führt er sie weiter. Sie durchschreiten einen zweiten Saal, dann einen kleinern, kaum erleuchteten. Die Hand auf seinem Unterarm zuckt. Er begreift, warum. Auf einem Sofa sitzen ein Mann und eine Frau eng aneinandergedrückt. Er ist über sie gebeugt. Mit einem Blick erkennt der rasch Hinschauende einen Domino aus starrem Purpurmoiré; von der Frau sieht man zwischen etwas nilgrünem Tüll nur Fleisch — viel Fleisch. Rasch, fast flüchtend verlassen die beiden unfreiwilligen Störenfriede den Raum.

Endlich gelangen sie in einen mäßig erhellten Salon, in den der Lärm des Festes kaum herüberdringt. Zwar sind sie auch hier nicht allein: in einer Ecke sitzt ein Paar, in eifriges leises Geflüster vertieft. Da es jedoch völlig mit sich beschäftigt scheint, wenngleich nicht so eindeutig wie das Paar im halbdunklen Nebensaal, führt der silbergraue Domino seine Begleiterin zu einer andern Ecke, läßt sie dort Platz nehmen und setzt sich ihr gegenüber.

„Madame", eröffnet er zurückhaltend das Gespräch, „Sie werden es mir zugute halten, wenn ich vor allem gern wissen möchte, mit wem ich die Ehre habe."

Sie blickt ihn scheu an, wendet dann den Kopf nach dem Paar in der Ecke. Erst als sie sieht, daß niemand von ihr Notiz nimmt, lüftet sie mit nervösen Fingern die Maske. Der Fürst blickt in die unvergessenen Züge der schönen Gräfin Walewska. Mit leisem Aufatmen lehnt er sich zurück.

„So habe ich doch richtig vermutet", sagt er halblaut.

„Sie haben mich erkannt?" fragt sie rasch.

„So wie Sie mich." Sie antwortet nicht. Er fährt fort: „Ich erwartete Sie längst."

„Sie wußten, daß ich kommen werde? Und zu Ihnen?"

„Wohin hätten Sie sonst gehen sollen als zu Ihrem Freunde?" Wieder antwortet sie nicht, und wieder spricht er weiter, eindringlich, warm: „Denn wir sind doch Freunde, nicht wahr?"

Sie spricht immer noch nicht, aber sie nickt ein-, zweimal nachdrücklich, fast heftig. Er legt seine Hand auf die ihre, die auf der Polsterung liegt, beugt sich vertraulich näher.

„Kann ich etwas für Sie tun?“ fragt er gedämpft.

Sie dreht ihm langsam den Kopf zu, sieht ihn mit dem verwirrten Blick eines Menschen an, der vergeblich bemüht ist, seine Gedanken zu sammeln.

„Sie für mich?“ wiederholt sie leise. Scheint aus Träumen zu erwachen, schüttelt langsam den Kopf. „Ich brauche nichts für mich.“

„So ist es also nicht um Ihretwillen, daß Sie mich sprechen wollen?“

„Nein — ja — um meinet-, um Ihret-, um unser aller willen.“

„Ich verstehe“, sagt er still.

„Sie sandten Fürst Lubomirski Geld“, fährt sie fort. „Eine große Summe: vier Millionen Franken“, schließt sie mit großen Augen.

Er hebt die Schultern.

„Ich mache mich nicht besser als ich bin“, erwidert er etwas herb. „Wenn ich jemandem einen Dienst erweisen konnte, und er fand es für richtig, sich dafür erkenntlich zu zeigen, so habe ich nie gezögert, von seiner Aufmerksamkeit Gebrauch zu machen. Aber ich bin kein Schnapphahn. Wo meine Bemühungen vergeblich waren, darf ich mich nicht belohnen lassen.“

„Ihre Handlungsweise wurde bei uns sehr bewundert.“ Sie spricht ganz anders als einst, wo das Feuer erträumter Hoffnung durch ihre Worte schlug: gehalten, in einer Form verfangen, die jede Art der Empfindung, der Freude wie des Kummers, dämpft und mäßigt. „Zugleich aber“, setzt sie hinzu, „erweckte sie tiefe Trauer. Denn wir sahen daraus, daß Sie unsere Sache für verloren ansehen.“ Sie scheint eine Antwort zu erwarten, aber der Fürst ist nicht fähig, sie ihr zu geben. So schließt sie nach einem Schweigen mit einer Frage: „Ist gar keine Hoffnung mehr vorhanden?"

„Hoffnung", erwidert er, „ist vorhanden, solange man atmet, denkt, die Fähigkeit und Möglichkeit hat, sich zu rühren. Aber es wäre grausam von mir, in Ihnen falsche Erwartungen für die nächste Zeit zu erwecken."

„Polen bleibt geteilt?"

Er hat nicht die Kraft, die geradezu, fast brutal gestellte Frage ebenso zu beantworten.

„Polen", erwidert er, „ist ein Opfer der Verhältnisse — der Politik — des Friedens von Europa, wenn ich so sagen darf. Wäre die Frage Polen allein da, für sich bestehend, so wäre die Lösung leichter. Aber neben Polen, das der Zar fordert, steht Sachsen, das der König von Preußen verlangt. Um einen Teil des einen zu retten, muß ein Teil des andern geopfert werden."

Sie hat ihn gesenkten Hauptes angehört. Kein Zug ihres blassen Gesichtes verrät, was sie empfindet. Erst nach einem Schweigen fragt sie wieder:

„Was also wird sein?"

Der Fürst sieht mit einemmal sehr erschöpft aus.

„Ich wollte, mein Kind", sagt er müde, „ich könnte es Ihnen schon sagen. Aber augenblicklich ist alles so verworren, daß eine Antwort überhaupt nicht möglich ist. Heute steht es so, daß man nicht weiß, ob nicht, was Gott verhüten wolle, morgen das Schwert diese Antwort erteilen wird. — Nein", setzt er, ihr Kopfaufwerfen bemerkend, eilig hinzu, „das würde Polens Aussichten nicht bessern, sondern Ihr unglückliches Land auch noch zum Kriegsschauplatz machen."

Sie hat den Kopf wieder gesenkt, starrt unbewegten Gesichts vor sich hin. So trostlos ist dieser Verzicht auf alle äußern Zeichen des Jammers, daß der Fürst sein ewig kaltes Herz schwer wie einen Stein in seiner Brust fühlt.

Er zermartert sich den Kopf, um ein Wort zu finden, das diese Statue des Schmerzes ihrer Erstarrung entrisse.

Nach einer Weile greift sie nach der Maske, die sie neben sich auf das Sofa gelegt hat, macht Miene, sich zu erheben. Einem plötzlichen Gedanken folgend faßt er sie an der Hand und nötigt sie, sitzen zu bleiben.

„Ein Wort möchte ich Ihnen noch sagen, Gräfin, ehe Sie gehen." Er spricht ruhig, eindringlich, mit der väterlichen Wärme, die ihn in den letzten Jahren immer überkommt, wenn er es mit jungen Menschen zu tun hat: „Zu Beginn unseres Gesprächs fragten Sie, ob keine Hoffnung mehr vorhanden sei, und ich antwortete Ihnen, Hoffnung sei immer vorhanden, solang man denken und handeln könne. Vergessen Sie dieses Wort nicht, seien Sie tätig und gläubig und suchen Sie über sich selbst hinauszuleben: wenn Sie, im Unglück nicht kleinmütig, im Glück nicht übermütig, im Handeln wie im Erleiden gleichmütig, den Blick unverrückt aufs Ziel geheftet behalten, so müssen Sie — oder wer nach Ihnen kommt — es erreichen: denn alles erreicht, wer zu warten versteht."

Voll ihn seltsam berührender Beglückung sieht er, daß seine Worte Erfolg hatten. In das blasse Statuengesicht tritt ein zarter, rosiger Schimmer, die schwermütig starren Augen beleben sich, um den Mund zuckt das Gespenst eines Lächelns.

„Ich danke Ihnen für Ihre Worte", sagt sie leise. „Ich wollte, ich könnte sie Ihnen nach Verdienst vergelten. Aber ich habe nichts — nichts als ein Geheimnis. Wollen Sie es als Zeichen meiner Dankbarkeit entgegennehmen?"

Er neigt ehrfurchtsvoll das Haupt.

„Sie ehren mich sehr durch Ihr Vertrauen, teure Freundin."

Sie nimmt das Wort auf, erwidert es.

„Erinnern Sie sich, teurer Freund —" noch leiser, fast

ein unverständlicher Hauch wird ihre Stimme — „des Gesprächs, das Sie kürzlich mit Adam Czartoryski führten?“ Er nickt. „Sie haben“, fährt sie fort, „ihm — und vielleicht uns — damit einen großen Dienst erwiesen. Er ist von seinem Irrweg zurückgekehrt und entschlossen, fortab seine ganze Kraft dem Ziel zu widmen, auf das wir alle hinsehen, auf das auch Sie soeben mich verwiesen haben. Auch dafür haben wir Ihnen zu danken.“

Der Fürst antwortet nicht, drückt stumm einen Kuß auf die kleine Hand, die sie ihm hinstreckt. —

„Sie kehren nach Polen zurück?“ fragt er, als sie wieder Seite an Seite dem Festsaal zuschreiten.

Sie ist in ihre statuenhafte Regungslosigkeit zurückgefallen.

„Ich kann nicht“, antwortet sie mit unnatürlicher Ruhe. „Ich muß mir irgendwo in der Fremde einen Platz suchen, wo ich mit meinem Kind — mit seinem Kind“, setzt sie etwas betont hinzu, „bleiben kann.“

Er drückt leise den Arm, der auf dem seinen ruht.

„Was mir gehört, steht Ihnen zu Diensten.“

„Ich danke Ihnen“, antwortet sie sanft. „Ich bin schon so in Ihrer Schuld, daß ich nun auch andere um Beistand bitten muß.“

Der Lachs

„Ich sehe, Pascal, du bringst mir gute Botschaft.“

„Ja, Durchlaucht, er ist erstanden.“

„Ausgezeichnet!“

„Aber um welchen Preis! Er ist noch teurer als —“

„Still, das mach mit meinem Hausintendanten aus. Die Überraschung ist es mir wert.“

„Zweifellos werden die Gäste Eurer Durchlaucht aufs Höchste überrascht sein. Lachs um diese Jahreszeit! Und noch dazu —"

„Eben. Ich muß doch auch mein Teil zu den Festlichkeiten des Kongresses beitragen."

„Welche Wandlung gegen den Beginn! Damals verfemt, fast mißachtet, steht die französische Delegation dank dem Genie Eurer Durchlaucht heute in der ersten Reihe!"

„Pascal, alter Freund, ich glaube gar, du willst mir schmeicheln! Gib acht! Wer schmeichelt, will auch etwas."

„Ich hätte allerdings eine Bitte an Eure Durchlaucht."

„Ich sehe dirs die ganze Zeit an. — Nun, sprich schon!"

„Wenn Durchlaucht gestatten wollten, daß ich heute ausnahmsweise beim Servieren die Oberaufsicht habe —"

Der Fürst zieht die Brauen hoch, schiebt die Unterlippe vor, überlegt.

„Das ist nicht so einfach, Pascal", sagt er dann. „Die Aufsicht beim Servieren ist Sache des Haushofmeisters. Wenn ich deine Bitte erfülle, kränke ich Blanchard. Und abgesehen davon, daß er mir stets ein treuer Diener war, ist ein guter Haushofmeister fast so wichtig wie ein guter Kammerdiener."

Das ‚fast' zaubert ein geschmeicheltes Lächeln auf Monsieur Courtiades Mund. Eifrig schlägt er vor:

„Monsieur Blanchard könnte das Hereinbringen des Lachses dirigieren."

„Mja", meint der Fürst nachdenklich, „das ist ein Gedanke." Wieder überlegt er, entscheidet dann: „Gut, machen wirs so: du bist während der ganzen Mahlzeit im Saal anwesend, Blanchard überwacht das Entree des Lachses."

„Ich bin Eurer Durchlaucht zu tiefstem Dank verpflichtet."

„Den du hoffentlich beim Rasieren und Krawattenbinden abstatten wirst. — Hat es übrigens nicht geklopft? Sieh nach, wer es ist."

Monsieur Courtiade schreitet der Türe zu; doch ehe er sie erreicht hat, öffnet sie sich, und im Türspalt wird das lächelnde Gesicht des Grafen La Tour sichtbar.

„Störe ich?" fragt der Graf.

„Durchaus nicht", antwortet Talleyrand. „Komm nur herein."

Der Graf gehorcht, läßt dem Kopf den übrigen Leib folgen, nickt Courtiade listig zu.

„Nimm Platz", fordert ihn Talleyrand auf. „Stattest du mir nur einen freundschaftlichen Besuch ab, oder führt dich etwas Besonderes zu mir?"

„Nur eine Bitte, Charles."

„Und die wäre? Heute hat, scheints, jedermann Bitten an mich."

„Gib heute der alten Gräfin Kinsky jemanden andern zum Tischherrn als mich."

„Warum?"

„Ich hab noch vom letztenmal genug. Sie erzählte so interessante Dinge von dem Damenstift, das sie leitet, daß ich bei der bloßen Erinnerung zu gähnen anfange." Und tatsächlich hält er die Hand vor den Mund und gähnt, als wolle er nicht mehr aufhören.

„Ihr schient euch aber doch recht gut zu unterhalten!" Wieder zeigt La Tour sein listiges Lächeln.

„Jaa — das ist ein Trick von mir."

„Ein Trick?"

„Ja. Wenn mir jemand was erzählt, das mich langweilt, und ich muß von Zeit zu Zeit etwas dazu sagen, so frage ich immer: ‚Wann war das?' Dann fängt er an zu rechnen, gibt umfänglich Auskunft und ist von meinem warmen Anteil an seiner Erzählung überzeugt."

Talleyrand lacht, und selbst Monsieur Courtiade geruht das würdevolle Gesicht zu verziehen.

„Aber nun wird es Zeit", mahnt dann der Fürst, „mit der Toilette zu beginnen. Ich war eben im Begriff –"

„Die Gäste kommen doch erst in zwei Stunden!" wendet La Tour ein.

„Nun, wenn du glaubst, Zeit zu haben, leg dich aufs Ohr. Aber trachte, rechtzeitig fertig zu sein."

„Kann ich dir nicht Gesellschaft leisten? Mein Ofen raucht, und bei dir ist es so schön warm."

„Du bist wenigstens aufrichtig. – Meinetwegen, wenn du ruhig sitzen bleibst und Pascal nicht störst."

Monsieur Courtiade, der nur auf das Stichwort ‚Toilette' gewartet zu haben schien, trat bereits in Aktion: nötigte seinen Herrn in einen hochlehnigen Stuhl, löste ihm die Krawatte, schlug das Hemd auseinander, band ihm eine Serviette um, holte heißes Wasser und beginnt nun eifrig Schaum zu schlagen.

„Überhaupt diese Feste", bemerkt La Tour nach einem Schweigen, während dessen er dem Beginn der Zeremonie mit müdem Interesse zusah. „Diners, Redouten, Bälle – es macht niemandem Spaß. Ein Drittel möchte das zweite Drittel am liebsten vergiften, und das dritte ist nur bemüht, aus den beiden andern seinen Vorteil zu ziehen." Er beobachtet, wie Monsieur Courtiade den Seifenschaum sorgfältig auf Wangen und Kinn seines Herrn zu verreiben beginnt, spinnt nach kurzer Pause seinen Gedanken weiter: „Ich vermag den Nutzen oder selbst nur die Vertretbarkeit des ganzen Rummels nicht einzusehen. Entweder man kommt zusammen, um zu beraten, oder um sich zu unterhalten. Beides vermischen wollen ergibt nur einen unleidlichen Zwitter."

Talleyrand antwortet nicht sogleich, da der Kammerdiener, der schon mit dem Rasieren begonnen hat, gerade seine Gurgel bearbeitet. Erst als das Messer federleicht über seine Wange streicht, spricht er, vorsichtig bemüht, die Gesichtsmuskeln so wenig wie möglich zu bewegen:

„Von deinem Standpunkt aus magst du recht haben; aber man kann die Frage auch noch von einem andern Standpunkt aus ansehen." Er hält inne, um Monsieur Courtiades Feinarbeit nicht zu stören, endet dann mit ziemlichem Nachdruck: „Ich liebe die Feste!"

„Was du nicht sagst!" ruft La Tour verblüfft. „Von dir hätte ich das zu allerletzt erwartet. Ich hatte bisher nicht die Empfindung, daß du dich so ausnehmend unterhältst."

„Es kommt nicht darauf an", murmelt der Fürst unter Courtiades Messer mit steifer Lippe, „daß ich mich unterhalte, als daß die andern sich unterhalten."

„Das mußt du mir schon erklären."

„Da ist nicht viel zu erklären." Wohlig bietet der Fürst sein Gesicht dem in warmes Wasser getauchten Schwamm, mit dem der Kammerdiener die Seifenspuren abwäscht. „Die Feste, deren es für mich nicht genug geben kann, hindern die allerhöchsten Herrschaften daran, uns allzuviel dreinzureden. Was denkst du! Ohne die Leidenschaft des Zaren für Bälle und Redouten bis zum Morgengrauen hätten wir wahrscheinlich bereits einen neuen Krieg, während wir so hoffen können, den Frieden zu erhalten: es muß mir nur gelingen, den Mächten klarzumachen, daß sie sich selbst schädigen, wenn sie andern weh tun wollen."

„Ob sich gerade Frankreich zum Friedensprediger eignet — nach dem bonapartistischen Feuerzauber der letzten fünfzehn Jahre —"

„Eben darum: uns wird man es am ehesten glauben, wenn wir versichern: es lohnt sich nicht."

„Na schön." La Tour steht faul auf, schlendert gegen die Türe hin. „Ich muß jetzt doch auch an meine Toilette denken", sagt er, ein halbes Gähnen unterdrückend. „Kann ich dich bei deinen Plänen und Absichten irgendwie unterstützen?"

„Du kannst unsere Kritiker daran erinnern, daß Frankreich zwar mit allen Kräften den allgemeinen Frieden betreibt, aber immerhin eine Macht ist, mit der man rechnen muß."

„Ich werde überall erzählen, daß es uns nur einen Pfiff kostet, um dreihunderttausend Mann auf die Beine zu bringen." Er geht zur Tür hinaus, steckt aber gleich darauf wieder den Kopf durch den Spalt. „Charles!" mahnt er bittend. „Nicht vergessen! Keine Äbtissin als Nachbarin!"

Nein, er bekommt keine Äbtissin zur Nachbarin. Die alte, sehr vornehme, sehr langweilige Gräfin Kinsky wurde dem Legationssekretär de Rouen zugeteilt, der ohnehin immer unausgeschlafen ist und in ihrer Gesellschaft das Versäumte nachholen kann; auch von der spleenigen Lady Castlereagh blieb La Tour verschont, die den Hosenbandorden ihres Gatten als Kopfschmuck trägt; mit ihr muß sich Achille Rouens Kollege, der junge Boigne de Faye, abplagen: es gehört zur Schulung der jungen Diplomaten, daß sie die mühsamsten Tischdamen zugewiesen erhalten. Dorothea hat der Hausherr vorteilhaft zwischen Metternich und den portugiesischen Gesandten Grafen Palmella gesetzt, er selbst hat sich die Fürstin Metternich als Tischdame vorbehalten.

Das allgemeine Tischgespräch dreht sich um das große Karussell, das demnächst in der Winterreitschule abgehalten werden soll, und für das umfassende Vorbereitungen getroffen werden. Jedermann gibt seiner Erwartung, seiner Gespanntheit Ausdruck, nur Talleyrand bleibt unbeteiligt. Schließlich fragt ihn die Fürstin auffordernd, ob er auch anwesend sein werde. Er wendet ihr sein unenträtselbar gleichmütiges Gesicht zu.

„Ich muß wohl", antwortet er mit einer leichten Grimasse.

„Sie sagen es in einem Ton, als sei es ein Opfer", entrüstet sie sich.

„Ich bin kein Freund von Nachahmungen", versetzt er achselzuckend.

„Sie würden nicht von Nachahmung sprechen, wenn Sie von dem Aufwand der Ausstattung wüßten: die kostbarsten Stoffe sollen Verwendung finden, die edelsten Steine —"

„Ich zweifle nicht an dem Wert der verwendeten Materialien", fällt er lebhaft ein. „Aber ob Gold, Silber, Samt oder Seide, ob Perlen oder Rubine — das, was fehlen wird, ist das Rittertum."

„Im Gegenteil, Fürst: die ritterlichen Spiele —"

„Spiele!" unterbricht er. „Sie sagen es selbst, Fürstin. Der Ernst wird mangeln — muß es. Die Träger erlauchter Namen werden eine Bühnendarstellung dessen geben, womit es ihren Ahnen ernst war."

„Aber die Ritter hatten doch auch ihre Turniere!"

„Sehen Sie sich in einer Waffensammlung die schweren Rüstungen an, die wuchtigen Speere, die dabei verwendet wurden. Da können Sie sich dann vorstellen, wie es dabei zuging."

„Nun, über die Roheit jener barbarischen Zeit sind wir gottlob hinaus", bemerkt sie naserümpfend.

„Ganz Ihrer Meinung, Fürstin. Dann sollten wir sie aber auch nicht imitieren."

Sie sieht ihn an, lacht ein wenig ärgerlich.

„Sie sind imstande, einem die ganze Freude an dem prächtigen Schauspiel zu verderben", schmollt sie.

„Das täte mir leid", sagt er bedauernd. „Ich wünsche Ihnen im Gegenteil, Sie mögen die Pracht recht genießen. Sie dürfen nur nicht vergessen, daß es ein Schauspiel ist."

„Und Sie, mein Fürst, warum vermögen Sie nicht auch sich unter diesem Gesichtspunkt daran zu erfreuen?"

„Vielleicht habe ich zu viele Schauspiele erlebt", erwidert er. „Mich fesseln nur noch diejenigen, die ich selbst gebe."

Lord Castlereagh, der in der Nähe sitzt, hat das Gespräch aufmerksam verfolgt. Nun ruft er, an Talleyrands letzte Bemerkung anknüpfend herüber:

„Auf welchem Gebiet, Fürst?"

„Immer auf diplomatischem, Mylord", erwidert Talleyrand aufgeräumt. „Auch wo es nicht den Anschein hat."

„Auch wenn Sie sich vergnügen?"

„Ein richtiger Diplomat kennt außer der Diplomatie kein Vergnügen. Das macht uns den Spielern ähnlich, die sogar die Königin ihrer Träume nur als Coeur-Dame zu sehen vermögen." Er wartet, bis sich das Lachen wieder gelegt hat, fährt fort: „Ich bin Diplomat, wenn ich rede, ich bin es, wenn ich schweige; ich bin es, wenn ich heiter und wenn ich traurig scheine; ich bin diplomatisch zärtlich, freundlich, abweisend, stolz, demütig; ich mache und empfange Besuche als Diplomat, nehme als solcher an Festen teil —"

„Geben Feste als solcher", ergänzt Castlereagh lachend, „und das ist die erfreulichste Beschäftigung eines Diplomaten. Aber ein Diplomat, der gibt, will auch etwas. Seien Sie einmal offen, Fürst, verraten Sie uns, was wollen Sie mit diesem vortrefflichen Diner?"

Talleyrand lächelt ein wenig rätselhaft.

„Vielleicht, wenn nichts anderes, Mylord, Ihnen zeigen, daß Sie bei mir vor Überraschungen nie sicher sind." Er wendet den Kopf nach Monsieur Courtiade, der aus dem Hintergrund die servierenden Diener mit Blicken und unmerklichen Handbewegungen dirigiert. „Pascal!" sagt er kaum hörbar.

Der Angerufene verneigt sich, gibt einem Lakaien einen raschen Wink. Der eilt hinaus.

Nach wenigen Augenblicken öffnen sich beide Türflügel, und unter Vorantritt des Haushofmeisters tragen vier Lakaien auf einer riesigen Silberschüssel ein Prachtexemplar von Lachs herein. Ein allgemeines „Ah!“ der Bewunderung empfängt ihn, wie er, mit Petersilie, Zitronenscheiben und Aspik garniert, sich langsam nähert, ein fürstliches Gericht, der Bewunderung würdig, die er auslöst.

Ein Getuschel geht die Tafel entlang. Die Gäste, viele von ihnen vielerfahrene Feinschmecker, können es kaum glauben: Lachs zu dieser Jahreszeit! Und von solcher Größe!

Im Vorgenuß der Erwartung setzt sich Lord Castlereagh bequemer zurecht, ruft dem Hausherrn zufrieden zu:

„Das ist eine recht ansehnliche Überraschung, Fürst, eine, die man sich gefallen lassen kann!“

Talleyrand erwidert nur mit einem flüchtigen Lächeln, läßt den Blick über die Gäste gleiten: auf aller Zügen ist die Vorfreude zu lesen.

Die vier Lakaien nähern sich, feierlich schreitend, der Tafel. Da bleibt einer der vorangehenden mit der Schuhspitze an einer Teppichfranse hängen, stolpert — die Schüssel entgleitet ihm — den andern — und das herrliche Gericht, das Meisterstück der Kochkunst, rollt auf den Boden.

War es zuvor ein allgemeiner Ausruf der Bewunderung, mit dem das Erscheinen des Königs der Fische begrüßt wurde, so ist es nun ein ebenso allgemeiner Aufschrei des Entsetzens, der seinen Sturz begleitet. Einige der nächstsitzenden Herren springen auf, einige Damen ziehen — ein wenig spät — die Kleider enger an sich. Alles aber starrt mit weitoffenen, erschrockenen Augen auf die zerstörte Pracht, die von den Lakaien eilig zusammengelesen wird.

Da übertönt den Wirrwarr eine klingende, ruhige Stimme, eine, die gewohnt ist, sich Gehör zu verschaffen; und diese Stimme sagt gleichmütig, gelassen einen einzigen Satz:

„Man bringe einen andern!"

Der Haushofmeister und die vier Lakaien eilen mit den Überresten des Lachses hinaus. Die Flügeltür schließt sich hinter ihnen. Eine Stille bleibt zurück, fast körperlich zu fühlen. Die Gäste sehen einander verwundert, nicht begreifend an. Niemand spricht.

Da öffnen sich die Flügel zum andernmal, und wiederum unter Vorantritt des lächelnden Haushofmeisters bringen die vier Diener auf einer zweiten Silberschüssel den ‚andern', ein noch prächtigeres Exemplar, das größte, das die meisten Anwesenden je gesehen haben. Und diesmal passiert kein Malheur, der Lachs wird mit vollendeter Sicherheit auf die Tafel gesetzt, und Monsieur Blanchard, ein Silberbesteck in Händen, stellt sich bereit, ihn zu zerlegen.

Einen Augenblick lang herrscht noch Stille — nicht mehr jene des nachbebenden Entsetzens, sondern eine der maßlosen Überraschung, dann der zögernden Überlegung — — dann begreift die Gesellschaft den göttergleichen Spaß, den sich der Fürst mit ihr erlaubt hat, und bricht in schallendes Lachen und Händeklatschen aus.

Castlereagh faßt das Glas Chablis, das ihm eben eingeschenkt wurde, hebt es Talleyrand entgegen.

„Lieber Fürst", ruft er lachend, „ich ergebe mich. Nach dem, was Sie uns eben vorgeführt haben, können Sie von mir haben, was Sie wollen. Einen Mann wie Sie darf man einfach nicht zum Gegner haben!"

Talleyrand hebt seinerseits sein Glas.

„Vielen Dank, Mylord", erwidert er. „Ich behalte mir vor, Sie an dieses Wort zu erinnern."

Schon im halsbrecherischen ‚Treppenhaus' des rosenroten Häuschens begegnet Talleyrand einer Anzahl von Besuchern, die vom Krankenbett des Prinzen kamen; als er das Krankenzimmer betritt, findet er dieses mit Herren in Zivil und Uniformen angefüllt, die das Lager umdrängen, um dem allseits beliebten Leidenden ihre Anteilnahme zu beweisen.

Er selbst scheint guten Mutes. Eben als der Fürst eintritt, hört er den Prinzen zu einem abschiednehmenden Besucher sagen:

„Nein, nein, mein Lieber, haben Sie keine Sorge! Ich bin nicht Hofmann genug, um den hohen Teilnehmern am Kongreß das Schauspiel der Beerdigung eines Feldmarschalls zu geben."

„Die Wiener Gesellschaft", antwortet der andere lächelnd, „wird entzückt sein, zu hören, daß ihr schönster Schmuck sein Leiden nicht zu ernst nimmt." Immer noch lächelnd ergreift er respektvoll die ihm entgegengestreckte Hand; als er sich aber abwendet, nimmt sein Gesicht den Ausdruck der Sorge und des Kummers an.

Tatsächlich findet Talleyrand das Aussehen des Kranken wenig befriedigend. Sein Gesicht weist eine unnatürliche Röte auf, sein Gehaben eine unnatürliche Lebhaftigkeit; beides läßt auf Fieber schließen.

In diesem Augenblick hat de Ligne ihn erblickt. Freudig überrascht hebt er ihm die Hände entgegen, ruft:

„Lieber Freund, das ist reizend, daß Sie den Weg in die Hütte des Lazarus finden!"

Ein neben ihm stehender ernst blickender Mann, offensichtlich der Arzt, erhascht eine seiner Hände, hält sie fest, zieht seine Uhr, beginnt leise den Puls zu zählen.

„Prinz, Sie müssen ruhig bleiben", sagt er dann tadelnd

zum Kranken. „Sie regen sich zu sehr auf. – Überhaupt muß ich die Versammelten bitten, dem Kranken um seinetwillen ein wenig Ruhe zu gönnen." Mit sichtlicher Genugtuung sieht er, daß sein energischer Wink verstanden wird und das Zimmer sich zu leeren beginnt.

„Aber der Fürst muß bleiben!" ruft de Ligne, Talleyrands Hand mit der seinen – wie heiß sie ist! – festhaltend. „Er ist doch eben erst gekommen", fügt er bettelnd hinzu.

„Eine Viertelstunde", räumt der Arzt ein.

„Ich hätte ohnehin nicht länger Zeit", bemerkt Talleyrand. „Ich bin auf dem Weg zu Lord Castlereagh und wollte nur im Vorbeigehen mich nach Ihnen erkundigen."

„Das werde ich Ihnen nie vergessen!" ruft der Prinz. „Kommen Sie, nehmen Sie Platz! – Nein, gleich hier neben dem Bett. Ich möchte Sie so nahe wie möglich haben." Er folgt dem Arzt, der die sich hastig Verabschiedenden gleichsam vor sich hertreibt und mit ihnen das Zimmer verläßt, mit den Blicken, wendet sich Talleyrand zu. Sein Gesicht verfällt, in die Augen tritt ein banger Ausdruck.

„Wie finden Sie mich?" stößt er gehetzt hervor. „Nicht wahr, nicht schlecht?"

„Natürlich nicht", beruhigt ihn Talleyrand. „Sie waren eben leichtsinnig und büßen nun dafür. In ein paar Tagen ist alles in Ordnung."

„Ja, nicht wahr?" ruft der Prinz erleichtert. „Wissen Sie, manchmal kommt so eine Besorgnis über mich, es könne doch was Ernsteres sein, und der Herr von Stumpfnas und Hohlaug werde mir einen Besuch abstatten. Und ich lebe doch so gern! Mir ist, als fange ich erst an!" Sein Blick ist ein einziges angstvolles Flehen.

Man müßte ihn ablenken, denkt Talleyrand. Aber wie?

Der Arzt kehrt zurück, und de Ligne ändert Miene

und Stimme, als werde die Heilung beschleunigt, wenn er sich den Anschein des Wohlbefindens gibt.

„Doktor!“ ruft er. „Kommen Sie, damit ich Sie mit dem Fürsten von Benevent bekannt mache. Lieber Fürst, dies ist Doktor von Malfatti, mein Arzt und Freund.“ Die beiden Herren schütteln sich die Hände, und de Ligne setzt erklärend fort: „Sie wissen ja, Doktor, die Welt kennt den Fürsten —“

„— unter dem Namen Talleyrand“, fällt der Arzt ein. „Sie müssen sich nicht bemühen, Prinz, Seine Durchlaucht zu rühmen. Das besorgt die Fama für Sie.“

„Das weiß Gott!“ ruft der Prinz mit unechter Munterkeit. „Erst eben wieder: Ihre Lachsgeschichte wird in ganz Wien belacht.“

„Über Wien hinaus“, wirft Doktor Malfatti schmunzelnd ein. „Mir erzählte sie ein amerikanischer Kollege, ein Doktor Bollman, der sie wieder von Gentz hatte.“

„Es sind recht viel Amerikaner in Wien, wird mir erzählt“, meldet sich de Ligne wieder. „Einst entdeckte Columbus Amerika, heute entdecken die Amerikaner uns.“ Sein Versuch zu scherzen hat etwas Krampfhaftes.

„Sie waren ja längere Zeit in Amerika, Durchlaucht“, erkundigt sich der Arzt.

„Zwei Jahre“, gibt Talleyrand Auskunft.

„Und wie fanden Sie die Amerikaner?“

„Unterschiedlich. Neben wunderbaren Männern wie Washington oder Hamilton, den ich meinen Freund nennen durfte, fand sich eine recht gleichförmige Masse mit gleichartigen Interessen und Bestrebungen, vor allem dem Bestreben, so schnell wie möglich zu Geld zu kommen.“

„Das ist in Europa auch nicht anders“, wirft de Ligne ein.

„Gewiß, aber nicht so ausgeprägt. In einer kleinen Stadt richtete ich einmal an einen der respektabelsten Bürger die Frage, ob er wohl gern den General Washington sehen wollte. Ja, sagte er, aber noch lieber wollte er den Herrn Soundso sehen, der dem Vernehmen nach so furchtbar reich sei."

Beide Zuhörer lachen herzlich, besonders de Ligne, findet Talleyrand. Sollte hier die Möglichkeit einer Ablenkung bestehen? Dann nur zu — und so paradox wie nur möglich!

„Ja", schließt er mit einem eigentümlichen Lächeln, „das sind die wahren Menschen der Zukunft."

„Die Amerikaner?" fragt de Ligne.

„Die Amerikaner", bestätigt Talleyrand.

„Warum nennen Sie die Amerikaner die Menschen der Zukunft?"

„Weil sie für die Zukunft am besten konstruiert sind."

„Das verstehe ich nicht", sagt de Ligne nach einigem Nachdenken.

„Ich auch nicht", schließt sich der Arzt an.

„Haben Sie Cuvier gelesen, meine Herren?"

„Nein", gesteht der Arzt, „ich bin froh, wenn mir die Zeit bleibt, meine Fachschriften zu lesen und meine Zeitung."

„Und ich", ergänzt de Ligne, „war mein Lebtag zu viel mit der Erforschung der menschlichen Natur beschäftigt, als daß ich an der tierischen viel Anteil genommen hätte."

„Wenn Sie Cuvier gelesen hätten, meine Herren, würden Sie mich ohneweiters verstehen. Er behauptet nämlich — und mir kommt das recht plausibel vor — daß jede Erdperiode durch eine Katastrophe beendet wird, bei der die jeweilige Tierwelt größtenteils zugrunde geht."

„Und woher kommt die Tierwelt der nächsten Periode?" fragt der Prinz.

„Sie ergänzt sich aus einzelnen überlebenden Exemplaren und aus Neuschöpfungen von Lebewesen, die sich den neuen Verhältnissen am besten anzupassen wissen."

Die beiden Zuhörer sind recht nachdenklich geworden. Dann sagt de Ligne langsam, den Gedanken erst während des Sprechens formend:

„Wenn ich Sie recht verstehe, so wollen Sie damit sagen, daß wir eine solche Katastrophe soeben miterlebt haben, und daß die neuen Erdbewohner sich anschicken, von der Welt Besitz zu ergreifen."

„Genau das will ich sagen."

„Gut, einverstanden", meldet sich wieder der Arzt. „Aber welcher Gattung von Geschöpfen gehören diese neuen Erdbewohner an?"

„Den Säugetieren natürlich", erklärt Talleyrand im selbstverständlichsten Tone der Welt. „Die vorhergehende Periode war die der Saurier. Das waren Geschöpfe unserer Art: gewaltig, furchtbar — und dumm. Lauter Einzelgänger, die sich auf ihre Kraft verließen und ihre Feinde geringschätzten. An unserer Sorglosigkeit und an unserer Dummheit gehen wir zugrunde."

De Ligne nickt nachdrücklich.

„Und diese Säugetiere, die nun zur Herrschaft gelangen?" fragt er.

„Die sind schlauer als wir, behend, gelenkig, listig. Wohl wissend, daß sie einzeln zu schwach sind, schließen sie sich zu Gruppen zusammen, zu Herden, Rudeln; verbinden sich, trennen sich, um sich von neuem zu verbinden; machen Geschäfte miteinander, betrügen einander, bekriegen einander und entwickeln vor allem einen riesigen Appetit, den nichts, und sei es noch so groß, zu stillen vermag. Es sind dieselben, die uns auf Schritt und Tritt begegnen — auf der Straße — in den Salons — am Verhandlungstisch —"

„Verzeihung, Durchlaucht", wendet Doktor Malfatti etwas ironisch ein, „das sind doch ausschließlich Aristokraten, Saurier, wie Sie sie nennen."

„Aber teils vom Herdengeist der Säugetiere angesteckt, teils seine Gefangenen. Die Herde schreit: ‚Hunger!', und ihr Vertreter eilt, sie zu füttern." Er sieht auf die Uhr, erhebt sich etwas hastig. „Fast hätte ich mich verplaudert", sagt er. „Ich sollte bereits bei Castlereagh sein. Nun, fünf oder sechs Minuten Verspätung wird mir Seine Lordschaft verzeihen." Er reicht de Ligne die Hand. „Alles Gute, lieber Freund. Treten Sie bald wieder in Erscheinung."

Der Prinz faßt die dargebotene Hand mit seinen beiden.

„Vielen Dank für Ihren Besuch", sagt er seltsam bewegt. „Kommen Sie bald wieder — recht bald, ja?"

„Täglich, wenn es nach mir ginge. Leider habe ich in der nächsten Zeit viel zu tun. Aber sobald ich kann —" Er streckt dem Arzt die Hand hin. „Doktor —"

„Ich begleite Sie zur Haustüre. Ich könnte es nicht verantworten, einen so illustren Gast schutzlos den Gefahren dieser Treppe zu überantworten."

„Hören Sie ihn an!" entrüstet sich de Ligne. „Bei mir hatte er diese Besorgnis nie! — Aber warten Sie noch einen Augenblick, Fürst. Ich habe noch eine Frage an Sie."

„Bitte." Talleyrand bleibt bei der Türe stehen, blickt erwartend zum Prinzen zurück.

„Diese Säugetiere — die werden doch wohl auch nicht für immer die Herrschaft behalten, wie? Nach der nächsten Katastrophe, die vermutlich nicht auf sich warten lassen wird — und Katastrophen, wenn sie einmal reif sind, lassen nie auf sich warten —"

„Zweifellos nicht. Nun?"

„Wer kommt nach ihnen — nach den Säugetieren?"

„Die Insekten", erwidert Talleyrand ohne Zögern. „Grenzenlos und seelenlos, in riesigen Schwärmen, die durch ihre Zahl alles besiegen und sich unterjochen, in ungeheuren Staaten, die so mechanisiert sind, daß darin für den Geist kein Platz mehr bleibt."

„Es ist also für uns höchste Zeit, auszusterben?"

Der Fürst hebt abwehrend die Hand.

„Übereilen Sie nichts, bester Prinz. Auf ein paar Jahrzehnte auf oder ab kommt es nicht an. Adieu!" Dem Kranken zuwinkend verläßt er, vom Arzt gefolgt, das Zimmer.

Schweigend steigen sie die Treppe hinab. Erst beim Haustor läßt sich der Arzt vernehmen.

„Ich danke Ihnen, Durchlaucht", sagt er warm. „Sie haben dem armen Kranken viel Gutes getan." Leise setzt er hinzu: „Sie wissen, daß der Prinz verloren ist?"

„Verloren?"

„Es dauert keine Woche mehr. Leben Sie wohl, Durchlaucht." Er läßt ihn aus der Türe hinaustreten, schließt sie hinter ihm.

Verloren. Voll trüber Gedanken besteigt Talleyrand seinen Wagen. Es tut ihm leid um de Ligne — und um sich selbst. Die Bruderschaft des Geistes, von der der Prinz kürzlich sprach, ist kein blutleeres Gebilde. Nun geht wieder einer der Brüder, und nicht der geringste. Schade. Es lichtet sich, denkt der Fürst mit leisem Erschauern. Wer wird der nächste sein? Und — wann kommt die Reihe an mich? —

Die melancholische Stimmung ist verflogen, als er kurze Zeit später in Lord Castlereaghs bequemstem Fauteuil lässig die Beine kreuzt, mit jener halb hochmütigen, halb leutseligen Miene um sich blickend, die er allein sympathisch und achtungeinflößend zu gestalten weiß.

Seine Lordschaft legt offenbar selber Gewicht auf eine Aussprache. Kaum hat er dem Besucher gestattet, es sich bequem zu machen, als er auch schon, sichtlich nervös und übellaunig, beginnt.

„Ich weiß, weshalb Sie kommen", sagt er. „Wir sind mit unsern Beratungen in eine Sackgasse geraten, und

Sie ebenso wie wir andern möchten gerne aus ihr herausfinden. Aber bei mir, Fürst, wenden Sie sich an die falsche Adresse. Sie sollten zum Zaren gehen, der durch sein Verhalten den ganzen Kongreß blockiert."

„Ich bin schon an der richtigen Adresse, Mylord", versichert Talleyrand unbekümmert. „Hätten Sie und Fürst Metternich meinem Vorschlag zugestimmt, den Kongreß sofort zu eröffnen, so befände sich der Zar heute den Vertretern von ganz Europa gegenüber und würde vermutlich eine andere Sprache führen."

„Ja", entgegnet Castlereagh gereizt, „aber Sie müssen schließlich auch ihn verstehen. Sie reiten immer auf der sächsischen Frage herum. Polen ist doch weit wichtiger."

„Polen —" während Talleyrand spricht, sieht er die schwermütigen Augen der schwarzen Maske vor sich — „würde für mich obenan stehen, wenn es sich um die Neubegründung eines freien und gänzlich unabhängigen Königreichs Polen handeln würde. Das ist aber nicht der Fall, es handelt sich um nichts als eine umfangreiche Grenzberichtigung zugunsten Rußlands, und das geht Österreich und Preußen weit mehr an als uns."

„Österreich?" verwundert sich der englische Diplomat. „Zugegeben: Preußen, das ein Gebiet an Rußland abtreten soll. Aber warum Österreich, das doch fast ganz außer Verpflichtung bleibt?"

Talleyrand hebt leise weisend die Hand.

„Ich sehe auf dem Tisch dort eine Landkarte von Europa liegen, Mylord", sagt er kalt. „Haben Sie sich jemals die Mühe genommen, einen Blick darauf zu werfen?"

„Wiederholt", versetzt Castlereagh leichthin, gleichgültig.

„Haben Sie die Nordgrenze Österreichs verfolgt, und wie sie aussieht, wenn Rußland ganz Polen und Preußen ganz Sachsen in Besitz nimmt?"

Lord Castlereagh sieht ihn verwundert an, steht dann widerwillig, wie unter einem Zwang auf, beugt sich über die Karte.

„Gottverdammt, Sie haben recht!“ ruft er plötzlich. „An Österreich habe ich noch gar nicht gedacht! — Dann müssen sich eben“, setzt er nach einem Nachsinnen hinzu, „Österreich und Preußen einander nähern.“

„Ein fortschreitender und ein beruhender Staat?“

„Fortschreitend — beruhend — was meinen Sie damit?“

„Österreich kaut noch immer an dem Länderkomplex, den es in Jahrhunderten zusammengeheiratet hat, und sucht sich ihn einzuverleiben; Preußen hungert, beißt um sich, um sich Nahrung zu holen. Vor einem halben Jahrhundert hat es Österreich ein Stück aus der Flanke gerissen: Schlesien; nun möchte es Sachsen verschlingen. Glauben Sie, daß zwischen diesen beiden Mächten heute schon eine Annäherung möglich ist?“

Castlereagh verzieht die Lippen, sagt ein wenig von oben herab:

„Nun und? Das mögen Österreich und Preußen unter sich ausmachen. Was geht das England an?“

„Nichts — wofern England nicht an einem europäischen Gleichgewicht interessiert ist.“

Castlereagh versteht, und das Argument scheint auf ihn Eindruck zu machen.

„Was soll man aber tun?“ ruft er unwillig, ratlos.

„Wir können und sollen nur eines tun“, gibt Talleyrand zurück, um so überlegener, je nervöser der Engländer wird. „Wir werden nur dann zu einem befriedigenden Ergebnis kommen, wenn wir die vollen Rechte des Königs von Sachsen formell und offiziell anerkennen.“

„Sie sagen ‚wir‘; wen meinen Sie damit?“ Castlereagh sieht den Fürsten mißtrauisch an.

„Österreich, Frankreich und England“ antwortet dieser

lächelnd, fügt hinzu: „Die drei Mächte oder, wenn Sie es lieber wollen, Metternich, Sie und ich könnten zu diesem Zwecke recht gut eine kleine Separatkonvention abschließen."

„Eine Separatkonvention? Also mit andern Worten eine Allianz?"

„Eine Konvention, Mylord, ist noch keine Allianz. Allerdings", setzt der Fürst langsam, prüfend hinzu, „kann sie zu einer führen."

Doch der Engländer schüttelt den Kopf.

„Eine Allianz setzt einen Krieg voraus, und Sie wissen, Fürst, daß wir alles tun müssen, den Frieden zu erhalten."

„Ganz Ihrer Meinung, aber die Ehre, die Gerechtigkeit und die Zukunft Europas dürfen darunter nicht leiden. – Aber nennen Sie es, wie Sie wollen, Konvention, Note, die Form ist mir gleichgültig, wenn wir drei nur die Rechte des Königs von Sachsen anerkennen." Der andere will sprechen, aber Talleyrand läßt es nicht zu. „Meinetwegen ein bloßes Protokoll, das Sie, Metternich und ich unterschreiben." Er sieht den englischen Gesandten auffordernd an.

Umsonst: Seine Lordschaft bleibt starrköpfig.

„Österreich", wehrt er ab, „hat diese Rechte offiziell anerkannt, Frankreich desgleichen und England wenigstens öffentlich. Eine weitere Erklärung ist also wohl überflüssig." Er legt beide Hände auf die Seitenlehnen seines Fauteuils, beugt sich vor und stellt die Füße auf, wie um sich zu erheben. Deutlicher kann er es Talleyrand nicht zu verstehen geben, daß er die Unterredung für beendet ansehe.

Aber Talleyrand bleibt sitzen und lächelt überlegener denn je. Er hat noch eine winzige Nachricht in petto, keinen Trumpf im großen Spiel, nur eine kleine Karte, die eben mitläuft. Dennoch drängt ihn etwas, sie auszuspielen.

„Ist das", sagt er schleppend, lauernd, „im Einklang mit den Instruktionen, die Ihnen der Kurier von heute nacht brachte?"

Er ist von der Wirkung seiner Worte selbst überrascht. Lord Castlereagh wird rot, als wolle er ersticken, dann weicht das Blut, er wird blaß bis in die Lippen. Mühsam stottert er:

„Was — was für ein Kurier?"

„Der Kabinettskurier", erläutert der Fürst liebenswürdig, „der heute nacht um dreiviertel elf Uhr eintraf."

Immer noch scheint Seine Lordschaft mit seinem Blutkreislauf Mühe zu haben; aber er faßt sich von Sekunde zu Sekunde schneller. Und als guter Sportsmann, der er ist, ist er auch ein guter Verlierer. Er zwingt die immer noch bläßlichen Lippen zu einem Lächeln, fragt mit gepreßter, aber ruhiger Stimme:

„Haben Sie immer einen zweiten Lachs bei der Hand, Fürst?"

Talleyrand hebt leise die Schultern. Nur jetzt sich nicht verraten, nur jetzt nicht zeigen, daß man nichts weiß, nichts als nur das eine, daß in der vergangenen Nacht um dreiviertel elf Uhr bei der englischen Legation ein Kurier eintraf.

„Vielleicht", antwortet er rätselvoll.

Lord Castlereagh kämpft noch mit sich, dann sagt er:

„Also gut, da Sie alles zu wissen scheinen — obwohl ich", unterbricht er sich wütend, „Gott ver-"

„Segne!" mahnt Talleyrand heimlich belustigt.

„Gott", verbessert sich Castlereagh, „segne meine Seele — obwohl ich, wie gesagt, keine Ahnung habe, woher — Was wollte ich sagen?"

„Sie wollten sagen, daß es gut wäre, wenn wir drei, Metternich, Sie und ich, zusammenkämen, um den Beschlüssen unserer Regierungen die entsprechende Form zu geben."

„Ja“, stimmt der Engländer aufatmend zu. „Lassen Sie mir nur Zeit, meine Gedanken darüber zu Papier zu bringen. – Nur bis morgen“, setzt er, Talleyrands bedenkliche Miene bemerkend, rasch hinzu. „Wenn Fürst Metternich und Sie mir morgen zum Frühstück die Ehre schenken wollen, hoffe ich Ihnen einen Entwurf vorlegen zu können, der Sie zufriedenstellen wird.“

„Zweifellos wie das Frühstück selbst“, bemerkt Talleyrand artig.

„Hoffentlich“, antwortet Seine Lordschaft trocken; sieht den Fürsten scharf an, schließt: „Aber ich mache Sie aufmerksam: es gibt Beefsteak, ehrliches englisches Beefsteak; keinen Lachs!“

Briefe und Kleinkram

„Wenn Eure Majestät so starke Schmerzen haben, wäre es vielleicht besser, die Vollendung meines Berichts auf eine gelegenere Zeit zu verschieben.“

„Nein, lassen Sie, Blacas. Mein Bein tut zwar höllisch weh, aber wenigstens die Post muß ich doch hinter mich bringen.“

„Es ist allerdings ein Brief des Fürsten von Benevent im Einlauf –“

„Aus Wien?“ fragt der König lebhaft.

„Ja, Eure Majestät.“

„Sie sagen das so zögernd – ist es vielleicht – au, das tut weh! – ist es vielleicht etwas Unangenehmes?“

„Nicht gerade unangenehm ...“

„Aber?“

„Wenn Majestät die Gnade hätten, selbst zu lesen – ich möchte nicht gern parteiisch erscheinen.“

„Sie machen mich neugierig — und die Gicht hindert mich, es zu sein", unterbricht er sich. „Haben Sie Gicht, Blacas?"

„Nein, Eure Majestät."

„Glücklicher Mensch! — Nun, geben Sie schon her!"

„Hier, Eure Majestät." Graf Blacas legt dem König das geöffnete Schreiben vor. Der nimmt es auf, liest:

‚Wien, den 4. Jänner 1815

Sire!

Die sogenannte Koalition, die von den Hauptmächten gleich nach dem Pariser Frieden, und das hauptsächlich gegen Frankreich, geschlossen wurde, ist so gut wie aufgelöst, und zwar für immer. Wenn die Verbündeten ihre ursprünglichen Absichten, von denen ich erst nach meiner Ankunft in Wien erfuhr, erreicht hätten, so wäre Frankreich für die nächsten fünfzig Jahre allein und restlos isoliert geblieben. Alle meine Bemühungen gingen darauf aus, dies zu verhindern, und der glückliche Erfolg hat meine Erwartungen weit übertroffen.‘

Das Blatt sinkt aus der feinen, aber durch beginnende Gichtknoten entstellten Hand, der König blickt auf, blickt in das leise lauernd gespannte Gesicht des Grafen.

„Er nimmt den Mund reichlich voll, finde ich", sagt er mit leiser Mißbilligung, setzt sofort gleichsam entschuldigend fort: „Aber allerdings ist das eine Nachricht, die sich sehen lassen kann."

„Wofern der Fürst die Schwierigkeiten nicht übertrieben hat."

„Ja, seine Briefe waren allerdings immer voll davon", gibt der König zögernd zu.

„Eben, Eure Majestät. Umso heller sollte sich von diesem allzu dunklen Hintergrund sein Verdienst abheben."

Während des Gesprächs massierte der König sein chmerzendes Bein. Nun sagt er abschließend und etwas abweisend:

„Immerhin: Verdienst." Er nimmt die Lektüre wieder auf.

‚Nicht nur, daß von einer Isolierung Frankreichs nun keine Rede mehr sein kann, ist dieses bereits in ein umfassendes Bündnissystem eingegliedert. Es geht heute Hand in Hand mit zwei Großmächten und drei Mittelmächten, und der Anschluß aller Staaten, deren Regierungen die Revolution verurteilen, steht vor der Türe. Frankreich, das als erste unter allen für Recht und Gerechtigkeit eintrat, wird die Seele dieser neuen Koalition sein. Einen so großen, fast wunderbaren Wandel kann man nur dem Walten der Vorsehung zuschreiben, das sich ja auch bei der Rückkehr Eurer Majestät auf den Thron Ihrer Vorfahren so sichtbarlich geoffenbart hat.'

„Das ist ja großartig!" ruft König Louis erfreut. „Darüber könnte ich fast meine Gicht vergessen! — Au!" unterbricht er sich gleich darauf wieder und greift nach dem Bein. „Man soll das schlummernde Übel nicht reizen!" erinnert er sich selbst mit schmerzverzogenem Gesicht.

„Wenn Eure Majestät gnädigst entschuldigen wollen — ich vermag den Optimismus des Fürsten nicht zu teilen. Ein so umfassendes Bündnissystem hat mehr Nachteile als Vorteile: man wird in fremde Abenteuer hineingezogen, deren Ausgang völlig ungewiß ist. Doch geruhen Eure Majestät weiterzulesen."

Der König schüttelt den Kopf.

„Sie wären imstande", bemerkt er mißbilligend, „einem jungen Ehepaar beim Hochzeitsessen die Laune zu verderben." Er senkt die Augen auf das Blatt nieder.

‚Nächst der Fügung Gottes sind die Ursachen dieser Wandlung folgende:

die Wirkung meiner Mitteilungen an den Fürsten Metternich und an Lord Castlereagh;

meine Vorschläge an Lord Castlereagh über ein französisch-englisches Abkommen;

die Umsicht, mit der ich sein Mißtrauen beschwichtigte, indem ich ihn von Frankreichs völliger Uneigennützigkeit überzeugte.‘

Diesmal läßt die Hand das Briefblatt los, um gleich darauf, zur Faust geballt, auf den Tisch zu schlagen. Zur größten Befriedigung des Grafen Blacas ist König Louis zornrot.

„Das ist die Höhe!“ wettert er. „Ich — meiner — meiner — ich — so geht es die ganze Zeit! Talleyrand tut, als mache er Frankreichs Politik!“

„Während er in Wahrheit nur die ihm von Eurer Majestät erteilten Weisungen ausführt“, hetzt Blacas.

„M-ja“, sagt der König etwas ernüchtert. Er erinnert sich, daß seine Weisungen hauptsächlich darin bestanden, das ihm von Talleyrand vorgelegte Aktionsprogramm widerspruchslos zu unterschreiben. „Jedenfalls“, fährt er wieder gesteigert fort, „ist es eine Überhebung, mir in diesem Ton zu schreiben. Das werde ich ihm auch zu verstehen geben. Seine Selbstberäucherung muß einen Dämpfer bekommen, damit er sich besinnt, an welche Stelle er gehört.“ Etwas achtlos schiebt er den Bericht Talleyrands beiseite, entnimmt einer Mappe ein Briefblatt, taucht die Feder ein und beginnt eifrig zu schreiben. „So“, sagt er nach einer Weile befriedigt, „das wird er verstehen. Die Gicht ist doch zu etwas gut.“ Jäh zuckt er zusammen und tastet nach seinem Bein. „Ich darf an das elende Zeug nur denken“, stöhnt er, „so meldet es sich schon.“ Er reicht das Schreiben dem Grafen hin. „Siegeln und gleich expedieren“, sagt er kurz, grämlich.

„Gewiß, Eure Majestät“, versichert Graf Blacas beflissen, birgt das kostbare Dokument in seinem großen Portefeuille. –

Er wäre recht enttäuscht, wenn er sähe, wie wenig Eindruck das Schreiben des Königs auf Talleyrand macht. Als dieser schon aus der Kürze des Briefes sieht, daß seine Leistung nicht so anerkannt wird, wie er es erwarten durfte, hüllt er, wie sein Antlitz, auch seine Seele in einen Panzer der Gleichgültigkeit, überliest die wenigen Zeilen, deren karges Lob in den zwei Worten ‚vollständige Zufriedenheit‘ gipfelt, und legt den Brief dann zu den übrigen Schreiben des Königs. Man wird sich seiner erinnern, wenn es nottut. Wann – das ist gleichgültig. Vielleicht bald, vielleicht erst in zehn, fünfzehn Jahren. Ein Talleyrand kann warten. –

Sachsen, Polen, Neapel, Bälle, Diners, Redouten: inzwischen schleppt sich der Kongreß weiter. Die ersten zwei Monate des jungen Jahres vergehen in einem Kleinkrieg, den alle Beteiligten verwünschen, und mit immer neuen Festivitäten, an denen niemand mehr besondere Freude hat.

Die grundsätzlichen Fragen wurden durch das energische Auftreten der jungen Koalition rasch entschieden: weder erhält Preußen ganz Sachsen noch Rußland ganz Polen. Umso schwieriger gestaltet sich das Ringen um einzelne Landstriche und Städte. Preußen kämpft erbittert um Leipzig und verzichtet darauf erst, als es durch Danzig und Thorn entschädigt wird, Rußland erhält das napoleonische sogenannte Herzogtum Warschau erst, nachdem es die Westgebiete, die zu Preußen gehörten, wieder an dieses zurückgestellt hat. Dies alles aber erst nach endlosen Debatten, Verhandlungen, Streitigkeiten, die bis vor die Tore eines neuen europäischen Krieges führen: in einer Auseinandersetzung mit Kaiser Franz von Österreich droht der Zar unverblümt: „Ich sehe es noch dahin kommen, daß wir innerhalb von zwei Jahren einander den Krieg erklären!" und muß die kaltblütige Antwort einstecken: „Sofort, wenn Sie wollen!"

Die erhitzten Gemüter haben Gelegenheit, bei wiederholten Aufführungen des pompösen Karussells in der schlecht zu heizenden Winterreitschule, beim düster festlichen Leichenbegängnis des Prinzen de Ligne, bei den zwei großen Schlittenfahrten kreuz und quer durch die Stadt und von da nach Schönbrunn hinaus sich abzukühlen. Mit Ausnahme der Bestattung des rosenroten Prinzen, die wirkliche Teilnahme erweckt, ist das meiste für die Überzahl der Teilnehmer nur eine gleichgültig erfüllte Repräsentationspflicht, trotz der verschwenderischen Ausstattung, trotz des zur Schau getragenen Interesses — und trotz der außerordentlich hohen Kosten, die dem Kongreß die herbe Kritik der des Schauens auch schon müde gewordenen Wiener zuziehen.

Die peinlichste Frage des ganzen Kongresses, die, ob in Neapel Murat oder die Bourbonen herrschen sollen, ein heißes Eisen, das niemand gern anrühren will, wird schließlich unerwartet durch eine ungeschickte Note des ungeduldig gewordenen Murat gelöst, die keine andere Wirkung hat als ein Abrücken Englands unter seinem neuen Vertreter Wellington und eine wesentliche Verstärkung der österreichischen Truppen in Italien. Man wird die erste Gelegenheit benützen, um auch hier Ordnung zu machen.

Ja, es ist nicht zu übersehen, der Kongreß neigt sich seinem Ende zu. Auch das gesellige Leben verebbt allmählich, geht nur noch gewohnheitsmäßig eine Weile weiter wie das auslaufende Schwungrad einer Dampfmaschine, deren Feuer gelöscht wurde. Nur die Lebenden Bilder sind bei den Mitwirkenden noch beliebt, aber hauptsächlich um der Proben willen, die in einer gelockerten Laune stattfinden und daher kurzweiliger sind als die üblichen Salonnachmittage.

So findet also ein Märzmorgen den Fürsten von Benevent in behaglichster Stimmung, zu der er auch allen Grund hat: in den fünf Monaten seines Wiener Aufenthaltes hat er nicht nur alle seine Ziele erreicht, sondern überdies aus einer geschlagenen, entmachteten Nation den entscheidenden Faktor der europäischen Politik geschaffen.

Noch im Bette liegend plaudert er heiter mit seiner Nichte Dorothea, die ihm einen Morgenbesuch abgestattet und ihre Modejournale und Kostümentwürfe über die ganze Bettdecke verstreut hat. Mit gewohnter Würde hat ihnen Monsieur Courtiade die Chokolade serviert und geht nun im Zimmer auf und ab, mit verschiedenen kleinen Vorarbeiten für die Toilette des Fürsten beschäftigt und offenbar ebenso wie sein Herr mit sich und der Welt vollauf zufrieden.

Es ist auch ein zu hübsches Bild, die reizende junge Frau zu sehen, wie sie, in ein elegantes Negligee gehüllt, dem Fürsten die einzelnen Entwürfe zeigt und seine Meinung einholt. Sie hat am späten Vormittag Probe und möchte mit einem festen Programm hinkommen.

Monsieur Courtiade hat für einen Augenblick das Zimmer verlassen. Er allein von den Anwesenden hörte das leise Klopfen oder vielmehr Kratzen an der Schlafzimmertür, das ihn wissen ließ, daß man seiner bedürfe. Nun kehrt er zurück, auf silbernem Tablett ein gesiegeltes Schreiben vor sich hertragend.

„Von Seiner Durchlaucht dem Herrn Staatskanzler“, meldet er.

„Ach", sagt der Fürst träge, „er wird mir die Stunde der nächsten Sitzung mitteilen wollen. Er sprach gestern davon. Tu mir den Gefallen", wendet er sich an Dorothea, „öffne den Brief und lies ihn mir vor."

Mit anmutigem Kopfneigen gehorcht sie, bricht das Siegel, entfaltet den Brief, wirft einen Blick darauf, ruft:

„Napoleon hat Elba verlassen!"

Talleyrand zieht die Brauen hoch, und Monsieur Courtiade, nicht weniger um Haltung bemüht als sein Herr, tut es ihm nach. Gräfin Dorothea sieht von einem zum andern, sagt mit kleiner Stimme:

„Und meine Probe?"

„Sei ruhig, mein Kind, deine Probe wird stattfinden", antwortet der Fürst gelassen.

Einigermaßen getröstet, aber doch beunruhigt, kramt sie ihre Modebilder zusammen und bricht ihren Besuch ab. Lächelnd blickt Talleyrand ihr nach. Kaum jedoch hat sich die Tür hinter ihr geschlossen, als der Fürst seinem Kammerdiener mit gedämpfter Stimme befiehlt:

„Rasch, Pascal! Wir haben keine Zeit zu verlieren!"

Courtiade eilt davon, kehrt mit dem dampfenden Rasierwasser zurück. Talleyrand ist inzwischen aufgestanden, hat den Schlafrock angezogen, schreibt an einer Ecke des Toilettetisches auf ein Briefblatt ein paar Zeilen.

„Einen Boten bereitstellen, Pascal!"

„Der Bote wartet bereits, Eure Durchlaucht."

„Ein Licht — Siegellack —"

Der Kammerdiener hält einen Fidibus ans Kaminfeuer, entzündet eine Kerze, legt die Siegellackstange und den Siegelring des Fürsten daneben. Talleyrand faltet den Brief, siegelt ihn.

„An den Fürsten Metternich."

Monsieur Courtiade trägt den Brief eilig aus dem Zimmer. Als er zurückkehrt, findet er den Fürsten, wie dieser sich ungeschickt etwas kümmerlichen Seifenschaum aufzutragen sucht. Nimmt seinem Herrn die Barbierschüssel sanft aus der Hand, macht sich selber ans Einseifen. Wagt eine respektvolle Frage:

„So ernst ist es, Durchlaucht?"

Talleyrand sieht empor, mit Augen, die dunkel sind vor Gram und Sorge.

„Tödlich, wenn ich mich nicht beeile", sagt er still.

Der große Schlag

Diesmal schenkt keine liebenswürdige Gräfin Dorothea Tee ein. Mißmutig, zum Teil übernächtig — besonders die jüngern Herren — stehen und sitzen die Mitglieder der französischen Delegation im Salon beisammen und besprechen die große Neuigkeit. Die verschiedensten Vermutungen werden laut. De Noailles behauptet, genau zu wissen, daß Eugène Beauharnais den ‚Mann von Elba' fortlaufend mit Nachrichten versorgte.

„Sie erinnern sich, meine Herren, daß im Kongreß der Vorschlag gemacht wurde, Bonaparte nach den Azoren zu verbannen. Durch Beauharnais hat er davon Wind bekommen und ist geflüchtet."

„Wohin?" fragt der Herzog von Dalberg.

Graf de Noailles hebt die Achseln.

„Was weiß ich, wohin?" sagt er gleichgültig. „Vielleicht nach Amerika."

„Oder nach Korsika", wirft der junge de Rouen ein.

„Oder nach der Türkei", meint träge der Graf de La Tour. Alles lacht, nervös, unecht. Er verteidigt seine

These. „Warum nicht nach der Türkei?“ fragt er gereizt. „Ebensogut wie anderswohin.“

„Auf keinen Fall wird er weit kommen“, meint de Rouen. „Die englischen Fregatten werden ihn kapern.“

„Sie hätten ihn überhaupt nicht fortlassen dürfen!“ ereifert sich ein zweiter von den ‚Jungen‘, der Attaché Boigne de Faye.

„So einfach ist das nicht“, wendet der Herzog ein. „Er ist auf Elba kein Gefangener, sondern Souverän.“

„Ich werde euch sagen, wohin er sich gewandt hat“, läßt sich wieder La Tour vernehmen. „Weder nach Amerika noch nach Korsika noch nach der Türkei, sondern nach Italien. Da hat er die Küste nahe vor sich und Murat nicht weit. Von da wird er versuchen, den Kampf zu erneuern.“

„Sie irren alle, meine Herren“, klingt die allen wohlbekannte volle Stimme Talleyrands vom Eingang her. „Und ich wundere mich, daß keiner von Ihnen auf die einzig mögliche Lösung kommt.“ Er nähert sich langsam. „Ich bitte, behalten Sie Platz“, schließt er mit gewohnter Höflichkeit. Setzt sich gleichfalls, blickt, die Hände über dem Goldknauf seines Stockes gefaltet, rundum. Aber das gewohnte feine Lächeln fehlt heute auf seinem Gesicht.

Da er das eingetretene Schweigen nicht bricht, wagt der Herzog von Dalberg es zu tun.

„Welche Lösung meinen Eure Durchlaucht?“

„Bonaparte wird versuchen, nach Frankreich zu kommen“, antwortet Talleyrand trocken.

„Nach Frankreich?“ Es war der junge de Rouen, dem die Überraschung den Ausruf entlockte.

„Nach Frankreich“, bestätigt der Fürst. „Bonaparte ist ein Hasardeur, der gewohnt ist, den höchsten Einsatz zu wagen.“

„Aber gerade Frankreich!“ wendet La Tour ein. „Ist das nicht zu gewagt?“

„Die Armee ist doch loyal", schließt sich Noailles an. „Die Marschälle, Ney voran, haben den König immer wieder ihrer Treue versichert."

„Soult ist Kriegsminister!" ruft Dalberg.

„Wenn Bonaparte so wahnsinnig wäre, nach Frankreich zu gehen, würde er an den nächsten Baum gehängt werden", erklärt de Boigne mit der schönen Entschiedenheit der Jugend.

Talleyrand saß unbeweglich, ließ einen nach dem andern reden. Nun erhebt wieder er die Stimme, ruhig, gefaßt, aber voll tiefen Ernstes.

„Das größte Unglück", sagt er, „das eine Regierung treffen kann, ist, die Dinge zu sehen, wie sie sie zu sehen wünscht, nicht, wie sie sind. Täuschen wir uns nicht darüber, meine Herren: die Armee ist weit entfernt davon, loyal zu sein, es gärt und brodelt vielmehr in ihr ununterbrochen; teils wurde sie falsch behandelt, teils können die Soldaten einstige Siege — und den, der sie erfocht — nicht vergessen. Die Treuekundgebungen der Marschälle aber sind nichts anderes als das befriedigte Knurren eben gefütterter Raubtiere."

„Aber Bonaparte hat doch niemanden bei sich — ein paar Begleiter —"

„Immerhin an die tausend Mann — und seinen persönlichen Zauber. Zudem bleibt ihm, wenn er das Wagestück schon unternimmt, kein anderer Weg als der nach Frankreich." Er sieht die verblüfften Gesichter, beeilt sich erklärend fortzufahren: „Den Gedanken einer Flucht wollen wir beiseitelassen: ein Napoleon Bonaparte flieht nicht. Eine Landung in Italien aber und eine Verbindung mit Murat würde ihm zwar für den Augenblick die Verfügung über eine gewisse Truppenmacht geben, ihn aber zugleich in eine unhaltbare Lage bringen: die Alpenpässe sind auch mit einer geringern Anzahl Soldaten, als sie Österreich schon heute in Italien stehen hat, leicht zu sperren, und die lange Küste ist den Angriffen der englischen Flotte wehrlos ausgeliefert. Es bliebe Bonaparte nichts anderes übrig als wie in einer Glasflasche eingesperrt zu warten, bis ganz Europa seine Heere gegen ihn aufgeboten hat und ihn mit deren Massen erdrückt. Also ist Frankreich seine einzige Chance."

Die Zuhörer können sich der zwingenden Logik dieser Darlegung nicht entziehen. Bleich und stumm sitzen sie da, und jeder glaubt sein Herz klopfen zu fühlen. Noailles hat das Gesicht in die Hände vergraben und stöhnt:

„Unglückliches Frankreich! Heute vielleicht schon das Opfer eines Bürgerkriegs, morgen das eines europäischen!"

„Das eben", fällt der Fürst ein, „müssen wir zu verhindern trachten, soweit wir können. Es gibt drei Möglichkeiten: das Unternehmen Bonapartes mißlingt schon in seinen Anfängen; umso besser, dann brauchen wir uns mit den beiden andern nicht zu beschäftigen; oder Bonaparte siegt und wird von Europa anerkannt; an diese Anerkennung glaube ich nicht, denn der Kontinent hat in seiner Vergangenheit erfahren, was die Friedensbeteuerungen Bonapartes wert sind; oder Bonaparte siegt in Frankreich, aber die Mächte entschließen sich, ihn auf jeden Fall unschädlich zu machen. Das, meine Herren, darf nicht ohne uns geschehen!"

„Was wollen Sie tun?" fragt Dalberg.

„Ich erwarte einen Boten vom Fürsten Metternich. Ich habe ihn unmittelbar nach Erhalt der Nachricht gebeten, die Chefs der Großmächte zu einer eiligen Sitzung zusammenzuberufen, bei der ich einen Vorschlag machen werde: den nämlich, in einer feierlichen Proklamation des Kongresses Napoleon Bonaparte zu ächten. Und wenn die Delegierten, woran ich nicht zweifle, meinem Vorschlag zustimmen, so werde ich der erste sein, der unter diese Kundgebung seinen Namen setzt."

Die sachliche Ruhe, mit der er spricht, gibt seinen Worten doppeltes Gewicht. Nun verläßt er sie, schließt fast schon im gewohnten Plauderton:

„Ich hielt es für notwendig, meine Herren, Sie hierherzubitten, damit Sie wissen, worum es geht, und sich danach richten. Keine Empörung, wenn ich bitten darf, und keine Drohungen. Leichtigkeit, Heiterkeit, Überlegenheit: Bonapartes Flucht von Elba ist nichts als ein dummer Streich, der mit seinem Untergang enden wird."

„Und wenn die nächsten Ereignisse uns Lügen strafen?" gibt La Tour zu bedenken.

Der Fürst will antworten, unterbricht sich, denn Monsieur Courtiade ist eingetreten und meldet:

„Seine Durchlaucht der Herr Staatskanzler erwartet den Besuch Eurer Durchlaucht in seinen Amtsräumen."

„Ich komme", sagt Talleyrand aufatmend. Steht auf, hinkt der Türe zu, kehrt sich nach La Tour um.

„Das Ende wird uns recht geben", beantwortet er kaltblütig seine Frage. —

Neben Metternich trifft er in dessen Salon Nesselrode und die beiden preußischen Delegierten an. Lord Wellington wird jeden Augenblick erwartet. Die Begrüßung ist höflich wie immer, aber eine gewisse Zurückhaltung und Kälte sind nicht zu verkennen. Doch hält der Fürst es für richtig, davon keine Notiz zu nehmen.

Auch hier herrscht der Zwiespalt der Meinungen über Napoleons nächste Bewegungen. Er bekämpft ihn mit den gleichen Gründen, die er vor den Mitgliedern der Delegation geltend machte, fügt hinzu:

„Ich erinnere mich an die Stelle im ‚bellum civile', wo Caesars Lage unmittelbar vor Beginn des Kampfes gegen den Senat geschildert wird. Hier haben wir, wie mir Lord

Wellington –" er wendet sich mit einer leichten Verneigung gegen den eben eintretenden englischen Delegierten – „gewiß bestätigen wird, eine ähnliche Situation."

„Ich bin ganz der gleichen Ansicht", stimmt Wellington zu. „Bonny kann sich gar nicht anderswohin wenden als nach Frankreich. Hoffentlich dauert das Abenteuer nicht zu lange."

„Sie glauben", fragt Nesselrode, „daß er gleich an der Küste abgefangen und erledigt wird?"

„Im Gegenteil, ich glaube, daß es in Frankreich zu gar keinem Kampf kommen wird", antwortet Wellington. „Nur ein Dummkopf kann sich einbilden, daß die Sieger von Austerlitz, geführt von adeligen Emigranten, auf die Sieger von Jena, geführt von ihrem Kaiser höchstpersönlich, schießen werden."

Alles blickt bei diesem furchtbaren Urteil Talleyrand an. Nie hatte er größere Mühe, seine Fassung zu bewahren. Dennoch klingt es ganz ruhig und gelassen, als er einwirft:

„Das Volk ist auf Seiten des Königs."

„Ich zweifle umso weniger daran", bemerkt Wellington, „als dies durch meine Beobachtungen bestätigt wird. Aber die Macht ist auf Seiten der Armee, und diese ist für Bonaparte."

Talleyrand fühlt seine Stunde gekommen. Wellingtons Wort aufnehmend, tritt er einen Schritt vor und sieht die Delegierten mit einem großen Blick an.

„Meine Herren", sagt er ruhig, aber mit zwingendem Ernst, „Sie haben es gehört: das Recht ist auf der einen Seite, die Macht auf der andern. Wollen Sie es dabei bewenden lassen? Dieser Kongreß ist zusammengetreten, um eine möglichst gerechte Verteilung der europäischen Staaten zu erzielen und damit den Frieden wenigstens für dieses Menschenalter zu sichern. Wollen Sie, indem Sie die Vergewaltigung einer Nation zugeben, dieses Werk zerstören?

Es ist Frankreich, das wahre Frankreich, das sich an Sie um Hilfe wendet. Zum erstenmal seit Bestehen des Kongresses erschallt dieser Hilferuf an Europa. Wollen Sie diesen Ruf ungehört verhallen lassen? Ich warne Sie, meine Herren! Wenn Sie jetzt tatlos beiseite stehen bleiben, wenn Sie jetzt einem Mitglied der europäischen Völkerfamilie, und ich denke, nicht dem schlechtesten, nicht zuhilfe kommen, so tun Sie den ersten Schritt zur Vernichtung des europäischen Gedankens und damit Europas überhaupt. Ich spreche zu Ihnen jetzt nicht als Franzose, nicht als der legitime Vertreter eines Volkes, das der Gewalt zum Opfer zu fallen droht, sondern als Europäer, und als solcher rufe ich Ihnen zu, fordere ich von Ihnen: Tun Sie Ihre Pflicht, retten Sie Frankreich, um Europa zu retten!"

Schweres Schweigen folgt seinen Worten. Er hat sie gepackt, er sieht — fühlt es. Aber die Verantwortung, die auf jedem von ihnen lastet, schließt ihnen den Mund. Zu ernst ist die Stunde, als daß jemand es wagte, mit leeren, ausweichenden Phrasen zu antworten, zu ungewiß aber auch der zu erwartende Widerhall bei den einzelnen Völkern, als daß jemand es wagte, bindende Verpflichtungen auf sich zu nehmen. So stehen sie schweigend, zögernd, so gern sie persönlich die erbetene Hilfe zusagen würden.

Da fällt Lord Wellingtons scharfe Kommandostimme die Entscheidung.

„Ich bin auf Frankreichs Seite", ruft er, „und weiß mich darin mit ganz England einig. England hat auch nicht gewartet, bis der Hilferuf Frankreichs erschallt, sondern aus eigenem vorgesorgt. Der letzte Auftrag, der mir vor meiner Abreise zum Kongreß erteilt wurde, war der des Prinzregenten, im Falle der geringsten Beunruhigung Europas durch Bonaparte dem Kongreß mitzuteilen, daß England mit seinen Gütern und mit seinen Soldaten Europa zur Verfügung steht."

Daraufhin finden auch die andern die Rede wieder. Als erster versichert Nesselrode, Rußland werde jede gewünschte Truppenzahl zur Niederwerfung Bonapartes aufstellen; dann ist es Hardenberg, der die Truppen Preußens anbietet; und endlich weist Metternich darauf hin, daß Österreich ohnehin kampfbereit Murat gegenüberstehe und auch willens sei, die nötigen Streitkräfte zur völligen Vernichtung Napoleon Bonapartes in Marsch zu setzen.

Nun hat er sie dort, wo er sie haben wollte. Mit glühenden Augen ihnen entgegenstarrend, ruft er:

„Ich danke Ihnen, meine Herren, und durch Sie Ihren Herrschern für die meinem Lande zugesagte Hilfe. Seien Sie überzeugt, daß auch Frankreich und sein König sich wehren werden, so gut sie können. Den Mut dazu aber noch höher zu entflammen bitte ich Sie, mit mir eine Kundgebung zu erlassen, die Bonaparte außerhalb jeder bürgerlichen und sozialen Ordnung setzt!"

„Nicht nur das", fällt Metternich ein. „Ich bitte Sie, meine Herren, sich mit Ihren Regierungen in Verbindung zu setzen wegen eines Vertrags, in dem die Mächte Europas erklären, nicht früher die Waffen niederlegen zu wollen, als bis Bonaparte für immer und ewig unschädlich gemacht ist."

Herrlicher Sekundant! geht es Talleyrand durch den Kopf. Er entschließt sich, den großen Schlag zu tun:

„Ja!" stimmt er zu. „Ich bitte Sie aber, in diesen Vertrag der Kämpfer für Recht und Freiheit auch jenen aufzunehmen, zu dessen Gunsten er geschlossen wird: den König von Frankreich!"

Versteht ihn einer der Versammelten? Sie klatschen Beifall, schütteln ihm die Hände, versichern ihn ihrer vorbehaltlosen Zustimmung. Doch keiner von ihnen, nicht einmal der so kluge Metternich, begreift, daß er mit diesem einen Satz Frankreich aus der drohenden Gefahr, noch einmal — und diesmal für unabsehbare Zeit — Objekt der europäischen Machtpolitik zu werden, gerettet und es endgültig zu deren Mitschöpfer gemacht hat.

Abrechnung

„Ich muß schon selbst sagen, es war wie ein Wunder. Zu Beginn der Expedition war seine Lage durchaus nicht rosig, und wenn ein beherzter Kommandant rasch zugegriffen hätte, wäre das Unternehmen schon am ersten Tag gescheitert. Aber man ließ ihm Zeit, und die war ja immer sein bester Helfer."

Bis sie sich eines Tages gegen ihn kehren wird, denkt Talleyrand. Aber er spricht es nicht aus, fährt fort, schweigend zuzuhören.

„Er beeilte sich, in den verschneiten Seealpen zu verschwinden, um womöglich die Dauphinee zu erreichen. Inzwischen hatte aber der optische Telegraph zu spielen begonnen, und er traf bei La Mure auf die ersten gegen ihn in Marsch gesetzten Truppen. Der kritische Augenblick war da. Kein Mensch wußte, wie sich die Truppen verhalten werden — vermutlich wußten sie es selber nicht. In solchen Fällen hat rücksichtslose Entschlossenheit Erfolg, und die werden Sie ihm nicht absprechen. Als die beiden Soldatenhaufen einander unschlüssig gegenüberstanden und jeder sozusagen auf das erste losgehende Gewehr wartete, schritt er auf Pistolenschußweite den Truppen des Königs entgegen, riß seinen grauen Mantel auf und rief: ‚Wer von euch schießt auf seinen Kaiser?' Da gab es kein Halten mehr: die Soldaten steckten die Mützen auf die Bajonette, hoben die Gewehre hoch, schrien ihr noch nicht vergessenes ‚Vive l'Empereur!' und schlossen sich seinem Zuge an."

„Waghalsig war er immer", wirft Talleyrand unbewegten Gesichtes ein.

„Die Lawine war ins Rollen gekommen", setzt der Erzähler fort. „Grenoble mit seiner starken Garnison hatte er mit einer schon auf Elba verfaßten Proklamation überschwemmt. Aber noch mehr Eindruck machte das Erscheinen der zu ihm übergegangenen Soldaten, die ihren Kameraden zuriefen, es ihnen nachzutun. Die Befolgung dieser Aufforderung ließ nicht auf sich warten, und als er am zehnten März in Lyon eintraf, besaß er bereits wieder an die zehntausend Mann — eine kleine Armee."

„Und die großen Armeen, die vom König gegen ihn gesandt wurden? Massena in Marseille? Ney, der sich vermessen hatte, ihn in einem Käfig nach Paris zu bringen?"

„Kommt schon, kommt schon. Wir sind noch in Lyon. Dort war er schon wieder ganz der Kaiser, erteilte Befehle, erließ eine Amnestie —"

„Von der ich ausgenommen wurde", bemerkt Talleyrand trocken.

„Nicht endgültig", windet sich der andere. „Sie werden schon hören." Er beeilt sich, zu seiner Schilderung zurückzukehren. „Von da an war sein Vormarsch ein einziger Triumphzug. Wo er hindurchkam, jubelte das Volk ihm zu, traten die Soldaten einzeln oder in ganzen Formationen in seine Reihen. So kam er am siebzehnten März nach Auxerre. Hier traf er auf Ney, und es sah ganz danach aus, als ob es zum Kampfe kommen sollte. Aber Ney wagte die Schlacht nicht mehr: er erkannte nur zu gut die Unzuverlässigkeit seiner Truppen. So suchte er um eine Unterredung mit dem Kaiser nach. Was bei dieser gesprochen wurde, weiß kein Mensch. Das Ende war, daß Ney und die ganze Armee dasselbe tat, was alle gegen Napoleon ausgesandten Truppen getan hatten."

Hat Wellington es nicht vorausgesagt? Wie gut, daß er ihm geglaubt hat!

„Der Rest", hört er wieder die Stimme des Berichterstatters, „ist nicht wert, erzählt zu werden. Am zwanzigsten März morgens verließ der König die Tuilerien, und abends traf der Kaiser dortselbst ein."

„Und begann", schließt Talleyrand ätzend ab, „wieder in gewohnter Weise zu regieren, mit plötzlichen Einfällen, launenhaften Erlässen, nach allen Seiten spritzenden Kurieren — kurz, all der Unruhe, die das Kennzeichen seiner Herrschaft war."

„Sie tun ihm unrecht", sagt der andere ernst, „und Sie wissen, daß Sie es tun. Sein Unglück hat ihn gewandelt. Sein Sinn steht nur auf Frieden und Freundschaft mit aller Welt, und er wünscht nichts besseres als im Einvernehmen mit seinem Volk zu regieren."

Aber Talleyrand ist nicht zu bekehren.

„Um abzuwarten", sagt er im vorigen Ton, „bis wieder drei, vier Rekrutenjahrgänge herangewachsen sind und er sein Kriegsspiel wieder beginnen kann. Aber lassen wir das, sprechen wir von Ihnen. Er hat Sie offenbar hergeschickt, um dem Kongreß eine Botschaft zu überbringen, nicht wahr? Aus alter Freundschaft rate ich Ihnen, Montrond: ersparen Sie sich die Mühe; der Kongreß nimmt von Napoleon Bonaparte keine Botschaft an."

„Ich habe dem Kongreß keine Botschaft zu überbringen. Als der Kaiser bei Cannes die französische Küste betrat, waren seine ersten Worte: ‚Der Kongreß ist aufgelöst.' "

„Er wird sich mittlerweile überzeugt haben, daß er sich auch hierin geirrt hat. Wenn Sie aber mit dem Kongreß nichts zu tun haben — was suchen Sie hier in Wien?"

„Ich suche Sie, Fürst. Ich habe eine Botschaft an Sie."

„Von wem? Doch nicht etwa — von Napoleon Bonaparte?“

„Von Kaiser Napoleon; allerdings.“

Ein Schweigen. Dann sagt der Fürst langsam:

„Meinen Respekt! Ihm ist gelungen, was vor ihm noch keinem gelang: Charles Maurice de Talleyrand-Périgord zu verblüffen.“

„Das Angebot, das ich Ihnen bringe, wird Sie noch mehr verblüffen.“

„Das wäre? Ich ahne Ungeheuerliches.“

„Sein Außenminister zu werden.“

„Noch einmal! Aber ich hab mirs gedacht. Kein Dichter wird so Unwahrscheinliches ersinnen, daß es von der Wirklichkeit nicht übertroffen würde.“

„Fürst, ich beschwöre Sie, ehe Sie ein entscheidendes Wort sagen, hören Sie mich an!“

„Sprechen Sie, Montrond! Die Idee ist so einzigartig, daß sie verdient, bis zum Grund ausgekostet zu werden. Sprechen Sie nur! Ich höre Sie.“ Er lehnt sich bequem zurück, legt die Arme übereinander und kreuzt die Beine.

„Es war noch in Lyon, als er Ihre Proklamation kennen lernte. Sie verletzte ihn aufs Tiefste.“

„Wurde sie so schnell verbreitet?“ fragt Talleyrand überrascht. „Das freut mich.“

„Sie wurde ihm von Wien aus zugesandt.“

„Ich kann mir denken, durch wen.“

Montrond übergeht den Einwurf.

„Das ist auch der Grund“, fährt er fort, „warum Sie von der Amnestie ausgeschlossen wurden. Aber nach seinem triumphalen Einzug in Paris wurde er ruhiger. Er sah die großen Dienste, die Sie ihm während seiner Regierung erwiesen hatten, er sah auch die Fehler, die er gegen Sie begangen hatte, er sah schließlich, daß Sie der einzige sind, der ihn aus der schwierigen Lage, die er nicht verkennt, —" er zögert einen Augenblick lang, endet dann: „— retten kann."

Talleyrand schüttelt ruhig den Kopf.

„Kein Engel des Himmels", sagt er entschieden, „kann ihn aus der Lage, in die er sich gebracht hat, retten. — Und da hat er auf Sie, meinen alten Freund, zurückgegriffen, hoffend, Sie könnten mich bestimmen —"

„Sie sind ein großer Rechner", unterbricht sein Besucher. „Rechnen Sie nicht falsch. Napoleon ist in Frankreich unbeschränkter Herrscher, und Europa ist kriegsmüde."

Talleyrand greift gelassen nach dem vor ihm liegenden Portefeuille, zieht einige Blätter heraus.

„Wie kriegsmüde Europa ist", sagt er obenhin, „mögen Sie aus diesen Aufstellungen erkennen. Sie sehen daraus, daß achtzigtausend Preußen schon am Rhein stehen; zweihundertfünfzigtausend Russen, hundertfünfzigtausend Österreicher sind marschbereit; die Engländer, die zunächst auch achtzigtausend Mann bereitgestellt haben, sind im Begriff, diese Zahl zu verdoppeln, zu verdreifachen. Europa bietet achthunderttausend Soldaten gegen Bonaparte auf. Urteilen Sie selbst, ob er sich gegen diese Überzahl halten kann."

Montrond ist sehr nachdenklich geworden, überprüft die Aufstellung, die ihm Talleyrand hingeschoben hat. Aber es kann kein Zweifel sein, es ist keine Zweckmeldung, die Zahlen sind echt.

„Aber auch ohne das", fährt Talleyrand fort, „wäre Bonaparte ein verlorner Mann. Sein Nimbus ist dahin, verstehen Sie? Was macht Männer seiner Art so übermächtig? Ich werde es Ihnen sagen: der Glaube an ihre Unbesiegbarkeit. Ist dieser Glaube erst einmal erschüttert, haben sie einmal eine entscheidende Niederlage erlitten, sind sie, mit einem Wort, gewöhnliche Menschen geworden, so sehen alle die tönernen Füße jedes dieser Kolosse." Er veratmet, sieht vor sich auf den Tisch, greift nach der

Aufstellung, die Montrond eben hingelegt hat, fragt zerstreut: „Brauchen Sie das noch?“, schiebt auf das verneinende Kopfschütteln seines Besuchers die Papiere wieder in das Portefeuille, fährt fort: „Und nicht nur den Nimbus hat er verloren, auch seine innere Sicherheit. Solang er Erfolg hatte, glaubte er, es könne gar nichts fehlschlagen. Diese innere Gewißheit, Glück zu haben, gebar immer neue Erfolge. Bis die Glückskette abriß und nun ein Mißerfolg den andern jagte. Es ist wie bei den Nachtwandlern: solange sie schlafen, ist ihnen kein Dach zu steil und zu hoch; wie man sie aber durch einen Anruf weckt, kann keine Gewalt der Erde ihren Sturz verhindern.“

Montrond stützt die Stirn in die Hände, sagt halblaut, erstickt vor sich hin:

„Mein Gott! Sie haben ihn doch auch einmal geliebt!“

„Ja“, bestätigt Talleyrand, und eine unbestimmte Trauer tritt in seine Stimme, „denn er war ein großer Mann und gab dem Lande in seiner schwersten Zeit das, was es am nötigsten brauchte: Ordnung, Gesetz und das Gefühl eigener Kraft. Aber er blieb nicht dabei stehen. Sehen Sie, Montrond, die Männer seiner Art, die großen Gewalthaber, gleichen sich alle in einem Punkt: sie glauben nur an sich. Sie wissen nichts von den Geheimnissen des Lebens, sie wissen nicht, daß man zwar organisieren kann, nicht aber organischem Wachstum befehlen. Sie sehen keinen Nachfolger, der ihr Werk fortsetzen könnte, darum begnügen sie sich nicht damit, die Fundamente zu legen, sondern wollen alles selbst machen. Sie wollen die Blüte vor der Knospe, die Frucht vor der Blüte. Ihr Wirken ist gegen die Natur, darum kann es im besten Fall Antrieb sein, auf keinen Fall aber Bestand haben.“

Stille, tiefe Stille. Montrond hört der ruhigen, gehaltenen Stimme, deren Untergrund dennoch eine tiefe Bewegung bildet, zu, findet kein Wort der Erwiderung.

„Ich diente ihm", erklingt wieder diese gehaltene Stimme, gesammelt und leidenschaftlos wie die eines Richters, „solang er dem Lande diente. Es war die Gemeinsamkeit einer großen Aufgabe, was uns verband. Als diese Gemeinsamkeit zerrissen wurde, weil er aufhörte, dem Lande zu dienen, sich zum Selbstzweck wurde — aus Selbstüberschätzung, aus Anbetung durch die Massen, was weiß ich, aus welchen Gründen noch, da verließ ich ihn, um jenen Dienst, von dem wir ausgegangen waren, fortsetzen zu können. Daß er dies dumpf fühlte, aber in seiner Selbstliebe nicht wahr haben wollte, daß er, auf den Irrweg geraten, nicht die sittliche Kraft zur Umkehr fand, das war sein Unglück und stürzte ihn in den Abgrund; und jeder Versuch, sich herauszuarbeiten, wird ihn nur noch tiefer stürzen." Er verstummt, steht auf, stützt beide Hände auf den Tisch. „Ich glaube, Montrond, Sie werden nun verstehen, warum ich auch dieses Angebot Napoleons, sein Außenminister zu werden, so wie alle vorangegangenen ablehne." Er reicht Montrond, der ebenfalls aufgestanden ist, die Hand. „Leben Sie wohl — und auf Wiedersehen in Paris!"

Wortlos nimmt Montrond die Hand des Fürsten, wortlos verbeugt er sich abschiednehmend, wortlos verläßt er das Zimmer. Er weiß, es wurde ein Urteil gesprochen, gegen das es keine Berufung mehr gibt.

Der Weg nach Mons I: Der Rittmeister und der Staatsrat

„Will er sich wohl zur Seite scheren, er verdammter Lümmel?!"

Die Antwort ist nicht zu verstehen.

„Zur Seite, sag ich ihm, sonst schmeiße ich ihm die Kalesche in den Graben!"

Wieder ein unverständliches Gestammel. Eine andere Stimme:

„Reißt ihn vom Bock runter und spannt ihm die Pferde aus!"

Talleyrand steckt den Kopf aus dem Fenster der Kutsche.

„Messieurs —"

„O je, ein Franzos auch noch! Mehr hat uns nicht gefehlt!"

„Meine 'erren", wendet sich der Fürst in mühsamem Deutsch an den ersten Sprecher, offenbar einen Unteroffizier, „ich bin le Prince de Benevent und —"

„Das ist mir alles eins, wer der Herr ist, ich muß Platz haben, und wenn der Herr nicht im Guten folgt, so muß ich Gewalt anwenden."

„Was ist denn da eigentlich los? Warum gehts nicht weiter?" Es ist ein dritter, der sich zu Gehör meldet, nach Tonfall und Ungeduld ein höherer Vorgesetzter, wohl ein Offizier.

„Herr Rittmeister, melde gehorsamst", rapportiert der Unteroffizier, „die Kalesche da versperrt uns den Weg, und der Herr drin macht uns nicht Platz. Er sagt, er ist ein Prinz, den Namen hab ich nicht verstanden."

„So? Da will ich doch gleich —" Hufgeklapper, neben dem Wagen wird ein Reiter sichtbar, eine schlanke Gestalt beugt sich nieder, um ins Dunkel des Wageninnern zu spähen. „Mit wem habe ich das Vergnügen?" klingt es mit karger Höflichkeit herein.

„Ich bin der Fürst von Benevent", wiederholt der Gefragte, „und kehre vom Kongreß zurück."

Ein Ausruf der Überraschung, der Ruf: „Licht!" Eine Laterne wird gebracht, in deren Schein der regennasse

Kürassierhelm matt aufleuchtet. Talleyrand blickt in ein junges, trotz des elenden Wetters lachendes Gesicht.

„Hier müssen wir uns wiedersehen, Durchlaucht?" ruft der Offizier, setzt, da der Fürst ihn prüfend ansieht, hinzu: „Kennen Sie mich nicht mehr? Ich bin Ferdinand Thun. Wir trafen uns bei Marie Eszterházy."

„Ah!" Talleyrand erinnert sich wirklich nicht, aber er weiß es geschickt zu verbergen. „Ich bin entzückt, lieber Graf, Sie wiederzusehen. Wollen Sie mir in meiner Kutsche nicht ein wenig Gesellschaft leisten?"

„Tut mir leid, Durchlaucht, aber wir müssen rasch weiter."

„Aber ich ja auch!"

„Sie werden nicht viel Glück haben. Hinter uns kommt eine lange Trainkolonne, die Sie bestimmt nicht weiterfahren lassen wird."

„Aber ich eile! Ich muß dringend zu meinem Souverän — und weiß noch nicht einmal, wo ich ihn suchen soll."

„Da gibt es nur eines, aber es ist ein harter Entschluß."

„Ich bin zu allem bereit. Sprechen Sie!"

„Fährt Ihr Kutscher gut?"

„Ich denke wohl."

„Und hält Ihr Wagen was aus?"

„Sie erschrecken mich. Doch immerhin: ich hoffe."

„So passen Sie Ihr Tempo dem unsrigen an, und wir bringen Sie ungefährdet nach Regensburg."

„Wie weit ist das?"

„Morgen abend sollen wir eintreffen."

„Gut", stimmt Talleyrand rasch zu. „Unter einer Bedingung."

„Und die wäre?"

„Daß Sie mein Martyrium teilen und zu mir in den Wagen steigen."

„Unmöglich! Meine Leute würden allen Respekt verlieren. ‚Ein schöner Rittmeister!' würde es heißen."

„Wenigstens nur so lange, bis Sie mir erzählt haben, was los ist. Ich habe seit Wien keine Neuigkeiten mehr gehört und brenne darauf!"

„Also gut, für fünf Minuten. Sie erlauben nur, daß ich rasch meine Befehle erteile. — Wachtmeister!" Das Gesicht des Grafen verschwindet vom Wagenfenster, man hört reden, vom strömenden Regen halb übertönt. Dann öffnet sich die Tür der Kalesche, und ein tropfender Graf Thun steigt ein.

„Kommen Sie mir nur nicht in die Nähe", warnt er. „Ich glaube, ich bin bis unter die Haut naß." Er spricht stoßweise, denn der Wagen hat sich in stürmische Bewegung gesetzt und tanzt über die von Geschützen, Munitions- und Bagagewagen zermahlene Landstraße dahin wie ein Schiff über aufgewühlte Wellen, nur wesentlich härter. Doch dem Fürsten scheint das Ungemach der Fahrt gar nicht zum Bewußtsein zu kommen, so sehr ist er auf die Neuigkeiten gespannt.

„Also Sie suchen Ihren König?" beginnt der Graf das Gespräch.

„Ja", bestätigt Talleyrand etwas ungeduldig. „Die letzte Nachricht war aus Gent. Aber ich weiß nicht —"

„Und vorher?"

„Aus Lille — aus Brügge — aus Ostende —" Er zuckt die Achseln.

„Also ist Bonaparte nicht der einzige Flüchtling?" lacht Graf Thun. „Aber es ist ein Unterschied."

„Wieso?"

„Nun — der eine flüchtet nach Frankreich hinein, der andere aus Frankreich heraus."

Talleyrand preßt die Lippen zusammen.

„Lieber Graf", sagt er dann, „statt mich mit Bosheiten

zu traktieren, erzählen Sie mir lieber, was es Neues gibt."

„Wann sind Sie von Wien fort?"

„Unmittelbar nach Unterfertigung der Kongreßakten."

„Daß wir Murat geschlagen haben und er zu seinem Herrn und Meister geeilt ist, wissen Sie?"

„Bester Graf, ich weiß alles bis zum neunten Juni, dem Tag des Kongreßschlusses: daß Wellington und Blücher im Norden, der Zar und Sie im Süden Armeen aufstellen, daß beschlossen wurde, anfang Juli konzentrisch wie im Vorjahr in Frankreich einzurücken und Bonaparte unter den Mauern von Paris eine Entscheidungsschlacht zu liefern —"

„Nun, da wissen Sie ja ohnehin alles."

„Alles? Gibt es denn gar nichts Neues?"

„Nur eine winzige Kleinigkeit", gibt der Graf sarkastisch zurück. „Kaum der Rede wert." Er holt Atem, sagt mit wütendem Spott: „Nur die Bagatelle, wie gesagt, daß Napoleon nicht gewartet hat, bis wir uns schön versammelt haben, um ihn zu viert in die Mitte zu nehmen, sondern den Spieß umgedreht hat und in Belgien eingefallen ist, um uns einen nach dem andern zu schlagen."

Talleyrand zuckt auf.

„Woher wissen Sie das?" ruft er.

„Wir werden ständig auf dem Laufenden erhalten."

„Und sonst? Ist das alles?"

„Ist es Ihnen nicht genug? Indessen wir langsam unsern Aufstellungsräumen entgegenbummeln, macht er seine blitzschnellen Schachzüge. Ich möchte selber gern wissen, wen er sich zuerst vornimmt, Blücher oder Wellington. Vielleicht erfahren wir etwas in Regensburg." Er klopft ans Fenster der Vorderwand. Der Wagen verlangsamt sein Tempo, bleibt stehen, der Wagenschlag wird geöffnet. Der Graf wartet nicht, bis der Tritt herabgelassen wird, springt hinaus. „Dank für die Gastfreundschaft, Durchlaucht“, ruft er zurück. „Sie war mir hochwillkommen: jetzt bin ich nur noch bis aufs Hemd naß. Addio!“ Er wirft den Wagenschlag zu. „Mein Pferd!“ hört man ihn noch rufen, dann hat ihn das Dunkel verschlungen, und der Wagen holpert weiter durch die regenschwere Nacht.

Talleyrand hat einen bittern Geschmack im Mund, während er seine Gedanken zu spinnen beginnt. Für diesen König hat er gekämpft, mit Aufbietung aller Kraft seines Geistes, aller Feinheit seines Witzes, aller Stärke seines Willens, hat Resultate erzielt, die der kühnste Spekulant nicht zu erträumen gewagt hätte, und schließlich nach einem verlornen Krieg, angesichts des Hasses aller Völker, die für den Einen die ganze Nation entgelten ließen, Frankreich eine Stellung geschaffen, die einflußreicher, bedeutender, gebietender war als selbst die zur Zeit des großen Louis! Nicht gekümmert hatten sie sich um ihn, während ihrer unwürdigen, kopflosen Flucht auf keinen seiner Briefe auch nur mit einer Zeile geantwortet, Fragen, Ratschläge, wichtigste Mahnungen unerledigt gelassen, die ganze Last, vor dem Kongreß zu bestehen, auf seine Schultern gewälzt. Er allein war in diesen Wochen Frankreich gewesen, das wahre königliche Frankreich!

Und nun geschieht von dem, was er erhoffte, erwartete — nichts. Statt dem Manifest der Ächtung mit größtmöglicher Schnelligkeit die Tat folgen zu lassen, statt alles, was Waffen tragen kann, dem Usurpator entgegenzuwerfen, ehe er Frankreich ganz unter sich gezwungen hat, säumt man, berät, läßt ihn Truppen und Waffen sammeln — und nun gar das Prävenire spielen, wiederholen, was er schon einmal getan: die Vorbereitungen mitten in ihrer Entwicklung zerschmeißen und damit vernichten!

Talleyrand hat wenig Ahnung von militärischen Dingen; aber sein durchdringender Verstand und die seltene Gabe eines ungewöhnlichen Überblicks lassen ihn erkennen, daß Napoleons Gedankengang durchaus richtig ist. In Belgien stehen zwei Heere, ein preußisches und ein englisches, auch diese beiden noch unfertig; gelingt es dem Schlachtenkaiser, sich, wie er so oft getan, zwischen die beiden zu drängen und erst eines, dann das andere zu zersprengen, ehe die heranrückenden, nein, heranschleichenden übrigen Verbündeten zur Stelle sind, dann kann das unabsehbare Folgen haben!

Welche? Was geschieht, wenn das gestern noch Unmögliche, heute nur noch Unwahrscheinliche, morgen, übermorgen vielleicht schon Gewisse eintritt, wenn Napoleon . . . siegt?

Der Kaiser hat in den Briefen, die gleich nach seinem Eintreffen in Paris an alle Staatsoberhäupter gesandt wurden, versichert, er werde den abgeschlossenen Frieden achten und den Kaiserthron Frankreichs der Stärkung von Europas Frieden nutzbar machen. Er meint es vielleicht sogar ehrlich. Aber er kann nicht anders, er ist ein Schwert und muß schlagen, fast gegen seinen eigenen Willen. So wäre also seine Herrschaft weiterhin, was sie bisher war, der Krieg in Ständigkeit, der die Volkskraft immer mehr aushöhlt, bis am Ende die Niederlage kommt, die schreckliche, aus der es kein Wiederaufstehen mehr gibt. —

In Regensburg, wo er am nächsten Abend eintrifft, glaubt er zusammenbrechen zu müssen. Nur sein verzweifelt angespannter Wille hält ihn aufrecht, und ein paar Stunden unruhigen Schlafes in einem überfüllten Gasthof geben ihm etwas Entspannung. Als er daher am nächsten Morgen von Thun, der sich während der ganzen Reise in rührender Weise um ihn gekümmert hat, erfährt, er habe die Möglichkeit, sogleich weiterzureisen, und weiche sogar allen Verzögerungen aus, wenn er gestatte, daß ein nach Koblenz reisender russischer Staatsrat seinen

Wagen teile, stimmt er ebenso rasch zu, wie dem Vorschlag des Grafen vor zwei Tagen, das Tempo seiner Kalesche dem der eilig vorwärtsmarschierenden Eskadron anzugleichen.

Der Staatsrat erweist sich als ein rundlicher, behaglicher Herr in mittlern Jahren, der ein vorzügliches Französisch spricht und davon ausgiebigen Gebrauch macht. Sie sind kaum einige Stunden unterwegs, so wünscht ihn Talleyrand schon zum Kuckuck. Sein Reisegefährte hat ihn bereits mit seiner ganzen Familiengeschichte vertraut gemacht, und doch scheint dies erst der Anfang seines Repertoires zu sein; zudem nennt ihn der Russe, der gleich zu Beginn ihrer Bekanntschaft seinen Vaternamen erfragte, nicht anders als ‚Karel Danilowitsch', wovon der Fürst wenig erbaut ist.

Zum Glück kommt er bald darauf, daß der Staatsrat zufrieden ist, sprechen zu können und von Zeit zu Zeit ein höfliches ‚Ah?' oder ‚Was Sie nicht sagen!' zur Antwort zu empfangen. Einmal erinnert sich Talleyrand auch der Erzählung La Tours und wirft ein interessiertes „Wann war das?" ein, um mit boshafter Freude festzustellen, daß der Staatsrat tatsächlich auf den Köder anbeißt und umständlich Monat und Jahr und die nähern Begleitumstände darlegt. Doch meist läßt der Fürst die Rede seines Begleiters ungehemmt dahinplätschern und gibt sich wieder seinen Gedanken hin.

Was soll er anfangen, wenn Napoleon siegt? Daß er von der Amnestie ausgenommen wurde, spricht schon für sich deutlich genug, und seine Absage an Montrond wird das Maß vollgemacht haben. So sind seine Häuser, seine Güter, sein gesamter Besitz wohl schon unter Sequester, und er wird werden müssen, was sein König jetzt ist, ein Herr ohne Land, eine traurige, einflußlose Puppe, ein adliger Bettler, der sich für das Stück Brot, das man ihm mürrisch reicht, noch demütig bedanken muß.

Dennoch: wenn er heute nochmals gefragt würde, so würde er wieder Nein sagen, und immer wieder Nein. So wie er kein Minister für Napoleon, so ist Napoleon auch kein Herrscher für ihn. Sie würden einander immer weniger verstehen. Er will den Aufbau, die ruhige, durch Fleiß und Disziplin, die durchaus kein Gegensatz zur Freiheit sein muß, geförderte Höherentwicklung, den leiblichen, geistigen und seelischen Wohlstand der Allgemeinheit; Napoleon will die Ausdehnung ohne Maß, die Schaffung von Möglichkeiten, die dann doch nicht ausgenützt werden, weil ihr Schöpfer schon wieder andern, fernern Zielen nachjagt. Ihre Wege würden immer weiter auseinander gehen, und er würde schließlich nur als Nothelfer mißbraucht werden, wenn Bonaparte sich in Ungelegenheiten hineinmanövriert hat, mit denen er allein nicht fertig wird. —

Aber hinter Frankfurt versagen die mechanisch in den Redefluß des Reisegefährten eingeworfenen Interjektionen. Der Staatsrat sieht ihn erstaunt an und meint:

„Sie gefallen mir, Karel Danilowitsch! Ich frage Sie, was Sie von der jetzigen Situation halten, und Sie antworten: ‚Was Sie nicht sagen!' Sind Sie nicht wohl?"

Talleyrand beeilt sich, leidend auszusehen.

„Ich habe wirklich starke Kopfschmerzen", antwortet er mit matter Stimme. „Sie begreifen: die Hitze —"

„Hitze? Es regnet ja seit acht Tagen!"

„Eben. Trockene Hitze würde ich vertragen. Aber der warme Dunst — und überdies meine Sorgen —"

„Sorgen? Sie haben Sorgen und erzählen mir nichts davon?" Der Staatsrat schüttelt vorwurfsvoll den Kopf. „Karel Danilowitsch, das ist nicht freundschaftlich gehandelt."

„Nicht persönliche — berufliche. Ich reise doch meinem König nach, der vor Bonaparte flüchten mußte —"

Der Staatsrat klopft ihm auf die Schulter.

„Keine Sorgen, Karel Danilowitsch", tröstet er, „machen Sie sich keine Sorgen! Mütterchen Rußland ist mit Ihnen und wird alles wieder in Ordnung bringen, verlassen Sie sich drauf!"

„Gewiß, wir sind Rußland sehr dankbar, daß es der guten Sache hilft, aber —"

„Na, was denn noch?"

„Ich weiß ja überhaupt nicht, was los ist!" Es mag neben der verzweifelten Unruhe die Erschöpfung sein, die Talleyrand so sehr die gewohnte Fassung verlieren läßt. „Ich tappe herum wie ein Blinder — komme aus dem Nebel — gehe in den Nebel — seit Tagen keine Nachrichten —"

„Nachrichten, Karel Danilowitsch?" ruft der Staatsrat fröhlich. „Sie wollen Nachrichten? Warum haben Sie das nicht längst gesagt? Den nächsten Kurier fange ich Ihnen ab."

Es klingt prahlerisch, aber noch vor Koblenz soll Talleyrand sehen, daß der Russe nicht zuviel versprochen hat. Die Stadt ist bereits nahe, als eines Morgens ein Kurier an ihnen vorbeitrabt. Der Staatsrat ruft ihn an. Der Mann achtet es nicht, trabt weiter. Da entlädt sich aus heiterm Himmel ein derartiges Donnerwetter von Flüchen, Verwünschungen, Drohungen über ihn, daß er verdutzt erst stehen bleibt und dann sogar zurückkommt, geduckt wie ein Hund, der Schläge erwartet.

Ja, gibt er Auskunft, er wisse Bescheid. Bis zum sechszehnten wisse er Bescheid. Ja, es habe eine Schlacht stattgefunden. Zwischen Napoleon und den Preußen. Ja, er wisse den Ausgang, Napoleon habe gesiegt, und die Preußen seien auf dem Rückzug. Er habe selbst welche gesehen, zwischen Tilly und Wawre; jetzt seien sie wohl schon in Namur. Nein, die würden wohl schwerlich noch eingreifen, sie seien zu arg zugerichtet. Napoleon? Napoleon werde jetzt wohl die Engländer angreifen und vermutlich ebenso schlagen. Und ob er jetzt weiterdürfe, er habe dringende Depeschen in der Satteltasche.

Mit den letzten Worten legt er die Schenkel an und trabt, ohne die erbetene Genehmigung abzuwarten, doch diesmal unangefochten, davon.

Talleyrand, der gierig zuhörte, ist in die Kissen zurückgesunken, starrt vor sich hin. Der Russe legt wie hegend den Arm um ihn.

„Rußland!" mahnt er. „Denken Sie an Mütterchen Rußland! Wir werden in Frankreich einmarschieren, dann muß der Napolium zurück, und wir werden ihn schlagen und wieder schlagen, und wenn wir Paris niederbrennen müßten wie vor drei Jahren Moskau. Mut, Karel Danilowitsch! Mut!"

Der Weg nach Mons II: Der junge Engländer und der alte Prinz

„Mut!" ist auch das letzte Wort, das Talleyrand von dem Staatsrat hört, als dieser sich mit zwei schallenden Wangenküssen von ‚Karel Danilowitsch' verabschiedet. Mut! Aber das Wort klingt in seinem Innern nicht nach.

Erschöpft, in trüben Gedanken sitzt er in Koblenz in der Stube der Poststation und wartet auf den Pferdewechsel, der sich ungebührlich lange hinzieht. Der kahle, große, ungemütliche Raum mit seinen zwei Fenstern, auf deren Scheiben gelangweilte Fliegen ziellos herumlaufen, der ewige Regen draußen, sein getreuer Begleiter fast von Wien an, passen durchaus zur Düsternis, die seine Seele erfüllt, und die von der unverhohlenen Bestürzung, die in den Gesichtern aller zu lesen ist, noch genährt wird. Immer wieder fragt er sich, ob nicht ohnehin alles verloren, ob nicht Wellington bereits ebenso wie Blücher geschlagen, ob seine Weiterreise nicht genau so zweck- und ziellos sei wie das ruckweise Herumlaufen der Fliegen auf den Fensterscheiben. –

Ein Schatten schiebt sich zwischen das Fenster und ihn. Er sieht auf, sieht einen langen, in einen drapfarbenen Pelerinenmantel gekleideten jungen Mann vor sich, der, den Hut auf dem Kopfe, schweigend auf ihn niedersieht.

Einige Augenblicke lang sehen beide einander an. Dann fragt der Fremde:

„Do you speak English?"

„Parlez-vous Français?" gibt Talleyrand zurück.

„No", erwidert der junge Engländer sehr nachdrücklich; wiederholt: „Do you speak English?"

Talleyrand zögert, sagt dann:

„Well, I do – when asked", setzt er hinzu.

„Oh, ein Amerikaner!" ruft der andere sichtlich enttäuscht.

„Nein, ein Franzose, der längere Zeit in Amerika gelebt hat."

„Never mind. Verkaufen Sie mir Ihren Wagen."

Talleyrand kennt den angelsächsischen Charakter viel zu gut, als daß er über das plötzliche Angebot überrascht wäre. So begnügt er sich, ruhig zu antworten:

„Mein Wagen ist unverkäuflich."

„Ich biete Ihnen fünfzig Guineas."

„Nein."

„Siebzig."

„Nein."

Ein Zögern. Dann:

„Hundert Guineas!"

„Nein", erwidert Talleyrand gleichgültig. Er sieht das

Gesicht des Engländers arbeiten, fragt: „Wozu brauchen Sie den Wagen?"

„Ich muß dringend nach Belgien", stößt der Gefragte hervor.

„Ich auch. Wohin?"

„Zunächst nach Brüssel; dann —" Er zuckt die Schultern.

„Ganz mein Weg", sagt Talleyrand. „Erweisen Sie mir die Ehre, mein Gast zu sein."

Der andere sieht ihn groß an, mit hellen, blauen Kinderaugen, die geschäftsmäßig dreinzuschauen bemüht sind.

„Kostet?"

„Mein Gast", wiederholt Talleyrand.

Mit einemmal ist der Hut des Fremden in dessen Linker; die Rechte streckt sich impulsiv dem Fürsten entgegen.

„Sie sind ein Gentleman! Erfreut, Sie kennen zu lernen. Ich bin George Whalley. Mein Bruder ist Lord Durham."

„Ich bin Fürst Talleyrand", klingt es zurück. „Mein Onkel ist Erzbischof von Reims", schlüpft eine kleine Bosheit hinterdrein. Die Depression ist, wenigstens für den Augenblick, verschwunden.

„Fein", nickt Mr. Whalley völlig unbeeindruckt, steckt höchst unzeremoniös zwei Finger in den Mund, pfeift schrill, durchdringend. Im Nu wird ein untersetzter Bursche sichtbar, offenbar ein Stallknecht. „Laß einspannen, Tom", befiehlt Mr. Whalley.

„Haben Sie den Wagen gekauft, Master Georgie?" fragt der Groom.

„Nein. Der Herr hat die Freundlichkeit, uns mitzunehmen. Sieh also, daß du dich mit dem Kutscher verträgst."

„Und mit meinem Kammerdiener", ergänzt Talleyrand.

„Oh!" ist alles, was Tom antwortet. Dann verschwindet er so schnell, wie er gekommen ist.

Eine Viertelstunde später rollt die Kalesche bereits längs des linken Rheinufers dem Ahrtal zu, um so schnell wie möglich die Straße nach Lüttich zu erreichen. Der junge Engländer, der ganz umgänglich geworden ist, weiht den Fürsten in den Grund seiner Eile ein.

„Sie müssen wissen, wir haben heute früh gewettet, ein Freund von mir und ich."

„So", sagt Talleyrand kurz. Die flüchtig gebannten Sorgen beginnen zurückzukehren.

„Ja. Daß Blücher geschlagen ist, werden Sie wohl erfahren haben."

„Da ganz Koblenz davon spricht —" Seine Stimme kann eine gewisse Gereiztheit nicht unterdrücken, aber Mr. Whalley scheint es nicht zu bemerken.

„Es ist also nur noch Wellington übrig", sagt er bedeutungsvoll.

„Hm."

„Nun möchten Sie wohl gerne wissen, worum wir gewettet haben."

„Hm."

„Wir haben gewettet, daß ich an der Schlacht, die Wellington Bonny liefern muß, noch teilnehmen werde."

Talleyrand dreht ihm erstaunt den Kopf zu. Diese Wette ist so englisch, daß es selbst ihn überrascht.

„Daß Sie — als Kombattant —" hebt er zögernd an.

„Natürlich. Eine Uniform und ein Gewehr wird Onkel Arthur — er ist der Bruder meiner Mutter — für mich schon übrig haben."

„Und wegen einer bloßen Wette —"

„Oh — es macht mir schon auch sonst Spaß."

„Spaß?"

„Nun — es ist nicht das richtige Wort —" der junge Engländer windet sich — „ich möchte eben Bonny einmal vor Korn und Kimme kriegen."

„Warum? Was hat er Ihnen getan?"

„Mir?" Die blauen Kinderaugen werden auf einmal

dunkel und hart. „England hat er was getan — oder tun wollen“, schwächt er seine Worte ab, „denn es gelang ihm nicht. Und wer gegen England ist“, flammt er wieder auf, „dem möchte jeder Engländer den Hals umdrehen. Darum geh’ ich los.“

„Ich wünsche Ihnen viel Glück dazu.“

„Hoffentlich. Es geht um fünfzehnhundert Guineas.“

Die seltsame Mischung aus Patriotismus, Spielerleidenschaft und Kaufmannsgeist hatte Talleyrand für eine Weile unterhalten; nun aber wird sie ihm langweilig. Etwas trocken sagt er:

„Lieber Mr. —“

„Whalley. George Whalley. Von den Lancashirer Whalleys, nicht von den Worcesterhirer.“

„Von Worcestershire kenne ich nur die Sauce“, bemerkt der Fürst nachlässig, setzt rasch fort: „Lieber Mr. Whalley, Ihre Absichten sind sehr lobenswert. Dennoch muß ich Sie bitten, mich jetzt für eine Weile zu entschuldigen. Ich bin seit einer Woche ununterbrochen auf der Reise und todmüde.“

„Und wollen natürlich schlafen“, fällt der junge Mann reuevoll ein, „und ich hindere Sie mit meinem Geschwätz daran. Bitte, schlafen Sie, ich werde ganz ruhig sein.“ Und er drückt sich in seine Ecke, so geflissentlich, als wolle er in die Kutschenwand hineinkriechen.

Talleyrand schließt dankbar die Augen. Netter junger Mensch, denkt er, wenn auch verrückt. Hat Manieren. Er lehnt den Kopf an die Polsterung, atmet tief, sucht sein Gehirn von allen Gedanken leer zu machen.

Aber es gelingt ihm nicht. Sorgen und Müdigkeit kämpfen mit einander, lassen ihn nicht zur Ruhe kommen. Gedanken tauchen auf, werden von andern abgelöst. —

Unglückliches Frankreich! Der schmerzliche Ausruf des Grafen Noailles fällt ihm ein, hallt in seinem Kopf und seinem Herzen nach. Ja, unglückliches Frankreich! Denn der russische Staatsrat hatte recht, alle Anstrengung wird Frankreich nicht davor bewahren können, Kriegstheater zu werden, eine Bühne, auf der auch die Dekorationen mitwirken und ebenso zerfleischt werden wie die Akteure. Es ist das einzige Mittel, Napoleon doch noch zu besiegen, ihm den bluttriefenden Degen aus der Hand zu schlagen für immer — für immer.

Machen nicht auch die Ärzte, wenn ihre Medizinen versagen, vom heilenden Stahl, wo der Stahl versagt, vom heilenden Feuer Gebrauch? Stahl und Feuer werden es auch diesmal sein, die zur Rettung geholt werden, zur Rettung Frankreichs. Man muß es nur wagen, von den äußersten Mitteln Gebrauch zu machen, wenn keine andern mehr da sind — nur wagen . . .

Und nun nimmt ihn doch der Schlaf der Erschöpfung in seine mitleidvollen Arme. —

Die nächsten zwei Tage vergehen ihm wie ein Traum. Er schläft und wacht, und keines von beiden völlig. Das Klappern der Hufe, das Rattern der Räder klingen in seinen Schlummer, ohne ihm richtig bewußt zu werden, fremde Arme schieben sich unter die seinen, führen ihn ins Freie, er sitzt an Tischen, ohne zu wissen, wo, ißt und trinkt, ohne zu wissen, was, wird wieder zum Wagen zurückgeführt, und Hufgeklapper und Räderrattern setzen ihre monotone Melodie fort.

Doch dann ist ein Morgen da, an dem er aus seinem Halbschlaf erwacht. Es ist jenes trügerische Überwachsein, das die Folge allzugroßer Strapazen ist und allzubald in völlige Lethargie umschlagen kann. Aber das weiß er nicht, und wenn er es wüßte, würde ers nicht achten. Mit klaren Augen sieht er um sich. Es hat zu regnen aufgehört, die Wolkendecke ist an ein paar Stellen zerrissen, läßt Blau durchschimmern. Der junge Engländer an seiner Seite nickt ihm zu, sagt kurz, aber aufmunternd:

„In einer Viertelstunde sind wir in Brüssel."

Talleyrand richtet sich ein wenig auf, sieht zum Fenster hinaus. Ja, da ist er, der schlanke gotische Belfried, der hoch über die Dächer hinausragt, da sind auch die übrigen Türme der zahlreichen Kirchen, Sankt Gudula und die vier Liebfrauenkirchen allen voran, da ist diese wohlgehaltene, saubere Stadt, die in ihrem ganzen Wesen das lebens- und genußfrohe Volk verkörpert, in dessen Mitte sie liegt.

„Nun werden wir bald Näheres erfahren", meint der junge Mann hoffnungsvoll. Talleyrand nickt wortlos, beugt sich aus dem Wagen. Der scharfe Luftzug der raschen Fahrt läßt sein Haar wehen. Er beachtet es nicht, ruft dem Kutscher zu:

„Zum Stadthaus!"

Zum Stadthaus! Dort erwarten ihn Nachrichten, dort soll er Gewißheit erhalten, wie es um Wellington steht, ob er Napoleon standzuhalten vermochte, oder ob –

Er wagt den Gedanken nicht zu Ende zu denken. Ist es das Rattern des Wagens auf dem Katzenkopfpflaster der engen Gassen oder das Hämmern seines Herzens, was er hört? Er weiß es nicht, merkt kaum, daß sie auf einen großen Platz mit edlen Patrizierhäusern kommen, beachtet ihre ausgewogene Schönheit so wenig wie die der reichen gotischen Fassade des Stadthauses, kann den Augenblick kaum noch erwarten, wo er endlich wissen wird – wissen!

Der Wagen hält, der Schlag wird aufgerissen, der Tritt niedergelassen. Der Fürst greift nach seinem Stock, quält sich eilfertig durch die enge Wagentür, humpelt dem Tor zu, die Treppe hinauf, ohne Erschöpfung, Schmerz, Mattigkeit zu fühlen, nur von dem Drang erfüllt, zu wissen! Ach, das elende Bein!

Eine trotz ihres Alters sehr aufrechte Gestalt, einen silbernen Glorienschein makellos weißen Haares ums Haupt: der alte Prinz von Condé, der Großvater des unglücklichen Herzogs von Enghien. Wie ein glühender Stich fährt es Talleyrand durchs Herz: ist das Leid denn ohne Gipfel?!

Eine Stimme, schön und schwingend wie die einer Glocke oder eines Erzengels:

„Mein lieber Fürst, ich freue mich, der erste sein zu können, der Sie zu Ihren großen Erfolgen in Wien beglückwünscht."

Erfolgen? Was für Erfolgen? Das ist ja alles nebensächlich!

„Napoleon — was ists mit Napoleon — ?"

„Wissen Sie denn nicht — ?"

„Daß er die Preußen geschlagen hat — im Begriff ist, Wellington zu vernichten —"

„Nicht die Preußen, nicht Wellington: Napoleon ist vernichtet!"

Das ist doch nicht möglich — er muß falsch gehört haben — eine junge Stimme erklingt hinter ihm, in fremdartig gefärbtem Französisch —

„War da eine Schlacht? Hat Wellington sich schon geschlagen — mit Bonaparte?" So kann er doch französisch, der kleine Engländer — ?

„Wellington lieferte gestern Bonaparte bei Waterloo eine Schlacht. Der Kampf wogte lange unentschieden hin und her. Er wurde durch die Preußen entschieden, die, nach ihrer Schlappe neu formiert, umkehrten und eben zur rechten Zeit eintrafen."

„Goddam!" Ein Aufbrüllen der Wut, der Enttäuschung. Trappende, eilige Schritte, die sich entfernen, verhallen.

Talleyrand hat inzwischen seine Fassung wiedergewonnen. Ohne dem jungen Engländer noch einen Gedanken zu schenken, wendet er sich zum greisen Prinzen Condé, der dem Davoneilenden verwundert, doch gleichfalls ohne Neugier nachgesehen hat.

„Ich danke Eurer Hoheit für Ihre gütigen Worte“, sagt der Fürst ehrerbietig, „und noch mehr für die hochwillkommene Nachricht, die Seine Majestät zweifellos sehr erfreut hat.“

„Seine Majestät hat die Nachricht mit größter Genugtuung aufgenommen und schickt sich an, die Herrschaft wieder zu übernehmen.“

„Und wo finde ich Seine Majestät?“

„In Mons.“

Mons? Wo ist das? Gleichgültig, man muß hin.

„Ist das weit von hier?“

„Gute zehn Lieues südlich von Brüssel. Unweit der französischen Grenze.“

„Ich danke Eurer Hoheit und hoffe noch Gelegenheit zu haben, Ihnen meine Verehrung zu bezeugen. Inzwischen bitte ich mich zu entschuldigen.“

„Sie wollen zu Bett, Fürst. Begreiflich.“

„Verzeihung, Hoheit, ich will nach Mons.“

„Ohne sich auszuruhen?“

„Ich habe keine Zeit dazu.“

„Sie kommen nicht vor Abend hin.“

„Wenn ich den König nur erreiche.“

„Der König ist im Begriff, nach Frankreich zurückzukehren.“

Die sachlich höfliche Stimme wird plötzlich fest, fast hart — die Stimme eines Befehlenden.

„Nicht, bevor ich ihn gesprochen habe.“

Am Ziel

Man sollte meinen, daß die zehn Lieues von Brüssel nach Mons für einen, der soeben in atemloser Hetzjagd hunderte von Lieues auf Europas zerrütteten Landstraßen zurückgelegt hat, keine große Sache sind; aber dem erschöpften Körper Talleyrands geben sie den Rest. Als er in Mons aus dem Wagen steigt, wollen ihm seine Glieder nicht gehorchen, in den Ohren ist ein Klingen, das ihn hindert, deutlich zu hören, das Gehirn liegt wie ein Klumpen Blei in seinem Kopf.

So vermag er die beflissenen Grüße der zahlreichen Höflinge, die ihn auf der Poststation erwarten, kaum zu erwidern. Er weiß nicht, warum er seit Wochen in einem ewig rollenden Wagen dahinfährt, weiß nicht, warum er nach Mons gekommen ist, hat nur einen Gedanken, einen Wunsch: in einem dunklen Zimmer zu liegen, nichts zu sehen noch zu hören, von nichts, nichts, nichts zu wissen. Am Arm seines treuen Courtiade schleicht er dem Hause zu.

Einer der Herren tritt ihm entgegen, verbeugt sich, macht aber keine Miene, auszuweichen. Was will er?

„Monsieur — ?"

„Durchlaucht, Seine Majestät erwartet Sie."

Majestät — Majestät — was für eine Majestät?

„Entschuldigen Sie mich bei Seiner Majestät, mein Herr."

„Durchlaucht, ich sagte, daß Seine Majestät Sie erwartet."

„Und ich bat Sie, mich bei Seiner Majestät zu entschuldigen." Ruhe! Er braucht Ruhe! Wollen sie mir meine Ruhe stehlen? denkt er bös.

„Verzeihung, Durchlaucht, der königliche Dienst —"

„Weiter, Pascal!" Er läßt den Zudringlichen stehen und betritt das Haus.

„Kanntest du ihn, Pascal?" fragt er, während ihm der Kammerdiener die etwas ausgetretene Treppe emporhilft.

„Ja, Durchlaucht, es war der Herr Vicomte de Chateaubriand."

Chateaubriand? Chateaubriand? War da nicht etwas? Mit Fouché? — Ach was!

„Zu Bett, Pascal!" Er sinkt zusammen. Der Kammerdiener kann ihn eben noch auffangen.

— — — — — — — — — — — — —

Wie lange er geschlafen hat, weiß er nicht. Er erwacht davon, daß das Licht einer Kerze seine Lider trifft. Im Nu hellwach, schlägt er die Augen auf: Monsieur Courtiade steht vor seinem Bett, die Kerze in der Hand, blickt ihn besorgt an.

„Ja, Pascal?" Die Stimme ist klar und ruhig wie immer. Gott sei Dank, der Bleiklumpen in seinem Kopf ist geschmolzen, das Denken macht ihm keine Mühe mehr.

„Durchlaucht", sagt der Kammerdiener erregt, „der König ist im Begriff, Mons zu verlassen. Der Wagen ist bereits angespannt."

„Wie spät ist es?"

„Drei Uhr früh."

„Gib mir meine Kleider."

Während Monsieur Courtiade dem Fürsten beim Ankleiden hilft, berichtet er:

„Der Herr Vicomte war gestern abend nochmals hier. Ob Durchlaucht es sich nicht doch überlegen wollten. Ich antwortete, Durchlaucht seien bereits zu Bett und wünschten auf keinen Fall gestört zu werden. Da entfernte sich der Herr Vicomte wieder."

Und bewog den König, um drei Uhr früh davonzufahren, ergänzt Talleyrand im Geiste. Er sagt aber nichts. Er weiß, Pascal denkt sich das Gleiche. Das genügt.

„So schnell war ich selten angekleidet, Pascal."

„Nicht, seit ich in Eurer Durchlaucht Diensten stehe."

„Wir wollen es nicht zur Gewohnheit werden lassen."

„Gewiß nicht, Durchlaucht!" –

Talleyrand erreicht das ‚Schloß' genannte Herrenhaus, in dem der König logierte, als eben der Wagen vorfährt. Es ist mittlerweile hell geworden, knapp vor Sonnenaufgang. Eben will er den Park betreten, als ihm der respektvolle Gruß eines neben dem Tor stehenden Herrn auffällt. Er dankt mechanisch, sieht dann näher hin, erkennt einen jungen Franzosen, den er einigemal in der Wiener Gesandtschaft gesehen hatte, einen gewissen Grafen de la Garde. Er wiederholt freundlich lächelnd seinen Gruß, verhält den Schritt. De la Garde tritt herzu, verbeugt sich tief, nimmt ehrfürchtig die dargebotene Hand.

„Was machen Sie hier, mein Lieber?" fragt ihn Talleyrand. „Sie hatten es doch nicht so eilig wie ich, von Wien wegzukommen."

„Doch, Durchlaucht", erwidert der Graf mit etwas schmerzlichem Lächeln. „Ich wurde von der Wiener Polizei ausgewiesen."

„Was haben Sie der Wiener Polizei getan?"

„Man ist in Wien diffizil mit den Dichtern."

Talleyrand sieht am Tor des Herrenhauses einige Bewegung. Ich muß eilen, denkt er, wendet sich abschiednehmend zu dem jungen Mann:

„Wenn ich etwas für Sie tun kann –"

„Vielen Dank, Durchlaucht, ich schlage mich schon irgendwie durch."

Der Fürst nickt zerstreut, hinkt dem Tore zu. Abenteurer, denkt er; aber er denkt es mit Wohlwollen. Hm! setzt er den gewohnten Epilog an die kleine Episode.

Im Augenblick, wo er das Tor erreicht, tritt ein korpulenter Herr aus dem Hause, sich schwer auf einen Krückstock stützend: der König. Talleyrand steigt die vier Stufen der Freitreppe empor. Der König wendet den Kopf nach ihm, sagt maliziös:

„Ah, Vetter! Haben Sie sich bereits erholt?“

„Das nicht, Sire“, antwortet Talleyrand furchtlos. „Aber ich bin immerhin schon so weit, Eurer Majestät zu Diensten sein zu können, was gestern abend noch unmöglich war.“ Die Worte sind ehrerbietig; aber der Klang der Stimme ist fest und bestimmt.

Der König scheint es auch zu empfinden. Mißvergnügt die Stirn runzelnd, wirft er hin:

„Und nun muß ich wegfahren.“

„Ich hoffe doch, Sire, nicht ohne einem treuen Diener einige Augenblicke Gehör geschenkt zu haben.“

Der König sieht ihm scharf in die Augen, die Stirn tief gefaltet wie zuvor. Dann sagt er kurz:

„Kommen Sie ein paar Schritte in den Park.“

Talleyrand tritt an die Seite des Königs, und beide steigen langsam die Treppe hinunter und wenden sich einer der Alleen zu. Für den Beschauer ist der Anblick der beiden, die nebeneinander dahinhumpeln, jeder auf einem andern Bein lahmend, merkwürdig und sinnbildhaft.

Bei einer Bank bleibt der König stehen.

„Setzen wir uns“, sagt er kurz und mürrisch wie zuvor. Er läßt sich schwer auf das Holz der Bank fallen, Talleyrand nimmt mit einer gleitenden Bewegung neben ihm Platz.

Ein paar Augenblicke lang sehen beide einander wortlos ins Gesicht. In beider Augen ist kaum verhohlene Abneigung zu lesen, in denen des Fürsten überdies leise Geringschätzung.

Der König ist es, der das Schweigen bricht. Sich sichtlich zu dem freundschaftlichen Ton nötigend, den er anschlägt, beginnt er seinem Minister den pflichtgemäßen königlichen Dank abzustatten.

„Es freut mich, Vetter“, sagt er, „endlich Gelegenheit zu haben, Ihnen für Ihre so ersprießliche Tätigkeit während des Kongresses zu danken." Er will fortsetzen, noch ein paar anerkennende Worte hinzufügen, doch Talleyrand, geschickt die Atempause benützend, fällt ihm ins Wort:

„Sie sind sehr gütig, Sire, mein redliches Bemühen in so gnädiger Weise anzuerkennen. Doch mein schönster Lohn wird sein, wenn Sie in Fortsetzung Ihrer Gnade meine weitern Dienste mit ebensolchem Verständnis begleiten."

Der König schält aus der verzuckerten Hülle rasch den Kern heraus.

„Ich habe Ihnen ja vollkommen freie Hand gelassen; das könnte Ihnen doch eine Garantie für die Zukunft sein."

„Gewiß, Sire, soweit es meine Tätigkeit in den äußern Angelegenheiten betraf; doch ein Ressort wie das, das ich bekleide, ist mit dem ganzen Staatsapparat weit enger verflochten, als es den Anschein haben mag. Die jüngste Vergangenheit hat es bewiesen", schließt er mit leiser Härte.

Des Königs volles Gesicht rötet sich vor Unwillen.

„Was wollen Sie damit sagen? Lassen Sie doch die höfischen Umschweife, reden Sie deutlich und unverblümt."

„Wie Eure Majestät befehlen. Ich will sagen, daß durch den Putschversuch Bonapartes, der sich durchaus nicht, wie wir die Welt glauben machen wollten, nur auf die Armee beschränkte, bewiesen wurde, welchen Einfluß die innere Politik auf die äußere haben kann; und daß es daher im Interesse der Erhaltung von Frankreichs Stellung notwendig ist, daß die Außenpolitik auch Einfluß auf die Innenpolitik erhalte. Kurz gesagt, daß es wünschenswert ist, wenn Eure Majestät, auch bevor Sie in innern Angelegenheiten entscheidende Entschlüsse fassen, den Rat Ihres Außenministers einholen."

„Ich tue wohl keinen Fehlschluß, wenn ich annehme, daß Sie mit diesen Worten die Zeit meiner bisherigen

Regierung einer Kritik unterziehen wollen, und, wie mir scheinen will, einer recht herben Kritik."

„Ich wollte es nicht in dieser schroffen Form ausdrücken."

„Ich sagte Ihnen", ruft der König gereizt, „reden Sie unverblümt! Wenn wir zu irgendwelchen Resultaten kommen wollen, dürfen wir nicht wie die Katze um den heißen Brei herumschleichen! Sie deuten an, daß Fehler gemacht wurden. Welche?"

„Eure Majestät werden nicht von mir verlangen, daß ich diese Fehler einzeln aufzähle; sie gehen alle auf einen gemeinsamen Nenner zurück: auf den Mißbrauch von Eurer Majestät Güte."

„Durch wen?"

„Durch Eurer Majestät Umgebung, die vornehmlich aus Männern besteht, die fünfzig Jahre geschlafen und zwanzig Jahre fern von Frankreich verbracht haben. Diese, und Eurer Majestät persönliche Rücksichtnahmen, haben Sie auf falsche Wege gelockt."

„Persönliche Rücksichtnahmen? Wen meinen Sie?"

„Ich meine Monsieur, den Grafen von Artois, Eurer Majestät Bruder. Monsieur hat viel Unheil angerichtet."

Die Röte kehrt in des Königs Gesicht zurück, wird tief und tiefer.

„Der Fürst von Talleyrand vergißt sich", sagt der König sehr abweisend, sehr von oben herab.

„Das fürchte ich auch", antwortet Talleyrand unbeirrt. „Aber die Wahrheitsliebe zwingt mich dazu. — Sire", fährt er dringlicher fort, „begreifen Sie, wie es um Ihre Herrschaft bestellt ist! Sie können mit einem Volk, das im letzten Vierteljahrhundert den süßen Trank der Freiheit und den nicht minder süßen Trank der Größe genossen hat, nicht so umspringen, wie Ihre Ultras es möchten! Auf diese Weise erziehen Sie nur Rebellen oder Heuchler, und das eine ist so gefährlich wie das andere!"

Der König ist unsicher geworden. Sein natürlicher Verstand sagt ihm, daß alles, was dieser kleine, dürftige Hinkebein ihm vorhält, richtig ist; sein Gefühl hingegen zieht ihn zu ebenjenen, deren Tätigkeit dieser davongelaufene Bischof, dieser Held zweifelhafter Liebesabenteuer, dieser Spekulant, dieser erst Förderer, dann Verräter Bonapartes, dieses käufliche, bestechliche, treulose Subjekt so unbarmherzig geißelt.

Aus seinem Zwiespalt rettet er sich in Hoffart.

„Ich soll wohl gar meine Fehler eingestehen und Besserung geloben?"

„Ja, das wird notwendig sein", stimmt Talleyrand mit unverhohlener Härte zu. „Und was mehr ist, Sire, Sie werden dieses Gelöbnis auch halten müssen, wenn Ihre Herrschaft von Bestand sein soll."

Der König atmet schwer, mühevoll.

„Nie wagte jemand so zu mir zu sprechen!" keucht er.

„Ich muß es wagen", versetzt Talleyrand schnell, „denn es geht hier weder um Sie noch um mich, sondern um die Nation, die Frieden braucht — nach außen und innen. — Ich wage noch mehr", setzt er hinzu, da er sieht, daß der König Miene macht, sich zu erheben. „Sie sind im Begriff, Sire, unter dem Schutz englischer Bajonette nach Paris zurückzukehren. Das dürfen Sie nicht!"

Der König sieht ihn offenen Mundes an.

„Das darf ich nicht?" wiederholt er ganz erstarrt.

„Nein, Sire. Um Ihretwillen nicht. Um Frankreichs willen nicht. Es wäre der furchtbarste Fehler, den Sie begehen könnten." Er benützt die fortdauernde Erstarrung des Königs, beeilt sich weiter zu sprechen: „Ihre Rückkehr inmitten eines feindlichen Heeres verletzt den Stolz der Nation und schwächt die Anhänglichkeit an Ihre Person. Man wird sagen, Sie trauten der Liebe der Nation so wenig, daß Sie ohne Eskorte nicht zurückzukehren wagten;

man wird sagen, Sie seien der Nation durch fremde Mächte aufgezwungen worden; man wird sagen — ich weiß nicht, was man alles sagen wird; ich weiß nur, daß ein von den Alliierten besetztes Paris im Augenblick der schlechteste Platz für Sie ist."

Der König hat sich wieder gefaßt. Seine kleinen Augen, die Augen eines gereizten Ebers, funkeln feindselig, auf seiner Stirn erscheint eine kleine, eigensinnige Falte, die Bourbonenfalte. Fremd, mit völliger Kälte fragt er:

„Was also müßte ich nach Ansicht des Fürsten von Talleyrand tun?"

Talleyrand ist die kleine, eigensinnige Falte nicht entgangen. Ihr seid unverbesserlich, denkt er. Ihr wollt und wollt nicht lernen. Aber wenigstens hören sollt ihr mich!

„Der König", entgegnet er ebenso fremd und kalt, „muß die französische Grenze ohne irgendwelche Eskorte an einem Punkt überschreiten, der von den fremden Truppen unberührt geblieben ist — etwa bei Lyon — und dort sein Herrscheramt aus eigener Kraft wieder aufnehmen, unabhängig von den Alliierten und über seine Autorität frei verfügend; ein Aufruf an seine Untertanen wird die Treugebliebenen bestärken, die Getäuschten und Verirrten zurückführen; die Kammern, schleunig einberufen, werden den von ihrem Herrn erlassenen organischen Gesetzen zustimmen. So wird er wieder König, ohne daß ihm jemand vorwerfen könnte, er sei von den Alliierten dazu gemacht worden. Und so kann er für Frankreich eintreten."

Im Gesicht des Königs hat kein Muskel gezuckt. Seine bösen Eberaugen sehen Talleyrand unverwandt an, aber dieser weiß nicht, ob der König ihm auch nur zuhört. Dennoch setzt er fort, beschwörend, mit der großen, mahnenden Stimme eines Sehers, der einen widerspenstigen Herrscher zu seiner Pflicht zurückruft:

„Denn glauben Sie nicht, Sire, daß die Alliierten, nun sie einmal gesiegt haben, bleiben werden, was zu sein sie vorgeben: die Beschützer Frankreichs! Sie werden Gesinnung und Sprache ändern und trotz ihrer frühern feierlichen Zusicherungen die für Frankreich errungenen Vorteile für sich ausbeuten; denn ihre Bekehrung zu den Grundsätzen des Rechtes ist noch zu neu, als daß man ihr trauen könnte: sie sind gewohnt, ihre Rechte auf ihre Ansprüche zu stützen und ihre Ansprüche auf ihre Macht. Dann, Sire, wird Ihre Stunde gekommen sein! Dann werden Sie sich vor Ihr Volk stellen, den ungerechtfertigten Forderungen, die man erheben wird, entgegentreten, und wenn die Alliierten, was Gott nicht wolle, zu offenen Feinden werden sollten, Ihr armes, gequältes, ausgeblutetes Volk nochmals aufrufen müssen, sein Letztes zu verteidigen: seine Freiheit!" Er hat, von den eigenen Worten fortgerissen, unwillkürlich seine Stimme erhoben; nun sinkt sie wieder, wird dringend, inständig flehend: „Darum, Sire, darum, mein König, bitte ich Sie: gehen Sie jetzt nicht nach Paris! Vereinigen Sie sich mit Ihrem Volk ohne fremde Mittlerschaft! Wenn Sie es befehlen, werde ich vorausreisen und Ihren Weg bereiten. Alles will ich tun, was Ihnen genehm ist. Nur das eine erflehe ich von Ihnen: werden Sie nicht König von der Mächte Gnaden, bleiben Sie König von Gottes Gnaden und mit der herzlichen Zustimmung Ihres Volkes!"

Auch jetzt hat der König weder Miene noch Haltung geändert. Nun aber, da er Talleyrand enden hört, steht er brüsk auf.

„Ihre Nerven sind sichtlich angegriffen, Fürst", sagt er frostig. „Sie werden gut daran tun, sich in irgendeinem Bad auszukurieren."

Auch Talleyrand ist aufgestanden, fragt, obwohl er die Antwort schon im Voraus weiß:

„Und, Sire?“

„Mein Wagen wartet“, tönt es zurück. „Ich fahre selbstverständlich nach Paris. Leben Sie wohl.“

Die rote Woge einer nie gekannten Wut geht über Talleyrand hin und begräbt ihn unter ihrem siedendheißen Schwall. Ihm ist, als müsse er das dicke Monstrum vor ihm, diese Verkörperung von Torheit und Unbelehrbarkeit, die alles, was er mit größter Mühe, mit völliger Selbstaufopferung schuf, in Frage stellt, niederwerfen, mit dem nächsten Stein erschlagen, um die Erde davon zu befreien.

Dann, ebensoschnell wie sie gekommen ist, ebbt die Woge ab, macht dem Wellental einer unsäglichen Verachtung Platz. Es wäre nutzlos, diese eine Kreatur zu vernichten, diese eine der zahllosen Emanationen der Dummheit, der ewigen Verneinung des Geistigen auch dort, wo sie sich als Gescheitheit verkleidet, sie, die sich für unbesiegbar hält, weil sie sich täglich neu gebiert und mit ihren Schwestern, der Faulheit und der Selbstsucht, eine undurchdringliche Phalanx bildet. Sie wird nicht aufhören, die Herrschaft über diese Welt zu arrogieren; aber das Leben wird auch nicht aufhören, ihr Kämpfer entgegenzustellen, immer neue Kämpfer, die eines die Dumpfheit ablehnenden, nach Licht und Klarheit strebenden Wesens sind. Und einmal, am Ende aller Zeiten, werden sie Sieger sein, weil das tiefste aller Weltgesetze es bestimmt hat, daß letztlich der Geist Sieger sei über die Materie.

„Sire!“

Der König hat sich bereits einige Schritte entfernt. Der zischende Peitschenhieb dieses einen Wortes zwingt ihn, sich umzudrehen.

„Mein Amt steht zu Ihrer Verfügung!“ sagt eine schneidende Herrenstimme.

Die Augen des Königs werden rund, leer, die volle

Unterlippe zittert. Dann kehrt er sich schroff, wortlos ab und stapft mit schweren, zornigen Schritten gegen den Wagen hin. Man sieht ihn einsteigen, die Tür wird geschlossen, das Gefährt setzt sich in Bewegung.

Langsam hinkt Talleyrand dem Parktor zu, unbeachtet, ja, gemieden von allen jenen, die sich ihm gestern nicht beflissen genug in Erinnerung bringen konnten. Nur als er unter das Tor tritt, zieht der kleine Graf de la Garde so ehrfurchtsvoll wie vorhin den Hut. Neben ihm steht ein Fremder, offenbar ein Reisender, grüßt ebenfalls, zögernd, unsicher.

Während Talleyrand dankt, sieht er den fremden Reisenden an den kleinen Grafen eine leise Frage tun; hört dessen laute Antwort:

„Das ist der Mann, der das Land gerettet hat."

Talleyrand sieht nicht hin. Er blickt der Kutsche des Königs nach. Doch die ist bereits um die Ecke gebogen. Man hört nur noch das verhallende Wagenrollen.

Inhalt

III. Teil: Das Königreich